教科書ぴったりトレーニング

# はなまるシール

「がんばり表」に使おう！
キミのおとも犬を選んで、
にはろう！
わったら、がんばり表に
「はなまるシール」をはろう！
★ 余ったシールは自由に使ってね。

## キミのおとも犬

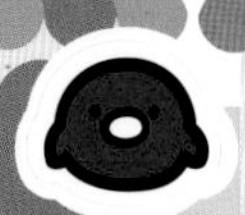

## はなまるシール

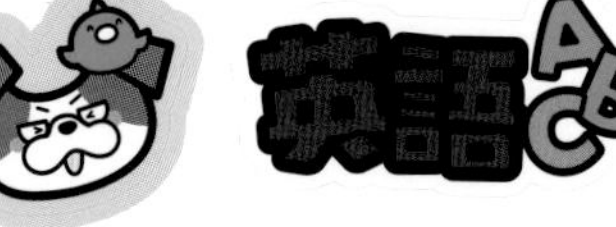

## ごほうびシール

# 教科書ぴったりトレーニング 社会 6年 がんばり表

いつも見えるところに、この「がんばり表」をはっておこう。
この「ぴたトレ」を学習したら、シールをはろう！
どこまでがんばったかわかるよ。

せんたく がついているところでは、教科書の選択教材を扱っています。学校での学習状況に応じて、ご利用ください。

好きななまえをつけてね！

なまえ

ぴた犬（おとも犬）シールをはろう

シールの中から好きなぴた犬を選ぼう。

## おうちのかたへ

がんばり表のデジタル版「デジタルがんばり表」では、デジタル端末でも学習の進捗記録をつけることができます。1冊やり終えると、抽選でプレゼントが当たります。「ぴたサポシステム」にご登録いただき、「デジタルがんばり表」をお使いください。LINE または PC・ブラウザを利用する方法があります。

★ ぴたサポシステムご利用ガイドはこちら ★
https://www.shinko-keirin.co.jp/shinko/news/pittari-support-system

スタート

## 1. ともに生きる暮らしと政治

### 1 憲法とわたしたちの暮らし

|  |  |  |
|---|---|---|
| 2～3ページ | ぴったり1 2 | できたらシールをはろう |
| 4～5ページ | ぴったり1 2 | できたらシールをはろう |
| 6～7ページ | ぴったり3 | できたらシールをはろう |
| 8～9ページ | ぴったり1 2 | できたらシールをはろう |
| 10～11ページ | ぴったり1 2 | できたらシールをはろう |
| 12～13ページ | ぴったり3 | できたらシールをはろう |

### せんたく 2 わたしたちの暮らしを支える政治

|  |  |  |
|---|---|---|
| 14～15ページ | ぴったり1 2 | できたらシールをはろう |
| 16～17ページ | ぴったり1 2 | できたらシールをはろう |
| 18～19ページ | ぴったり3 | できたらシールをはろう |

### せんたく 2 災害からわたしたちを守る政治

|  |  |  |
|---|---|---|
| 20～21ページ | ぴったり1 2 | できたらシールをはろう |
| 22～23ページ | ぴったり1 2 | できたらシールをはろう |
| 26ページ | ぴったり3 | できたらシールをはろう |

### せんたく 2 雪とともに生きる暮らしを支える政治

|  |  |  |
|---|---|---|
| 24～25ページ | ぴったり1 2 | できたらシールをはろう |
| 27ページ | ぴったり3 | できたらシールをはろう |

## 2. 日本の歴史

### 1 国づくりへの歩み

|  |  |  |
|---|---|---|
| 28～29ページ | ぴったり1 2 | できたらシールをはろう |
| 30～31ページ | ぴったり1 2 | できたらシールをはろう |
| 32～33ページ | ぴったり3 | できたらシールをはろう |

### 2 大陸に学んだ国づくり

|  |  |  |
|---|---|---|
| 34～35ページ | ぴったり1 2 | できたらシールをはろう |
| 36～37ページ | ぴったり1 2 | できたらシールをはろう |
| 38～39ページ | ぴったり3 | できたらシールをはろう |

### 3 武士の政治が始まる
### 4 室町文化と力をつける人々

|  |  |  |
|---|---|---|
| 40～41ページ | ぴったり1 2 | できたらシールをはろう |
| 42～43ページ | ぴったり1 2 | できたらシールをはろう |
| 44～45ページ | ぴったり1 2 | できたらシールをはろう |
| 46～47ページ | ぴったり1 2 | できたらシールをはろう |
| 48～49ページ | ぴったり3 | できたらシールをはろう |

### 5 全国統一への動き

|  |  |  |
|---|---|---|
| 50～51ページ | ぴったり1 2 | できたらシールをはろう |
| 52～53ページ | ぴったり1 2 | できたらシールをはろう |
| 54～55ページ | ぴったり3 | できたらシールをはろう |

### 6 幕府の政治と人々の暮らし

|  |  |  |
|---|---|---|
| 56～57ページ | ぴったり1 2 | できたらシールをはろう |
| 58～59ページ | ぴったり1 2 | できたらシールをはろう |
| 60～61ページ | ぴったり3 | できたらシールをはろう |

### 7 新しい文化と学問

|  |  |  |
|---|---|---|
| 62～63ページ | ぴったり1 2 | できたらシールをはろう |
| 64～65ページ | ぴったり1 2 | できたらシールをはろう |
| 66～67ページ | ぴったり3 | できたらシールをはろう |

### 8 明治の新しい国づくり

|  |  |  |
|---|---|---|
| 68～69ページ | ぴったり1 2 | できたらシールをはろう |
| 70～71ページ | ぴったり1 2 | できたらシールをはろう |
| 72～73ページ | ぴったり3 | できたらシールをはろう |

### 9 近代国家を目ざして

|  |  |  |
|---|---|---|
| 74～75ページ | ぴったり1 2 | できたらシールをはろう |
| 76～77ページ | ぴったり3 | できたらシールをはろう |
| 78～79ページ | ぴったり1 2 | できたらシールをはろう |
| 80～81ページ | ぴったり1 2 | できたらシールをはろう |
| 82～83ページ | ぴったり3 | できたらシールをはろう |

### 10 戦争と人々の暮らし

|  |  |  |
|---|---|---|
| 84～85ページ | ぴったり1 2 | できたらシールをはろう |
| 86～87ページ | ぴったり1 2 | できたらシールをはろう |
| 88～89ページ | ぴったり1 2 | できたらシールをはろう |
| 90～91ページ | ぴったり3 | できたらシールをはろう |

### 11 平和で豊かな暮らしを目ざして

|  |  |  |
|---|---|---|
| 92～93ページ | ぴったり1 2 | できたらシールをはろう |
| 94～95ページ | ぴったり1 2 | できたらシールをはろう |
| 96～97ページ | ぴったり3 | できたらシールをはろう |

## 3. 世界の中の日本

### 1 日本とつながりの深い国々

|  |  |  |
|---|---|---|
| 98～99ページ | ぴったり1 2 | できたらシールをはろう |
| 100～101ページ | ぴったり1 2 | できたらシールをはろう |
| 102～103ページ | ぴったり1 2 | できたらシールをはろう |
| 104～105ページ | ぴったり3 | できたらシールをはろう |

### 2 地球規模の課題の解決と国際協力

|  |  |  |
|---|---|---|
| 106～107ページ | ぴったり1 2 | できたらシールをはろう |
| 108～109ページ | ぴったり1 2 | できたらシールをはろう |
| 110～111ページ | ぴったり3 | できたらシールをはろう |

ゴール

最後までがんばったキミは「ごほうびシール」をはろう！

ごほうびシールをはろう

# 教科書ぴったりトレーニングの使い方

『ぴたトレ』は教科書にぴったり合わせて使うことができるよ。教科書も見ながら、勉強していこうね。
ぴた犬たちが勉強をサポートするよ。

## ふだんの学習

### ぴったり1 準備

教科書のだいじなところをまとめていくよ。
めあて でどんなことを勉強するかわかるよ。
問題に答えながら、わかっているかかくにんしよう。
QR コードから「3 分でまとめ動画」が見られるよ。

※QR コードは株式会社デンソーウェーブの登録商標です。

### ぴったり2 練習

「ぴったり 1」で勉強したこと、おぼえているかな？
かくにんしながら、問題に答える練習をしよう。

### ぴったり3 確かめのテスト

「ぴったり 1」「ぴったり 2」が終わったら取り組んでみよう。
学校のテストの前にやってもいいね。
わからない問題は、ふりかえり を見て前にもどってかくにんしよう。

## 実力チェック

- 夏のチャレンジテスト
- 冬のチャレンジテスト
- 春のチャレンジテスト
- 6年 社会のまとめ 学力診断テスト

夏休み、冬休み、春休み前に使いましょう。
学期の終わりや学年の終わりのテストの前にやってもいいね。

ふだんの学習が終わったら、「がんばり表」にシールをはろう。

## 別冊

### 丸つけラクラク解答

問題と同じ紙面に赤字で「答え」が書いてあるよ。
取り組んだ問題の答え合わせをしてみよう。まちがえた問題やわからなかった問題は、右の「てびき」を読んだり、教科書を読み返したりして、もう一度見直そう。

## おうちのかたへ

本書『教科書ぴったりトレーニング』は、教科書の要点や重要事項をつかむ「ぴったり 1 準備」、おさらいをしながら問題に慣れる「ぴったり 2 練習」、テスト形式で学習事項が定着したか確認する「ぴったり 3 確かめのテスト」の 3 段階構成になっています。教科書の学習順序やねらいに完全対応していますので、日々の学習（トレーニング）にぴったりです。

### 「観点別学習状況の評価」について

学校の通知表は、「知識・技能」「思考・判断・表現」「主体的に学習に取り組む態度」の 3 つの観点による評価がもとになっています。

問題集やドリルでは、一般に知識を問う問題が中心になりますが、本書『教科書ぴったりトレーニング』では、次のように、観点別学習状況の評価に基づく問題を取り入れて、成績アップに結びつくことをねらいました。

**ぴったり 3 確かめのテスト**

●「知識・技能」のうち、特に技能（資料の読み取りや表・グラフの作図など）を取り上げた問題には「技能」と表示しています。

●社会的事象について考え、選択・判断し、文章で説明することなどを取り上げた問題には「思考・判断・表現」と表示しています。

**チャレンジテスト**

●主に「知識・技能」を問う問題か、「思考・判断・表現」を問う問題かで、それぞれに分類して出題しています。

### 別冊『丸つけラクラク解答』について

おうちのかたへ では、次のようなものを示しています。

- 学習のねらいやポイント
- 他の学年や他の単元の学習内容とのつながり
- まちがいやすいことやつまずきやすいところ

お子様への説明や、学習内容の把握などにご活用ください。

内容の例

> おうちのかたへ
> 地図記号は教科書に掲載されているもの以外にも、多くの種類があります。国土地理院のキッズページでは地図記号の一覧や由来などを見ることができますので、お子様と一緒に確認してみるとよいでしょう。

（キリトリ線）

教科書ぴったりトレーニング　社会　6年　折込①（ウラ）

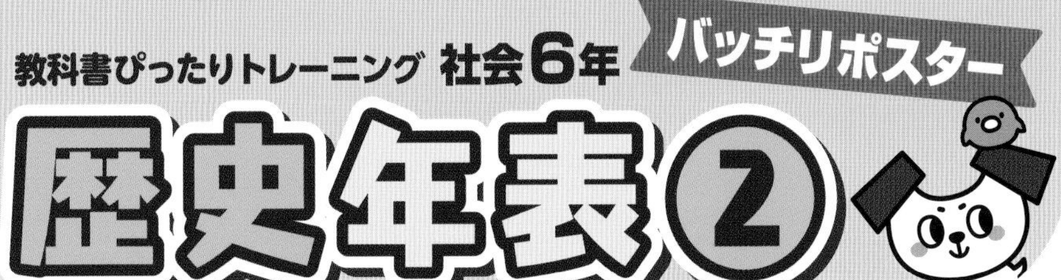

# 歴史年表②

## 時代の区切り

奈良時代は710年に始まり、平安時代は794年、室町時代は1338年、江戸時代は1603年に始まります。
明治時代は1868年に始まり、この年が明治元年です。以後、天皇ごとの元号を時代名とし、
1912年から大正時代、1926年から昭和時代、1989年から平成時代、2019年から令和時代です。

| 世紀 | 17 | 18 | 19 | 20 | 21 |
|---|---|---|---|---|---|
| 年 | 1700 | 1800 | 1850 / 1900 | 1950 | 2000 |
| 時代 | 武士の世の中 | | 明治からの世の中 | 現代の世の中 | |
| | 江戸時代 | | 明治時代・大正時代 | 昭和時代 | 平成時代・令和時代 |

## 社会のできごと

| | |
|---|---|
| 一六〇三 | 徳川家康が征夷大将軍になる |
| 一六三五 | 参勤交代の制度ができる |
| 一六三七 | 島原・天草一揆が起こる（〜一六三八） |
| 一六四一 | 鎖国が完成する |
| 一八三三 | 天保の大ききんが起こる（〜一八三九） |
| | 百姓一揆や打ちこわしが増える |
| 一八三七 | 大阪で大塩平八郎の乱が起こる |
| 一八五三 | ペリーが黒船で浦賀に来る |
| 一八五八 | 各国と不平等な通商条約を結ぶ |
| 一八六七 | 徳川慶喜が朝廷に政権を返す→大政奉還 |
| 一八六八 | 明治維新→江戸を東京と改める |
| 一八七一 | 岩倉具視らが欧米諸国を視察する |
| 一八七七 | 西南戦争が起こる |
| | 自由民権運動がさかんになる |
| 一八八九 | 大日本帝国憲法が発布される |
| 一八九一 | 足尾銅山の鉱毒事件で田中正造が活やくする |
| 一八九四 | 条約改正で領事裁判権が撤廃される |
| 一八九四 | 日清戦争（〜一八九五）→下関条約 |
| 一九〇四 | 日露戦争（〜一九〇五）→ポーツマス条約 |
| 一九一〇 | 韓国併合が行われる |
| 一九一一 | 条約改正で関税自主権を回復する |
| 一九一四 | 第一次世界大戦に参戦する（〜一九一八） |
| 一九二二 | 全国水平社ができる |
| 一九二五 | 普通選挙制度が定められる |
| 一九三一 | 満州事変が起こる |
| 一九三七 | 日中戦争が始まる（〜一九四五） |
| 一九四一 | 太平洋戦争が始まる（〜一九四五） |
| 一九四五 | 広島と長崎に原子爆弾が投下される |
| 一九四五 | ポツダム宣言を受け入れ降伏する |
| 一九四六 | 日本国憲法が公布される |
| 一九五一 | サンフランシスコ平和条約と日米安全保障条約を結ぶ |
| 一九五六 | ソ連と国交を回復、国際連合に加盟する |
| 一九六五 | 韓国と日韓基本条約を結び国交を正常化 |
| 一九七二 | 沖縄が日本に復帰する |
| 一九七二 | 中国と国交を正常化 |
| 一九七八 | 中国と日中平和友好条約を結ぶ |
| 一九九一 | ソ連が解体する |
| 一九九五 | 阪神・淡路大震災が起こる |
| 二〇〇三 | イラク戦争が起こる |
| 二〇一一 | 東日本大震災が起こる |

▲富岡製糸場

▲原爆ドーム

▲サンフランシスコ平和条約の調印

## 文化のできごと

| | |
|---|---|
| | 日光に徳川家康をまつる東照宮ができる |
| | 大阪を中心に町人文化が栄える |
| | 近松門左衛門が歌舞伎などの脚本をあらわす |
| 一七七四 | 杉田玄白らが「解体新書」をあらわす |
| 一七九八 | 本居宣長が「古事記伝」をあらわす |
| | 江戸で町人文化が栄える |
| 一八二一 | 伊能忠敬の死後、日本地図が完成する |
| | 葛飾北斎が「富嶽三十六景」をえがく |
| | 歌川広重が「東海道五十三次」をえがく |
| 一八七二 | 西洋文化が入ってくる→文明開化 |
| | 福沢諭吉が「学問のすゝめ」をあらわす |
| 一九二五 | ラジオ放送が始まる |
| 一九五三 | テレビ放送（白黒）が始まる |
| 一九六〇 | テレビのカラー放送が正式に始まる |
| 一九六四 | 東海道新幹線が開通する |
| 一九六四 | オリンピック・パラリンピック東京大会 |
| 一九七〇 | 大阪で日本万国博覧会 |
| 一九七二 | 冬季オリンピック札幌大会 |
| 一九九六 | 原爆ドームが世界遺産になる |
| 一九九八 | 冬季オリンピック・パラリンピック長野大会 |
| 二〇〇二 | サッカーワールドカップ大会が日韓共同で開かれる |
| 二〇二一 | オリンピック・パラリンピック東京大会が開かれる |

▲「東海道五十三次」

▲東京オリンピック

〈写真提供〉岡谷蚕糸博物館、時事通信フォト、国立国会図書館ウェブサイト、広島市、毎日新聞社

# 歴史年表①

## 西暦・世紀の説明

・**西暦**・・・ヨーロッパから伝わった年代の表し方です。イエス・キリストが生まれたとされる年を「西暦（紀元）1年」といいます。

・**世紀**・・・西暦年の100年で年代を区切る表し方です。西暦1年から100年までを1世紀とよび、101年から200年までが2世紀となり、順に続きます。現在は2001年から2100年までの間の21世紀となります。

| 世紀 | 紀元前 | 1〜3 | 4 | 5 | 6 | 7 | 8 | 9 | 10 | 11 | 12 | 13 | 14 | 15 | 16 | 17 |
|---|---|---|---|---|---|---|---|---|---|---|---|---|---|---|---|---|
| 年 | 300 | 1 | 300 | 400 | 500 | 600 | 700 | 800 | 900 | 1000 | 1100 | 1200 | 1300 | 1400 | 1500 | 1600 |

**時代**

- 国の成り立ち：縄文時代、弥生時代、古墳時代、飛鳥時代
- 貴族の世の中：奈良時代、平安時代
- 武士の世の中：鎌倉時代、室町時代、安土桃山時代

## 社会のできごと

- 狩りや漁のくらし
- 三〇〇年前　米づくりの技術が発展する
- 小さなくにが各地にできる
- 二三九　邪馬台国の卑弥呼が魏（中国）に使いを送る
- 各地の豪族が古墳をつくる
- 大和朝廷（大和政権）の国土統一が進む
- 蘇我氏の勢いが強くなる
- 五九三　聖徳太子が天皇を助ける役職につく
- 六〇四　十七条の憲法が定められる
- 六〇七　小野妹子が遣隋使として隋にわたる
- 六四五　中大兄皇子や中臣鎌足による大化の改新
- 七一〇　平城京（奈良）に都を移す
- 七九四　平安京（京都）に都を移す
- 八九四　菅原道真の意見で遣唐使をやめる
- 一〇一六　藤原道長が摂政になる
- 武士の力が強くなる
- 一一六七　平清盛が太政大臣となる
- 一一八五　源氏が平氏をほろぼす（壇ノ浦の戦い）
- 一一九二　源頼朝が征夷大将軍になる
- 北条氏が鎌倉幕府の実権をにぎる
- 一二七四　元がせめてくる ┐元寇
- 一二八一　元が再びせめてくる ┘
- 一三三三　鎌倉幕府がほろぶ
- 一三三八　足利尊氏が征夷大将軍になる
- 一四〇四　足利義満が勘合貿易を始める
- 一四六七　応仁の乱が起こる（〜一四七七）
- 各地で一揆が発生する
- 一五七三　織田信長が室町幕府をほろぼす
- 一五九〇　豊臣秀吉が全国を統一する
- 一五九二・九七　豊臣秀吉が朝鮮にせめこむ
- 一六〇〇　関ケ原の戦いが起こる

▲たて穴住居（三内丸山遺跡）

▲仁徳天皇陵古墳（大仙古墳）

▲元寇（竹崎季長の活やく）

▲長篠の戦い

## 文化のできごと

- 縄文土器や石器を使う
- 弥生土器、鉄器、青銅器を使う
- 渡来人が大陸文化を伝える→漢字、土木技術など
- 大陸から仏教が伝わる
- 六〇七　法隆寺ができる
- 「古事記」「日本書紀」ができる
- 七五二　東大寺の大仏の開眼式が行われる
- 唐からきた鑑真が唐招提寺をつくる
- かな文字の使用が広まる
- 日本風の文化（国風文化）が育つ
- 清少納言が「枕草子」をあらわす
- 紫式部が「源氏物語」をあらわす
- 一〇五三　藤原頼通が宇治に平等院鳳凰堂をつくる
- 中国から禅宗が伝わる
- 新しい仏教がおこる
- 一三九七　足利義満が金閣をつくる
- 水墨画（すみ絵）がさかんになる
- 一四八九　足利義政が銀閣をつくる
- 一五四三　種子島に鉄砲が伝わる
- 一五四九　ザビエルがキリスト教を伝える

▲弥生時代の吉野ケ里遺跡

▲法隆寺

▲東大寺の大仏

▲金閣

▲銀閣

（写真提供）飛鳥園、皇居三の丸尚蔵館収蔵、堺市、佐賀県、三内丸山遺跡センター、慈照寺、東大寺、徳川美術館©徳川美術館イメージアーカイブ/DNPartcom、法隆寺/便利堂、鹿苑寺

（切り取り線）

興味を広げる・深める！

# 歴史人物

6年

## 卑弥呼

2世紀末～3世紀前期

邪馬台国の女王として、30あまりの国々を従える。3世紀の日本を記した「魏志倭人伝」にも登場。魏（昔の中国）に使いを送り、親魏倭王の称号と多くの銅鏡を授かる。

## 聖徳太子

飛鳥時代

574～622

推古天皇の摂政（天皇の政治を助ける役職）となって、冠位十二階や十七条の憲法を制定。遣隋使を派遣したり、法隆寺（奈良県）をはじめ多くの寺院を建立したりした。

## 小野妹子

6～7世紀

聖徳太子の命を受け、遣隋使となる。隋（昔の中国）の皇帝・煬帝に、「日出ずる処の天子、書を日没する処の天子に致す」という内容の手紙をわたし、対等な外交をしようとした。

## 中大兄皇子

飛鳥時代

626～671

蘇我氏をたおし、中臣鎌足とともに、天皇中心の国づくり（大化の改新）を始める。中大兄皇子は後に天智天皇となった。

## 中臣鎌足

614～669

蘇我氏をたおし、中大兄皇子とともに、天皇中心の国づくり（大化の改新）を始める。中臣鎌足は後に藤原鎌足となった。

## 聖武天皇

奈良時代

701～756

仏教を深く信仰し、各地に国分寺をつくらせる。また、東大寺（奈良県）を建てて、大仏を建立した。愛用品の多くは、東大寺にある正倉院に納められている。

## 行基

668～749

渡来人（中国や朝鮮半島から日本へ移り住んだ人）の子孫といわれ、土木技術にすぐれていた。橋や道路の工事を指導したほか、東大寺（奈良県）の大仏の建立に協力した。

## 鑑真

奈良時代

688～763

唐（昔の中国）から日本にわたってきた僧。何度も渡航に失敗し、6度目にようやく成功したが、そのときには両目の視力を失っていた。仏教の戒律を伝え、唐招提寺（奈良県）を建てた。

## 藤原道長

966～1027

有力な貴族として、政治を動かした。4人のむすめを天皇のきさきとし、天皇が幼いときは摂政、成人後は関白という位につき、摂関政治を行った。

## 紫式部

平安時代

10世紀後期～11世紀前期

天皇のきさきとなった藤原道長のむすめに、深い知識をもっていることから、教育係として仕えた。貴族の光源氏を主人公とした「源氏物語」を書いた。

## 清少納言

平安時代

10世紀後期～11世紀前期

一条天皇のきさきに、教育係として仕えた。宮廷で見聞きしたことをいかし、随筆（形にとらわれず、自分の経験や思いなどを自由に書いた文章）の「枕草子」を書いた。

## 平清盛

1118~1181

平治の乱（武士の平氏と源氏の戦い）に勝ち、政治の実権をにぎった。武士として初めて、太政大臣となった。宋（昔の中国）との貿易（日宋貿易）を進めた。

**使い方**　切り取り線にそって切りはなしましょう。
白紙のカードには、あなたの好きな歴史人物についてまとめてみましょう。

**説　明**

人物の生まれた年・亡くなった年

人物に関連する重要語句

人物が主に活やくした時代

人物が行ったことなど

## 源義経

平安時代

1159~1189

源頼朝の弟で、「戦いの天才」といわれた。一の谷の戦い（兵庫県）などで、平氏と戦い、壇ノ浦の戦い（山口県）で、平氏をほろぼした。のちに、頼朝と対立した。

## 源頼朝

1147~1199

鎌倉（神奈川県）に鎌倉幕府を開き、初代将軍となった。国ごとに守護（警察のようなもの）と地頭（年貢のとりたてなどをする人）を置き、全国支配の基礎を固めた。

## 北条時宗

鎌倉時代

1251~1284

鎌倉幕府の執権（将軍を助ける役職）をつとめた。元寇（元のこうげき）を、二度にわたって退けた。元のこうげきに備え、博多湾（福岡県）に石塁（防塁）を築いた。

## 足利義満

1358~1408

室町幕府の３代将軍。明（昔の中国）との貿易を行って、大きな利益を得た。文化や芸術を保護し、14世紀の終わりには、京都の北山に金閣を建てた。

## 足利義政

1436~1490

足利義満の孫で、室町幕府の８代将軍。京都で応仁の乱が起こると幕府の力は弱まっていき、政治から身を引いた義政は、15世紀の終わりに、京都の東山に銀閣を建てた。

## 雪舟

1420~1506

禅宗（仏教の一つ）の僧で、寺で修行しつつ、絵を学んだ。明（昔の中国）へわたって、すみ絵（水墨画）の技法を学び、帰国後、日本独特の水墨画を芸術として大成させた。

## フランシスコ＝ザビエル

室町時代

1506~1552

キリスト教を広めるために、スペインからやって来た宣教師。同じころ、スペインやポルトガルから鉄砲も伝わった。

## 織田信長

1534~1582

尾張（愛知県）の戦国大名で、室町幕府をほろぼした。鉄砲を用い、武田氏を長篠の戦い（愛知県）で破った。また、商人たちが自由に商売できるしくみを整えた（楽市・楽座）。

## 豊臣秀吉

安土桃山時代

1537~1598

尾張（愛知県）の戦国武将で、天下統一をした。検地（田畑の面積、しゅうかく量などを調査）と刀狩（百姓から武器を取り上げる）を行い、身分を区別した。

## 徳川家康

江戸時代

1542~1616

豊臣秀吉の死後、関ヶ原の戦い（岐阜県）に勝ち、江戸幕府を開いた。大名を、親藩（親せき）、譜代（昔からの家来）、外様（それ以外の家来）に分けて、全国を支配した。

## 近松門左衛門

江戸時代

1653～1724

歌舞伎（演劇）や人形浄瑠璃（人形を使った演劇）の脚本を書いた。元禄文化（大阪・京都を中心に栄えた町人文化）を代表する人物。「曾根崎心中」などの作品が有名。

## 歌川広重

1797～1858

風景画を得意とした、浮世絵師。江戸から京都までの、東海道の名所をえがいた「東海道五十三次」は、浮世絵（多色刷りの版画）として発売され、町人から人気を得た。

## 本居宣長

江戸時代

1730～1801

国学（仏教などが伝わる前の日本人の考え方を明らかにする学問）を学び、研究した国学者。日本最古の歴史書「古事記」を研究し、「古事記伝」にまとめた。

## 杉田玄白

1733～1817

医者で、辞典もないまま、オランダ語の医学書を、前野良沢らとほん訳。「解体新書」として、出版した。オランダ語で西洋の文化を学ぶ蘭学の基礎を築いた。

## 伊能忠敬

1745～1818

商人だったが、50才から天文学や測量学を学んだ天文・地理学者。日本全国を歩き、測量して、正確な日本地図づくりにはげんだ。地図は忠敬の死の3年後、完成した。

## ペリー

1794～1858

1853年、アメリカから軍艦（黒船）で、浦賀（神奈川県）に来た使節。鎖国をしていた江戸幕府に開国を求めた。1854年、日本はアメリカと日米和親条約を結んだ。

## 西郷隆盛

1827～1877

薩摩藩（鹿児島県）の武士。長州藩（山口県）の木戸孝允と薩長同盟を結び、倒幕を進めた。新政府の指導者になったが、辞任。西南戦争を起こし、新政府軍に敗れた。

## 大久保利通

1830～1878

明治維新で活やくした薩摩藩（鹿児島県）出身の武士。新政府に入り、廃藩置県（藩をやめ、県にする）、地租改正（土地の税金を変える）などを進めた。

## 福沢諭吉

1834～1901

人間の自由と平等の考え方を説いた「学問のすゝめ」を書いた。欧米の文化を積極的に取り入れようとする文明開化のなか、「学問のすゝめ」は多くの人に読まれた。

名前

行ったこと

似顔絵をかいてみよう

名前

行ったこと

似顔絵をかいてみよう

名前

行ったこと

## 津田梅子（つだうめこ）

明治時代

1864〜1929

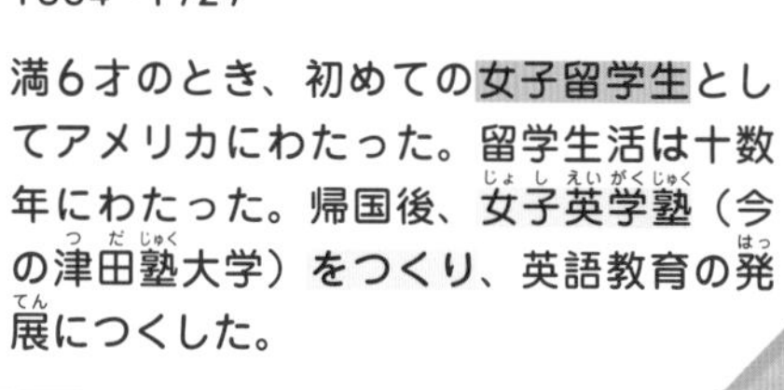

満6才のとき、初めての女子留学生としてアメリカにわたった。留学生活は十数年にわたった。帰国後、女子英学塾（今の津田塾大学）をつくり、英語教育の発展につくした。

## 大隈重信（おおくましげのぶ）

1838〜1922

国会設立に先立ち、イギリスにならった立憲改進党をつくった。その後、日本で初めての政党内閣（政党の党首が首相になる内閣）をつくり、内閣総理大臣となった。

## 板垣退助（いたがきたいすけ）

明治時代

1837〜1919

自由民権運動（国会の開設や憲法を定めることを求める運動）を指導した。運動は全国に広まり、国会の開設が約束されると、それに備え、自由党をつくった。

## 伊藤博文（いとうひろぶみ）

明治時代

1841〜1909

ドイツの憲法を学び、大日本帝国憲法をつくった。天皇から任命された内閣総理大臣が内閣を組織し、行政を担当する内閣制度をつくった。初代内閣総理大臣。

## 陸奥宗光（むつむねみつ）

明治時代

1844〜1897

外務大臣として、イギリスと交渉。1894年、日本にいる外国人を日本の法律で裁判できないという領事裁判権（治外法権）をなくすことに成功した。

## 小村寿太郎（こむらじゅたろう）

明治時代

1855〜1911

外交官として、不平等な条約の改正をめざし、アメリカと交渉。1911年、関税自主権（自分の国で輸入品に自由に税をかける権利）の回復に成功した。

## 与謝野晶子（よさのあきこ）

明治時代

1878〜1942

大阪府出身の歌人。日露戦争（1904〜1905年）のとき、戦場にいる弟を思って、「君死にたまふことなかれ」という詩を発表した。戦争反対の気持ちを表した。

## 野口英世（のぐちひでよ）

1876〜1928

伝染病研究所に入り、細菌学の研究にはげんだ。アメリカにわたり、へび毒の研究で評価を受けた。アフリカに行き、黄熱病の研究に取り組むが、自身も感染して亡くなった。

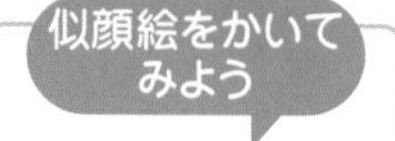


名前

行ったこと

## 平塚らいてう（ひらつか）

1886〜1971

女性の地位を上げる運動を進めた。当時、女性には選挙権が認められていなかった。市川房枝らと新婦人協会をつくり、婦人参政権のかくとくをうったえた。

似顔絵をかいてみよう

名前

行ったこと

似顔絵をかいてみよう

名前

行ったこと

# もくじ

**社会6年**
教育出版版
小学社会

**教科書ぴったりトレーニング**

▶ 3分でまとめ動画



せんたく がついているところでは、教科書の選択教材を扱っています。学校での学習状況に応じて、ご利用ください。


【写真提供】 ColBase（https://colbase.nich.go.jp）／National Museum of the U.S. Navy／浅沼光晴／朝日新聞社提供／飛鳥園／アマナイメージズ／皇居三の丸尚蔵館収蔵／高台寺／国立公文書館／国立国会図書館ウェブサイト／コーベット・フォトエージェンシー／堺市提供／三内丸山遺跡センター／時事通信フォト／慈照寺／ジャパンアーカイブス／衆議院憲政記念館所蔵／正倉院宝物／神護寺／高槻市埋蔵文化財センター／田原市博物館所蔵／長興寺（豊田市）所蔵／唐招提寺／東大寺／©徳川美術館イメージアーカイブ/DNPartcom／長崎歴史文化博物館／日光東照宮　宝物館／日本近代文学館／日本製鉄株式会社 九州製鉄所　所蔵／福岡市埋蔵文化センター／藤田美術館／便利堂／法隆寺／毎日新聞社／鹿苑寺 蔵／六波羅蜜寺

ぴったり1 準備

3分でまとめ

1. ともに生きる暮らしと政治

# 1 憲法とわたしたちの暮らし①

学習日　月　日

めあて
みんなが生きやすいまちや日本国憲法とはどのようなものかを理解しよう。

教科書 8～17ページ　答え 2ページ

次の（　　）に入る言葉を、下から選びましょう。

## 1 オリンピック・パラリンピックから学び、社会を考える／だれもが使いやすいまちに

教科書 8～13ページ

**オリンピック・パラリンピック**

- 4年に一度開催される世界的なスポーツの祭典で、2021(令和3)年には、東京で夏季大会が開催された。

**さまざまな人が利用する公共施設の設備**

- 建物や道路の（①　　　　）、駐車場の専用スペースなど、だれもが不自由なく、安全に利用できるように、さまざまな公共施設の設備が整えられている。
- （②　　　　）…障がいのある人や高齢者が生活を送るうえで、さまたげになるもの（バリア）を取り除くこと。
- （③　　　　）…年齢や障がいの有無、性別、国籍に関係なく、すべての人が利用しやすいものやまちを、はじめからつくっていこうとする考え方。

公共施設の設備
- ・建物や道路のスロープ
- ・駐車場の専用スペース
- ・バリアフリートイレ
- ・エレベーター　など

「バリアフリー法」や「障害者差別解消法」がつくられたよ。

## 2 国のあり方を示す日本国憲法／学習問題をつくり、学習計画を立てよう

教科書 14～17ページ

ワンポイント　日本国憲法の三つの原則

日本国憲法
- （④　　　　）…国の政治のあり方は国民が決める
- （⑤　　　　）の尊重…国民はだれもが人間らしく生きる権利をもつ
- 平和主義…（⑥　　　　）を二度とくり返さない

日本国憲法

- **日本国憲法**は、国の政治の基本的なあり方を定めたもので、（⑦　　　　）は、すべて、憲法にもとづく。
- 1946（昭和21）年11月3日に（⑧　　　　）され、1947年5月3日に**施行**された。

**日本国憲法の前文（一部の要約）**

日本国民は、わたしたちと子孫のために、世界の国々と親しく交わり、国内に自由のめぐみをみなぎらせることが、国民を幸福にするものであると信じる。そして、政府の行いによってこれから二度と戦争の起こることのないようにしようと決意するとともに、ここに国の政治のあり方を決める力は、わたしたち国民にあることを宣言して、この憲法をつくった。

選んだ言葉に✓
- □基本的人権　□公布　□国民主権　□バリアフリー
- □スロープ　□法律　□戦争　□ユニバーサルデザイン

学習日　月　日

ぴたトリビア

日本国憲法が公布された11月３日は「文化の日」、施行された５月３日は「憲法記念日」として祝日に定められ、学校は休みになります。

教科書　8～17ページ　答え　2ページ

## 1 バリアフリーについて、次の問いに答えましょう。

(1) 年齢や障がいの有無、性別、国籍に関係なく、すべての人が利用しやすいものやまちを、はじめからつくっていこうとする考え方を何といいますか。

（　　　　　　）

(2) バリアフリーの考え方にもとづいて整備されている設備に関する次の①～⑤の説明について、正しいものには○を、まちがっているものには×をつけましょう。

①（　　）車いすが通れるように駅の改札口を広くした。
②（　　）駅のホームに便利な売店をつくった。
③（　　）駅にエレベーターを設置した。
④（　　）駐車場に、車いすを置いて乗り移ることのできるスペースを設けた。
⑤（　　）トイレのスペースを広くとり、便座(べんざ)に座(すわ)るときに使う手すりを備え付けた。

## 2 次の日本国憲法の前文を読んで、あとの問いに答えましょう。

日本国民は、わたしたちと子孫のために、（①）と親しく交わり、国内に自由のめぐみをみなぎらせることが、国民を（②）にするものであると信じる。そして、政府の行いによってこれから二度と戦争の起こることのないようにしようと決意するとともに、ここに国の政治のあり方を決める力は、わたしたち国民にあることを宣言して、この憲法をつくった。

(1) 文中の①、②にあてはまる言葉を書きましょう。

①（　　　　）②（　　　　）

(2) 日本国憲法の前文に書かれている内容に関する次の①～③の会話について、正しいものには○を、まちがっているものには×をつけましょう。

①（　　）

前文には、日本国憲法の三つの原則と同じような意味のことが書かれているね。

②（　　）

「二度と戦争の起こることのないように」は、基本的人権の尊重の考え方だね。

③（　　）

「国の政治のあり方を決める力は、わたしたち国民にある」は、国民主権の考え方だね。

(3) 日本国憲法が公布された日と施行された月日をそれぞれ書きましょう。

公布された月日　1946年（　　）月（　　）日
施行された月日　1947年（　　）月（　　）日

ヒント　2 (2) 日本国憲法の三つの原則は、国民主権、基本的人権の尊重、平和主義です。

1．ともに生きる暮らしと政治

# 1 憲法とわたしたちの暮らし②



めあて
国民主権、基本的人権の尊重、平和主義とはどのようなものかを理解しよう。

教科書 18～23ページ　答え 3ページ

次の（　　）に入る言葉や数字を、下から選びましょう。

## 1 国の主人公はわたしたち国民

教科書 18～19ページ

### ✪ 国民主権

- **選挙権**…**国民主権**の代表的な例で、国民が政治についての考えを示す権利。（①　　　　）才以上のすべての国民は選挙権をもつ。
- 選挙で選ばれた（②　　　　）は、国民の代表として国会で話し合い、法律などを決める。
- **天皇**…「日本国の象徴」（日本国憲法第1条）。憲法で定められた（③　　　　）を行う。**国事行為**には最高裁判所長官の任命や国会の召集、衆議院の解散などがある。

国会　議員を選挙
都道府県や市区町村　知事・市区町村長・議員を選挙　条例の改正などの請求
国民
憲法改正　国民投票
最高裁判所　最高裁判所裁判官の国民審査

⬆ 国民主権の例

選挙には不在者投票や期日前投票などの制度があるよ。

## 2 すべての人が幸せに生きるために／平和を守る

教科書 20～23ページ

**ワンポイント　基本的人権の尊重**

- **基本的人権**…生命や身体の自由を大切にされ、人間らしく生きる権利（憲法第11条）。すべての国民は（④　　　　）な生活を送る権利をもつ。

| 日本国憲法に定められている国民の権利 | 国民の義務 |
| --- | --- |
| ・居住・移転、職業を選ぶ自由　・法のもとの平等<br>・政治に参加する権利　・信教・学問・思想の自由<br>・健康で文化的な生活を送る権利　・働く権利　・裁判を受ける権利<br>・団結する権利　・言論・出版の自由　・教育を受ける権利 | ・（⑤　　　　）を納める義務<br>・働く義務<br>・子どもに教育を受けさせる義務 |

- 就職や結婚の差別、**アイヌの人たち**や在日外国人、障がいのある人に対する差別や偏見、性別による差別の解消には、おたがいの人権を尊重し合う社会をつくる努力が大切。

### ✪ 平和主義

- 憲法第9条で、決して戦争をしないこと、戦力（武力）をもたないことを定めている。
- 日本は（⑥　　　　）の被害を受けた、ただ一つの被爆国。（⑦　　　　）（「核兵器をもたない、つくらない、もちこませない」）をかかげている。
- （⑧　　　　）…国の平和と独立を守ることを目的として1954年につくられた。

選んだ言葉に✔

☐国事行為　☐健康で文化的　☐非核三原則　☐自衛隊
☐議員　☐核兵器　☐18　☐税金

ぴったり2

# 練習

学習日　　月　　日

ぴたトリビア

憲法改正…日本国憲法を改正するのに必要な手続きの一つとして、国民投票が定められています。

教科書　18〜23ページ　答え　3ページ

## 1 国民主権について、次の問いに答えましょう。

(1) 日本で選挙権をもっている人を、㋐〜㋒から選びましょう。（　　　）

㋐ 16才以上のすべての国民　㋑ 18才以上の男性のみ　㋒ 18才以上のすべての国民

(2) 国民主権に関する次の①〜⑤の説明について、正しいものには○を、まちがっているものには×をつけましょう。

①（　　　）選挙権は、国民主権の代表的な例とされる。

②（　　　）選挙によって天皇を選ぶことができる。

③（　　　）選挙によって都道府県知事を選ぶことができる。

④（　　　）選挙当日に決められた投票所に行けない場合、事前に投票することはできない。

⑤（　　　）天皇は、国会で話し合いをして国の法律などを定める。

## 2 次の図を見て、あとの問いに答えましょう。

㋐

居住・移転、職業を選ぶ自由

㋑

法のもとの（①）

㋒

政治に参加する権利

㋓

（②）を納める義務

㋔

信教・（③）・思想の自由

㋕

健康で文化的な生活を送る権利

㋖

働く権利

㋗

働く義務

㋘

（④）を受ける権利

㋙

言論・（⑤）の自由

㋚

（⑥）を受ける権利

㋛

子どもに（⑥）を受けさせる義務

↑ 日本国憲法に定められている国民の権利と義務

(1) 図中の①〜⑥にあてはまる言葉を書きましょう。

①（　　　）②（　　　）③（　　　）

④（　　　）⑤（　　　）⑥（　　　）

(2) 次の①〜③にあてはまる国民の権利を、図の㋐〜㋛から選びましょう。

① マリさんのお父さんは、選挙の投票に行った。

② マリさんは、小学校に通っている。

③ マリさんのおばあさんは、デイサービスを利用している。

①（　　　）②（　　　）③（　　　）

ヒント　1 (2)⑤　天皇は憲法で定められた国事行為を行います。

# 1 憲法とわたしたちの暮らし

教科書 8～23ページ　答え 4ページ

## 1 右の図を見て、次の問いに答えましょう。

1つ5点（30点）

(1) よく出る 図中の①～③にあてはまる言葉を書きましょう。

①（　　　　）
②（　　　　）
③（　　　　）

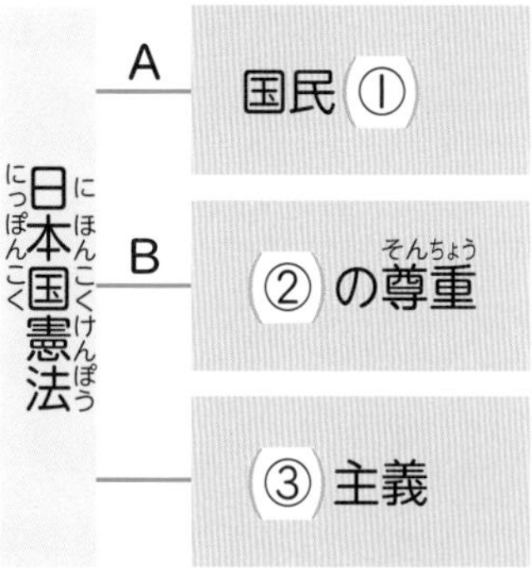

日本国憲法
- A 国民（①）
- B （②）の尊重
- （③）主義

日本国憲法の三つの原則

(2) Aのもとで日本国憲法第１条は天皇の地位をどのように定めていますか。（　）にあてはまる言葉を書きましょう。

日本国、日本国民統合の（　　　　）

(3) Bについて、次の①、②にあてはまる国民の権利を、㋐～㋒から選びましょう。 技能

① 自分が住む県の知事に立候補する。（　　）
② 親の職業を必ずつぐのではなく、自分が選んだ仕事をする。（　　）

㋐ 
居住・移転、職業を選ぶ自由

㋑ 
教育を受ける権利

㋒ 
政治に参加する権利

## 2 日本国憲法について、次の問いに答えましょう。

1つ5点（25点）

(1) 次の文中の①、②にあてはまる数字や言葉を書きましょう。

①（　　　　）　②（　　　　）

（①）年５月３日に日本国憲法が（②）されたことを記念して、５月３日は「憲法記念日」として国民の祝日に定められている。

(2) 天皇の国事行為と定められているものを、㋐～㋖から３つ選びましょう。

㋐ 国の予算を決める。
㋑ 最高裁判所長官を任命する。
㋒ 予算を使い、国民の暮らしを支える仕事を行う。
㋓ 国会を召集する。
㋔ 外国と結んだ条約を承認する。
㋕ 衆議院を解散する。
㋖ 法律をつくる。

（　　）（　　）（　　）

## 3 右の文を読んで、次の問いに答えましょう。

1つ5点（25点）

> 日本には、今なお人権が十分に守られないことが起こっている。たとえば、（①）や結婚などの際に、差別を受けることがある。また、（②）の人たちや、在日（③）などに対する差別や偏見、男女の（④）による差別も、解消していかなければならない。

(1) 文中の①～④にあてはまる言葉を［　］から選びましょう。

［アイヌ　外国人　就職　性別］

①（　　　　）
②（　　　　）
③（　　　　）
④（　　　　）

記述 (2) できたらスゴイ! 差別を解消するために、わたしたち一人一人ができることを、「尊重」という言葉を使って簡単に書きましょう。

思考・判断・表現

（　　　　　　　　　　　　　　　　　　　　）

## 4 次の日本国憲法の条文を読んで、あとの問いに答えましょう。

1つ4点（20点）

> 日本国民は、正義と秩序にたつ国際平和を心から願って、戦争や武力を用いることは、国々の間の争いを解決する手段としては、永久にこれを放棄する。
> この目的を達するため、陸海空軍その他の戦力はもたない。国の交戦権は認めない。

(1) この条文は、日本国憲法の第何条に定められていますか。

第（　　　　）条

(2) 日本がかかげている、「核兵器をもたない、つくらない、もちこませない」という原則を何といいますか。

（　　　　）

(3) 国の平和と独立を守るため、1954年につくられた防衛組織を何といいますか。

（　　　　）

(4) (3)の役割として正しいものを、㋐～㋓から選びましょう。

（　　）

㋐ 災害時に、現地で救援や救助活動を行う。
㋑ 天皇の国事行為に助言をあたえる。
㋒ 予算案や法律案をつくる。
㋓ 憲法の改正について話し合う。

広島の平和記念式典

記述 (5) 右上の写真は、毎年8月6日に広島で開かれている平和記念式典の様子です。この式典が開かれている理由を、「原子爆弾」という言葉を使って簡単に書きましょう。

思考・判断・表現

（　　　　　　　　　　　　　　　　　　　　）

ふりかえり 3(2)がわからないときは、4ページの2にもどって確認してみよう。

ぴったり1 準備

1．ともに生きる暮らしと政治

# 1 憲法とわたしたちの暮らし③

学習日　月　日

めあて：国会や内閣の役割がどのようなものかを理解しよう。

教科書 24〜27ページ　答え 5ページ

次の（　）に入る言葉を、下から選びましょう。

## 1 国会のはたらき

教科書 24〜25ページ

ワンポイント　国会

- 国会では、国民の暮らしに関わる法律や、国の（①　　　　）、条約の承認などについて話し合い、（②　　　　）で決める。
- （③　　　　）と（④　　　　）という二つの議院で話し合い、慎重に決定する。

| | 衆議院 | 参議院 |
|---|---|---|
| 議員定数 | 465名 | 248名 |
| 任期 | 4年（解散がある） | 6年（3年ごとに半数改選） |
| 投票できる人 | 18才以上 | 18才以上 |
| 立候補できる人 | 25才以上 | 30才以上 |

衆議院と参議院のちがい ＊2023年現在

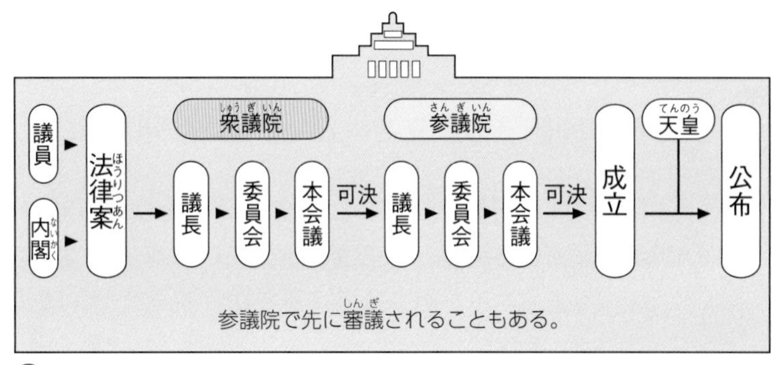


法律ができるまで

## 2 内閣のはたらき

教科書 26〜27ページ

### 内閣

- 内閣は、国会で決めた予算を使って、国民の暮らしを支える仕事をする。
- 最高責任者は（⑤　　　　）（首相）。首相が国務大臣を任命して内閣をつくる。
- 内閣のもとには、さまざまな府・（⑥　　　　）・庁などが置かれ、ほとんどの国務大臣は各省庁の大臣を務める。

内閣の主な仕事

- 国会で決めた法律や予算をもとに、仕事を行う＝（⑦　　　　）。
- 予算案や法律案をつくって、国会に提出する。
- 外国と条約を結ぶ。
- 天皇の（⑧　　　　）に助言や承認をあたえる。

内閣と国の主な機関

首相と国務大臣は閣議を開いて政治の進め方を話し合うよ。

選んだ言葉に✔

| | | | |
|---|---|---|---|
| □参議院 | □多数決 | □国事行為 | □内閣総理大臣 |
| □衆議院 | □予算 | □行政 | □省 |

学習日　月　日

ぴたトリビア
国の予算… 1 年間に入ってくるお金のことを「歳入」、1 年間で支はらうお金のことを「歳出」といいます。2023年度の予算は約114兆円です。

教科書 24～27ページ　答え 5ページ

## 1 右の図を見て、次の問いに答えましょう。

(1) 法律案を提出するのはどれですか。
㋐～㋓から 2 つ選びましょう。

(　　　)
(　　　)

㋐ 衆議院
㋑ 議員
㋒ 委員会
㋓ 内閣

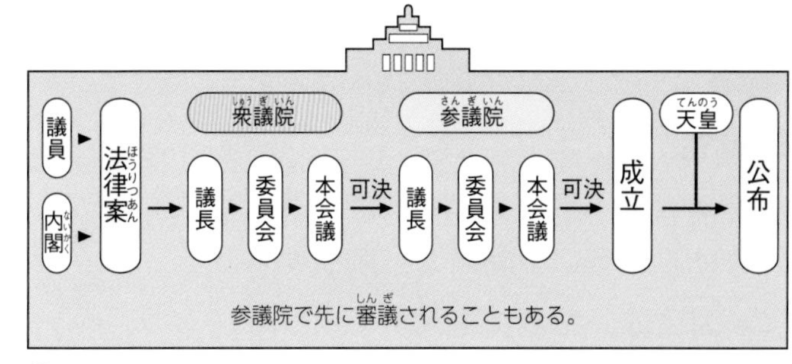


法律ができるまで

(2) 国会議員に関する次の①～④の説明について、正しいものには○を、まちがっているものには×をつけましょう。

①(　　　) 議員になろうとする人は、立候補をして、街頭演説や選挙公報などを通じて自分の考えを伝える。
②(　　　) 衆議院議員は、任期が 6 年で、3 年ごとに半数を改選する。
③(　　　) 衆議院と参議院の議員を選ぶ選挙権は、18才以上の国民に認められている。
④(　　　) 参議院議員には、25才以上の国民が立候補できる。

## 2 右の図を見て、次の問いに答えましょう。

(1) 図中の(1)にあてはまる、内閣の最高責任者を何といいますか。

(　　　)

(2) (1)が中心となって、国務大臣と開く会議を何といいますか。

(　　　)

(3) 食品や薬の安全の確認を行う仕事をしている府・省・庁を、右の図から選びましょう。

(　　　)

(4) 内閣に関する次の①～④の説明について、正しいものには○を、まちがっているものには×をつけましょう。

①(　　　) 外国と結んだ条約を承認する。
②(　　　) 国会で決められた法律や予算をもとに、実際の仕事を行う。
③(　　　) 天皇の国事行為に助言や承認をあたえる。
④(　　　) 話し合いを行い、多数決で法律を決める。

総務省　内閣府　防衛省　法務省
文部科学省　農林水産省
内閣　(1)　国務大臣
厚生労働省　外務省
国土交通省　環境省　財務省　経済産業省

内閣と国の主な機関

ヒント　2 (1) 内閣の最高責任者は、首相ともよばれています。

ぴったり1 **準備**

1. ともに生きる暮らしと政治

# 1 憲法とわたしたちの暮らし④

学習日　月　日

めあて
裁判所の役割や税金がどのようなものかを理解しよう。

教科書 28～33ページ　答え 6ページ

次の（　）に入る言葉を、下から選びましょう。

## 1 裁判所のはたらき　教科書 28～29ページ

### 裁判所

- **裁判所**…争いごとや犯罪を憲法や（①　　　）にもとづいて判断し、解決する。
- 国民は、だれでも（②　　　）権利をもつ。
- 2009（平成21）年から、国民が裁判に参加する（③　　　）が始まった。

裁判員裁判は、原則として裁判官3人と裁判員6人の合計9人が裁判を行うよ。


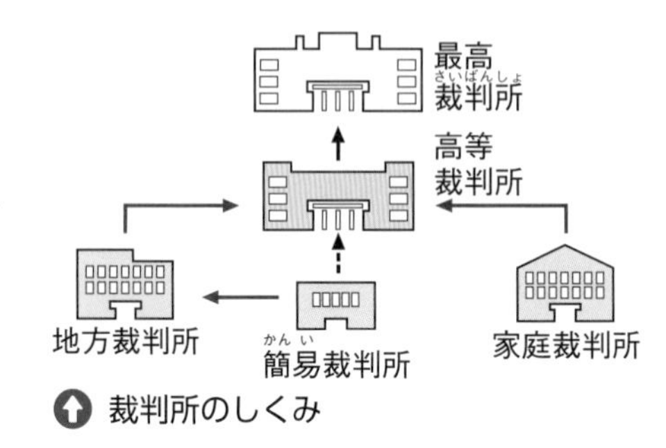

裁判所のしくみ

- （④　　　）…裁判所の判決に納得できない場合、3回まで裁判を受けることができる。

### 三権分立

- **三権分立**…一つの機関に（⑤　　　）が集中しないようにするしくみ。
- 国会は**立法権**を、内閣は**行政権**を、裁判所は（⑥　　　）をもつ。

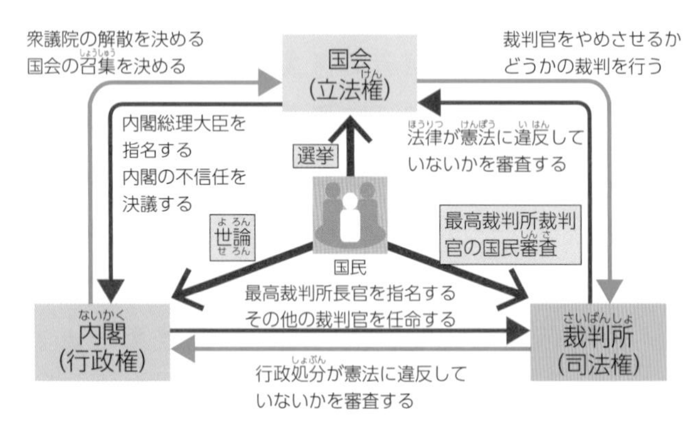

三権分立のしくみ・国民と政治のつながり

## 2 税金のはたらき　教科書 30～31ページ

### 税金

- 国が行う国民のための仕事は国会で決められ、法律にもとづいて行われる。その費用には、国民が納める**税金**が使われる。
- 税金を納めることは、国民の（⑦　　　）である。
- （⑧　　　）…国が国民から集める税。
- 地方税…都道府県や市区町村が集める税。
- 消費税…店で品物を買ったときに支はらう税。

税金の主な使いみち
- 公共施設や道路などを整備する。
- 安全で健康な暮らしを守る。
- 高齢者や障がいのある人を支援する。
- 平等に教育を受けられるようにする。

教科書が無償なのは、税金が使われているからなんだ。

選んだ言葉に✓
□国税　□権力　□法律　□裁判を受ける
□司法権　□裁判員制度　□義務　□三審制

学習日　　月　　日

**ぴたトリビア**

裁判の傍聴…裁判は、許可がなければ写真撮影や録音をすることができません。ニュースなどでは、裁判の様子はイラストで伝えています。

教科書 28～33ページ　答え 6ページ

## 1 右の図を見て、次の問いに答えましょう。

(1) 裁判所のしくみについて、右の図中の①、②にあてはまる言葉を書きましょう。

①(　　　　　)
②(　　　　　)

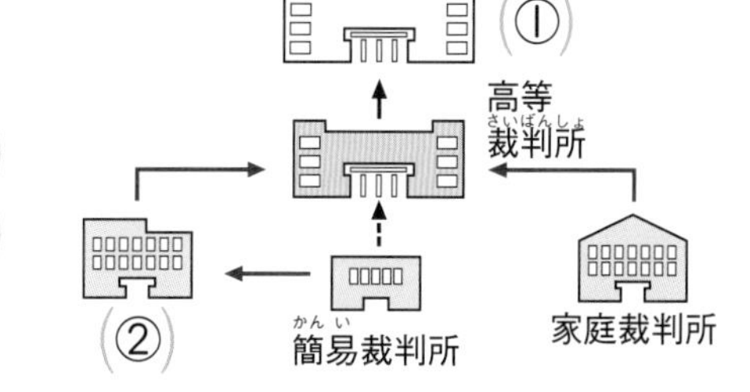


(2) 裁判に関する次の①～④の説明について、正しいものには○を、まちがっているものには×をつけましょう。

①(　　　) 国民はだれでも裁判を受ける権利をもっている。
②(　　　) 裁判員制度では、18才以上の人の中から裁判員が選ばれる。
③(　　　) 裁判員裁判は、原則として裁判官６人と裁判員３人の合計９人が裁判を行う。
④(　　　) 裁判所の判決に納得できない場合、３回まで裁判を受けられる。

(3) 三権分立のしくみについて、右の図中の①～③にあてはまる言葉を書きましょう。

①(　　　　　)
②(　　　　　)
③(　　　　　)

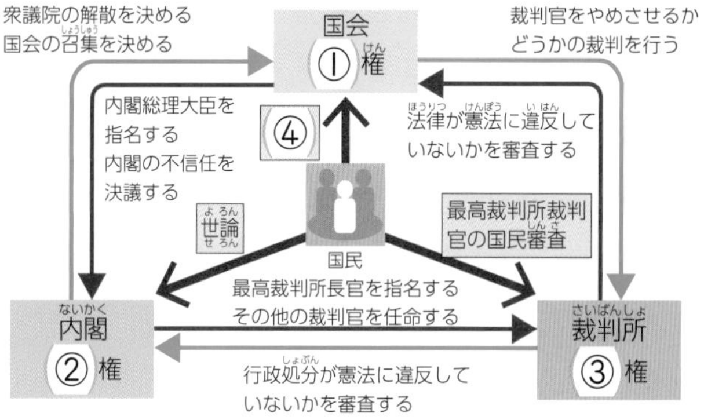

衆議院の解散を決める
国会の召集を決める
国会
① 権
裁判官をやめさせるかどうかの裁判を行う
内閣総理大臣を指名する
内閣の不信任を決議する
④
法律が憲法に違反していないかを審査する
世論
最高裁判所裁判官の国民審査
国民
最高裁判所長官を指名する
その他の裁判官を任命する
内閣
② 権
裁判所
③ 権
行政処分が憲法に違反していないかを審査する

(4) 三権分立のしくみについて、右の図中の④にあてはまる言葉を、㋐～㋒から選びましょう。

(　　　)

㋐ 任命　㋑ 選挙　㋒ 処分

## 2 税金に関する次の文を読んで、正しいものには○を、まちがっているものには×をつけましょう。

(1)(　　　) 税金の使いみちは、議会で話し合って決められる。
(2)(　　　) 税金は、地震や台風などの被害に対する支援にも使われる。
(3)(　　　) 品物を買ったときに支はらう税を商品税という。
(4)(　　　) 学校で使う紙や用具には税金が使われている。
(5)(　　　) 学校で使う教科書には税金が使われていない。
(6)(　　　) 国が国民から集める税を国税という。
(7)(　　　) 都道府県や市区町村が集める税を地方税という。

ヒント　1 (1) 日本の裁判所は、最高裁判所、高等裁判所、地方裁判所、簡易裁判所、家庭裁判所の５種類です。

1．ともに生きる暮らしと政治

# 1 憲法とわたしたちの暮らし

時間 30分　　／100　　合格 80点

教科書 24～33ページ　　答え 7ページ

## 1 次の文と図を見て、あとの問いに答えましょう。　1つ5点（20点）

2006（平成18）年、国際連合は障害者権利条約を採択した。この条約で決めた約束を果たしていくために、内閣は障害者差別解消法案をつくって2013年に衆議院に提出した。この法案は、国会の審議のうえ可決・成立して公布された。

(1) 右の図は、障害者差別解消法ができるまでの流れを示しています。図中のⒶ～Ⓒにあてはまる言葉の組み合わせとして正しいものを、㋐～㋓から選びましょう。　技能

（　　）

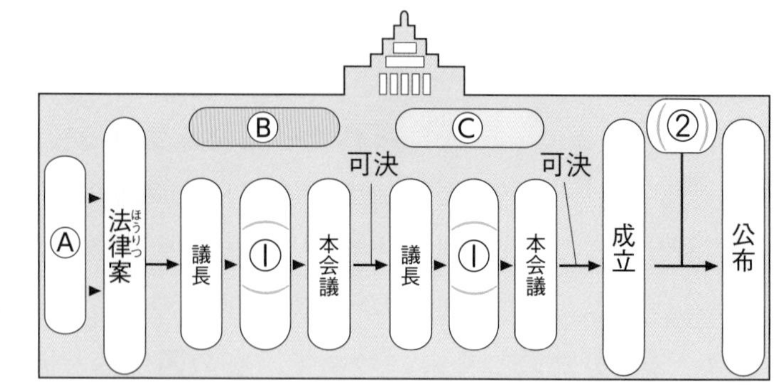


㋐ Ⓐ議員 Ⓑ衆議院 Ⓒ参議院
㋑ Ⓐ議員 Ⓑ参議院 Ⓒ衆議院
㋒ Ⓐ内閣 Ⓑ衆議院 Ⓒ参議院
㋓ Ⓐ内閣 Ⓑ参議院 Ⓒ衆議院

(2) 図中の①、②にあてはまる言葉を書きましょう。

①（　　）
②（　　）

(3) 下線部について、外国と条約を結ぶ役割をになっている機関を、㋐～㋒から選びましょう。

㋐ 内閣　㋑ 裁判所　㋒ 国会　（　　）

## 2 右の表を見て、次の問いに答えましょう。　1つ5点（20点）

(1) よく出る 表中の①、②にあてはまる数字を書きましょう。

①（　　）
②（　　）

| | 衆議院 | 参議院 |
|---|---|---|
| 議員定数 | 465名 | 248名 |
| 任期 | （①）年 | 6年 |
| 投票できる人 | 18才以上 | 18才以上 |
| 立候補できる人 | 25才以上 | （②）才以上 |

（2023年現在）

(2) 解散があるのはどちらの議院ですか。

（　　）

記述 (3) 国会が衆議院と参議院の二つの議院からなる理由として考えられることを、「国の政治」という言葉を使って簡単に書きましょう。　思考・判断・表現

（　　）

## 3 右の図を見て、次の問いに答えましょう。

1つ5点（15点）

(1) 図中の①、②にあてはまる裁判所の種類を書きましょう。

①（　　　　　　）
②（　　　　　　）

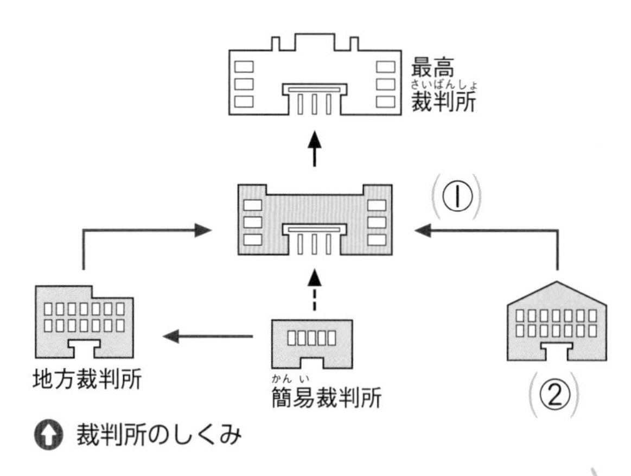

裁判所のしくみ

記述 (2) 裁判は、原則として公開して行うこととされ、だれでも傍聴することができます。どうしてだれでも傍聴することができるのか、簡単に書きましょう。　思考・判断・表現

（　　　　　　　　　　　　　　　　　　　　）

## 4 国民と政治のつながりに関する右の図を見て、次の問いに答えましょう。

1つ5点（30点）

(1) 図中の①～③にあてはまる言葉を書きましょう。

①（　　　　　　）
②（　　　　　　）
③（　　　　　　）

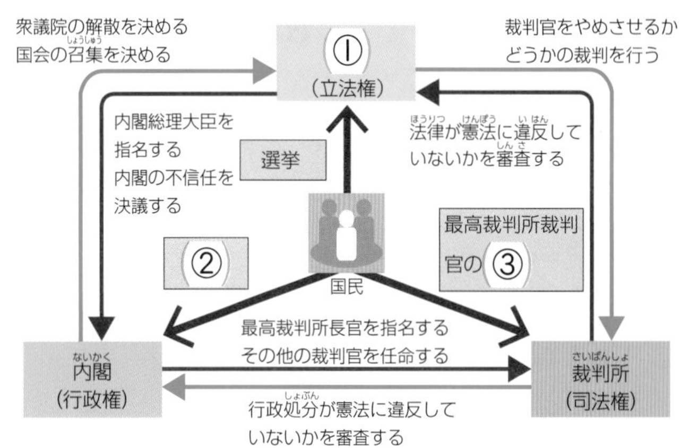


(2) よく出る 右の図のように、それぞれの機関に権力を分担させるしくみを何といいますか。

（　　　　　　）

(3) 内閣を組織している人を、㋐～㋓から２つ選びましょう。　技能

（　　　）（　　　）

㋐ 内閣総理大臣　㋑ 天皇　㋒ 都道府県知事　㋓ 国務大臣

## 5 税金の使いみちについて、次の問いに答えましょう。

1つ5点（15点）

(1) 税金が使われているものを、㋐～㋓から選びましょう。

（　　　）

㋐ 毎日の食料品　㋑ 新聞　㋒ 災害時の支援　㋓ 家具

(2) できたらスゴイ！ 税金に関する次の文中の下線部㋐～㋒のうち、まちがっているものを１つ選び、正しい答えを書きましょう。　技能

記号（　　　）　正しい答え（　　　　　　）

> 国が行う国民のための仕事は、㋐裁判所で話し合って決められ、㋑法律にもとづいて行われる。それらの仕事にかかる費用には、㋒国民が納める税金が使われている。

ふりかえり　２(3)がわからないときは、８ページの１にもどって確認してみよう。

ぴったり1 **準備**

3分でまとめ

せんたく

1. ともに生きる暮らしと政治

# 2 わたしたちの暮らしを支える政治①

学習日　　月　　日

**めあて**
日本の社会の課題である人口問題がどのようなものかを理解しよう。

教科書 34～39ページ　答え 8ページ

次の（　　）に入る言葉を、下から選びましょう。

## 1 わたしたちの暮らしと社会の課題　教科書 34～35ページ

### ✪ 家族の構成の変化

- 以前は子どもの数が多く、子・親・祖父母の３世代が暮らす（①　　　　）が多かった。
- 現在は、夫婦や、親と子の２世代で暮らすような「（②　　　　）」が日本全体の約55%をしめ、（③　　　　）の割合も増えている。

昔の日本は、子どもや若者の数が多く、お年寄りの割合は少なかったんだね。

### ✪ 社会の課題

- 生まれてくる子どもの数が減少するなか、医療の進歩で（④　　　　）がのび、65才以上の高齢者の割合が増える（⑤　　　　）が進んでいる。
- 現在の日本では、なくなる人の数の方が生まれてくる子どもの数よりも多く、人口が減り続けていく（⑥　　　　）をむかえている。

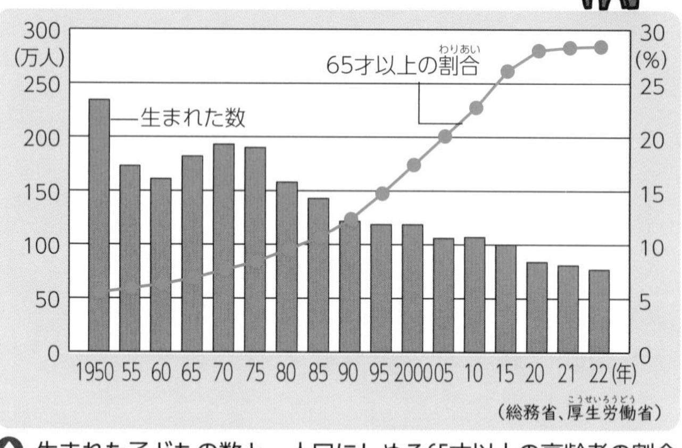


⬆ 生まれた子どもの数と、人口にしめる65才以上の高齢者の割合

## 2 人々の暮らしの願い／子どもは未来への希望　教科書 36～39ページ

### ✪ 静岡県浜松市の様子

- 人口約80万人で、全国で２番目に広い市。人口にしめる14才以下の子どもの割合はおよそ13%で、**少子化・高齢化**が進んでいる。

### ✪ 子育てをしている人たちを支える取り組み

- 浜松市では、「浜松市子ども育成（⑦　　　　）」を制定し、2011（平成23）年に「子育て支援ひろば」を整備。
- 保育園の取り組み…自分のことを自分でする力、人や身近なものごとに関わる力を育成。預かる子どもの人数を増やす努力もしている。
- 小学校の取り組み…小学生が放課後の時間を安心して過ごすことができる場所をつくる。
- 「子育て支援ひろば」の取り組み…小さな子どもとその親、子育てを始める親などが無料で利用することができる施設で、不安なことの相談や情報交換などができる。

「子育て支援ひろば」では妊婦や外国人への支援も行っているよ！

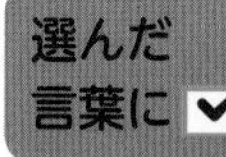
選んだ言葉に✓

□条例　□平均寿命　□少子化・高齢化　□人口減少社会
□一人暮らし　□核家族　□大家族

学習日　　月　　日

都道府県や市区町村が、議会で話し合って決めるきまりを条例といいます。条例の中には「朝ごはん条例」など、ユニークなものもあります。

教科書　34〜39ページ　　答え　8ページ

## 1 次の文とグラフを見て、あとの問いに答えましょう。

右下のグラフでは、1970年からは、生まれた子どもの数は全体として①｛増加・減少｝している。それに対して、人口にしめる高齢者の割合は、②｛増加・減少｝し続けている。
このままだと、今後、日本の人口は③｛増加・減少｝し続けていくことが予想される。

(1) 文中の①〜③について、｛　｝の中の正しい言葉を◯で囲みましょう。

(2) 家族の構成の変化に関する次の①、②の説明について、正しいものには○を、まちがっているものには×をつけましょう。

①(　　　) 現在では、子・親・祖父母の３世代が一緒に暮らす大家族が多くみられる。

②(　　　) 夫婦や、親と子の２世代からなる世帯を「核家族」という。

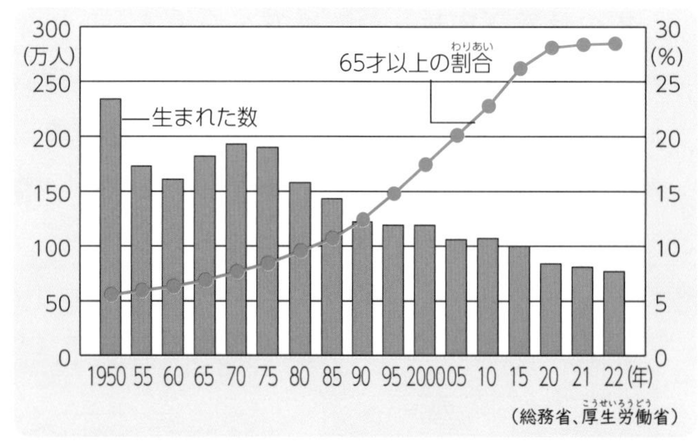


生まれた子どもの数と、人口にしめる65才以上の高齢者の割合

## 2 次の条例の前文を読んで、あとの問いに答えましょう。

**浜松市子ども育成条例の前文（一部の要約）**

子どもは、浜松市の宝であり、明日への活力の源です。
子どもは、(①)、性別、障がいの有無、国籍などによらず、一人一人がさまざまな個性、資質や能力、夢をもったかけがえのない存在です。子どもが(②)や地域のぬくもり、自然の中でのびのびと遊び、学び、育っていくことは、わたしたち浜松市民すべての願いです。
ここに、地域のあらゆる力を結集し、浜松市の(③)をになう子どもを育て守っていくことが重要であるという意識のもと、子どもがいきいきとかがやき、子育てがしやすく楽しいと感じられる社会の実現を目ざして、この条例を制定します。

(1) 文中の①〜③にあてはまる言葉を［　］から選びましょう。

年齢　　未来　　家庭

①(　　　　)　②(　　　　)　③(　　　　)

(2) 「浜松市子ども育成条例」を制定した機関を、㋐〜㋒から選びましょう。(　　)

㋐ 国際連合　　㋑ 国会　　㋒ 浜松市の議会

ヒント　1 (1) 少子化・高齢化が進んでいくと考えられています。

ぴったり1 準備

せんたく

1. ともに生きる暮らしと政治

# 2 わたしたちの暮らしを支える政治②

学習日　月　日

めあて
人口減少をめぐる課題の解決に向けて行われている取り組みを理解しよう。

教科書 40～49ページ　答え 9ページ

次の（　）に入る言葉や数字を、下から選びましょう。

## 1 「子育て支援ひろば」ができるまで

教科書 40～41ページ

### 「子育て支援ひろば」の取り組み

- （①　　　　）で選ばれた市長や（②　　　　）議員が市議会で話し合って、市の仕事（市政）の進め方を決める。
- 市や県が進める政治は、飲み水やごみ処理、福祉や（③　　　　）など。
- 市が行う仕事の費用…税金のほか、都道府県や国からの（④　　　　）が使われる。
- **地方自治**…地域の問題を解決し、よりよい暮らしにつながる政治を（⑤　　　　）にもとづいて進めていく。

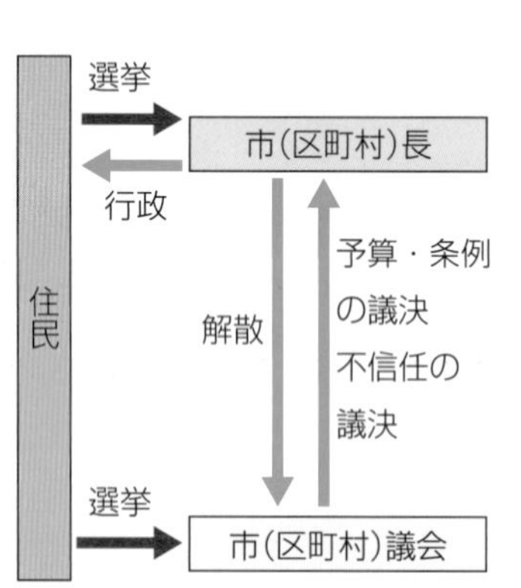


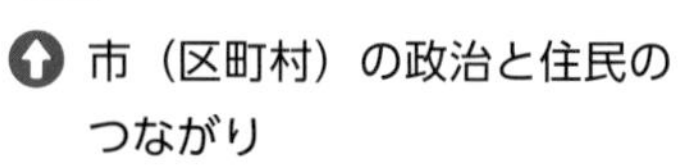
市（区町村）の政治と住民のつながり

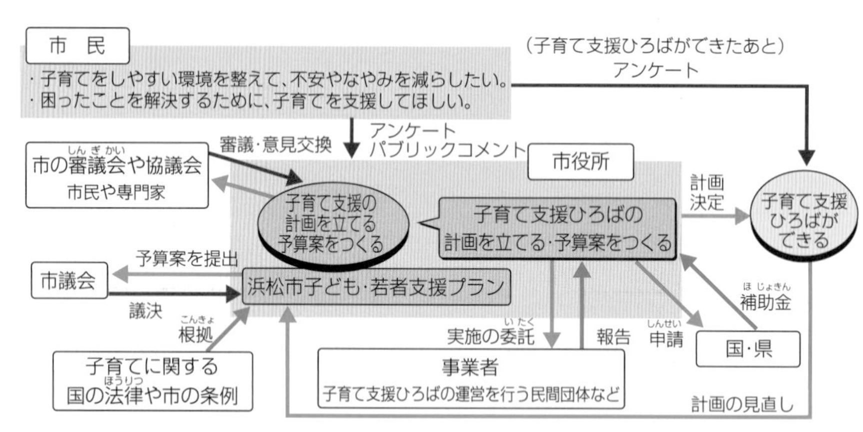


「子育て支援ひろば」ができるまで

＊パブリックコメントとは、これから行う取り組みについて、役所や省庁が住民や国民から広く意見を集めて、最終的な決定に生かそうとするしくみのこと。

## 2 たがいに助け合う社会／社会の課題の解決とわたしたち

教科書 42～45ページ

### たがいに助け合う社会

- **介護保険制度**…介護が必要になったときに備え、みんなでお金を出し合い資金をため、介護が必要だと認められた人が、国や地方自治体の介護支援を受けられるしくみ。資金は（⑥　　　　）才以上の人が支はらう介護保険料と、税金でまかなう。
- **社会保障**…助けを必要としている人を、（⑦　　　　）で支えるしくみ。

### 社会の課題

- （⑧　　　　）…働く人が子育てや介護のための休暇をとりやすくするための法律。
- 人口の多い都市では、保育園などの子どもを預かる施設やサービスが不足している。
- 地方では、急速に少子化・高齢化が進み、人口が減り続けている。
- 若者や都市から移り住んでくる人を増やすことが、多くの地方自治体で課題となっている。

政治の果たすべき役割は重要だね。

選んだ言葉に✓

| | | | |
|---|---|---|---|
| □補助金 | □住民の意思 | □防災 | □市議会 |
| □40 | □選挙 | □社会全体 | □育児・介護休業法 |

ぴったり2

# 練習

学習日　月　日

ぴたトリビア

地方自治体の歳入(さいにゅう)にしめる地方税の割合が、3～4割にすぎないことから、「三割自治」と表現されることがあります。

教科書 40～49ページ　答え 9ページ

## 1 次の文と図を見て、あとの問いに答えましょう。

市長や市議会(①)は、選挙を通して市民の代表として選ばれる。市が行う仕事やそのために使う費用は、市議会で話し合い、決定される。これには、(②)だけでなく、都道府県や国からの補助金が使われることがある。

(1) 文中の①、②にあてはまる言葉を書きましょう。

①(　　　)
②(　　　)

(2) 下線部について、市が行う仕事は私たちの暮らしのどのような面に関わっていますか。正しいものには○を、まちがっているものには×をつけましょう。

①(　　) 飲み水やごみ処理。
②(　　) 福祉や防災。
③(　　) 法律の制定。

(3) 右の図の矢印のうち、「解散」にあてはまるものを、図中の㋐～㋓から選びましょう。(　　)

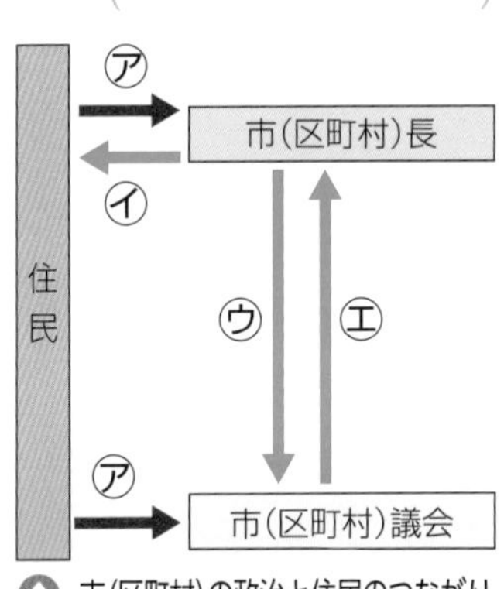

市(区町村)の政治と住民のつながり

## 2 社会の課題の解決に向けた取り組みに関する次の会話を読んで、正しいものには○を、まちがっているものには×をつけましょう。

(1)(　　)

働く人が子育てや介護のための休暇をとりやすくするために、介護保険制度が制定されたね。

(2)(　　)

人口減少社会をむかえている日本では、社会保障の取り組みの充実(じゅうじつ)が求められているね。

(3)(　　)

都市では、保育園などの子どもを預かる施設を充実させる取り組みが求められているね。

(4)(　　)

地方自治体では、地域の魅力(みりょく)を都市に向けて発信する取り組みが進められているね。

ヒント　1 (2) 市が進める政治は、住民の暮らしのさまざまな面に直接関わっています。

ぴったり3

# 確かめのテスト

せんたく

1．ともに生きる暮らしと政治

## 2 わたしたちの暮らしを支える政治

教科書 34〜49ページ　答え 10ページ

### 1 右のグラフを見て、次の問いに答えましょう。

1つ5点（25点）

(1) 作図 右のグラフ中の●は、人口にしめる65才以上の高齢者の割合を表しています。●をつなげて折れ線グラフを完成させましょう。 技能

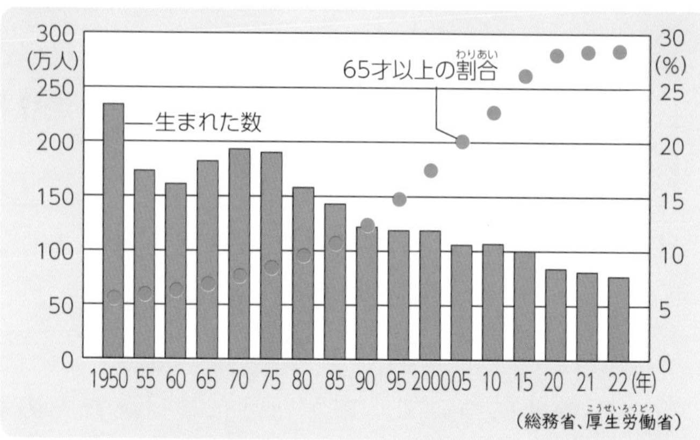


⬆ 生まれた子どもの数と、人口にしめる65才以上の高齢者の割合

(2) 右のグラフから読み取れる内容に関する次の①〜③の説明について、正しいものには○を、まちがっているものには×をつけましょう。 技能

①（　　　）2022年に生まれた子どもの数は、1950年に生まれた子どもの数の半分以下である。

②（　　　）65才以上の高齢者の割合が約５％から約10%になるまで、約20年かかっている。

③（　　　）65才以上の高齢者の割合が約10%から約20%になるまで、約35年かかっている。

記述 (3) 高齢者の割合が増えた原因として考えられることを、「医療」という言葉を使って簡単に書きましょう。

思考・判断・表現

（　　　　　　　　　　　　　　　　　　　　）

### 2 次の文を読んで、あとの問いに答えましょう。

1つ5点（20点）

> 静岡県浜松市では、子育てがしやすく楽しいと感じられる社会を目ざして、「浜松市子ども育成（①）」を制定し、2011年（平成23）年には、「子育て支援ひろば」を整備した。子育てに関するさまざまな取り組みを行っており、（②）では預かる子どもの人数を増やす取り組みを行っている。

(1) 文中の①、②にあてはまる言葉を書きましょう。

①（　　　　）

②（　　　　）

(2) 下線部について、「子育て支援ひろば」で子育てをしている人たちを支えるために行っている取り組みを、㋐〜㋓から２つ選びましょう。（　　　）（　　　）

㋐ 出産や子育てに関する相談や情報交換

㋑ 妊婦や外国人への支援

㋒ 浜松市への移住を考えている人に情報を提供するサービス

㋓ 一人暮らしの高齢者に食事を届けるサービス

## 3 右の図を見て、次の問いに答えましょう。

1つ5点（20点）

(1) よく出る 図中の①～③にあてはまる言葉を［　　］から選びましょう。

市（区町村）議会　　住民　　市（区町村）長

①（　　　　　　　　）
②（　　　　　　　　）
③（　　　　　　　　）

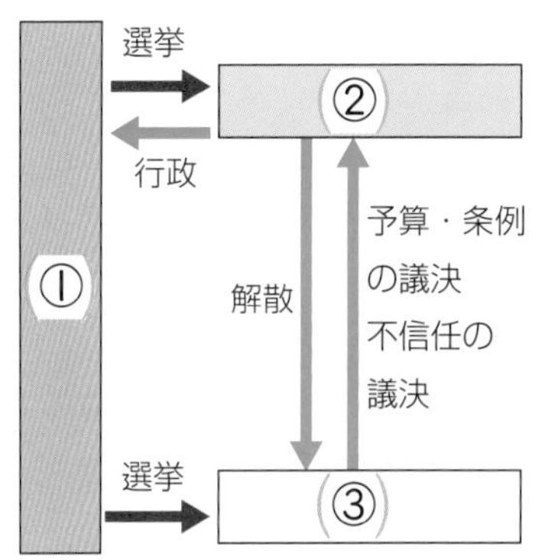


市(区町村)の政治と住民のつながり

(2) できたらスゴイ! 役所や省庁（しょうちょう）が、これから行っていく取り組みなどを決めるときに、住民や国民から広く意見や情報を集めて、最終的な決定に生かそうとするしくみを何といいますか。

（　　　　　　　　）

## 4 右のグラフを見て、次の問いに答えましょう。

1つ5点（15点）

(1) 歳出（さいしゅつ）のうち、最も多いものを書きましょう。　**技能**

（　　　　　　　　）

(2) 「教育のための費用」は、歳出の何％をしめていますか。　**技能**

（　　　　　　　　）％

(3) 歳出に対する言葉で、浜松市に入ってくるお金のことを何といいますか。

（　　　　　　　　）

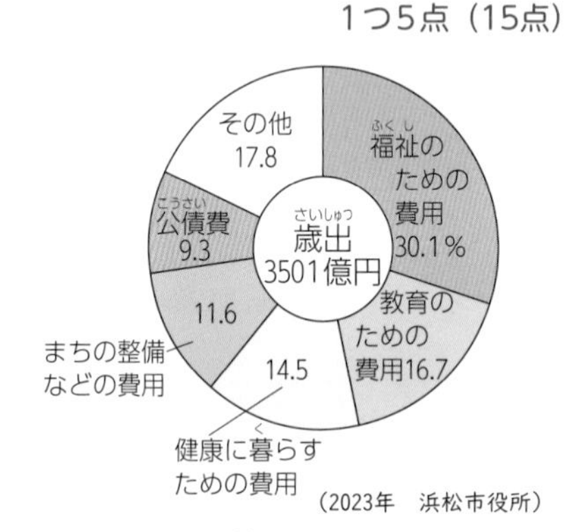


浜松市の予算

## 5 次の文を読んで、あとの問いに答えましょう。

1つ5点（20点）

　2010（平成22）年に約１億３千万人あった日本の人口は、2050年ごろには１億人以下になると予想されている。人口減少は①｛地方・都市｝から始まり、今後は、②｛地方・都市｝でも広がっていくとされ、わたしたちの暮らしにさまざまな影響（えいきょう）をおよぼすと考えられている。
　また、少子化・高齢化が進んでいることから、助けを必要としている人を、社会全体で支えるしくみである③｛社会保障・防災｝の取り組みをいっそう充実（じゅうじつ）させていくことが求められている。一方で、この取り組みに必要な財源（ざいげん）を、社会全体でどのように負担（ふたん）していくのかも課題となっている。

(1) 文中の①～③について、｛　｝の中の正しい言葉を◯で囲みましょう。

記述 (2) 下線部の例を、「税金」という言葉を使って簡単に書きましょう。　**思考・判断・表現**

（　　　　　　　　　　　　　　　　）

ふりかえり　1(3)がわからないときは、14ページの1にもどって確認（かくにん）してみよう。

ぴったり1 準備　3分でまとめ

せんたく　1. ともに生きる暮らしと政治

# 2 災害からわたしたちを守る政治①

学習日　月　日

めあて　東日本大震災がもたらした被害や被災した人々に対する支援を理解しよう。

教科書 50〜53ページ　答え 11ページ

次の（　　）に入る言葉や数字を、下から選びましょう。

## 1 突然の大地震と津波

教科書 50〜51ページ

### ✪ 東日本大震災

- （①　　　　　）（平成23）年３月11日午後２時46分、（②　　　　　）を中心に東日本大震災が発生した。
- 震源は宮城県の沖合130km付近の海底、最大震度は７。
- 10mをこえる高さの（③　　　　　）が沿岸のまちをおそい、多くの人々が家族や家を失った。
- （④　　　　　）や水道が止まり、生活を支える基盤が失われた。
- 福島第一（⑤　　　　　）で事故が起こり、放射性物質が広い範囲に放出され、多くの人々が避難した。
- 多くの人々は避難所などで不自由な生活を送った。

日本でこれまでに観測された最大級の地震だったんだ。

東日本大震災での各地の主な震度

## 2 緊急の支援

教科書 52〜53ページ

### ✪ 釜石市や岩手県、国の取り組み

- 岩手県の太平洋沿岸にある釜石市では、巨大な防波堤を乗りこえて津波が流れこみ、大きな被害を受けた。
- 釜石市は地震発生直後に災害対策本部を市役所に設置した。
- 岩手県は（⑥　　　　　）にもとづいて国や他の都道府県に協力を求め、（⑦　　　　　）や日本赤十字社に対して救助を要請した。
- 全国から派遣された警察や消防、自衛隊などが被災した人々の捜索や救護にあたった。
- がれきの撤去作業や日本赤十字社による医療活動が始まった。
- 多くの（⑧　　　　　）が市と協力しながら支援活動を行い、国の内外から支援物資が届けられた。

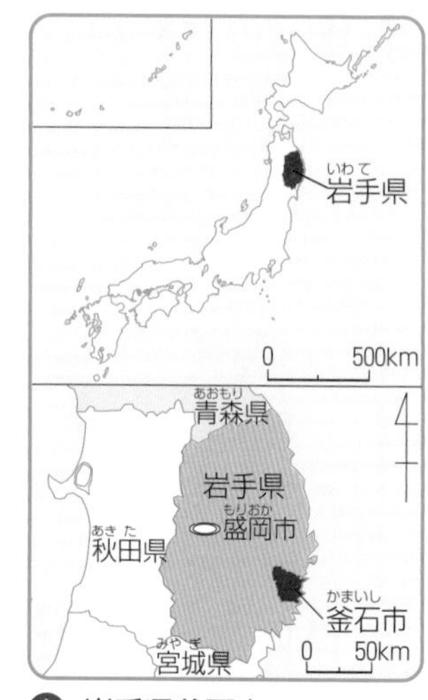

岩手県釜石市

### ✪ 釜石市の復興

- 震災の１か月後には仮設住宅への入居が開始され、２か月後には電気が、４か月後には水道が復旧した。

多くの人々が被災地を支援したんだね。

選んだ言葉に✓

| | | | |
|---|---|---|---|
| □東北地方 | □自衛隊 | □津波 | □ボランティア |
| □原子力発電所 | □2011 | □電気 | □災害救助法 |

ぴったり2

# 練習

東日本大震災では、死亡者１万9765人、行方不明者2553人、避難者約47万人（最大時）という大きな被害がもたらされました。（2023年３月現在）

学習日　月　日

教科書　50〜53ページ　答え　11ページ

## 1 次の文を読んで、あとの問いに答えましょう。

2011年（平成23）年３月11日午後２時46分、ⓐ東北地方を中心に大きな地震が発生した。最大震度は７で、日本でこれまでに観測された最大級の地震となった。

地震のあとに発生した津波は、沿岸のまちをおそい、この津波によって多くの人々が大切な家族を失い、家を失った。また、ⓑ生活を支える基盤が失われた。

（①）第一原子力発電所で事故が起こり、有害な（②）が広い範囲に放出され、多くの人々が避難することになった。

(1) 文中の①、②にあてはまる言葉を書きましょう。

①（　　　）
②（　　　）

(2) 下線部ⓐについて、この地震による災害を何といいますか。（　　　）

(3) 下線部ⓑについて、「生活を支える基盤」が失われたとは、具体的にはどのようなことですか。例を２つ書きましょう。

（　　　）や（　　　）が止まること

## 2 右の図を見て、次の問いに答えましょう。

(1) 図中の①、②にあてはまる言葉を書きましょう。

①（　　　）
②（　　　）

(2) 被災した地域で、避難した人々のために学校や公民館などの公共施設に設けられるのは何ですか。

（　　　）

(3) 日本赤十字社が行う重要な活動は何ですか。

（　　　）

(4) この図のほかに、多くの人が被災地に入り、市と協力しながら支援活動を行いました。このような活動を何といいますか。

（　　　）活動

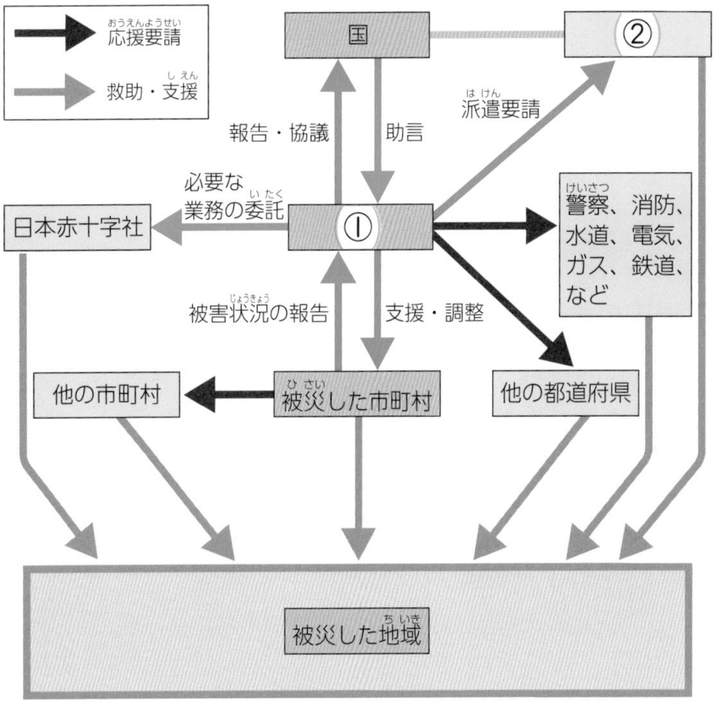

被災した地域を支援する政治のしくみ

ヒント　2 (1)②　被災した人々の捜索や救護、がれきの撤去作業などの活動を行います。

ぴったり1 準備　せんたく

1. ともに生きる暮らしと政治

# 2 災害からわたしたちを守る政治②

学習日　月　日

めあて
まちの復興に向けた取り組みや、災害から暮らしを守る取り組みを理解しよう。

教科書 54～57ページ　答え 12ページ

次の（　）に入る言葉を、下から選びましょう。

## 1 復興に向けて動き出す

教科書 54～55ページ

### まちの復興に向けた取り組み

- （①　　　　）は釜石市の主な産業の一つで、漁船や漁港の施設も大きな被害を受けたが、仕事を再開。
- 津波による被害を受けた学校は、震災から約１年後に組み立て式の仮設校舎へ移った。

### 地方自治体や国の取り組み

- 市では、さまざまな立場の人々が参加する復興まちづくり委員会で「復興まちづくり基本計画」をつくった。
- 「復興まちづくり基本計画」は（②　　　　）で検討され、2011（平成23）年12月に決定。
- 計画の実現に向けて市が行う仕事は、国の法律にもとづいて行われ、税金が使われる。
- 地域の問題を解決し、よりよい暮らしにつながる政治を住民の意思にもとづいて進めていく（③　　　　）において、市区町村や都道府県（地方自治体または地方公共団体）の役所や議会が大切な役割をになう。

国の取り組み
- 東日本大震災復興基本法を制定（2011年）
- （④　　　　）設置法を制定（2011年）
  →復興庁発足（2012年）
- 復興に向けた予算（５年間で約26兆円の資金を投入）

復興庁は復興に関する仕事を専門的に行うよ。


## 2 命を守るまちづくり

教科書 56～57ページ

### 復興のまちづくり

- 釜石湾の海中の（⑤　　　　）を再建。
- 海に沿った陸地に防潮堤を新たにつくった。
- 津波の危険がある地域では、土地を高くするかさ上げ工事が行われ、高台に宅地を整えた。
- 仮設校舎の小・中学校は、高台に完成した新しい校舎へ移転。

人々の願いがかなうようなまちづくりを実現できるといいな。


### 災害から命や暮らしを守る取り組み

- 自然災害の多い日本では、災害の発生に備える体制をつくったり、安全基準の見直しや災害に強いまちづくりを進めたりしている。
- 国や都道府県、市区町村が進める取り組み＝（⑥　　　　）とともに、地域の人々の助け合い＝（⑦　　　　）や、自分や家族を守ること＝（⑧　　　　）を組み合わせていくことが必要。

選んだ言葉に✔

| | | | |
|---|---|---|---|
| □自助 | □公助 | □共助 | □市議会 |
| □防波堤 | □復興庁 | □水産業 | □地方自治 |

学習日　月　日

ぴたトリビア

過去の津波の経験から「てんでんこ」を標語に防災教育に取り組んできた釜石市では、多くの子どもが助かり、「釜石の奇跡」とよばれました。

教科書 54～57ページ　答え 12ページ

## 1 次の図を見て、あとの問いに答えましょう。

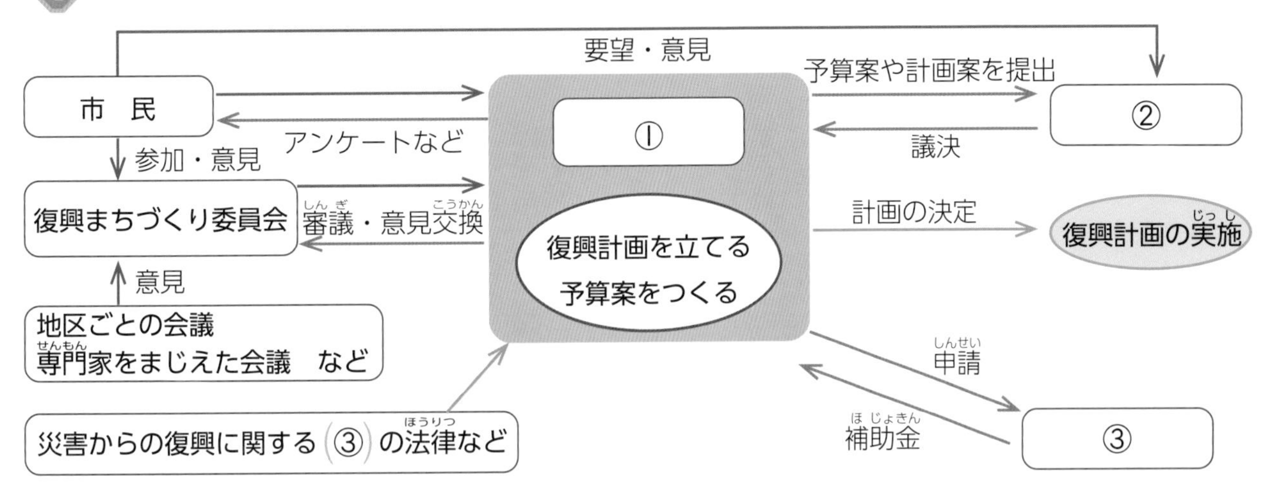


復興に向けた市の計画ができるまで

(1)　図中の①～③にあてはまる言葉を［　］から選びましょう。

［市役所　国　市議会］

①（　　　）
②（　　　）
③（　　　）

(2)　東日本大震災で被災した地域の復興に向けて、資金を確保し、地域ごとの課題に応じたまちづくりを進めるための制度を整えることを目的として、2011年に制定された法律を何といいますか。（　　　）

## 2 復興に向けた取り組みに関する次の会話を読んで、正しいものには○を、まちがっているものには×をつけましょう。

(1)（　　）

津波の危険がある地域では、土地を高くするかさ上げ工事が行われたんだね。

(2)（　　）

国や都道府県、市区町村は、安全基準の見直しを進めているよ。

(3)（　　）

自分や家族を守ることを公助というよ。

(4)（　　）

地域の人々の助け合いを共助というよ。

ヒント　1 (2)　2011年には復興庁設置法も制定されました。

ぴったり1 準備　せんたく

1. ともに生きる暮らしと政治

# 2 雪とともに生きる暮らしを支える政治

学習日　月　日

めあて
雪のおよぼす影響や、雪を生かした取り組みを理解しよう。

教科書 58〜67ページ　答え 13ページ

次の(　　)に入る言葉を、下から選びましょう。

## 1 まちで暮らす人々の願い／雪対策で暮らしが変わった

教科書 58〜61ページ

### 北海道札幌市

- 人口約197万人の大都市で、(①　　　　)時代に入ってから本格的な開発が始まった。
- 毎年2月ごろに行われる「さっぽろ雪まつり」には、多くの見物客がおとずれる。
- 札幌市のひと冬の(②　　　　)は約5mにものぼる。
- 1972（昭和47）年に開催された冬季(③　　　　)札幌大会をきっかけの一つとして発展が進んだ。

### 札幌市の雪対策

- 人の移動やものの輸送をしやすくするため、除雪の仕事のしくみを見直した。
- 道路が広げられ、1971（昭和46）年に地下鉄が開通した。
- 2018（平成30）年に「札幌市冬のみちづくりプラン2018」をつくり、除雪と排雪を中心とする雪対策の取り組みを進めている。
- 除雪など市が行う仕事は、国の法律や市のきまりにもとづき進められ、税金が使われる。
- 市の(④　　　　)だけではなく、都道府県や国からの(⑤　　　　)が使われることもある。
- 地域の問題を解決し、よりよい暮らしにつながる政治を住民の意思にもとづいて進めていく(⑥　　　　)において、市区町村や都道府県（地方自治体または地方公共団体）の役所や議会が大切な役割をになう。



北海道札幌市

道路の除雪は、通行する自動車の少ない夜中に作業が行われているよ。



## 2 雪を生かす

教科書 62〜63ページ

### 「さっぽろ雪まつり」

- 1950（昭和25）年に札幌市の学生が市内の大通公園に6基の雪像をつくったことをきっかけとして始まり、地域の行事から日本の冬を代表とする行事の一つへと発展していった。
- 雪像づくりを行う自衛隊や市民だけではなく、(⑦　　　　)による警備や民間企業の協力のもとに成り立っている。
- 北海道や札幌市は、夏に比べて冬の観光客が少なくなるため、市や観光協会はより多くの人たちに来てもらうための取り組みに力を入れている。
- 1974年から国際雪像コンクールが開かれ、雪を通した(⑧　　　　)が行われている。

選んだ言葉に✓

| □補助金 | □地方自治 | □降雪量 | □国際的な交流 |
|---|---|---|---|
| □オリンピック | □明治 | □予算 | □警察 |

ぴったり2

# 練習



ぴたトリビア

札幌市では、人通りの多い交差点などにすべり止め用の砂が入った「砂箱」が設置されており、路面がつるつるの状態になったときに使います。

教科書 58〜67ページ　答え 13ページ

## 1 次の文を読んで、あとの問いに答えましょう。

北海道札幌市では、1972年にアジアで初の冬季オリンピックが開催された。オリンピックの開催に向けて、札幌市では都市の基礎を整えるまちづくりが進められ、1971年には（①）が開通した。

札幌市では、「札幌市冬のみちづくりプラン2018」をつくり、除雪と（②）を中心とする雪対策の取り組みを進めている。

(1) 文中の①、②にあてはまる言葉を書きましょう。

①（　　　　）
②（　　　　）

(2) 下線部について、雪対策の取り組みに関する次の①〜④の説明について、正しいものには○を、まちがっているものには×をつけましょう。

①（　　）道路の除雪は、主に太陽が出ている昼間に行われている。
②（　　）札幌市の除雪の費用は、すべて国費でまかなわれている。
③（　　）費用と人手がかかる排雪は、利用者の多い重要な道路で行われている。
④（　　）札幌市は、住宅の雪を道路に出すことのないように市民に協力を求めている。

## 2 雪を生かす取り組みに関する次の会話を読んで、正しいものには○を、まちがっているものには×をつけましょう。

(1)（　　）

「さっぽろ雪まつり」は、オリンピックと同じように４年に一度開かれているね。

(2)（　　）

「さっぽろ雪まつり」は、新聞やテレビなどで紹介され、広く知られるようになったね。

(3)（　　）

北海道や札幌市をおとずれる観光客の数は、冬よりも夏の方が多いね。

(4)（　　）

「さっぽろ雪まつり」の会場には、観光の魅力を発信するための展示場などが設けられているね。

ヒント　1 (2)①　除雪は、通行する自動車の少ない時間帯に行われます。

せんたく

1. ともに生きる暮らしと政治

## 2 災害からわたしたちを守る政治

教科書 50〜57ページ　答え 14ページ

### 1 次の問いに答えましょう。
1つ5点（25点）

(1) よく出る 2011年3月11日に発生した地震と津波の影響で、放射性物質がもれ出る事故が起こった施設を何といいますか。（　　　）

(2) 被災地での支援活動に関する次の①～③の説明について、正しいものには○を、まちがっているものには×をつけましょう。

①（　　）全国から派遣された警察や消防、自衛隊など大勢の人々が、被災した人々の捜索や救護にあたった。

②（　　）国際連合の要請により、日本赤十字社は医療活動を行った。

③（　　）避難所でのたき出しなど、多くのボランティアが市と協力しながら支援活動を行った。

(3) 東日本大震災で被災した地域の復興に関する仕事を専門的に行う国の機関を何といいますか。（　　　）

### 2 次の文を読んで、あとの問いに答えましょう。
1つ5点（25点）

釜石市では、東日本大震災後、しだいに電気や水道、ガスなどが（①）した。道路の修復やがれきの（②）作業なども進み、生活に必要な物資も手に入るようになった。（③）への入居も始まり、漁も再開された。

また、一日も早い復興と新しいまちづくりのために、「復興まちづくり基本計画」がつくられた。

(1) 文中の①～③にあてはまる言葉を［　］から選びましょう。

撤去　仮設住宅　復旧

①（　　）
②（　　）
③（　　）

(2) 「復興まちづくり基本計画」はどこで検討、決定されましたか。㋐～㋓から選びましょう。（　　）

㋐ 国会　㋑ 復興まちづくり委員会　㋒ 市民懇談会　㋓ 市議会

記述 (3) できたらスゴイ! 災害からわたしたちの命や暮らしを守るために必要なことを、「公助」「共助」「自助」という言葉を使って簡単に書きましょう。

思考・判断・表現

（　　　）

ふりかえり 2(3)がわからないときは、22ページの2にもどって確認してみよう。

ぴったり3 確かめのテスト

せんたく

1．ともに生きる暮らしと政治
## 2 雪とともに生きる暮らしを支える政治

教科書 58〜67ページ　答え 14ページ

## 1 次の文を読んで、あとの問いに答えましょう。

1つ5点（25点）

　北海道札幌市の人口は、約①｛ 9.7・97・197 ｝万人で、「さっぽろ雪まつり」の時期には②｛ 2・20・200 ｝万人をこえる見物客がおとずれる。札幌市の本格的な開発は、明治時代から始められ、その後約③｛ 50・100・150 ｝年間で、現在のような大都市になった。

　ひと冬の降雪量は、約④｛ 1・5・10 ｝mにものぼり、これほどの降雪量で、多くの人口を有する大都市は世界でもほとんど例をみない。

(1) 文中の①〜④について、｛ ｝の中の正しい数字を選んで書きましょう。

①（　　　　）②（　　　　）
③（　　　　）④（　　　　）

記述 (2) 右の絵は、除雪作業の様子で、主に夜中に作業が行われます。その理由を、簡単に書きましょう。　思考・判断・表現

（　　　　　　　　　　　　　　　　　　　　）

## 2 次の図を見て、あとの問いに答えましょう。

1つ5点（25点）

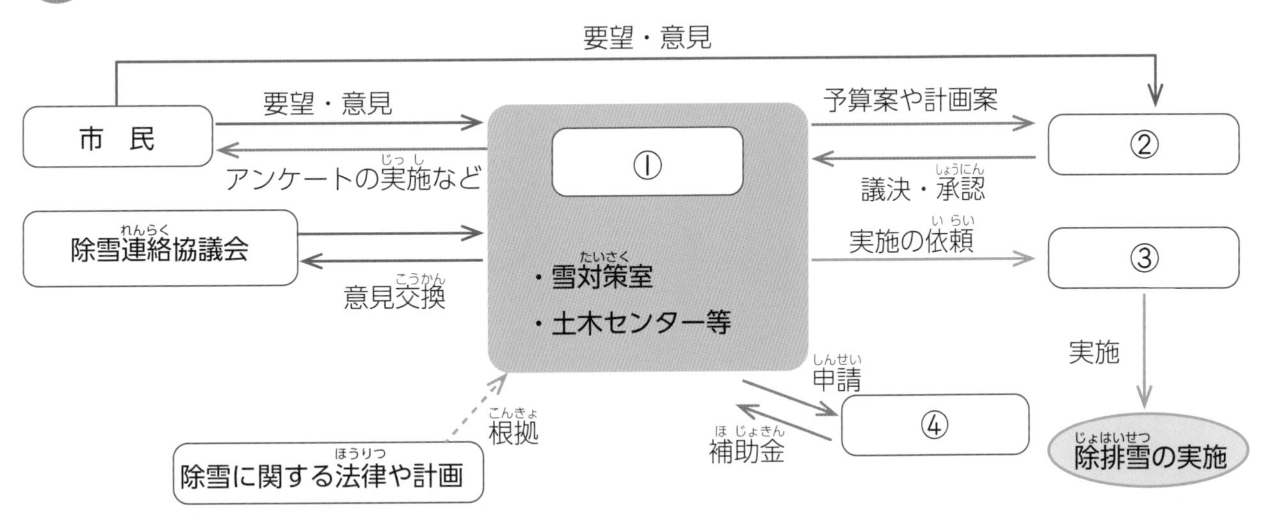


除雪や排雪が実施されるまで

(1) 図中の①〜④にあてはまる言葉を、㋐〜㋓から選びましょう。

①（　　）②（　　）③（　　）④（　　）

㋐ 国・道　㋑ 市議会　㋒ 市役所　㋓ 除雪事業者

(2) 右のグラフのうち、国費を表しているのは㋐、㋑のどちらですか。　技能

（　　　）

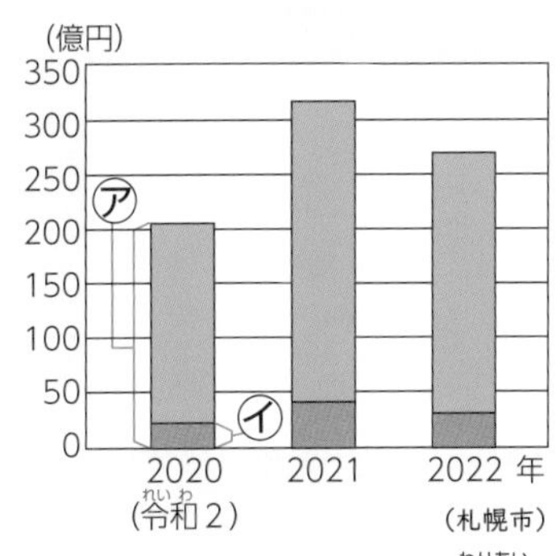


除雪の費用のうち国費の割合

1(2)がわからないときは、24ページの1にもどって確認してみよう。

# 1 国づくりへの歩み①

学習日 月 日

めあて
歴史年表を活用して学習を広げ、大昔の人々の暮らしを理解しよう。

教科書 68~83ページ　答え 15ページ

次の(　)に入る言葉を、下から選びましょう。

## 1 人々の願いの今と昔／歴史の学び方をナビゲーション！

教科書 68~77ページ

### 歴史年表

- 年表は、時間軸(じく)の長さをとらえたり、できごとのつながりをつかんだりするのに役立つ。
- 文化の特色や(①　　　　)などをもとにした、「○○時代」という表し方がある。
- 世紀…(②　　　　)を一つの単位とした表し方。21世紀は、2001年から2100年まで。
- 年(西暦(せいれき))…(③　　　　)が生まれたとされる年を西暦1年と表す。

| 時代 | 世紀 | 年 | 主なできごと |
|---|---|---|---|
| 平成(へいせい) | 20 | 1991 | ソ連(れん)が解体する |
| | | 1995 | 阪神(はんしん)・淡路(あわじ)大震災(だいしんさい)が起こる |
| | 21 | 2011 | 東日本(ひがしにほん)大震災が起こる |
| 令和(れいわ) | | 2021 | 東京(とうきょう)オリンピック・パラリンピックが開かれる |

平成・令和時代の年表

年表は時間の定規になっているんだね。

## 2 大昔の暮(く)らしをさぐろう／学習問題をつくり、学習の見通しを立てよう

教科書 78~83ページ

### ワンポイント 縄文(じょうもん)時代の暮らし

- 縄文時代…人々が(④　　　　)を行い、(⑤　　　　)を使って暮らしていた時代。今から約(⑥　　　　)前に始まり、1万年近く続いた。
- (⑦　　　　)…縄文時代の人々の住居。
- (⑧　　　　)…豊かなめぐみを願ってつくられたと考えられている。

縄文土器

土偶(どぐう)

人々は、土器を使って食べ物をにたり、保存(ほぞん)したりしたんだね。

三内丸山遺跡(さんないまるやまいせき)(青森県(あおもり))

縄文時代の暮らし(想像図)

選んだ言葉に✔

- □狩(か)りや漁・採集
- □土偶
- □縄文土器
- □イエス=キリスト
- □100年間
- □竪穴住居(たてあな)
- □政治の中心地
- □1万数千年

ぴったり2 練習

学習日　　月　　日

ぴたトリビア

縄文時代には、どんぐりやくりなどの木の実を使って、「縄文クッキー」とよばれる食べ物がつくられていたと考えられています。

教科書 68～83ページ　答え 15ページ

## 1 右の年表を見て、次の問いに答えましょう。

| 年 | 主なできごと |
| --- | --- |
| 1991 | ソ連が解体する …㋐ |
| 1995 | 阪神・淡路大震災が起こる …㋑ |
| 2011 | 東日本大震災が起こる …㋒ |
| 2021 | 東京オリンピック・パラリンピックが開かれる …㋓ |

(1) 20世紀の出来事を、年表中の㋐～㋓から２つ選びましょう。

(　　　)(　　　)

(2) 年表に関する次の①～③の説明について、正しいものには○を、まちがっているものには×をつけましょう。

①(　　　) 右の年表は、昭和(しょうわ)時代のできごとを表している。

②(　　　) 世紀とは、1000年間を一つの単位とした表し方である。

③(　　　) イエス＝キリストが生まれたと考えられている年は、西暦１年と表される。

## 2 右の想像図を見て、次の問いに答えましょう。

(1) 青森県にある、今から約5500年前から1500年間にわたり人々が暮らしていた遺跡を何といいますか。

(　　　　　)

(2) 右の想像図に見られる、縄文時代の住居を何といいますか。

(　　　　　)

縄文時代の暮らし（想像図）

(3) 右の想像図に関する次の①～④の会話を読んで、正しいものには○を、まちがっているものには×をつけましょう。

①(　　　) みんなで協力して米づくりをしている様子がわかるね。

②(　　　) みんなで協力して家を建てたり土器をつくったりしているね。

③(　　　) 狩りや漁に使う道具を自分たちでつくっているね。

④(　　　) 食べ物をめぐって争いが起きているね。

ヒント　1 (2)① 1926年から昭和時代、1989年から平成時代、2019年から令和時代です。

2．日本の歴史

# 1 国づくりへの歩み②

学習日　　月　　日

めあて

弥生時代の暮らしや、古墳の広がりを理解しよう。

教科書 84〜93ページ　答え 16ページ

次の（　　）に入る言葉を、下から選びましょう。

## 1 米づくりが始まる／むらからくにへ

教科書 84〜87ページ

ワンポイント 弥生時代の暮らし

- 弥生時代…大陸から**米づくり**、（①　　　　）や**鉄器**が伝わり、うすくてかたい（②　　　　）がつくられるようになった時代。
- 約2500年前に米づくりの技術が伝わり、各地へ広がると、人々は集まって住み、協力して農作業を行うようになった。
- 春から夏は湿地を耕して水田をつくり、秋には石包丁で稲の穂をかり取り、（③　　　　）にたくわえた。

弥生土器

### むらからくにへ

- 食料が安定して得られるようになり、むらの人口が増加した。集落の周りにはほりをめぐらした（④　　　　）が生まれた。
- 人々をまとめる指導者（首長）が現れ、米づくりを命じ、豊作をいのる祭りを行った。また、土地や水をめぐる他のむらとの戦いの指揮をとった。
- （⑤　　　　）…他のむらを従える地域の支配者。それぞれが小さなくにをつくり、王とよばれるようになった。
- **卑弥呼**…（⑥　　　　）の女王。
- まじないを行い、３世紀ごろに30ほどのくにを従えていた。

銅たく

## 2 古墳をつくった人々／古墳の広がりと大和朝廷

教科書 88〜91ページ

### 古墳をつくった人々

- **古墳**…その地域を支配していた**豪族**の墓。３世紀末に近畿・瀬戸内海沿岸でつくられ始め、各地へ広がる。大仙古墳（大阪府堺市）は、日本最大の（⑦　　　　）。
- **渡来人**…中国や朝鮮半島から日本に移り住んだ人々。高度な技術をもち、建築や鍛冶、絹織物、**漢字**や仏教などを日本各地へ伝えた。

大仙（仁徳陵）古墳

はにわ

### 古墳の広がりと大和朝廷

- **大和朝廷**（大和政権）…大和（奈良県）や河内（大阪府）の豪族が連合してつくった政府。中心となった人物は（⑧　　　　）（後に天皇）とよばれた。

古墳からさまざまな形のはにわが出土しているんだ。

選んだ言葉に✓

| | | | |
|---|---|---|---|
| □大王 | □弥生土器 | □青銅器 | □邪馬台国 |
| □豪族 | □前方後円墳 | □高床の倉庫 | □環濠集落 |

ぴったり2

# 練習

学習日　月　日

ぴたトリビア

佐賀県の吉野ケ里遺跡は、弥生時代の環濠集落の遺跡です。管玉や銅剣、首のない人骨などが出土しました。

教科書 84〜93ページ　答え 16ページ

## 1 次の文を読んで、あとの問いに答えましょう。

ⓐ米づくりがさかんになっていくと、ⓑむらの人口が増えて、農作業も共同で行うようになった。また、集落の周りに（①）をめぐらせ、さくで囲んだ環濠集落も生まれ、ⓒむらをまとめる指導者が現れた。そして、人々の間にも、技術をもつ者やたくわえ（富）をもつ者が出てきた。やがて、指導者の中から他のむらを従えるほどの大きな力をもつ者が現れ、地域の支配者である（②）となり、それぞれが小さなくにをつくった。

(1) 文中の①、②にあてはまる言葉を書きましょう。

①（　　　）　②（　　　）

(2) 下線部ⓐについて、稲の穂をかり取る道具を、㋐〜㋒から選びましょう。（　　）

㋐ 田げた

㋑ 銅たく

㋒ 石包丁

(3) 下線部ⓑについて、人口が増えた理由を、㋐〜㋒から選びましょう。（　　）

㋐ 争いがなくなったから。

㋑ 安定して食料を得られるようになったから。

㋒ お金の取り引きがさかんになったから。

(4) 下線部ⓒを何といいますか。（　　　）

## 2 右の資料を見て、次の問いに答えましょう。

(1) 右の写真は、5世紀中ごろから後半にかけてつくられたとされる日本最大の古墳です。この古墳の名前を書きましょう。

（　　　）

(2) (1)の古墳がある場所を、右の地図中の㋐〜㋒から選びましょう。（　　）

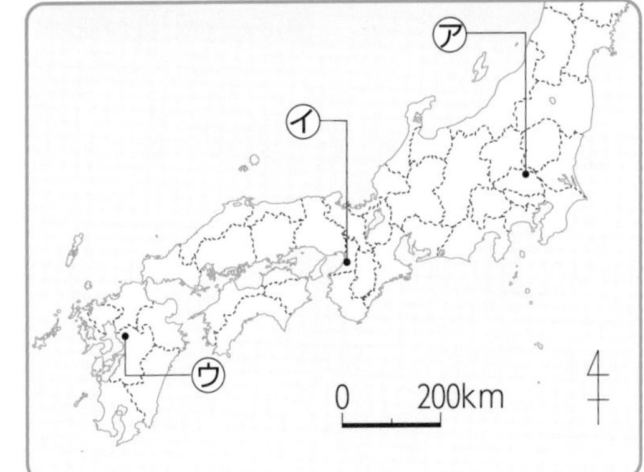


(3) (1)の古墳のような巨大な前方後円墳が多く見られる地域を、昔の国名で2つ書きましょう。

（　　　）
（　　　）

(4) 大陸から日本へ移り住み、新しい技術や文化を日本各地に伝えた人たちのことを何といいますか。

（　　　）

ヒント ❷ (3) 現在の都道府県名は、奈良県と大阪府です。

2. 日本の歴史

# 1 国づくりへの歩み

時間 30 分

／100

合格 80 点

教科書 68～93ページ　答え 17ページ

## 1 次の写真を見て、あとの問いに答えましょう。

1つ5点（30点）

Ⓐ
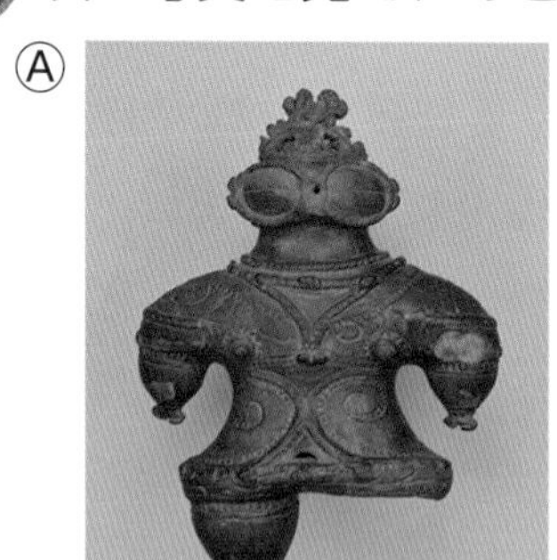
Ⓑ

Ⓒ

(1) Ⓐ～Ⓒの名前を書きましょう。

Ⓐ（　　　　　）Ⓑ（　　　　　）Ⓒ（　　　　　）

(2) 縄文（じょうもん）時代に、豊かなめぐみを願ってつくられたと考えられているものはどれですか。Ⓐ～Ⓒから選びましょう。（　　）

(3) 祭りのときに、かざったり鳴らしたりして使われたと考えられているものはどれですか。Ⓐ～Ⓒから選びましょう。（　　）

(4) 縄目（なわめ）の文様がつけられた、食べ物をにたり、保存（ほぞん）したりする入れ物はどれですか。Ⓐ～Ⓒから選びましょう。（　　）

## 2 次の想像図を見て、あとの問いに答えましょう。

1つ5点（20点）

Ⓐ

Ⓑ

(1) よく出る Ⓐ、Ⓑの想像図が表す時代をそれぞれ書きましょう。

Ⓐ（　　　　　）Ⓑ（　　　　　）

(2) Ⓑの時代に見られた、米をたくわえておく建物の名前を書きましょう。

（　　　　　）

記述 (3) Ⓑの時代に使われていた土器の特ちょうを、簡単（かんたん）に書きましょう。

思考・判断・表現

（　　　　　　　　　　　　　　　　　　　　）

## 3 次の資料は、中国の古い歴史書に書かれた倭（当時の日本）の様子です。これを読んで、あとの問いに答えましょう。

1つ5点（25点）

倭では、もとは男子が王であったが、くにぐにの間で争いが続いた。そこで、王たちが相談して、一人の女子を王にした。それが（①）の女王の（②）である。（②）には、（③）をする力があり、人々を従えた。

(1) 資料中の①にあてはまる国名を書きましょう。（　　）

(2) 資料中の②にあてはまる人名を書きましょう。（　　）

(3) 資料中の③にあてはまる言葉を、㋐～㋓から選びましょう。（　　）

㋐ 狩り　㋑ まじない　㋒ 米づくり　㋓ 戦争

(4) この資料は、何世紀ごろの日本のことを書いていますか。（　　）世紀ごろ

(5) できたらスゴイ! この中国の古い歴史書の名前を、㋐～㋒から選びましょう。（　　）

㋐「古事記」　㋑「後漢書」　㋒「魏志」の倭人伝

## 4 次の文と地図を見て、あとの問いに答えましょう。

1つ5点（25点）

稲荷山古墳（埼玉県）と江田船山古墳（熊本県）からは、5世紀の中ごろに（①）の大王だったワカタケルの名前がきざまれた鉄の（②）が見つかった。

(1) 文中の①、②にあてはまる言葉を書きましょう。

①（　　）

②（　　）

(2) 人や動物をかたどった、古墳からの出土品を何といいますか。（　　）

(3) 巨大な前方後円墳が、大和（奈良県）・河内（大阪府）に数多く見られるのはなぜですか。その理由として正しいものを、㋐～㋓から選びましょう。 技能

（　　）

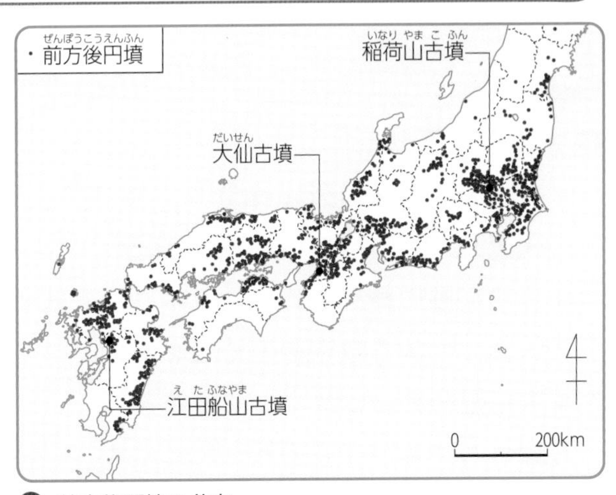


前方後円墳の分布

㋐ この地域の豪族たちが、強い勢力をもっていたから。

㋑ この地域の地形が古墳をつくるのに適していたから。

㋒ この地域の人々の多くが渡来人だったから。

㋓ この地域から鉄や銅がたくさんとれたから。

記述 (4) 上の文と地図から、当時の政権についてわかることを、簡単に書きましょう。

思考・判断・表現

（　　）

ふりかえり ❷(3)がわからないときは、30ページの❶にもどって確認してみよう。

3分でまとめ



# 2 大陸に学んだ国づくり①

学習日　　月　　日

めあて
聖徳太子の改革や大化の改新、聖武天皇の政治を理解しよう。

教科書 94～101ページ　答え 18ページ

次の（　　）に入る言葉を、下から選びましょう。

## 1 大陸にわたった人々／聖徳太子の理想

教科書 94～97ページ

### 大陸にわたった人々

- 7世紀から9世紀に、（①　　　　　）とよばれる使節団は、中国（唐）の進んだ政治のしくみや大陸の文化を学び、日本に伝えた。

### 聖徳太子（厩戸王）

- 6世紀末に**天皇**を助ける地位につき、豪族の（②　　　　　）とともに、天皇中心の国づくりを目ざして、政治の改革を進めた。
- **冠位十二階**…能力のある者を役人に取り立てるしくみ。
- （③　　　　　）…政治を行う役人の心構え。
- **小野妹子**らを（④　　　　　）として中国（隋）に送り、進んだ政治のしくみや文化を取り入れた。
- **仏教**を重んじ、**法隆寺**（奈良県）などの寺を建てた。
- **聖徳太子**の死後、蘇我氏の力がますます大きくなった。

聖徳太子［厩戸王］（574～622年）

法隆寺

## 2 大化の改新と新しい政治のしくみ／聖武天皇と大仏づくり

教科書 98～101ページ

### 大化の改新

- **大化の改新**…645年、（⑤　　　　　）（後の**天智天皇**）と**中臣鎌足**（後の**藤原鎌足**）が蘇我氏をたおした。
- 農民が国に納める税のしくみや、天皇がすべての土地と人民を治める政治のしくみを整えた。
- 8世紀初めには唐にならった（⑥　　　　　）とよばれる法律がつくられた。
- 政治は、天皇を中心に、天皇の一族や有力な豪族などの**貴族**によって進められた。
- 710年、唐の都の長安にならってつくられた（⑦　　　　　）（奈良県）に都が移された。

| 租 | 収穫した稲の約3％を納める。 |
|---|---|
| 調 | 地方の特産物を納める。 |
| 庸 | 都で働くか、布を納める。 |
| 兵役 | 都や九州などの警備をする。 |
| 雑徭 | 土木工事をする。 |

律令で定められた農民の負担

### 聖武天皇と大仏づくり

- 8世紀中ごろ、伝染病やききんが広がり、地方では貴族の反乱が起こった。
- **聖武天皇**は仏教の力を借りて人々の不安をしずめ、国を守ろうとした。
- 全国に（⑧　　　　　）を、都に国分寺の中心となる**東大寺**を建て、**大仏**をつくることを決めた。

渡来人の子孫である行基は、大仏づくりに協力したよ。

東大寺の大仏

選んだ言葉に✓
□遣隋使　□遣唐使　□平城京　□中大兄皇子
□国分寺　□十七条の憲法　□律令　□蘇我氏

ぴったり2

# 練習

学習日　月　日

ぴたトリビア

大仏づくりには約 500 トンの銅、8.5 トンのすず、440kg の金などが使われました。これらの金属や木材などの物資は、各地から集められました。

教科書 94〜101ページ　答え 18ページ

## 1 右の資料と写真を見て、次の問いに答えましょう。

第一条　人の和を大切にしなさい。
第二条　仏教の教えを厚く敬(うやま)いなさい。
第三条　天皇の命令には、必ず従(したが)いなさい。
第五条　(①)は、公平に行いなさい。
第十二条　地方の役人が勝手に(②)を取ってはいけません。

(1) 右の資料中の①、②にあてはまる言葉を書きましょう。

①(　　　　)
②(　　　　)

(2) 右の資料で示された憲法を何といいますか。

(　　　　)

(3) (2)の憲法を定めたのはだれですか。

(　　　　)

(4) 資料の第二条にある、仏教を重んじて建てられた、右の写真の寺を何といいますか。

(　　　　)

(5) このころ、中国の政治のしくみや文化を取り入れるために送られた使節団を何といいますか。

(　　　　)

(6) (5)として中国に送られた人物を、㋐〜㋒から選びましょう。

(　　)

㋐ 中臣鎌足　㋑ 中大兄皇子　㋒ 小野妹子

## 2 次の文を読んで、あとの問いに答えましょう。

ⓐ8世紀中ごろ、伝染病やききんが広がり、地方でも(①)の反乱が起こり、世の中は混乱した。ⓑ天皇は仏教の力を借りて人々の不安をしずめ、国を守ろうとした。
天皇は、全国に国分寺を建てることを命じ、都に(②)を建て、ⓒ大仏をつくることにした。

(1) 文中の①、②にあてはまる言葉を書きましょう。

①(　　　　)　②(　　　　)

(2) 下線部ⓐについて、710年に平城京に都が移されました。この都がつくられた場所を、現在の都道府県名で書きましょう。(　　　　)

(3) 下線部ⓑについて、この天皇の名前を書きましょう。(　　　　)

(4) 下線部ⓒについて、大仏づくりの工事の責任者となった人物を、㋐〜㋒から選びましょう。

(　　)

㋐ 位の高いインドの僧(そう)
㋑ 朝鮮(ちょうせん)からの渡来人の子孫
㋒ 九州の守りにあたった防人(さきもり)

ヒント　2 (2) 平城京に都がおかれた時代を奈良時代といいます。

3分でまとめ

2．日本の歴史

# 2 大陸に学んだ国づくり②

学習日　　月　　日

めあて
大陸との交流がもたらしたものや、貴族の暮らしやその文化を理解しよう。

教科書 102～109ページ　答え 19ページ

次の（　　）に入る言葉を、下から選びましょう。

## 1 海をこえた人やもの

教科書 102～103ページ

### 大陸の文化

- 8世紀、朝廷は、仏教の教えを正しく教え広めてくれる僧を求めた。
- （①　　　　　）はこの求めに応じて、日本にわたることを決意し、たび重なる苦労の末、6度めの航海で日本にたどり着いた。
- **鑑真**は奈良に（②　　　　　）を開き、仏教を発展させた。
- （③　　　　　）や留学生は、政治のしくみや**大陸の文化**を伝えた。
- （④　　　　　）の**正倉院**には、752年の大仏開眼式で使われた道具や、聖武天皇の持ち物（ガラスの器・水差し・瑠璃坏・琵琶など）が、約9000点も収められている。

鑑真（688～763年）

ペルシャ（今のイラン）の文化の影響を受けた品物もあるよ。中国を通じて世界の文化とつながっていたんだね。

正倉院

## 2 藤原道長と貴族の暮らし／日本独自の文化が生まれる

教科書 104～107ページ

### 藤原道長と貴族の暮らし

- 794年、都が奈良から京都の（⑤　　　　　）に移される。
- 都では貴族が勢力を争い、天皇とつながりを強めた藤原氏が力をのばす。
- 11世紀初め、**藤原道長**は天皇に代わり政治を動かすほどの権力をもった。

貴族の暮らし
- （⑥　　　　　）とよばれる広い屋しきに住む
- 囲碁やけまりなどの遊びを楽しむ
- **和歌**をよむ
- 季節ごとにさまざまな行事や儀式を行う

藤原道長（966～1027年）

すぐれた和歌を集めた「古今和歌集」がつくられたよ。

### ワンポイント 日本ふうの文化

- **国風文化**…日本の風土や生活に合った日本ふうの文化。
- 貴族の屋しきには**大和絵**がかざられ、感情を自由に表現しやすいひらがなやかたかながつくられた。
- **かな文字**で書かれた（⑦　　　　　）の**「源氏物語」**、（⑧　　　　　）の**「枕草子」**などの文学作品は、人々の細やかな感情や貴族の暮らしをえがいている。

| | |
|---|---|
| 安→あ→あ | 阿→ア |
| 以→い→い | 伊→イ |
| 宇→う→う | 宇→ウ |
| 衣→え→え | 江→エ |
| 於→お→お | 於→オ |

ひらがなとかたかな
＊かな文字がつくられるまでは漢字だけが使われていた。

選んだ言葉に✔
□鑑真　□清少納言　□紫式部　□遣唐使
□唐招提寺　□東大寺　□平安京　□寝殿造

ぴったり2 練習



ぴたトリビア

道長はむすめが天皇のきさきになったことを喜び、この世は自分のもので、満月のように欠けているものはないという意味の和歌をよみました。

教科書 102～109ページ　答え 19ページ

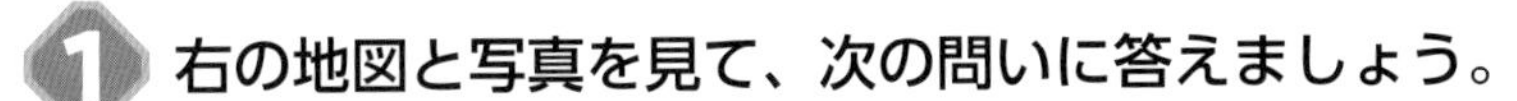

## 1 右の地図と写真を見て、次の問いに答えましょう。

(1) 右の地図は、遣唐使が通った道を示しています。地図中のⒶ、Ⓑの都の名を書きましょう。

Ⓐ(　　　　　)

Ⓑ(　　　　　)

朝鮮半島
難波津
日本
Ⓑ
Ⓐ
中国(唐)
大宰府
蘇州
0　500km

(2) 右の写真の僧は、何度も航海に失敗し、目が見えなくなりながらも6度めの航海で日本にたどり着きました。この僧の名前を書きましょう。　(　　　　　)

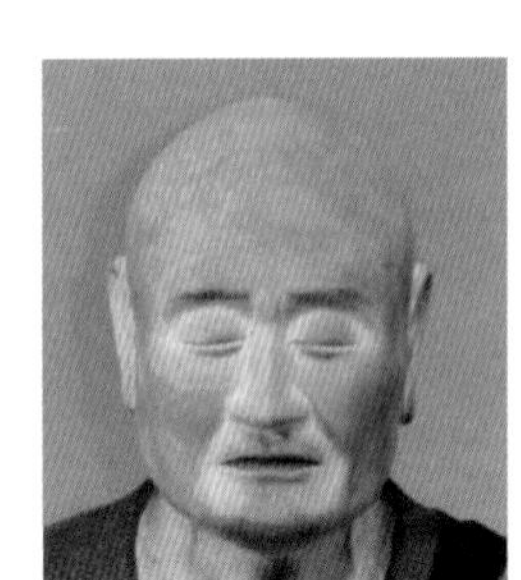

(3) (2)の僧が奈良に開いた寺院の名前を何といいますか。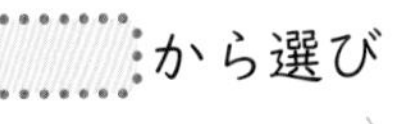から選びましょう。　(　　　　　)

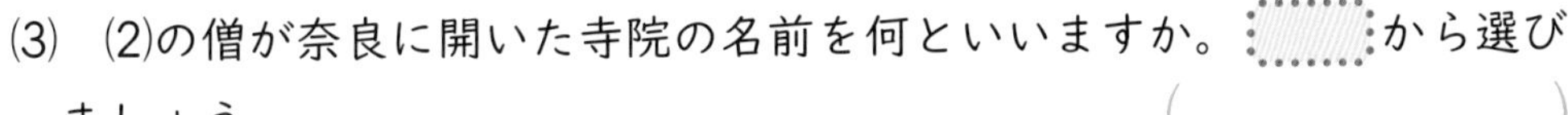

唐招提寺　国分寺　東大寺　法隆寺

## 2 右の資料を見て、次の問いに答えましょう。

(1) 日本の風土や生活に合った日本ふうの文化を何といいますか。　(　　　　　)

| | | | | | |
|---|---|---|---|---|---|
| 安 → あ → あ | 阿 → ア |
| 以 → い → い | 伊 → イ |
| 宇 → う → う | 宇 → ウ |
| 衣 → え → え | 江 → エ |
| 於 → お → お | 於 → オ |

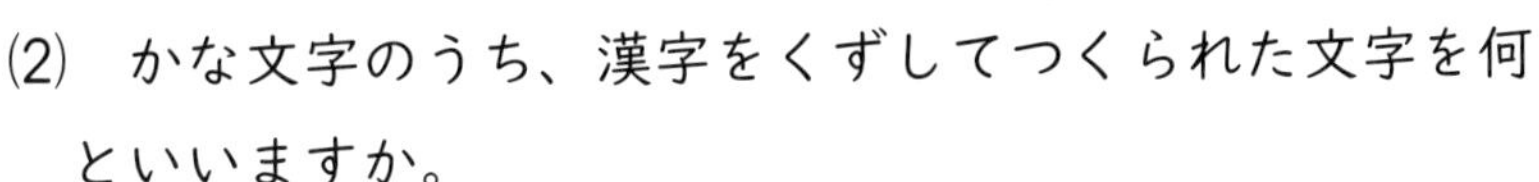

(2) かな文字のうち、漢字をくずしてつくられた文字を何といいますか。　(　　　　　)

(3) かな文字のうち、漢字の一部をとってつくられた文字を何といいますか。　(　　　　　)

(4) これらの文字が果たした役割を、㋐～㋓から2つ選びましょう。　(　　)(　　)

㋐ すぐれた和歌や物語、日記が多数生まれた。

㋑ 各地方で話されていた言葉が統一された。

㋒ 日本古来の言葉や日本人の感情をより自由に表現できるようになった。

㋓ 農民の間にも和歌をよむことが流行した。

(5) 右の資料は、清少納言が書いた文学作品の一部です。この文学作品を何といいますか。□から選びましょう。　(　　　　　)

> 春は夜明けのころがよい。だんだんと白くなっていく空の、山に近いあたりが、少し明るくなって、紫がかった雲が細く横に長く引いているのがよい。

万葉集　古今和歌集　枕草子　源氏物語

ヒント　1 (1)Ⓑ 現在のシーアンです。

ぴったり3
# 確かめのテスト

2．日本の歴史

## 2 大陸に学んだ国づくり

時間 30分　／100　合格 80点

教科書 94～109ページ　答え 20ページ

### 1 次の文を読んで、あとの問いに答えましょう。
1つ5点（25点）

聖徳太子（厩戸王）は、蘇我氏とともに、（①）中心の国づくりを目ざした。能力のある者を役人に取り立てるしくみとして（②）をつくり、役人の心構えを示す（③）を定めるなど、政治改革を進めた。さらに、ⓐ中国に遣隋使として小野妹子らを送った。また、国づくりのよりどころとして、ⓑ仏教を重んじた。

(1) 文中の①～③にあてはまる言葉を書きましょう。

①（　　　）②（　　　）③（　　　）

(2) 下線部ⓐについて、遣隋使を中国に送った理由を、㋐～㋒から選びましょう。（　　）

㋐ 中国から米を輸入するため。

㋑ 中国に日本の技術を伝えるため。

㋒ 中国の進んだ政治のしくみや文化を取り入れるため。

記述 (3) 下線部ⓑについて、仏教を重んじた聖徳太子が行ったことを、「寺」という言葉を使って簡単に書きましょう。
思考・判断・表現

（　　　）

### 2 右の表と資料を見て、次の問いに答えましょう。
1つ5点（25点）

(1) 表中の①、②にあてはまる数字、言葉を書きましょう。

①（　　　）

②（　　　）

(2) 下線部について、九州などの警備をする兵士を何といいますか。

（　　　）

(3) 右下の資料は、8世紀につくられた歌集にのっている、九州を守っていた兵士のうたです。歌集の名前を書きましょう。

（　　　）

(4) できたらスゴイ！ 全国各地から都に届けられる品物に付けられていた札を何といいますか。

（　　　）

| | |
|---|---|
| 租 | 収穫した稲の約（①）％を納める。 |
| 調 | 地方の（②）を納める。 |
| 庸 | 都で働くか、布を納める。 |
| 兵役 | 都や九州などの警備をする。 |
| 雑徭 | 土木工事をする。 |

↑律令で定められた農民の負担

着物のすそに取り付いて泣く子をおいてきてしまった。母もいないのに、今ごろどうしているのだろうか。

学習日　月　日

## 3 右の絵を見て、次の問いに答えましょう。

1つ5点（15点）

(1) 貴族の暮らしに関する次の①、②の説明について、正しいものには○を、まちがっているものには×をつけましょう。

①（　　　）貴族たちは、竪穴住居とよばれる広い屋しきに住んだ。

②（　　　）貴族たちは、囲碁やけまりを楽しみ、和歌をよんだ。

記述 (2) この時代の貴族の暮らしの中からどのような文化が生まれましたか、簡単に書きましょう。

思考・判断・表現

（　　　　　　　　　　）

都の貴族の屋しき（想像図）

## 4 右の年表を見て、次の問いに答えましょう。

1つ5点（35点）

(1) 年表中の①～③にあてはまる言葉を書きましょう。

①（　　　　）
②（　　　　）
③（　　　　）

(2) よく出る 下線部ⓐについて、二人はその後、天皇を中心とした政治の改革を進めました。この改革を何といいますか。

（　　　　）

(3) できたらスゴイ! 下線部ⓑについて、日本の成り立ちを記した歴史書を２つ書きましょう。

| 世紀 | 主なできごと |
| --- | --- |
| 7世紀中ごろ | ⓐ中大兄皇子・中臣鎌足が蘇我氏をたおす |
| 8世紀初め | 平城京（奈良県）へ都を移す |
| | ⓑ歴史書がつくられる |
| | 聖武天皇が位につく |
| 中ごろ | ・ⓒ大仏をつくる命令を出す |
| | 中国の僧である鑑真が来日する |
| | ・唐招提寺が建てられる |
| 末 | （①）（京都府）へ都を移す |
| 11世紀初め | 清少納言が「枕草子」を書く |
| | （②）が「源氏物語」を書く |
| | （③）が天皇を助ける役職につく |

（　　　　）
（　　　　）

記述 (4) 下線部ⓒについて、聖武天皇がこのような命令を出した理由を、「不安」という言葉を使って簡単に書きましょう。

思考・判断・表現

（　　　　　　　　　　）

ふりかえり 4(4)がわからないときは、34ページの2にもどって確認してみよう。

ぴったり1 準備

3分でまとめ

2．日本の歴史

# 3 武士の政治が始まる①

学習日　月　日

めあて
武士の暮らしや、源氏と平氏の戦いを理解しよう。

教科書 110～113ページ　答え 21ページ

次の（　　）に入る言葉を、下から選びましょう。

## 1 武士が現れる

教科書 110～111ページ

### ★武士の暮らし

- **武士**…（①　　　　　）時代中ごろに、都から各地に派遣された役人や、そのもとで税を集めた人々。
- 武力で領地を広げ、力をつけていった。
- 地方に住む武士は周りをほりに囲まれた館を構え、領地でつくられた米などを（②　　　　　）として納めさせ、富をたくわえた。
- 領地を守るために、馬を飼い、武芸にはげんだ。
- 都に住む武士たちは、都の警護をしたり、（③　　　　　）や貴族の身の安全を守ったりする任務についた。

↑武士の館（想像図）

## 2 源氏と平氏が戦う

教科書 112～113ページ

**ワンポイント** 源氏と平氏

- 朝廷や貴族の勢力争いに関わった武士は力をもつようになり、**源氏**と**平氏**が力をのばした。

平氏
- （④　　　　　）を中心とする一族で、朝廷の重要な地位につき勢力を広げた。
- **平清盛**は武士では初めて（⑤　　　　　）になり、むすめを天皇のきさきにした。

↑平清盛（1118～1181年）

- 平氏の政治に不満をもつ武士や貴族もいた。

源氏
- **源頼朝**は、（⑥　　　　　）に敗れて伊豆（静岡県）に流された。
- 関東の有力な武士を味方につけ、平氏をたおす戦いを始めた。

↑源頼朝（1147～1199年）

- 頼朝の弟の（⑦　　　　　）の活躍などにより、源氏は、1185年に（⑧　　　　　）（現在の関門海峡）で平氏をほろぼした。

源義経はやがて兄の頼朝と対立して、東北へ追われたよ。

選んだ言葉に✔

| | | | |
|---|---|---|---|
| □源義経 | □天皇 | □太政大臣 | □壇ノ浦 |
| □平清盛 | □平安 | □年貢 | □平治の乱 |

ぴったり2 練習

学習日　月　日

ぴたトリビア
運動会などで対抗(たいこう)する２組が紅組(あかぐみ)と白組に分かれることは、源氏が白旗を、平氏が赤旗を用いたことが由来であるとされています。

教科書 110〜113ページ　答え 21ページ

## 1 次の文を読んで、あとの問いに答えましょう。

平安時代の中ごろ、都から各地に派遣された役人やそのもとで（①）を取り立てていた人々が、武力をもって（②）を広げ、力をつけていった。武士は、自分の（②）でつくられた米などを納めさせ、富をたくわえていった。

(1) 文中の①、②にあてはまる言葉を書きましょう。

①（　　　）
②（　　　）

(2) 右の絵に見られるような武士の暮らしに関する次の①〜③の説明について、正しいものには○を、まちがっているものには×をつけましょう。

①（　　）馬を飼い、武芸にはげんだ。
②（　　）寝殿造(しんでんづくり)とよばれる広い屋しきに住んだ。
③（　　）囲碁(いご)やけまりを楽しんだ。

武士の館（想像図）

## 2 右の年表を見て、次の問いに答えましょう。

| 年 | 主なできごと |
|---|---|
| 1180 | 石橋山(いしばしやま)の戦い<br>富士川(ふじかわ)の戦い |
| 1183 | 倶利伽羅峠(くりからとうげ)の戦い |
| 1184 | 一ノ谷(いちのたに)の戦い |
| 1185 | 屋島(やしま)の戦い<br>（①）の戦い |

源氏と平氏の戦い

(1) 年表中の①にあてはまる言葉を書きましょう。

（　　　）

(2) 武士で初めて太政大臣になった人物の名前を書きましょう。

（　　　）

(3) 朝廷の重要な役職を独占(どくせん)した平氏に対して、平氏をたおす戦いを始めた人物の名前を書きましょう。

（　　　）

(4) (3)はどのような人々を味方につけましたか。㋐〜㋒から選びましょう。（　　）

㋐ 関東の有力な武士
㋑ 中国(ちゅうごく)（宋(そう)）の人々
㋒ 九州(きゅうしゅう)地方の武士

(5) 年表中の下線部について、この戦いでほろびたのは源氏ですか、平氏ですか。

（　　　）

ヒント ② (1) 現在の関門海峡で起こった戦いです。

ぴったり1 **準備**

2．日本の歴史

# 3 武士の政治が始まる②

学習日　月　日

めあて
鎌倉幕府の政治の体制や元との戦いがもたらした変化を理解しよう。

教科書 114～119ページ　答え 22ページ

次の（　　）に入る言葉を、下から選びましょう。

## 1 幕府を開いた源頼朝

教科書 114～115ページ

ワンポイント **鎌倉幕府**

- 多くの武士は平氏に勝利した源頼朝に**御家人**として従い、有力な御家人は（①　　　　）や**地頭**に任命された。
- 頼朝は、1192年に（②　　　　）に任命され、全国の武士を従えた。
- **鎌倉幕府**…鎌倉（神奈川県）で頼朝が開いた政府で、武士が政治の中心となった。
- 幕府と御家人は土地を仲立ちとした**「ご恩と奉公」**の関係で結ばれた。
- 「（③　　　　）」…幕府（将軍）は、御家人がもつ領地の支配を認め、ほうびとして新たな領地をあたえる。
- 「（④　　　　）」…御家人は、幕府のために戦い、都や鎌倉の警備をする。
- 源氏の将軍が3代でとだえると、北条氏が**執権**として将軍に代わり政治を行った。朝廷は強い力をもった幕府をたおそうとしたが、頼朝の妻の（⑤　　　　）が御家人たちを団結させて朝廷軍を破り、幕府の危機を救った。

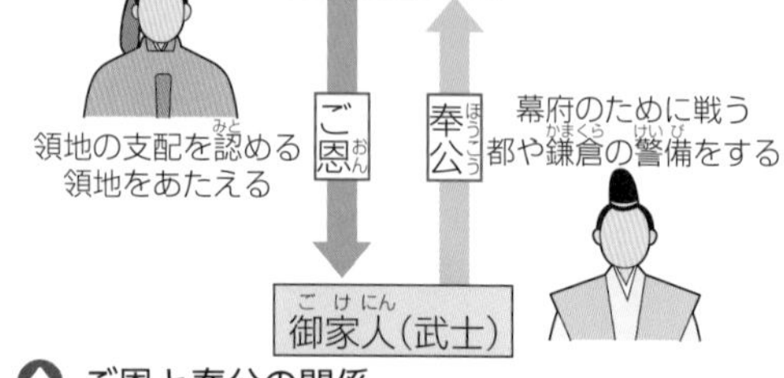

ご恩と奉公の関係

御家人は戦いのときに家来を率いて「いざ鎌倉」とかけつけたよ。

## 2 元との戦い

教科書 116～117ページ

### 元

- 13世紀に中国を支配したモンゴル人は、国号を元と定め、朝鮮半島の高麗を従えた。
- 元は日本も従えようと使者を送ったが、幕府がこれをこばむと、九州北部へ2度せめこんだ。

### 元との戦いとその影響

- 幕府の執権（⑥　　　　）は、御家人を九州に集め、元軍と戦った。
- 1度め（1274年）・2度め（1281年）
  - 元軍は新兵器を使って（⑦　　　　）を用いた。
  - 元軍は（⑧　　　　）にあって引きあげた。
- 御家人たちは多くの費用を使い、命がけで戦ったが、幕府はほうびの土地をあたえることができなかった。
- 御家人が幕府に不満をもったことで両者の関係がくずれ、幕府の力がおとろえていった。

元軍は「てつはう」という新兵器などを使ったよ。

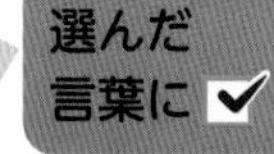

選んだ言葉に✓

| | | | |
|---|---|---|---|
| □征夷大将軍 | □ご恩 | □暴風雨 | □集団戦法 |
| □守護 | □奉公 | □北条時宗 | □北条政子 |

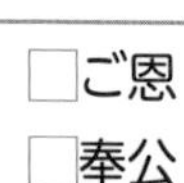

学習日　月　日

13世紀、チンギス・ハンによって統一されたモンゴルは、ユーラシア大陸の大部分におよぶ大帝国を築きました。

教科書 114〜119ページ　答え 22ページ

## 1 次の文を読んで、あとの問いに答えましょう。

源頼朝は、有力な御家人を守護や(①)に任命して全国各地に置き、武士による政治の体制を整えた。1192年、頼朝は征夷大将軍に任命された。鎌倉（神奈川県）を政治の中心として、頼朝が開いた政府を(②)という。

(1) 文中の①、②にあてはまる言葉を書きましょう。

①(　　　　)

②(　　　　)

(2) 将軍と御家人の関係について述べた次の文中の①、②について、{　} の中の正しい言葉を◯で囲みましょう。

幕府（将軍）が、御家人がもつ領地の支配を認めたり、手がらによって新しい領地をあたえたりすることを① { ご恩・奉公 } という。戦いのときに御家人が家来を率いて幕府のために命がけで戦うことを② { ご恩・奉公 } という。

## 2 右の地図と絵を見て、次の問いに答えましょう。

(1) 13世紀に中国を支配した地図中のⒶの国名を書きましょう。

(　　　　)

(2) Ⓐは、２度にわたって日本のⒷにせめてきました。地図中のⒷの地名を書きましょう。

(　　　　)

(3) Ⓐと戦った当時の、幕府の執権の名前を書きましょう。

(　　　　)

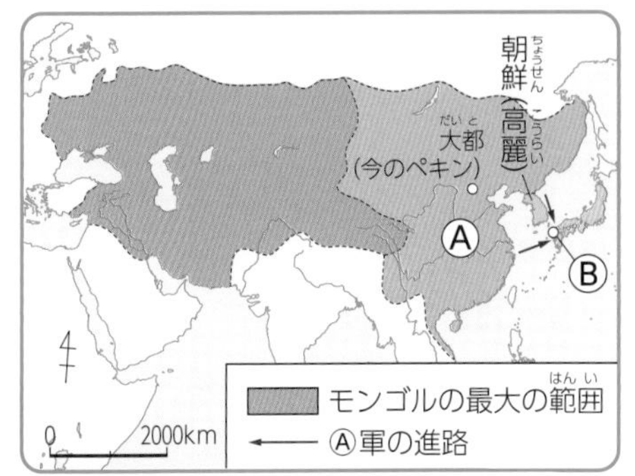


(4) 右の絵は、Ⓐ軍と御家人が戦っている様子です。右の絵に関する次の①、②の説明について、正しいものには○を、まちがっているものには×をつけましょう。

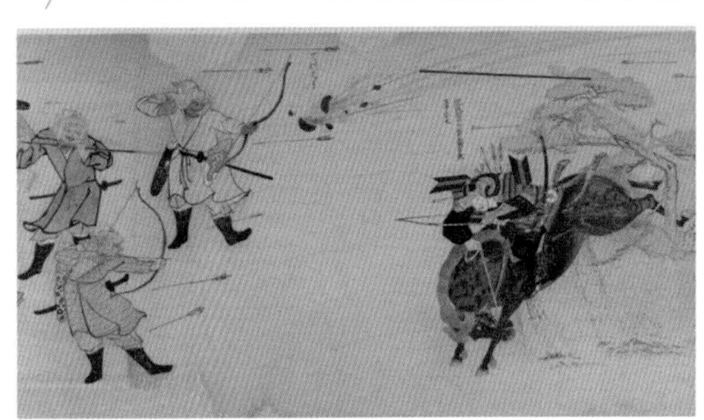

①(　　　) Ⓐ軍は、「てつはう」という新兵器などを使った。

②(　　　) 御家人たちは集団戦法を用いて戦った。

(5) Ⓐ軍との戦いの結果として正しいものを、㋐〜㋒から選びましょう。(　　　)

㋐ Ⓐ軍は、御家人の攻撃に備えて、防塁をつくった。

㋑ 北条政子は、動揺する御家人を団結させてⒶ軍を破った。

㋒ 御家人は、幕府からほうびの土地をもらうことができなかった。

ヒント　2 (2) Ⓐ軍は九州北部のⒷに侵入する前に、対馬や壱岐などをおそいました。

2. 日本の歴史

# 4 室町文化と力をつける人々①



めあて
室町時代に生まれた文化やその特徴を理解しよう。

教科書 120～123ページ　答え 23ページ

次の(　　)に入る言葉を、下から選びましょう。

## 1 室町時代に生まれた文化

教科書 120～121ページ

**ワンポイント** 室町幕府

- **室町幕府**…14世紀に足利氏が京都で開いた幕府。この幕府が続いた約240年間を(①　　)という。
- 14世紀の終わり、3代将軍の(②　　)は、各地の守護大名を従え、強い権力をもった。
- **足利義満**は、中国の(③　　)と貿易を行い、京都の北山に3層の**金閣**を建てた。
- 15世紀の終わり、足利義満の孫の8代将軍(④　　)は、東山に**銀閣**を建てた。
- (⑤　　)…たたみや障子、ふすまなどを使った日本独自の建築様式。

金閣

書院造の様式は、現在の和室とよく似ているね。

東求堂にある書院造の部屋

## 2 簡素で静かな美しさ

教科書 122～123ページ

### 室町時代の文化

- **水墨画**…墨だけを使って絵をえがく技法で、鎌倉時代に中国から伝わった。
- 僧として修行をしながら水墨画を学び、48才のときに中国にわたった(⑥　　)は、水墨画を日本ふうの様式に完成させた。
- **書院造**の様式が広まると、水墨画は、ふすま絵・かけ軸に使われるようになった。
- このころ、茶を飲む習慣が広まり、武士や貴族の間で、心静かに茶を楽しむ(⑦　　)の作法が定まった。
- 書院造の床の間をかざる**生け花**もさかんになった。
- (⑧　　)…石や砂を用いて、水の流れや山の風景を表現する庭園の様式。
- 龍安寺(京都市)の石庭は枯山水の代表的な庭園として知られている。

雪舟
(1420～1506年)

茶の湯や生け花は、その後さまざまな流派ができて、現在も多くの人々に楽しまれているよ。

選んだ言葉に✔
- □足利義満　□足利義政　□雪舟　□茶の湯
- □明　□室町時代　□枯山水　□書院造

学習日　月　日

**ぴたトリビア**

幼いころに修行をおろそかにして柱にしばりつけられた雪舟は、足の指を使い、なみだでネズミをえがいたと伝えられています。

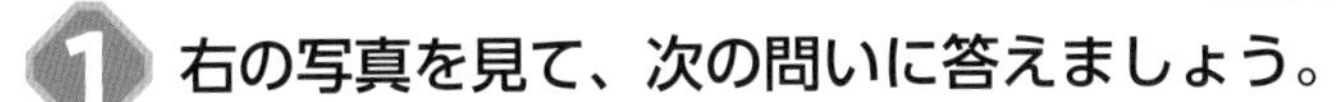

教科書 120～123ページ　答え 23ページ

## 1 右の写真を見て、次の問いに答えましょう。

Ⓐ 

Ⓑ 

(1) 14世紀に、足利氏が京都に開いた幕府を何といいますか。（　　　）

(2) (1)の幕府と貿易を行っていた中国の王朝を、㋐～㋒から選びましょう。（　　　）

㋐ 唐　㋑ 宋　㋒ 明

(3) Ⓐの写真について、次の問いに答えましょう。

① この建物の名前を書きましょう。（　　　）

② この建物を建てたのはだれですか。名前を書きましょう。（　　　）

③ この建物は京都のどこに建てられましたか。地名を書きましょう。（　　　）

(4) Ⓑの写真について、次の問いに答えましょう。

① この建物の名前を書きましょう。（　　　）

② この建物を建てたのはだれですか。名前を書きましょう。（　　　）

③ この建物は京都のどこに建てられましたか。地名を書きましょう。（　　　）

④ この建物のとなりに建てられた東求堂の部屋に見られる、たたみや障子などを使った建築様式を何といいますか。（　　　）

## 2 室町時代の文化に関する次の会話を読んで、正しいものには○を、まちがっているものには×をつけましょう。

(1)（　　　）

水墨画は、墨の濃淡だけで、自然の風景を表現しているよ。

(2)（　　　）

茶を飲む習慣は、貴族の間だけで広まり、武士の間には広まらなかったんだ。

(3)（　　　）

生け花は、現在も多くの人に楽しまれているね。

(4)（　　　）

枯山水とよばれる様式の庭園では、水路が引かれて水の流れが表現されているよ。

**ヒント** 1 (3) Ⓐは３層建てで、２層め・３層めには金ぱくがはられました。

2．日本の歴史

# 4 室町文化と力をつける人々②

学習日　　月　　日

めあて
農民や町人の暮らしの中から生まれた文化や産業を理解しよう。

教科書 124～127ページ　答え 24ページ

次の（　　）に入る言葉を、下から選びましょう。

## 1 今も受けつがれる室町文化

教科書 124～125ページ

### まちや村の文化

- 室町時代のまちや村では、祭りや盆おどりなどがさかんに行われるようになった。
- 田植えのときに豊作をいのっておどられた田楽や、祭りのときに演じられた（①　　　　）は、**能**や（②　　　　）へと発展した。
- 能は、室町時代に、足利義満の保護を受けて（③　　　　）・**世阿弥**の父子が完成させた。
- 能と同じころに生まれた**狂言**は、当時の日常の言葉を使い、こっけいな動作やせりふで人々を楽しませた。

田植えをしているそばで田楽をおどる人（「月次風俗図屏風」）

### 京都の祇園祭

- 1000年以上の歴史をもつ、日本を代表する祭りの一つ。
- 足利義政のころに（④　　　　）という大名どうしの争いが起こると、京都のまちは焼け野原になり、祇園祭もとだえた。
- その後、（⑤　　　　）とよばれる町人が京都のまちを復興させる中心となり、祇園祭も復活した。

能と狂言は、2008年に「能楽」としてユネスコの無形文化遺産に登録されたよ。

## 2 産業の発達と力をつける人々

教科書 126ページ

### 産業の発達

- 農業生産は、鎌倉時代から室町時代になるとさらに高まっていった。
- 人々が協力して農作業を行い、自分たちの生活を守ろうとする一方で、用水や山林をめぐる争いも起こった。
- 村の長老などが話し合い、生活のきまりをつくり、他の村との交渉を進めるようになった。
- 綿や麻、（⑥　　　　）、ごまなどの栽培や養蚕がさかんになった。
- 織物、紙、油などをつくる（⑦　　　　）も発展した。
- 産業の発展により、船や馬などを使った輸送も発達した。
- 人の多く集まる場所で、（⑧　　　　）が開かれるようになった。

農作業の様子（想像図）

＊農業では、稲と麦の二毛作が広がった。牛や馬、鉄製の農具なども利用されるようになった。

選んだ言葉に✓

□狂言　□猿楽　□観阿弥　□町衆
□応仁の乱　□市　□手工業　□茶

学習日　月　日

ぴたトリビア

室町時代には、「一寸法師」や「浦島太郎」など、御伽草子といわれる絵入りの物語が生まれました。

教科書 124～127ページ　答え 24ページ

## 1 次の問いに答えましょう。

(1) 室町時代に農民や町人の暮らしの中から生まれた文化について、次の①～④の説明にあてはまる言葉を[　]から選びましょう。

① 田植えのときに豊作をいのっておどられたもの。（　　　）

② 祭りのときに演じられたもの。（　　　）

③ 観阿弥・世阿弥の父子が、足利義満の保護を受けて完成させたもの。（　　　）

④ 当時の日常の言葉を使い、こっけいな動作やせりふで人々を楽しませたもの。（　　　）

狂言　猿楽　田楽　能

(2) 2008年にユネスコの無形文化遺産に登録されたものを、(1)の[　]から2つ選びましょう。
（　　　）
（　　　）

(3) 応仁の乱以降とだえていたもので、京都の町衆が復活させた祭りを何といいますか。（　　　）

## 2 室町時代の農業生産や産業に関する次の会話を読んで、正しいものには○を、まちがっているものには×をつけましょう。

(1)（　　）綿と麻の二毛作を行う地域が現れるようになったよ。

(2)（　　）牛や馬、銅でつくった農具を使った農耕が広まったよ。

(3)（　　）織物、紙、油などをつくる手工業が発展していったね。

(4)（　　）木のおけやたるが広まり、酒やしょう油などの輸送に使われたよ。

ヒント 1 (3) 現在の京都でも、毎年7月に行われています。

2．日本の歴史
## 3 武士の政治が始まる／4 室町文化と力をつける人々

時間30分　／100　合格80点

教科書 110～127ページ　答え 25ページ

## 1 右の年表と図を見て、次の問いに答えましょう。 1つ5点（30点）

| 年 | 主なできごと |
|---|---|
| 1185 | 壇ノ浦の戦いで、源頼朝の弟である（①）が平氏を破る<br>源頼朝が全国各地にⓐ守護や地頭を置く |
| 1192 | 源頼朝が（②）に任命される |
| 1221 | ⓑ幕府が朝廷軍を破る |
| 1274 | 元が九州北部にせめてくる |
| 1333 | 鎌倉幕府がほろぶ |

(1) 年表中の①、②にあてはまる言葉を書きましょう。

①（　　　）
②（　　　）

(2) 下線部ⓐについて、守護の仕事の内容を、㋐～㋒から選びましょう。（　　　）

㋐ 村での年貢の取り立て。
㋑ 軍事や警察の仕事。
㋒ 将軍に代わって政治を行う。

(3) 下線部ⓑについて、動揺する御家人たちを団結させて幕府の危機を救ったのはだれですか。（　　　）

(4) よく出る 右の図は、幕府と御家人の関係を示しています。図中の①、②にあてはまる言葉を書きましょう。

①（　　　）②（　　　）

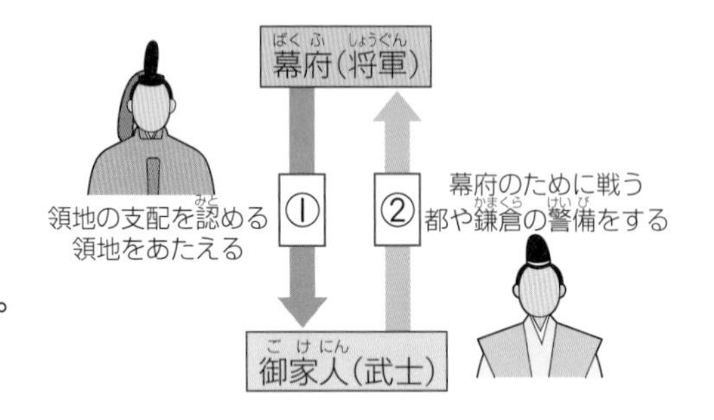


## 2 次の文を読んで、あとの問いに答えましょう。 1つ5点（20点）

13世紀に中国を支配したモンゴル人は、国号を元と定めた。元は日本を従えようとして、２度にわたって九州北部にせめてきた。

幕府の執権（①）は、御家人たちを九州に集めて元と戦った。御家人たちは、元軍の新兵器と（②）を用いた攻撃に苦戦しながらも激しく戦った。御家人たちの命がけの戦いと暴風雨によって元軍は２度とも大きな損害を受け、引きあげた。

(1) 文中の①、②にあてはまる言葉を書きましょう。

①（　　　）
②（　　　）

(2) できたらスゴイ！ 幕府が元軍の攻撃に備えて、御家人たちに命じてつくらせた石垣を何といいますか。（　　　）

記述 (3) 幕府と御家人の関係は、元との戦いのあとにどのようになりましたか。簡単に書きましょう。 思考・判断・表現

（　　　）

## 3 右の年表を見て、次の問いに答えましょう。

1つ5点（20点）

(1) 年表中の①、②にあてはまる言葉を書きましょう。

①（　　　　）

②（　　　　）

(2) よく出る 下線部ⓐについて、足利義満が京都の北山に建てた建物を何といいますか。

（　　　　）

(3) 下線部ⓑについて、応仁の乱によりとだえたものの、その後復活し、現在も毎年7月に行われている京都の祭りを何といいますか。（　　　　）

| 年 | 主なできごと |
|---|---|
| 1338 | 足利氏が室町幕府を開く |
| 1368 | ⓐ足利義満が3代将軍となる |
| 1404 | 中国（①）との貿易を始める |
| 1449 | ②が8代将軍となる |
| 1467 | ⓑ応仁の乱が始まる |
| 1573 | 室町幕府がほろぶ |

この本の終わりにある「夏のチャレンジテスト」をやってみよう！

## 4 右の写真と絵を見て、次の問いに答えましょう。

1つ5点（15点）

(1) 右の写真の部屋の建築様式を何といいますか。

（　　　　）

(2) 右の写真のⒶにあてはまるものを、㋐～㋓から選びましょう。 技能

（　　　　）

㋐ ふすま

㋑ たたみ

㋒ 障子

㋓ ちがいだな

(3) よく出る 右の絵などのすぐれた作品を数多く生み出し、水墨画の技法を日本ふうの様式に完成させた僧の名前を書きましょう。

（　　　　）

## 5 次の問いに答えましょう。

1つ5点（15点）

(1) 田楽や猿楽は、どのような芸能へと発展していきましたか。2つ書きましょう。

（　　　　）

（　　　　）

記述 (2) できたらスゴイ! 村では、田楽はどのようなときに、何を願っておどられましたか。右の絵を見て、簡単に書きましょう。 思考・判断・表現

（　　　　）

2(3)がわからないときは、42ページの2にもどって確認してみよう。

# 5 全国統一への動き①

学習日 　月　日

めあて
戦国時代の世の中や全国統一を目ざした織田信長の動きを理解しよう。

教科書 128〜135ページ　答え 26ページ

次の（　　）に入る言葉を、下から選びましょう。

## 1 戦国の世の中

教科書 128〜131ページ

### ✪ 戦国大名

- 15世紀後半、将軍のあとつぎ問題をめぐって、室町幕府の有力な守護大名どうしの対立が深まると、京都で（①　　　　）が起こり、幕府の権力がおとろえた。
- 各地で実力をもった**戦国大名**が、領地の支配を固め、周りの大名と勢力を争う戦国の世の中になっていった。

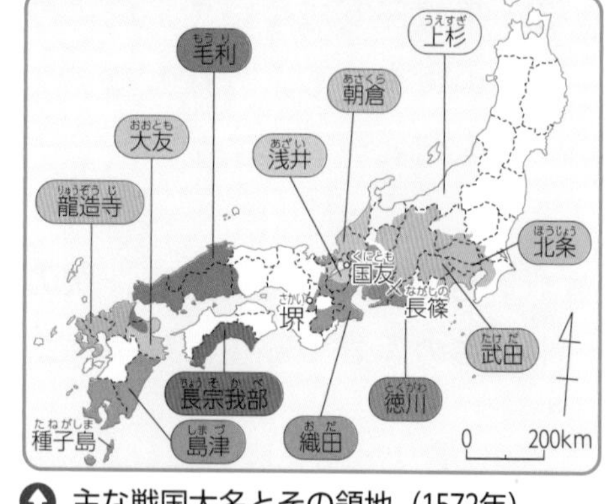

主な戦国大名とその領地（1572年）

### ✪ 鉄砲の伝来

- ポルトガル人が（②　　　　）（鹿児島県）へ流れ着き、**鉄砲**が伝えられた。鉄砲は、堺（大阪府）や国友（滋賀県）で大量に生産され、戦いに利用された。

### ✪ 長篠の戦い

- 1575年に長篠（愛知県）で起こった織田・徳川連合軍と**武田勝頼**の軍の戦い。
- 鉄砲を使った戦法で織田・徳川連合軍が武田軍の騎馬隊に勝利した。
- その後、**織田信長**・（③　　　　）・**徳川家康**が、**全国統一**をめざしていった。

## 2 全国統一を目ざした織田信長

教科書 132〜135ページ

**ワンポイント** 織田信長

- 尾張（愛知県）の大名の織田信長は、（④　　　　）の戦いで駿河（静岡県）の今川義元を破り、周囲の有力大名をたおして勢力を広げ、足利氏の将軍を京都から追放して室町幕府をほろぼした。
- 比叡山延暦寺や**一向宗**などの仏教勢力を武力でおさえこんだ一方で、1549年にスペインの宣教師（⑤　　　　）が伝えた**キリスト教**を保護した。
- 堺（大阪府）など商工業で栄えた都市を直接支配した。
- 近江（滋賀県）に築いた（⑥　　　　）を、全国統一の拠点とし、城下町では商人に営業の自由を認めたり（**楽市・楽座**）、交通のさまたげになっていた各地の（⑦　　　　）をなくしたりして、商工業をさかんにしようとした。
- 九州などの港では、ポルトガルやスペインの商人との貿易を行った。
- 家臣の（⑧　　　　）におそわれ、本能寺（京都府）で命を落とした。

織田信長
（1534 〜 1582 年）

全国統一を目ざす戦いの途中で、たおされたんだね。

選んだ言葉に ✔

□安土城　□種子島　□桶狭間　□関所
□明智光秀　□豊臣秀吉　□ザビエル　□応仁の乱

学習日　　月　　日

ぴたトリビア

このころ、ヨーロッパとの貿易によって、パン、カステラ、カルタなどが日本に伝えられました。

教科書 128〜135ページ　答え 26ページ

## 1 次の文を読んで、あとの問いに答えましょう。

1467年、京都でⓐ応仁の乱が起こった。この戦いは、全国の有力な守護大名をまきこんで10年余りも続いた。この戦いによって、幕府のもとで力をもっていた大名に代わり、各地で実力をたくわえた戦国大名が領地の支配を固めていった。こうして、（①）が始まった。

1543年、鉄砲が（②）人によって種子島（鹿児島県）に伝えられた。鉄砲のつくり方はすぐに広がり、堺（大阪府）や（③）（滋賀県）などで大量に生産され、ⓑ戦いに使われるようになった。

(1) 文中の①〜③にあてはまる言葉を書きましょう。

①（　　　）
②（　　　）
③（　　　）

(2) 下線部ⓐについて、応仁の乱が起こった原因を、㋐〜㋒から選びましょう。（　　　）

㋐ 天皇（てんのう）のあとつぎ問題。
㋑ 将軍のあとつぎ問題。
㋒ 中国（ちゅうごく）（明（みん））のあとつぎ問題。

(3) 下線部ⓑについて、鉄砲は織田・徳川連合軍と武田軍との戦いで効果的に使われました。1575年に起こったこの戦いの名前を書きましょう。（　　　）

## 2 右の年表を見て、次の問いに答えましょう。

| 年 | 主なできごと |
|---|---|
| 1549 | ザビエルが（①）を伝える |
| 1560 | ⓐ桶狭間の戦い |
| 1571 | 比叡山延暦寺焼き打ち |
| 1573 | 織田信長が足利氏の将軍を追放し、（②）をほろぼす |
| 1576 | 織田信長が近江（滋賀県）にⓑ安土城の築城を始める |
| 1582 | 織田信長が（③）（京都府）で命を落とす |

(1) 年表中の①〜③にあてはまる言葉を書きましょう。

①（　　　）
②（　　　）
③（　　　）

(2) 下線部ⓐについて、この戦いに敗れた駿河（静岡県）の戦国大名の名前を書きましょう。

（　　　）

(3) 下線部ⓑについて、信長が商工業をさかんにするために城下町で認めたことを、㋐〜㋒から選びましょう。

（　　　）

㋐ 商人が自由に営業すること。
㋑ 関所を築くこと。
㋒ 教会や学校を築くこと。

ヒント　2 (3) 城下町には水路が引かれ、人やものの行き来がさかんになりました。

2. 日本の歴史

# 5 全国統一への動き②

学習日　　月　　日

めあて
豊臣秀吉の全国統一や徳川家康の全国支配を理解しよう。

教科書 136～141ページ　答え 27ページ

次の（　　）に入る言葉を、下から選びましょう。

## 1 全国を統一した豊臣秀吉

教科書 136～137ページ

### ✪ 豊臣秀吉

豊臣秀吉
(1537～1598年)

- 織田信長に仕える武将であった**豊臣秀吉**は、信長にそむいた**明智光秀**をたおした。
- （①　　　　）を築いて拠点とし、信長の政治を引きついだ。
- 信長の死後８年で全国の大名を従え、一向宗などの仏教勢力もおさえ、全国を統一した。

**ワンポイント** 秀吉の政策

- （②　　　　）…全国の田畑の面積を測り、土地の良しあし、収穫量、耕作者の名前を記録。耕作者は田畑を耕す権利を認められるかわりに、（③　　　　）を納める義務を負った。
- 村に住む人々を（④　　　　）身分とした。
- （⑤　　　　）…刀狩令を出し、**百姓**が**一揆**を起こさないように、刀や鉄砲などの武器を取り上げた。
- 武士や町人（職人・商人）を城下町に住まわせ、百姓には武士や町人になることや、田畑を捨てることを禁じた。これにより、武士と、町人・百姓の身分が明確に区別されるようになった。
- ２度にわたって（⑥　　　　）に大軍を送ったが、激しい抵抗や中国（明）の援軍、秀吉の病死により失敗に終わった。

検地の様子（想像図）

## 2 江戸幕府を開いた徳川家康

教科書 138～139ページ

### ✪ 徳川家康

徳川家康
(1542～1616年)

- **徳川家康**は三河（愛知県）の大名の家に生まれ、その後、力をのばした。信長の死後、秀吉の命令で関東地方に移り、力をたくわえた。
- 秀吉の死後、（⑦　　　　）（岐阜県）の戦いで、対立する豊臣方の大名を破り、全国の大名を従えた。
- 1603年、家康は（⑧　　　　）となり、**江戸幕府**を開いた。
- 大阪城をせめて豊臣氏をほろぼし、幕府の基礎を築いた。
- 朝鮮に使者を送り、交流を再開した。
- 将軍職を息子の秀忠にゆずり、徳川家が代々将軍になることを大名たちに示した。

選んだ言葉に✔
□関ケ原　□大阪城　□刀狩　□検地
□百姓　□征夷大将軍　□年貢　□朝鮮

学習日　月　日

ぴたトリビア
朝鮮で戦った大名が、焼き物の職人を朝鮮から連れてきたことから、佐賀県の有田焼などの焼き物の生産が始まり、現在まで受けつがれています。

教科書 136～141ページ　答え 27ページ

## 1 次の資料を読んで、あとの問いに答えましょう。

一、ⓐ百姓が、刀・弓・やり・鉄砲などの武器をもつことを禁止する。武器をたくわえ、ⓑ年貢を納めず、（①）をくわだてる者は罰する。
一、取り上げた刀は、新しく（②）をつくるためのくぎなどに役立てるから、仏のめぐみで、百姓はこの世だけでなく、あの世までも救われることになる。

(1) 資料中の①、②にあてはまる言葉を書きましょう。
①（　　　）
②（　　　）
(2) この資料を何といいますか。（　　　）
(3) この資料を出した人物の名前を書きましょう。（　　　）
(4) 下線部ⓐについて、百姓に関する次の①～③の説明について、正しいものには○を、まちがっているものには×をつけましょう。
①（　　）漁業や林業を営むことを禁じられた。
②（　　）田畑を捨てることを禁じられた。
③（　　）武士や町人になることを禁じられた。
(5) 下線部ⓑについて、年貢を取り立てるため、全国の村ごとに行われたことを何といいますか。（　　　）

## 2 右の年表を見て、次の問いに答えましょう。

| 年 | 主なできごと |
|---|---|
| 1542 | 三河（愛知県）で生まれる |
| 1575 | （①）の戦い |
| 1600 | ⓐ関ケ原の戦い |
| 1603 | ⓑ幕府を開く |
| 1615 | （②）氏をほろぼす |
| 1616 | 病死する |

(1) 年表中の①、②にあてはまる言葉を書きましょう。
①（　　　）
②（　　　）
(2) この年表が表す武将の名前を書きましょう。（　　　）
(3) 下線部ⓐについて、この戦いに関する次の①～③の説明について、正しいものには○を、まちがっているものには×をつけましょう。
①（　　）武田軍の騎馬隊を破った。
②（　　）徳川方の東軍と豊臣方の西軍が戦った。
③（　　）朝鮮の人々の激しい抵抗にあった。
(4) 下線部ⓑについて、(2)が開いた幕府を何といいますか。（　　　）

ヒント 1 (4) 武士と、町人・百姓の身分は、はっきりと区別されるようになりました。

2. 日本の歴史

# 5 全国統一への動き

／100

合格 80 点

教科書 128〜141ページ　答え 28ページ

## 1 右の資料を見て、次の問いに答えましょう。

1つ5点（20点）

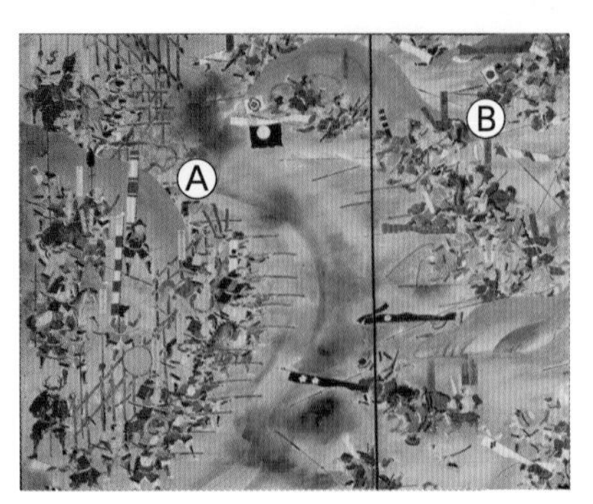


(1) よく出る 右の資料にえがかれているのは、1575年に現在の愛知県で起こった戦いの様子です。この戦いを何といいますか。（　　　）

(2) 資料中のⒶの軍は、戦いに何を使用していますか。 技能（　　　）

(3) 1543年にはじめて日本に(2)を伝えたのは、どこの国の人ですか。（　　　）

(4) 資料中のⒷを率いているのはだれですか。（　　　）

## 2 次の表を見て、あとの問いに答えましょう。

1つ5点（30点）

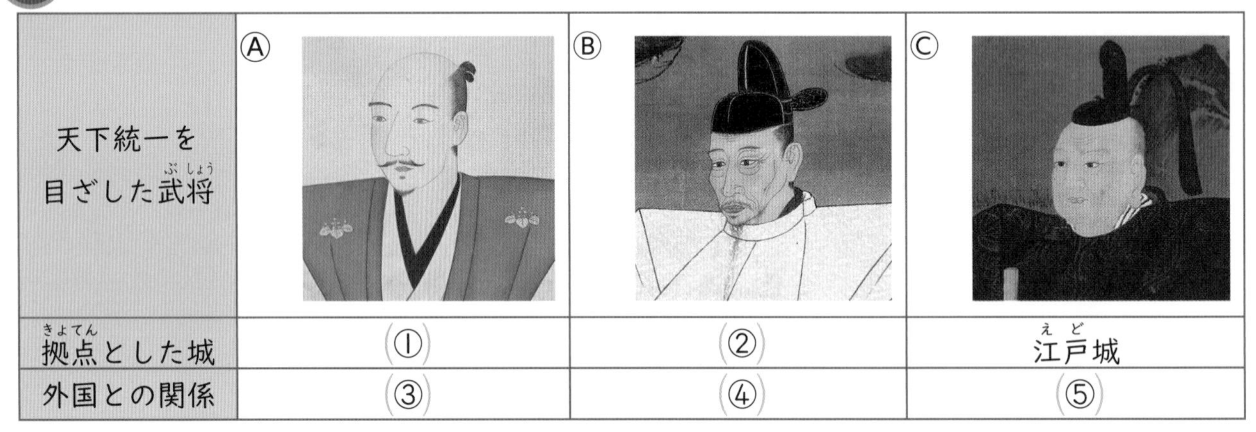

| 天下統一を目ざした武将 | Ⓐ | Ⓑ | Ⓒ |
|---|---|---|---|
| 拠点とした城 | ① | ② | 江戸城 |
| 外国との関係 | ③ | ④ | ⑤ |

(1) 表中のⒶ〜Ⓒにあてはまる人物の名前の組み合わせとして正しいものを、㋐〜㋒から選びましょう。 技能（　　　）

㋐ Ⓐ織田信長　Ⓑ豊臣秀吉　Ⓒ徳川家康
㋑ Ⓐ豊臣秀吉　Ⓑ織田信長　Ⓒ徳川家康
㋒ Ⓐ徳川家康　Ⓑ豊臣秀吉　Ⓒ織田信長

(2) 表中の①、②にあてはまる言葉を書きましょう。

①（　　　）②（　　　）

(3) 表中の③〜⑤にあてはまるものを、㋐〜㋒から選びましょう。 技能

③（　　　）④（　　　）⑤（　　　）

㋐ 朝鮮に使者を送り、交流を再開した。
㋑ キリスト教を保護した。
㋒ 朝鮮に２度にわたって軍を送った。

## 3 右の絵を見て、次の問いに答えましょう。

1つ5点（20点）

(1) 右の絵は、秀吉が全国に家来を派遣して、村ごとに行ったあるできごとの想像図です。何をしているところか、書きましょう。

（　　　　　）

(2) (1)を説明した次の文中の①、②にあてはまる言葉を書きましょう。

①（　　　　　）

②（　　　　　）

- 田畑の（①）を測る。
- 土地の良しあしや収穫量を記録する。
- 耕作している人々の（②）を記録する。

記述 (3) (1)が行われた目的を、「年貢」という言葉を使って簡単に書きましょう。

思考・判断・表現

（　　　　　　　　　　）

## 4 右の年表を見て、次の問いに答えましょう。

1つ5点（30点）

(1) 年表中の①、②にあてはまる言葉を書きましょう。

①（　　　　　）

②（　　　　　）

(2) よく出る 下線部ⓐについて、キリスト教を日本に伝えた宣教師はだれですか。

（　　　　　）

(3) できたらスゴイ! 下線部ⓑについて、室町幕府をほろぼした人物と対立していた仏教勢力を、２つ書きましょう。

（　　　　　）

（　　　　　）

| 年 | 主なできごと |
|---|---|
| 1467 | 応仁の乱が始まる |
| 1549 | ⓐキリスト教がヨーロッパから伝わる |
| 1560 | （①）の戦いで今川義元が敗れる |
| 1573 | ⓑ室町幕府がほろぶ |
| 1588 | ⓒ刀狩が行われる |
| 1590 | 全国が統一される |
| 1592 | 朝鮮に軍を送る |
| 1597 | 朝鮮に再び軍を送る |
| 1600 | （②）の戦い |
| 1603 | 江戸幕府が開かれる |

記述 (4) 下線部ⓒについて、刀狩などが行われたことによって、世の中はどのようになりましたか。「身分」という言葉を使って簡単に書きましょう。

思考・判断・表現

（　　　　　　　　　　）

ふりかえり　4(4)がわからないときは、52ページの1にもどって確認してみよう。

ぴったり1 準備

3分でまとめ

2. 日本の歴史
# 6 幕府の政治と人々の暮らし①

学習日　月　日

めあて
江戸幕府による大名支配や江戸時代の暮らしと身分を理解しよう。

教科書 142～147ページ　答え 29ページ

次の（　）に入る言葉を、下から選びましょう。

## 1 江戸を目ざす行列／江戸幕府と大名　教科書 142～145ページ

### 大名の配置
- 江戸幕府は、全国200以上の大名を３つに区別し、幕府にとって都合のよい地域に配置した。
- 親藩…徳川家の親類の大名。
- （①　　　　）…関ヶ原の戦い以前からの家臣。
- 外様…関ヶ原の戦いのあとで従った大名。

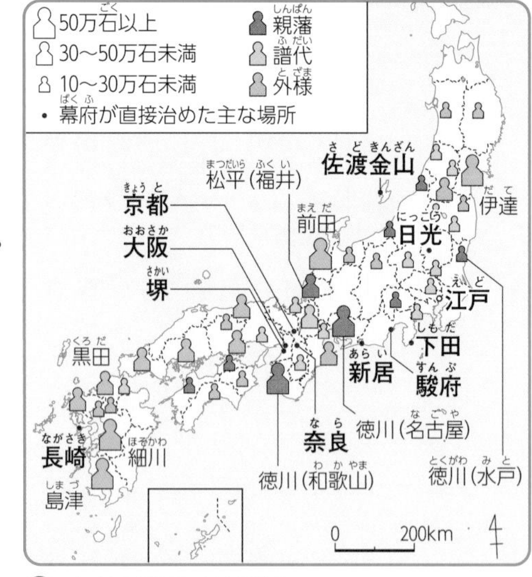

大名の配置（1664年）

### 幕府が定めたきまり
- （②　　　　）を定め、きまりにそむいた大名は、他の土地に移したり、領地を取り上げたりした。
- 大名は、（③　　　　）の修理や、河川の堤防づくりなどの土木工事を命じられ、大きな負担となった。
- ３代将軍（④　　　　）は、**武家諸法度**を改めて、大名が領地（**藩**）と江戸を１年おきに行き来する（⑤　　　　）の制度を定め、大名の妻や子どもを人質として江戸で暮らすようにさせた。

## 2 人々の暮らしと身分　教科書 146～147ページ

### 身分制度
- 江戸幕府のもとでは、武士が世の中を支配する**身分**とされた。
- 武士は、（⑥　　　　）を名のり、刀を差すなどの特権が認められ、百姓や（⑦　　　　）は、武士の暮らしを支える身分とされるなど、上下関係が細かく分かれていた。
- 村は、村役人を中心に共同で運営された。幕府は、百姓に対して、村ごとに収穫の半分ほどの**年貢**を納めさせた。
- （⑧　　　　）…年貢を納められない者や罪をおかす者がいた場合、共同で責任を負わせるしくみ。
- 江戸や大阪などの都市では、職人や商人が商工業を営んだ。
- 差別された人々は、住む場所や服装、他の身分の人々との交際などを制限されながらも、農業や手工業を営んだり、役人のもとで治安をになったりして社会を支えた。また、芸能をさかんにして、後の文化に大きな影響をあたえた。

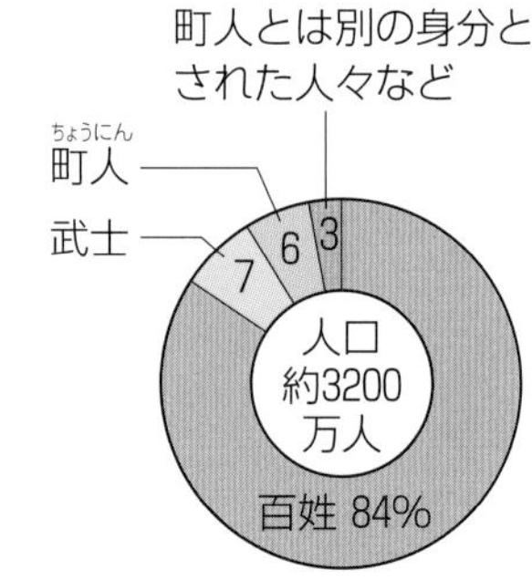

身分ごとの人口の割合（江戸時代の終わりごろ）

| 選んだ言葉に ✓ | | | |
|---|---|---|---|
| □江戸城 | □名字 | □譜代 | □町人 |
| □参勤交代 | □五人組 | □徳川家光 | □武家諸法度 |

ぴったり2

# 練習

学習日　月　日

ぴたトリビア

江戸幕府は、全国の米の生産量の約４分の１をしめる土地を領地とし、京都(きょうと)や大阪などの重要な都市や、主な鉱山も直接支配しました。

教科書 142～147ページ　答え 29ページ

## 1 次の文を読んで、あとの問いに答えましょう。

江戸幕府は、全国200以上の大名を、親藩、ⓐ譜代、（①）に区別して、各地に配置した。そして、武家諸法度を定めて大名を取りしまった。これにそむいた大名は、他の土地に移したり、領地を取り上げたりした。また、たくさんの費用や人手がかかる土木工事を大名に命じた。３代将軍（②）は、武家諸法度を改めて、ⓑ参勤交代の制度を定めた。

(1) 文中の①、②にあてはまる言葉を書きましょう。

①（　　　　）

②（　　　　）

(2) 下線部ⓐの大名の説明を、㋐～㋒から選びましょう。（　　）

㋐ 関ヶ原の戦い以前からの家臣。

㋑ 関ヶ原の戦いのあとで従った大名。

㋒ 徳川家の親類の大名。

(3) 下線部ⓑについて、この制度で領地（藩）と江戸を１年おきに行き来した人を、㋐～㋒から選びましょう。（　　）

㋐ 天皇(てんのう)　㋑ 大名　㋒ 大名の妻や子ども

## 2 右のグラフと資料を見て、次の問いに答えましょう。

(1) グラフ中のⒶ～Ⓒにあてはまる身分を、㋐～㋒から選びましょう。

Ⓐ（　　）Ⓑ（　　）Ⓒ（　　）

㋐ 町人　㋑ 百姓　㋒ 武士

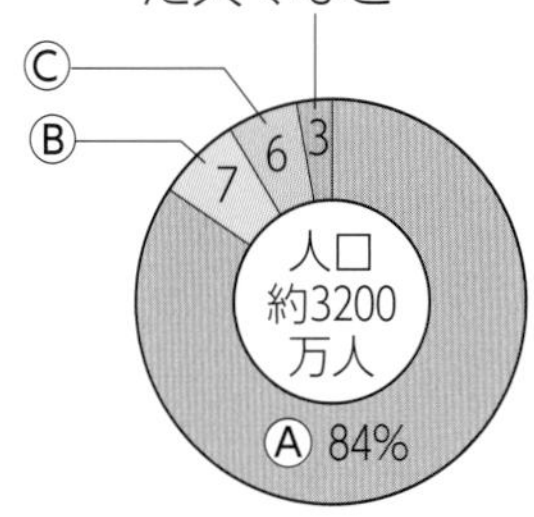


(2) 右下の資料は、ある身分の人々に対する生活上の心得を示した法令の一部です。どの身分の人々ですか、書きましょう。

（　　　　）

(3) 幕府は、Ⓐの人々に対して、共同で責任を負わせるしくみをつくりました。このしくみを何といいますか。

（　　　　）

(4) 都市で商工業を営んだ職人や商人は、どの身分の人々ですか、書きましょう。

（　　　　）

一、朝は早く起きて草をかり、昼は田畑を耕し、夜は縄(なわ)をない、俵(たわら)を編み、仕事にはげむこと。
一、酒や茶を買って飲まないこと。
一、なるべく雑穀(ざっこく)を食べ、米を多く食べないこと。

ヒント　1 (3) 江戸を目ざす行列は、大名行列とよばれました。

ぴったり1 準備

2. 日本の歴史

# 6 幕府の政治と人々の暮らし②

学習日　月　日

めあて
鎖国前の外国との交流と、鎖国のもとでの外国との交流のちがいを理解しよう。

教科書 148～153ページ　答え 30ページ

次の（　　）に入る言葉を、下から選びましょう。

## 1 鎖国への道

教科書 148～149ページ

### 外国との交流から鎖国へ

- 江戸時代の初めごろには、スペインやポルトガルの貿易船が来航し、また、日本人の商人は東南アジア各地に移住して（①　　　　）をつくった。
- （②　　　　）信者の数が増加すると、幕府は、信者が団結して幕府に従わなくなることをおそれ、キリスト教を禁止した。徳川家光のころには、日本人の海外渡航と、海外からの帰国も禁止した。
- 1637年、島原（長崎県）や天草（熊本県）で、重い年貢の取り立てやキリスト教の取りしまりに反対して、一揆が起きた。16才の（③　　　　）を中心とした人々は幕府軍と戦ったが、幕府軍におさえられた。一揆後、幕府はキリスト教の取りしまりを強化した。
- **鎖国**…貿易の相手を、中国と（④　　　　）の商人に限り、貿易港も長崎に限定した。長崎の港には貿易のために**出島**がつくられた。
- 幕府は、外国の情報や貿易の利益を独占した。

キリスト教の取りしまり

長崎の出島

## 2 鎖国のもとでの交流

教科書 150～151ページ

ワンポイント　外国との窓口

- 朝鮮との交流は、対馬藩（長崎県）を窓口にして行われた。日本をおとずれた（⑤　　　　）は、朝鮮や中国の文化を伝え、鎖国下の日本に影響をあたえた。
- 沖縄では、中国や東南アジアの国々と交流し、独自の文化をもつ（⑥　　　　）が栄えた。薩摩藩（鹿児島県）の力がおよぶようになると、貿易の利益の多くは薩摩藩の手に渡った。幕府は、**琉球王国**を通して、中国などの産物を入手した。
- 北海道では、（⑦　　　　）が幕府の許可を得て独自の文化をもつ（⑧　　　　）の人たちと交易を行った。
- 海産物や毛皮、織物などと、本州の産物を取り引きした。

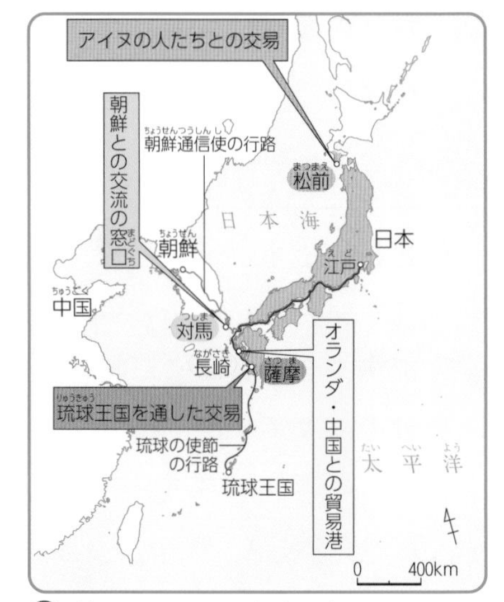

鎖国のもとでの交流の窓口

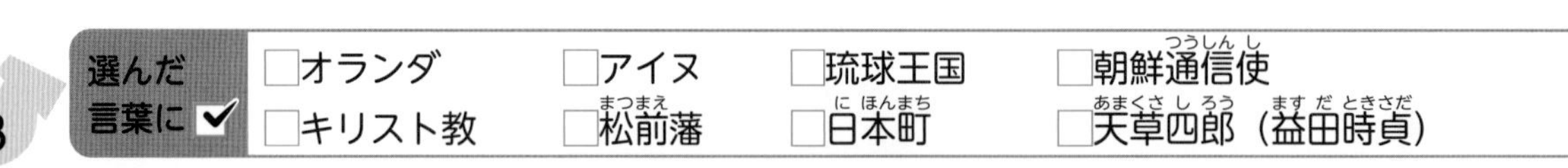
選んだ言葉に✓

| | | | |
|---|---|---|---|
| □オランダ | □アイヌ | □琉球王国 | □朝鮮通信使 |
| □キリスト教 | □松前藩 | □日本町 | □天草四郎（益田時貞） |

ぴったり2 練習

学習日　　月　　日

ぴたトリビア

17世紀初めごろのヨーロッパでは、スペインが栄えていましたが、オランダやイギリスがしだいに力をつけ、アジアへ進出するようになりました。

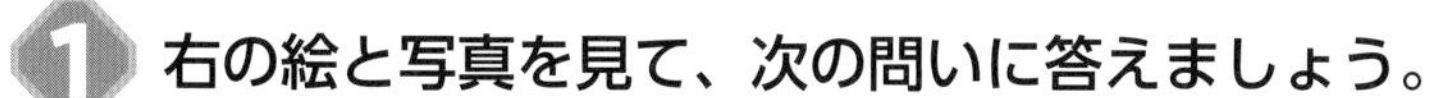

教科書 148〜153ページ　答え 30ページ

## 1 右の絵と写真を見て、次の問いに答えましょう。

(1) 右の絵は、ある宗教の信者を見つけ出しているときの様子です。また、写真は、そのために使われた像です。禁止された宗教の名前と、この取りしまりの方法を何といいますか。

禁止された宗教（　　　）

取りしまりの方法（　　　）

(2) (1)が始められたころの将軍の名前を書きましょう。

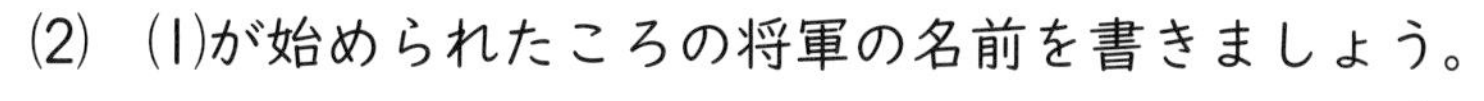

（　　　）

(3) 日本人の海外渡航、帰国を禁じ、スペイン船やポルトガル船の来航を禁止して貿易を制限した日本の状態を何といいますか。

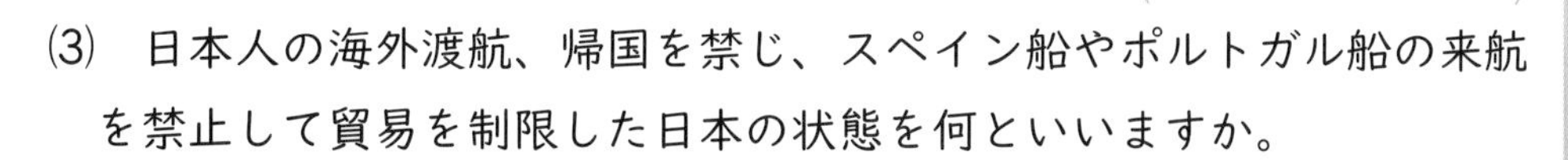

（　　　）

(4) (3)の状態の中で、江戸幕府との貿易が認められた国を、2つ書きましょう。（　　　）（　　　）

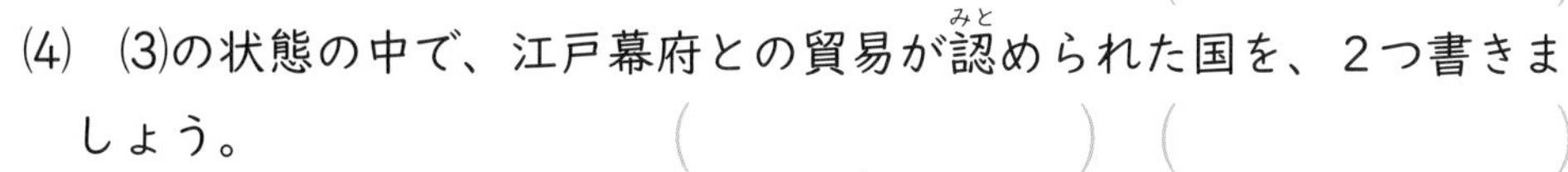

(5) (3)の状態の中で、貿易港として、唯一認められていた日本の都市の名前を書きましょう。

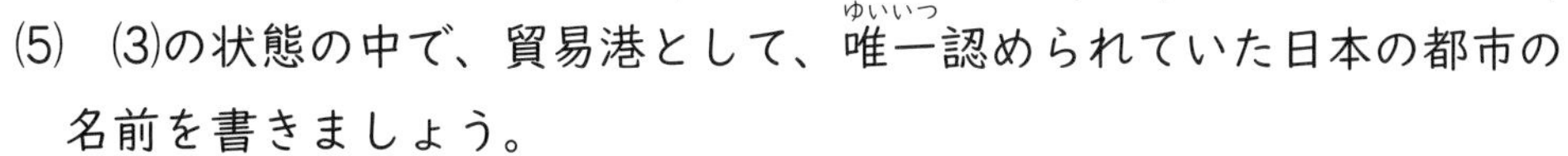

（　　　）

## 2 次の問いに答えましょう。

(1) 江戸時代に、他の国や地域との交流の窓口となった藩と、交流の相手の説明について、あうものを線で結びましょう。

① 松前藩 ・　・ ㋐ 12回にわたって朝鮮通信使を日本に派遣した。

② 対馬藩 ・　・ ㋑ 琉球王国は、東南アジア・中国・朝鮮・日本をつなぐ貿易の中継地として、重要な役割を果たした。

③ 薩摩藩 ・　・ ㋒ 蝦夷地とよばれていた北海道で、独自の文化をもつ人たちが、狩りや漁を行いながら生活していた。

(2) (1)の㋒の下線部について、北海道に古くから住んでいた人たちを何といいますか。

（　　　）の人たち

ヒント 1 (5) 出島とよばれるうめ立て地がつくられ、幕府の役所の監視のもとで貿易が行われました。

2．日本の歴史
# 6 幕府の政治と人々の暮らし

時間 30 分
／100
合格 80 点

教科書 142～153ページ　答え 31ページ

## 1 右の地図を見て、次の問いに答えましょう。
1つ5点（25点）

(1) よく出る 江戸幕府は、全国の大名を3種類に区別しました。地図中のⒶ～Ⓒにあてはまる大名の種類を書きましょう。

Ⓐ（　　　）
Ⓑ（　　　）
Ⓒ（　　　）

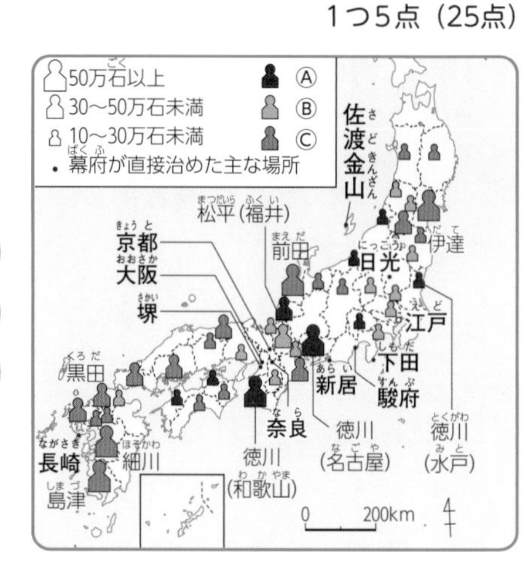


(2) 次の文は、大名の配置について述べたものです。文中の①、②について、｛　｝の中の正しい言葉を〇で囲みましょう。

Ⓐは、徳川氏の一族で、尾張・紀伊・水戸などの藩があった。Ⓑは、江戸や京都の①｛近く・遠く｝に配置され、重要な地を守る役割があった。Ⓒは、江戸や京都の②｛近く・遠く｝に配置された。

## 2 右の資料を見て、次の問いに答えましょう。
1つ5点（25点）

(1) 資料中の①、②にあてはまる言葉を、㋐～㋓から選びましょう。　技能

①（　　　）　②（　　　）

㋐ 結婚
㋑ 城
㋒ 橋
㋓ 旅行

**武家諸法度（一部）**
一、学問や武芸を身につけ、常にこれにはげむこと。
一、（①）を修理する場合は、幕府に届け出ること。
一、幕府の許可を得ずに（②）してはならない。
（下の内容は、ⓐ後に加えられたもの）
一、ⓑ大名は、領地と江戸に交代で住み、毎年4月に江戸に参勤すること。
一、大きな船をつくってはならない。

(2) 下線部ⓐについて、だれの時代に加えられたものですか。将軍の名前を書きましょう。

（　　　）

(3) よく出る 下線部ⓑについて、この制度を何といいますか。

（　　　）

記述 (4) この法令にそむいた大名は、どのようなことをされましたか。「土地」という言葉を使って簡単に書きましょう。　思考・判断・表現

（　　　）

## 3 右の地図を見て、次の問いに答えましょう。

1つ5点（25点）

(1) 地図中のⒶは江戸時代に12回にわたって日本をおとずれた使節団の行路です。この使節団を何といいますか。

（　　　　）

(2) 地図中のⒷについて、長崎につくられ、貿易が行われたうめ立て地を何といいますか。

（　　　　）

(3) 地図中のⒸについて、独自の文化をもつ琉球王国は、17世紀初めにどこの藩に支配されましたか。

（　　　　）藩

(4) 地図中のⒹについて、幕府の許可を得てアイヌの人たちと交易を行っていた藩の名前を書きましょう。

（　　　　）藩

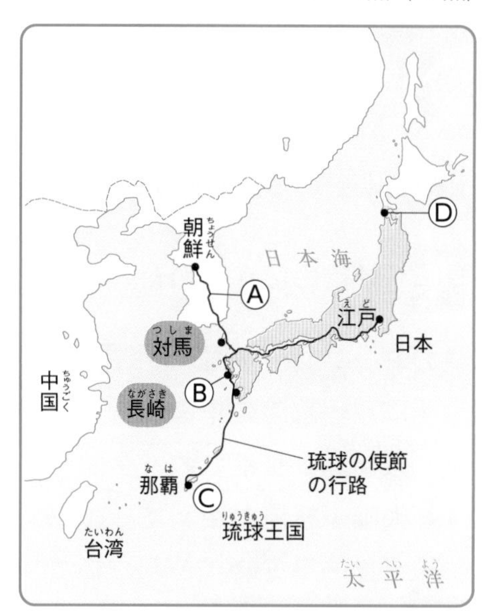


記述 (5) できたらスゴイ! 鎖国のもとでの外国との交流で、幕府は何を独占していましたか。「情報」という言葉を使って簡単に書きましょう。 思考・判断・表現

（　　　　）

## 4 右の年表を見て、次の問いに答えましょう。

1つ5点（25点）

(1) 年表中の①、②にあてはまる言葉を、㋐～㋓から選びましょう。 技能

①（　　）　②（　　）

㋐ スペイン
㋑ ポルトガル
㋒ オランダ
㋓ 中国

| 年 | 主なできごと |
|---|---|
| 1600 | 関ヶ原の戦い |
| 1603 | ⓐ江戸幕府が開かれる |
| 1612 | キリスト教を禁止する |
| 1616 | 外国船の来航を長崎と平戸（長崎県）に限る |
| 1624 | （①）船の来航を禁止する |
| 1635 | 日本人の海外への渡航と海外からの帰国を禁止する |
| 1637 | ⓑ島原・天草一揆が起こる |
| 1639 | （②）船の来航を禁止する |
| 1641 | 鎖国が完成する |

(2) 下線部ⓐについて、江戸幕府のもとでの身分に関する次の①、②の説明について、正しいものには○を、まちがっているものには×をつけましょう。

①（　　）町人は、名字を名のり、刀を差すなどの特権を認められた。

②（　　）百姓は、人口の約8割を占め、収穫の半分ほどを年貢として納めた。

(3) 下線部ⓑについて、この一揆の中心となった人物の名前を書きましょう。

（　　　　）

ふりかえり ❸(5)がわからないときは、58ページの❶にもどって確認してみよう。

# 7 新しい文化と学問①

3分でまとめ

学習日　　月　　日

めあて
江戸時代の町人文化や、それを支えた産業や交通を理解しよう。

教科書 154〜161ページ　答え 32ページ

次の（　　）に入る言葉を、下から選びましょう。

## 1 都市のにぎわいと人々の楽しみ／活気あふれる町人の文化

教科書 154〜157ページ

### ✪ 江戸・大阪・京都の発展

- 江戸…政治の中心で「（①　　　　　　　　）」とよばれた。江戸の日本橋を起点に**五街道**が整備され、全国から多くの人やものが行き来した。
- 大阪…経済の中心で「（②　　　　　　　　）」とよばれ、全国から産物が集まった。
- 京都…平安時代からの都で、西陣織などの美術工芸が発達。

**ワンポイント　町人の文化**

- 大都市では、町人たちが中心となり、新しい文化を生み出した。
- **人形浄瑠璃**や**歌舞伎**の人気が広まり、（③　　　　　　　　）は、町人の姿を生き生きとえがいた芝居の脚本を数多く残した。
- 木版技術の発達により、色あざやかな**浮世絵**が大量につくられた。（④　　　　　　　　）の**「東海道五十三次」**や**葛飾北斎**の「富嶽三十六景」などの風景画や、役者絵、美人画が人気を集めた。
- （⑤　　　　　　　　）は、自然をたくみによみこんだ味わい深い**俳句**を数多くつくった。

↑「富嶽三十六景」

## 2 今につながる江戸の文化／文化を支えた産業と交通

教科書 158〜161ページ

### ✪ 現在も受けつがれている江戸時代の文化

- 相撲や花火見物などの娯楽が楽しまれ、１日３食の食事の習慣が広まった。

### ✪ 産業と交通

- 江戸と主要な都市を結ぶ五街道が整備され、大阪を中心に全国をつなぐ航路も発達した。
- 農村では、（⑥　　　　　　　　）がさかんに行われ、（⑦　　　　　　　　）や千歯こきなどの農具が普及した。肥料のくふうもあって、生産力が高まった。
- 綿花やなたね、茶、藍などの商品作物を栽培し、現金収入を得る農民が増加した。
- （⑧　　　　　　　　）など、生活に余裕ができた人たちの間で信仰と楽しみをかねた旅が流行した。

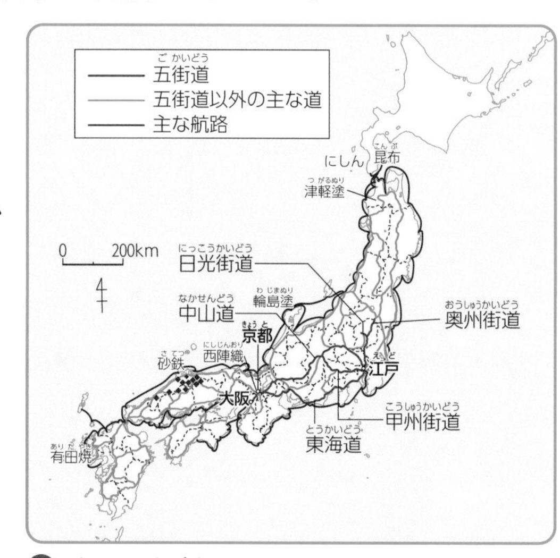


↑全国を結ぶ交通と各地の主な産物

選んだ言葉に✔

| | | | |
|---|---|---|---|
| □新田開発 | □伊勢参り | □備中ぐわ | □天下の台所 |
| □歌川広重 | □近松門左衛門 | □松尾芭蕉 | □将軍のおひざもと |

ぴったり2

# 練習

学習日　月　日

ぴたトリビア
江戸のまちでは屋台が発達し、そばやにぎりずし、天ぷらなどが人々の人気を集めました。

教科書 154～161ページ　答え 32ページ

## 1 次の問いに答えましょう。

(1) 江戸時代に発展した都市に関する次の①～③の説明について、江戸には㋐を、大阪には㋑を、京都には㋒を書きましょう。

①(　　　) 経済の中心として栄え、「天下の台所」とよばれた。
②(　　　) 平安時代からの都で、高度な美術工芸が発達した。
③(　　　) 政治の中心として栄え、「将軍のおひざもと」とよばれた。

(2) 町人たちが生み出した文化と、その説明について、あうものを線で結びましょう。

① 浮世絵 ・　　・ ㋐物語を語る人、三味線(しゃみせん)をひく人、人形を動かす人が一体となって演じる芝居。

② 人形浄瑠璃 ・　　・ ㋑五・七・五の３句17音からなる詩で、松尾芭蕉が数多くの作品をつくった。

③ 俳句 ・　　・ ㋒木版技術を用いた色あざやかな絵で、ヨーロッパの画家たちにも大きな影響(えいきょう)をあたえた。

## 2 右のグラフを見て、次の問いに答えましょう。

(1) 右のグラフは、全国の耕地面積の増加を示しています。Ⓐにあてはまる時代を書きましょう。

(　　　　　)中ごろ

(2) Ⓐの時代に、生産を増やすためにさかんに行われていたことは何ですか。㋐～㋓から選びましょう。

(　　)

㋐ 稲(いね)と麦の二毛作(にもうさく)がさかんに行われた。
㋑ 全国の村ごとに検地(けんち)が行われた。
㋒ 刀狩(かたながり)がさかんに行われた。
㋓ 新田開発がさかんに行われた。

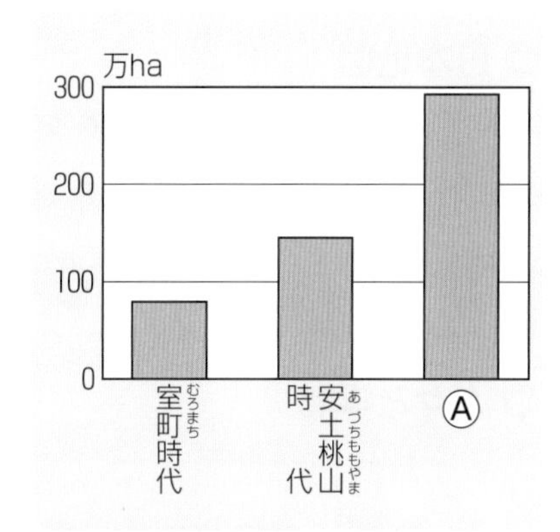

耕地面積の増加

(3) Ⓐの時代には、新しい農具が普及しました。その農具の名前を２つ書きましょう。

(　　　　　)(　　　　　)

(4) Ⓐの時代には、米のほかに綿花や藍などを栽培して現金収入を得る農民が増えていきました。このような作物を何といいますか。

(　　　　　)

ヒント ２ (4) 綿花やなたね、茶、藍などの、商品となる作物です。

学習日　月　日

# 7 新しい文化と学問②

めあて
江戸時代に発展した蘭学や国学、江戸時代の教育を理解しよう。

教科書 162～169ページ　答え 33ページ

次の（　）に入る言葉を、下から選びましょう。

## 1 新しい学問

教科書 162～163ページ

ワンポイント 蘭学

- **蘭学**…ヨーロッパの医学や天文学、地理学などの学問の研究。
- 小浜藩（福井県）の医者（①　　　）は、中国の医学書とは人体の図がちがうオランダ語の医学書を入手した。中津藩（大分県）の医者の**前野良沢**らと人体解剖を見学し、オランダの医学書の正確さを知った。

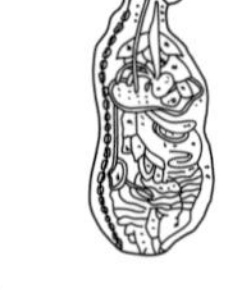

中国の医学書の人体の図

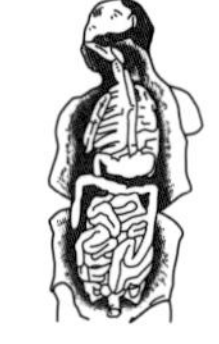

「解体新書」の人体の図

- **杉田玄白**らは正しい知識を広めるため、３年半かけてオランダ語の医学書の翻訳を完成させ、**「解体新書」**として出版した。

### 国学

- **国学**…古くからの日本人の考え方を明らかにしようとする学問。
- 松阪（三重県）の医師であった（②　　　）は、「古事記」や「源氏物語」などの日本の古典を研究し、35年かけて「（③　　　）」を完成させた。
- 国学は当時の社会に大きな影響をあたえ、将軍や大名による政治を批判し、天皇中心の政治にもどそうとする動きも出てきた。

### 日本地図

- 佐原（千葉県）で酒屋を営んでいた（④　　　）は、50才で西洋の天文学や測量術を学び、幕府に願い出て全国を測量し、現在の地図に近い正確な地図をつくった。

## 2 人々と学問、新しい時代への動き

教科書 164～165ページ

### 人々と学問

- 江戸時代には各地に（⑤　　　）がつくられ、町人や百姓の子どもが、読み書きやそろばんなどを学んだ。
- 藩は、**藩校**とよばれる学校をつくり、武士の子どもたちを教育した。幕府は中国で生まれた（⑥　　　）を学ぶことを奨励した。
- 幕府や藩の支配を受けない私塾もつくられ、武士だけでなく百姓や町人も、国学や蘭学などの新しい知識を学んだ。

寺子屋の様子

### 新しい時代への動き

- 19世紀中ごろに大きなききんが起こり、農村では（⑦　　　）、都市では**打ちこわし**が増えた。大阪では、かつて幕府の役人であった（⑧　　　）が反乱を起こした。

選んだ言葉に✓

□本居宣長　□大塩平八郎　□杉田玄白　□伊能忠敬
□百姓一揆　□寺子屋　□儒学　□古事記伝

学習日　月　日

ぴたトリビア

江戸ではリサイクルが進んでおり、古紙など不要なものを回収(かいしゅう)して再利用したり、こわれたものを修理して再生させたりする仕事がありました。

教科書 162～169ページ　答え 33ページ

## 1 次のⒶ～Ⓒの文を読んで、あとの問いに答えましょう。

Ⓐ　小浜藩（福井県）の医者であった杉田玄白は、オランダ語の医学書の人体図が実際の人体と同じであったことにおどろき、（①）らとこの医学書を日本語に翻訳することを決意して、苦心の末、出版した。

Ⓑ　松阪（三重県）の医師であった本居宣長は、「（②）」や「源氏物語」などの日本の古典を研究し、35年かけて「（②）伝」を完成させた。

Ⓒ　佐原（千葉県）で酒屋を営んでいた（③）は、50才のとき、西洋の天文学や測量術を学び、地図をつくった。

(1)　文中の①～③にあてはまる言葉を書きましょう。

①(　　　　)　②(　　　　)　③(　　　　)

(2)　下線部について、出版した本の名前を書きましょう。

(　　　　)

(3)　Ⓐについて、当時、オランダ語の書物を通してヨーロッパの学問の研究が行われましたが、この学問を何といいますか。

(　　　　)

(4)　Ⓑについて、古くからの日本人の考え方や文化を明らかにする学問を何といいますか。

(　　　　)

## 2 次の問いに答えましょう。

(1)　江戸時代につくられた学校と、その説明について、あうものを線で結びましょう。

① 寺子屋　・　　・ ㋐町人や百姓の子どもが7～8才のころから通い、生活に役立つ学問を学んだ。

② 藩校　・　　・ ㋑幕府や藩の支配を受けない自由な学校で、百姓や町人も、国学や蘭学などの新しい知識を学んだ。

③ 私塾　・　　・ ㋒武士の子どもたちに、武士として必要な武芸や学問を学ばせ、優秀(ゆうしゅう)な人物を育てようとした。

(2)　19世紀中ごろ、大きなききんが起こりましたが、農村や都市ではどのようなことが急増しましたか。

農村(　　　　)
都市(　　　　)

ヒント　1 (3)　当時、オランダは「和蘭」または「阿蘭陀」と漢字表記されました。

2. 日本の歴史
# 7 新しい文化と学問

教科書 154～169ページ　答え 34ページ

## 1 次の文を読んで、あとの問いに答えましょう。

1つ5点（30点）

江戸やⓐ大阪などの大都市では、町人たちが中心となって、新しい文化が生み出された。人形浄瑠璃や(①)が人々の間に広まり、芝居小屋は見物客でにぎわった。絵画では、木版の技術を用いて、色あざやかなⓑ浮世絵が大量につくられた。また、松尾芭蕉は、自然をたくみによみこんだ味わい深い(②)を数多くつくった。
都市で栄えたこうした文化は、人々の交流によって広まり、各地で楽しまれるようになった。

(1) よく出る 文中の①、②にあてはまる言葉を書きましょう。

①(　　　　)
②(　　　　)

(2) 下線部ⓐに関する次の①～③の説明について、正しいものには○を、まちがっているものには×をつけましょう。

①(　　) 経済が栄え、「将軍のおひざもと」とよばれた。
②(　　) 全国の大名が、年貢米などを売りさばくため蔵屋敷を構えた。
③(　　) 出島がつくられ、オランダとの貿易の窓口となった。

(3) 下線部ⓑについて、浮世絵をえがいた画家と、その代表的な作品の組み合わせとして正しいものを、㋐～㋒から選びましょう。 技能

(　　)

㋐ 近松門左衛門――「東海道五十三次」
㋑ 歌川広重――「天橋立図」
㋒ 葛飾北斎――「富嶽三十六景」

## 2 右の地図を見て、次の問いに答えましょう。

1つ5点（20点）

(1) 五街道の起点となったのは、江戸のどこですか。

(　　　　)

(2) 地図中のⒶ、Ⓑの街道の名前を書きましょう。

Ⓐ(　　　　)
Ⓑ(　　　　)

(3) できたらスゴイ! 地図中の――線で示した主な航路のうち、日本海まわりの航路で北海道や東北地方の産物を大阪に運んでいた船の名前を書きましょう。

(　　　　)

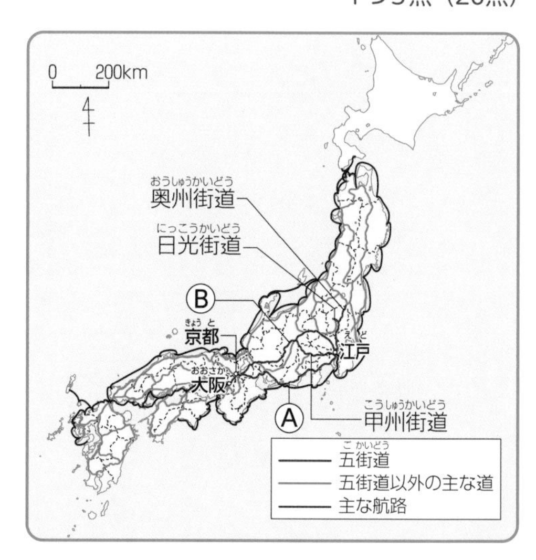

## 3 次の問いに答えましょう。

1つ5点（25点）

(1) 次の人物と、その人物の実績について、あうものを線で結びましょう。

① 本居宣長　・　　・　㋐オランダの医学書を翻訳し、「解体新書」として出版した。

② 伊能忠敬　・　　・　㋑全国各地を測量し、正確な地図をつくった。

③ 杉田玄白　・　　・　㋒「古事記」や「源氏物語」などの日本の古典を研究し、「古事記伝」を完成させた。

(2) 町人や百姓の子どもが、7～8才のころから読み書きやそろばんなどを学んだ場所を、㋐～㋒から選びましょう。　技能

（　　　）

㋐ 寺子屋　　㋑ 私塾　　㋒ 藩校

記述 (3) 国学が当時の社会に大きな影響をあたえたことで出てきた考え方を、「将軍」「天皇」という言葉を使って簡単に書きましょう。　思考・判断・表現

（　　　　　　　　　　　　　　　　）

## 4 右のグラフを見て、次の問いに答えましょう。

1つ5点（25点）

(1) グラフ中のⒶ、Ⓑは、何の件数を表していますか。それぞれ書きましょう。

Ⓐ（　　　　　）

Ⓑ（　　　　　）

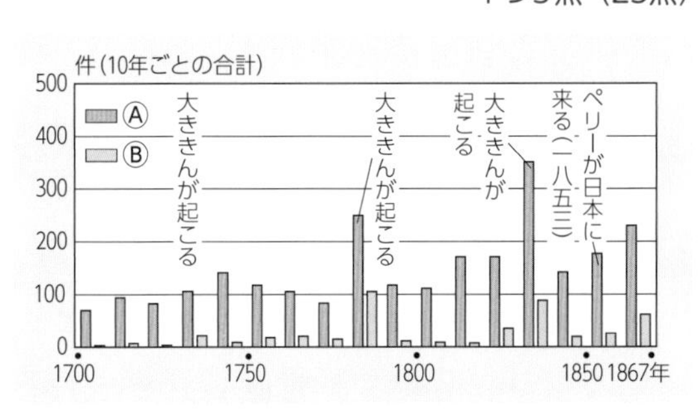


(2) 1837年、ききんで苦しんでいる人々を救おうとして大阪で兵を挙げた、かつて幕府の役人であったのはだれですか。

（　　　　　）

記述 (3) ⒶやⒷのようなことが起こった理由を、グラフと関連づけて簡単に書きましょう。　思考・判断・表現

（　　　　　　　　　　　　　　　　）

(4) できたらスゴイ！ 19世紀の中ごろ、住民に厳しい倹約令を出した岡山藩に対し、差別を受けていた人々が起こした出来事を何といいますか。

（　　　　　）

ふりかえり　3(3)がわからないときは、64ページの1にもどって確認してみよう。

ぴったり1 **準備**

2. 日本の歴史

# 8 明治の新しい国づくり①

学習日　月　日

めあて
黒船の来航による世の中の変化や江戸から明治への時代の変化を理解しよう。

教科書 170〜175ページ　答え 35ページ

次の(　　)に入る言葉を、下から選びましょう。

## 1 新しい世の中へ／黒船が来た　教科書 170〜173ページ

### 新しい世の中

- **明治維新**…江戸時代が終わり、新しい世の中の基礎をつくるための改革が行われ、日本の外国との関係や政治のしくみなどが変化した。

ペリー（1794〜1858年）

### 黒船来航

- 1853年、４せきの軍艦が浦賀（神奈川県）沖に現れ、アメリカ合衆国の使節(①　　　　)が、日本の**開国**を求める大統領からの手紙を持ってやってきた。
- 1854年、**ペリー**は再び現れ、開国をせまった。アメリカの武力をおそれた幕府は開国の要求を受け入れ、(②　　　　)を結び、下田（静岡県）と函館（北海道）の２港を開いた。
- 1858年、(③　　　　)を結び、横浜や長崎などでの貿易を認めたことで、約200年続いた鎖国の状態が終わった。
- 幕府は**日米修好通商条約**と同様の条約をオランダ・ロシア・イギリス・フランスとも結んだが、(④　　　　)を認め（＝外国人を日本の法律で裁けない）、(⑤　　　　)がない（＝輸入品に自由に税をかけられない）など日本に不利な内容であった。

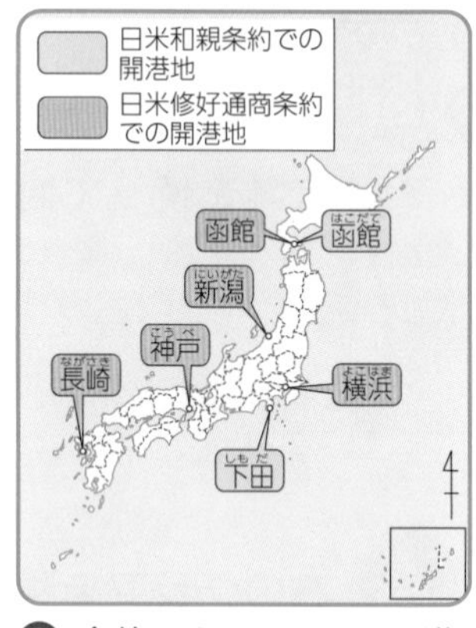


条約によって開かれた港

## 2 江戸幕府がたおれる　教科書 174〜175ページ

**ワンポイント　江戸幕府の終わり**

- 開国して外国との貿易が始まると、国内の品不足や米などの値上がりで人々の生活が苦しくなり、各地で「世直し」を求める一揆や打ちこわしが激しくなった。
- 武士の中で、外国の勢力を追いはらおうとする動きが起こり、(⑥　　　　)藩（山口県）や薩摩藩（鹿児島県）は外国と戦ったが、力の差は大きかった。
- 幕府に代わる新しい政治のしくみをつくろうとする動きが強まり、長州藩の**木戸孝允**（桂小五郎）や、薩摩藩の**西郷隆盛**・(⑦　　　　)らの下級武士たちが運動の中心となった。
- 両藩は、軍事的な約束を結び、倒幕を目ざした。
- 1867年、15代将軍(⑧　　　　)が、政権を天皇に返したことで、約260年続いた江戸幕府の政治が終わった。
- その後、新政府軍と旧幕府軍の間で戦いが起こり、新政府軍が勝利した。

土佐藩（高知県）を脱藩した坂本龍馬が、両藩を説得して同盟が結ばれたよ。

選んだ言葉に✔

□長州　□治外法権　□関税自主権　□日米修好通商条約
□大久保利通　□ペリー　□徳川慶喜　□日米和親条約

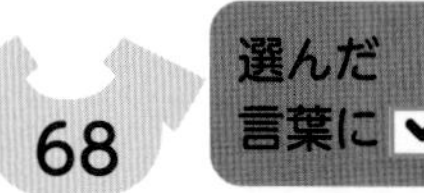

ぴたトリビア

新政府軍と旧幕府軍の戦いの中、幕府のもと役人であった勝海舟（かつかいしゅう）は西郷隆盛と話し合い、江戸城（じょう）を明けわたしました。

教科書 170〜175ページ　答え 35ページ

## 1 右の写真と地図を見て、次の問いに答えましょう。

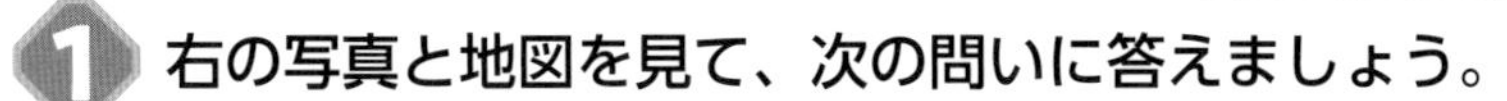

(1) 右の写真の人物は、1853年に日本をおとずれたアメリカ合衆国の使節です。この人物の名前を書きましょう。（　　　　）

(2) (1)の来航の目的を、㋐～㋒から選びましょう。（　　）

㋐ 日本で観光をするため。

㋑ 日本に留学するため。

㋒ 日本の開国を求めるため。

(3) 1854年に幕府がアメリカと結んだ条約を何といいますか。

（　　　　　　　）

(4) 右の地図中のⒶ、Ⓑは、(3)によって開かれた港です。Ⓐ、Ⓑの地名を書きましょう。

Ⓐ（　　　　　）　Ⓑ（　　　　　）

(5) 1858年に幕府がアメリカと結んだ条約を何といいますか。

（　　　　　　　）

(6) 右の地図中のⒸ、Ⓓは、Ⓐ・新潟（にいがた）・長崎とともに(5)によって貿易が認められた港です。Ⓒ、Ⓓの地名を書きましょう。

Ⓒ（　　　　　）　Ⓓ（　　　　　）

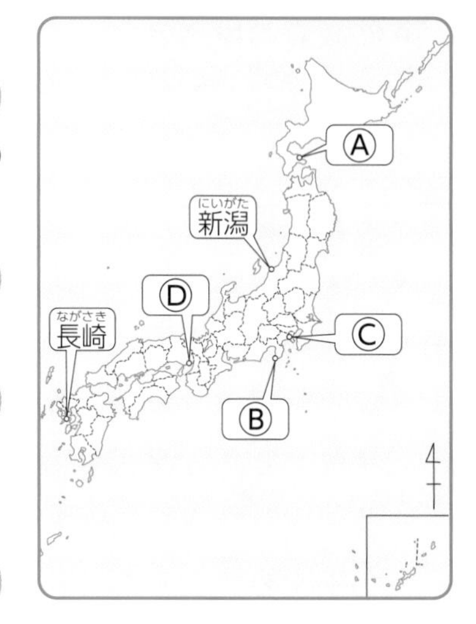


## 2 次の問いに答えましょう。

(1) 開国による変化に関する次の①、②の説明について、正しいものには○を、まちがっているものには×をつけましょう。

①（　　）外国との貿易が始まり、米などの生活必需品（ひつじゅひん）が値下がりした。

②（　　）各地で「世直し」を求める一揆や打ちこわしが激しくなった。

(2) 幕末に活躍（かつやく）した人物と、その説明について、あうものを線で結びましょう。

| |  | |  |
|---|---|---|---|
| ① | 西郷隆盛 | ・　・ | ㋐長州藩出身で、倒幕運動の中心の一人となった。 |
| ② | 木戸孝允（桂小五郎） | ・　・ | ㋑約 260 年続いた江戸幕府の政権を天皇に返した。 |
| ③ | 徳川慶喜 | ・　・ | ㋒幕府のもと役人であった勝海舟と話し合いをして、戦わずに江戸城を明けわたすことを決めた。 |

ヒント　1 (4)(6)　Ⓐは北海道、Ⓑは静岡県、Ⓒは神奈川県、Ⓓは兵庫（ひょうご）県の港です。

ぴったり1 準備

2. 日本の歴史
# 8 明治の新しい国づくり②

学習日　　月　　日

めあて
明治政府が行ったさまざまな改革を理解しよう。

教科書 176～183ページ　答え 36ページ

次の（　　）に入る言葉を、下から選びましょう。

## 1 新政府による国づくりの始まり

教科書 176～177ページ

ワンポイント 新政府による国づくり

- 1868年、江戸幕府に代わり天皇を中心とした政府がつくられた。
- （①　　　　　）…新政府が示した新しい政治方針。
- 年号を明治に変え、江戸を東京に改めた。
- 新政府の中心となった薩摩藩の**西郷隆盛**や**大久保利通**、長州藩の**木戸孝允**たちは、政治や社会の改革を進めた。
- （②　　　　　）…1869年、大名が治めていた領地と領民を天皇に返した。
- （③　　　　　）…1871年、すべての藩を廃止して県を置き、役人を各県へ送った。
- 蝦夷地を北海道と改めて開拓を進め、琉球王国を沖縄県として日本に統合した。
- 江戸時代の身分制度を改め、天皇の一族を皇族、大名を華族、武士を士族、百姓・町人を平民とした。平民は名字を名のり、職業や住む場所を自由に選べるようになった。
- 差別されてきた人々も、「（④　　　　　）」によって平民とされたが、政府の政策が不十分であったため生活は苦しくなり、住む場所や結婚、就職などの差別も残った。

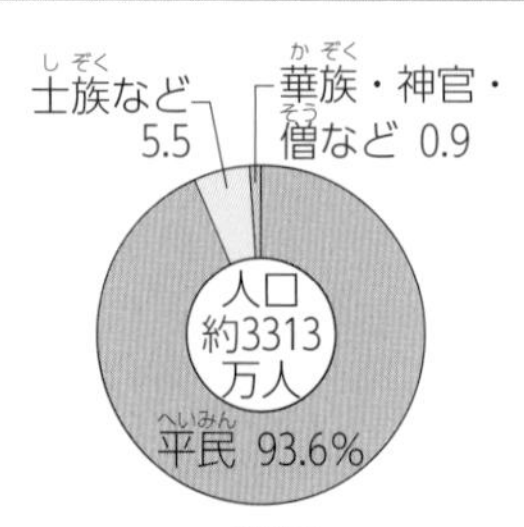

人口の割合（明治時代の初めごろ）

## 2 欧米の国々に追いつけ／人々の暮らしが変わった

教科書 178～181ページ

### 新政府による改革

- 政府は、**富国強兵**の政策を進め、欧米の国々に追いつき負けない国を目ざした。
- （⑤　　　　　）…安定した収入のため、年貢に代わり、土地の価格に応じた税金（地租）を取るという税制度の改革。
- （⑥　　　　　）…西洋式の軍隊をつくるため、20才以上の男子すべてに兵役の義務を定めた。
- （⑦　　　　　）…国の費用で外国から機械を買い入れて製糸場や兵器工場などの官営工場をつくった。さらに、外国から技術者や学者を招いて、進んだ技術や知識を教わった。

富岡製糸場の内部　＊群馬県の官営工場

### 人々の暮らしの変化

- **文明開化**…西洋の文化を取り入れようとする風潮。
- 都市を中心に、西洋ふうの暮らしや文化が広がり、服装（洋服）、髪型、食事（牛肉やパンを食べる）、乗り物、建物などが大きく変わった。
- 政府は学校制度をつくり、全国にたくさんの小学校をつくらせた。
- （⑧　　　　　）は、「学問のすゝめ」で、人は生まれながらに平等であると主張した。

選んだ言葉に✔
- □五か条の御誓文　□福沢諭吉　□地租改正　□版籍奉還
- □廃藩置県　□殖産興業　□徴兵令　□解放令

ぴたトリビア

1871年から岩倉具視を大使とする使節団がアメリカやヨーロッパに派遣され、日本初の女子留学生として津田梅子らが同行しました。

教科書 176～183ページ　答え 36ページ

## 1 次の資料やグラフを見て、あとの問いに答えましょう。

一、政治は、（①）を開いてみんなの意見をきいて決めよう。
一、ⓐ国民が心を合わせて、国の勢いをさかんにしよう。
一、国民一人一人の意見がかなう世の中にしよう。
一、これまでのⓑよくないしきたりを改めよう。
一、知識を世界から学んで、（②）中心の国家をさかんにしよう。

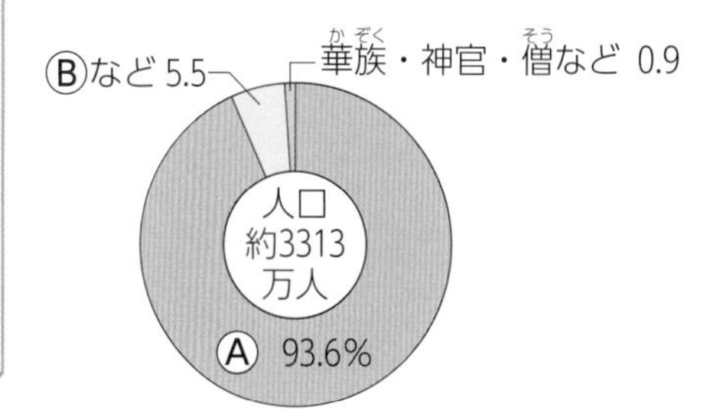


(1) 資料中の①、②にあてはまる言葉を［　］から選びましょう。

①（　　　）　②（　　　）

天皇　会議　将軍　演説会

(2) 資料は、新政府の政治の方針を示したものです。この資料を何といいますか。

（　　　）

(3) (2)の作成にも関わった、長州藩出身の明治政府の指導者はだれですか。

（　　　）

(4) 下線部ⓐについて、右上のグラフは、明治時代初めごろの人口の割合を示しています。グラフ中のⒶ、Ⓑにあてはまる身分を書きましょう。

Ⓐ（　　　）　Ⓑ（　　　）

(5) 下線部ⓑについて、新政府が行った改革のうち、藩を廃止して県を置き、政府の役人を各県に送りこんだことを何といいますか。

（　　　）

## 2 次の問いに答えましょう。

(1) 明治政府の改革と、その説明について、あうものを線で結びましょう。

① 地租改正 ・　　・ ㋐土地の価格に応じて税金を取る改革。

② 徴兵令 ・　　・ ㋑20才以上の男子すべてに兵役の義務を定めた法律。

③ 殖産興業 ・　　・ ㋒外国から機械を買い入れ、技術者や学者を招いて官営工場をつくる政策。

(2) 都市を中心に、髪型や食事などに西洋ふうの暮らしが広がったことを何といいますか。

（　　　）

ヒント
1 (3) 倒幕運動の中心にもなった人物で、明治政府では岩倉使節団の副使となり、アメリカやヨーロッパをおとずれました。

2. 日本の歴史

# 8 明治の新しい国づくり

／100

合格 80 点

教科書 170～183ページ　答え 37ページ

## 1 右の年表を見て、次の問いに答えましょう。 1つ5点（30点）

| 年 | 主なできごと |
|---|---|
| 1853 | （①）が浦賀に来る …㋐ |
| 1854 | ⓐ日米和親条約を結ぶ ｝…㋑ |
| 1858 | ⓑ日米修好通商条約を結ぶ |
| | （各国とも同様の条約を結ぶ） |
| | 国内で品不足と値上がり |
| 1867 | （②）が政権を天皇に返す …㋒ |

(1) よく出る 年表中の①、②にあてはまる言葉を書きましょう。

①（　　　　）　②（　　　　）

(2) 下線部ⓐについて、この条約で開かれた港の組み合わせとして正しいものを、㋐～㋓から選びましょう。 技能

（　　　）

㋐ 横浜－函館　㋑ 横浜－神戸
㋒ 下田－函館　㋓ 下田－神戸

(3) 下線部ⓑについて、この条約について述べた次の文中の①、②について、｛　｝の中の正しい言葉を◯で囲みましょう。

治外法権を①｛認めていた・認めなかった｝ため、日本で事件を起こした外国人を日本の法律で裁くことができず、関税自主権が②｛ある・ない｝ため、輸入品に自由に税をかけることができないなど、日本にとって不利で不平等な内容のものであった。

(4) 鎖国の状態が終わったのはいつですか、年表中の㋐～㋒から選びましょう。 技能

（　　　）

## 2 幕末に活躍した人物を調べた次の文を読んで、あとの問いに答えましょう。 1つ5点（20点）

1835年 土佐に生まれる。
1853年 武術の修行のため江戸に行く。
1862年 土佐藩を脱藩する。（当時の脱藩は重い罪。）
1865年 海運や貿易を行う組織（後の海援隊）をつくる。
1866年 対立関係にあった（①）藩の西郷隆盛と（②）藩の桂小五郎の間をとりもち、両藩を連合させる。
1867年 （6月）新しい国のあり方の案をまとめる。
（11月）京都で暗殺される。

(1) この文章はだれについて調べたものですか。（　　　）

(2) 文中の①、②にあてはまる言葉を書きましょう。

①（　　　　）　②（　　　　）

(3) できたらスゴイ！ 下線部について、西郷隆盛と話し合いをして、戦わずに江戸城を明けわたすことを決めた幕府のもと役人の名前を書きましょう。（　　　）

## 3 次の問いに答えましょう。

1つ5点（25点）

(1) 新政府による国づくりに関する次の①～③の説明について、下線部が正しいものには○を、まちがっているものには正しい言葉を書きましょう。

① 新政府は、新しい政治の方針を、武家諸法度として発表した。（　　）

② 古い身分制度が改められ、百姓・町人は士族とされた。（　　）

③ 琉球王国は、沖縄県として日本に統合された。（　　）

(2) 1871年からアメリカやヨーロッパに派遣された使節団の大使となった人物を、㋐～㋒から選びましょう。（　　）

㋐ 津田梅子　㋑ 岩倉具視　㋒ 大久保利通

記述 (3) 1871年に行われた廃藩置県とはどのような政策かを、「役人」という言葉を使って簡単に書きましょう。　思考・判断・表現

（　　）

## 4 右の年表を見て、次の問いに答えましょう。

1つ5点（25点）

| 年 | 主なできごと |
|---|---|
| 1871 | 日刊の新聞が発行される<br>郵便制度が始まる |
| 1872 | ⓐ群馬県に官営工場がつくられる<br>学校制度が定められる<br>→全国各地に（①）がつくられる |
| 1873 | ⓑ徴兵令が出される<br>ⓒ地租改正が行われる |
| 1890 | （②）が開通する |

(1) 年表中の①、②にあてはまる言葉を、㋐～㋓から選びましょう。　①（　　）②（　　）

㋐ 寺子屋

㋑ 小学校

㋒ 電話

㋓ 鉄道

(2) できたらスゴイ！ 下線部ⓐについて、右の絵はこのときつくられた工場の内部の様子です。この工場の名前を書きましょう。（　　）

(3) 下線部ⓑについて、これにより兵役の義務が定められた人を、㋐～㋓から選びましょう。　技能（　　）

㋐ 18才以上の男子すべて

㋑ 18才以上の男女すべて

㋒ 20才以上の男子すべて

㋓ 20才以上の男女すべて

記述 (4) 下線部ⓒについて、地租改正により、国の収入はどのようになりましたか、簡単に書きましょう。　思考・判断・表現

（　　）

ふりかえり　3(3)がわからないときは、70ページの1にもどって確認してみよう。

ぴったり1 準備

3分でまとめ

2. 日本の歴史

# 9 近代国家を目ざして①

学習日　月　日

めあて
条約改正の動きや、自由民権運動の展開、憲法制定の動きを理解しよう。

教科書 184～191ページ　答え 38ページ

次の（　）に入る言葉を、下から選びましょう。

## 1 ノルマントン号事件と条約改正／学習問題をつくり、学習計画を立てよう　教科書 184～187ページ

### ノルマントン号事件

- 1886（明治19）年、**ノルマントン号事件**が起こった。この事件の裁判はイギリスが行い、判決は不当なものだったが、（①　　　　）を認めている不平等条約のもとではくつがえすことができず、国内では**条約改正**を求める声が強まった。

### 条約改正への歩み

- 1894年、外務大臣（②　　　　）はイギリスと交渉し、治外法権を撤廃させた。
- 1911年、外務大臣**小村寿太郎**は、（③　　　　）を確立させた。

条約改正実現のために、政府はさらに近代化を進めたよ。

## 2 自由民権運動が広まる／国会が開かれる　教科書 188～191ページ

### 士族の反乱

- **西郷隆盛**を指導者とする（④　　　　）など、政府の改革に不満をもつ士族が反乱を起こしたが、政府は徴兵令によりつくられた軍隊でこの反乱をおさえた。
- **西南戦争**以後、武力による反乱はなくなり、人々は言論でうったえていくようになった。

### 自由民権運動

- 1874（明治7）年、（⑤　　　　）らは政府に意見書を提出し、**国会**を開いて広く国民の声をきき、政治を進めるべきだと主張した。
- 国民の政治参加の権利を求める**自由民権運動**が始まり、人々は新聞や演説会で自由民権の考えを発表した。地租の軽減や、不平等条約の改正も要求した。
- 政府は新聞や演説会を厳しく取りしまったが、運動はさかんになり、国会開設を求める署名が政府に提出された。1881年、ついに政府は、1890年に国会を開くことを約束した。
- 国会開設に備えて、**板垣退助**は自由党を、（⑥　　　　）は立憲改進党をつくった。

### ワンポイント　大日本帝国憲法

- 政府は、（⑦　　　　）を中心に、ドイツの憲法などを参考に憲法づくりを進めた。

| 大日本帝国憲法<br>1889(明治 22)年発布 | ・主権は天皇。天皇が大臣を任命し、軍隊を統率し、外国と条約を結ぶ。<br>・国民の権利は、法律で定められた範囲内で認められた。<br>・国会は、法律をつくったり予算を決めたりする権限をもつ。 |
|---|---|

- 1890年、（⑧　　　　）が発布され、天皇中心の国づくりを支える教育の進め方が示された。同年、最初の選挙が行われ、第1回の帝国議会が開かれたが、選挙権をもつことができたのは、一定の金額以上の税金を納めた25才以上の男性に限られていた。

選んだ言葉に✔
□教育勅語　□治外法権　□関税自主権　□西南戦争
□板垣退助　□陸奥宗光　□大隈重信　□伊藤博文

学習日　月　日

ぴたトリビア

明治政府は東京(とうきょう)に鹿鳴館(ろくめいかん)という洋館を建て、外国人を招いて舞踏会(ぶとうかい)を開き、日本が西洋化したことを積極的に示そうとしました。

教科書 184～191ページ　答え 38ページ

## 1 次の文を読んで、あとの問いに答えましょう。

明治政府は、江戸(えど)時代の1858年にアメリカと結んだ（①）などの不平等条約を改正するために、さまざまな改革を進め、外国とも交渉を重ねてきたが、近代化がおくれているという理由で、なかなか実現しなかった。

ⓐ1886年、イギリス船が紀伊(きい)半島沖(おき)で沈没(ちんぼつ)し、日本人乗客が全員水死するなか、イギリス人の乗組員は船長もふくめボートで脱出(だっしゅつ)し助かるという事件が起こった。裁判はイギリスによって行われ、判決は不当なものであったが、（②）を認めている不平等条約のもとでは、日本はこれを認めるしかなかった。

この事件をきっかけとして、国内ではⓑ条約改正を求める声が強まっていった。

(1) 文中の①、②にあてはまる言葉を書きましょう。

①（　　　　）　②（　　　　）

(2) 下線部ⓐについて、右の絵はこの事件をえがいた風刺画(ふうしが)です。この事件を何といいますか。

（　　　　）

(3) 下線部ⓑについて、1894年に条約の改正を実現した外務大臣の名前を書きましょう。

（　　　　）

## 2 次の問いに答えましょう。

(1) 明治時代に活躍(かつやく)した人物と、その説明について、あうものを線で結びましょう。

① 板垣退助　・　・　㋐佐賀藩(さがはん)（佐賀県）出身で、国会の開設に備えて、1882年に立憲改進党をつくった。

② 大隈重信　・　・　㋑土佐藩(とさはん)（高知県(こうちけん)）出身で、1874年に政府に国会の開設を求める意見書を提出した。

③ 伊藤博文　・　・　㋒長州藩(ちょうしゅうはん)（山口県(やまぐちけん)）出身で、憲法づくりを進めたのち、初代の内閣総理大臣(ないかくそうりだいじん)に任命された。

(2) 大日本帝国憲法に関する次の①～③の説明について、正しいものには○を、まちがっているものには×をつけましょう。

①（　　）皇帝(こうてい)の権限が強いアメリカの憲法を手本として憲法案がつくられた。

②（　　）国民主権が定められた。

③（　　）国会は、法律をつくる権限をもつことが定められた。

ヒント　2 (1)③　憲法や議会について調べるため、政府によって西洋へ派遣(はけん)されました。

2．日本の歴史

# 9 近代国家を目ざして

教科書 184～191ページ 答え 39ページ

## 1 右の年表を見て、次の問いに答えましょう。

1つ5点（25点）

| 年 | 主なできごと |
|---|---|
| 1858 | ⓐ日米修好通商条約を結ぶ |
| 1868 | 明治政府ができる |
| 1871 | 岩倉使節団が日本を出発する |
| 1883 | 東京に（①）が完成する |
| 1886 | （②）事件が起こる |
| 1889 | 大日本帝国憲法が発布される |
| 1894 | ⓑ条約の一部を改正する |
| 1911 | 関税自主権を確立する |

(1) 年表中の①、②にあてはまる言葉を書きましょう。

①（　　　　）

②（　　　　）

(2) 下線部ⓐについて、この条約の影響を、㋐～㋒から選びましょう。 技能

（　　　　）

㋐ 外国から安い製品が輸入されやすくなった。

㋑ アメリカと対等な国家と認められた。

㋒ 生活必需品が値下がりし、暮らしやすくなった。

(3) 下線部ⓑについて、このときの条約改正について述べた次の文中の①、②について、｛　｝の中の正しい言葉を◯で囲みましょう。

外務大臣の①｛小村寿太郎・陸奥宗光｝は、②｛イギリス・アメリカ｝との交渉によって、治外法権を撤廃させるとともに、関税自主権の一部を回復させることに成功した。

## 2 次の文を読んで、あとの問いに答えましょう。

1つ5点（25点）

廃藩置県などの政府の改革に不満をもつⓐ士族が各地で反乱を起こした。しかし、いずれも（①）によってつくられた政府軍によっておさえられた。これ以後、武力による反乱はなくなり、人々は言論によって政府にうったえていくようになった。

1874年に（②）らは、政府に国会を開くことを求める意見書を提出した。ⓑ人々は、新聞や演説会で意見を発表し、この運動は全国に広がった。

政府はこの動きをおさえようと、新聞や演説会を厳しく取りしまったが、ますます運動はさかんとなった。こうした中で、政府はⓒ国会を開くことを約束した。

(1) 文中の①、②にあてはまる言葉を書きましょう。

①（　　　　）②（　　　　）

(2) 下線部ⓐについて、西郷隆盛を指導者とする士族の反乱を何といいますか。

（　　　　）

(3) よく出る 下線部ⓑについて、この運動の名前を書きましょう。

（　　　　）

(4) できたらスゴイ！ 下線部ⓒについて、国会の開設に備えて(1)の②の人物がつくった政党名を書きましょう。

（　　　　）

## 3 右の資料を見て、次の問いに答えましょう。

1つ5点（30点）

**大日本帝国憲法（一部）**

| | |
|---|---|
| 第1条 | 大日本帝国は、永遠に続く同じ家系の天皇が治めるものとする。 |
| 第3条 | 天皇は神のように尊い存在であり、けがしてはならない。 |
| 第4条 | 天皇は、国の元首であり、憲法に従って国を統治する権利をもつ。 |
| 第5条 | 天皇は、<u>帝国議会</u>の意見をききながら、（①）を定める権利をもつ。 |
| 第11条 | 天皇は（②）を統率する。 |
| 第29条 | 国民は、（①）に定められた範囲内で、言論・著作・出版・集会・団体をつくることの自由をもつ。 |

(1) 資料中の①、②にあてはまる言葉を書きましょう。

①（　　　　）

②（　　　　）

(2) 大日本帝国憲法は、皇帝の権限の強いある国の憲法を参考にしてつくられました。ある国とはどこですか。国名を書きましょう。

（　　　　）

(3) 下線部について、帝国議会は二院制でした。それぞれの名前を書きましょう。

（　　　　）

（　　　　）

記述 (4) 1890年には、憲法にもとづいて、最初の選挙が行われました。このとき選挙権をもつことができたのはどのような人でしたか、「税金」という言葉を使って簡単に書きましょう。

思考・判断・表現

（　　　　　　　　　　　　　　　　）

## 4 次の絵を見て、あとの問いに答えましょう。

1つ5点（20点）

Ⓐ

Ⓑ

Ⓒ

(1) Ⓐ～Ⓒの絵に関する説明として正しいものを、㋐～㋓から選びましょう。　技能

Ⓐ（　　　） Ⓑ（　　　）Ⓒ（　　　）

㋐ この事件の結果、条約改正を求める国民の声が高まった。

㋑ 明治天皇から内閣総理大臣に憲法がさずけられた。

㋒ 新政府に不満をもつ人々が、各地で反乱や一揆を起こした。

㋓ 国会開設を求める演説会が開かれたが、厳しく取りしまられた。

(2) できたらスゴイ! Ⓐ～Ⓒの絵にえがかれている出来事を、年代の古い順に並べたとき、１番最後にくるものを選びましょう。

（　　　）

ふりかえり 3(4)がわからないときは、74ページの2にもどって確認してみよう。

ぴったり1 **準備**

学習日　　月　　日

2．日本の歴史

# 9 近代国家を目ざして②

**めあて**
日清戦争・日露戦争と、二つの戦争がもたらした国際関係の変化を理解しよう。

教科書 192～195ページ　答え 40ページ

次の(　　)に入る言葉を、下から選びましょう。

## 1 日清・日露の戦い

教科書 192～193ページ

### 日清戦争

- 19世紀終わりごろ、日本が朝鮮に不平等な条約を結ばせたため、朝鮮への支配を強めようとする中国（清）との対立が深まった。
- 1894（明治27）年、朝鮮で、国内の改革と外国勢力の撤退を求める反乱が起こると、清が朝鮮政府の求めに応じて軍隊を送った。日本も清に対抗して出兵し、**日清戦争**が始まった。
- 日本が勝利し、講和条約を(①　　　　)（山口県）で結び、(②　　　　)やリヤオトン（遼東）半島を領土にしたほか、多額の(③　　　　)を得た。
- また、清に朝鮮の独立を認めさせた。

日清戦争の戦場

### 日露戦争

- ロシアは、戦争に勝利した日本への警戒を強め、ドイツ、フランスとともに、リヤオトン半島を清に返すように日本に要求した。
- 日本国内では、(④　　　　)（中国の東北部）で勢力を広げるロシアに対する危機感が高まった。
- 1904年に**日露戦争**が始まると、日本はリュイシュン（旅順）の戦いで勝利し、日本海海戦では(⑤　　　　)が指揮する艦隊がロシア艦隊を破った。
- 日本ではしだいに兵力や物資をつぎこむ力がなくなり、ロシアでは国内で革命が起こったため、両国は(⑥　　　　)（アメリカ）で講和条約を結び、戦争は終結した。

日露戦争の戦場

## 2 日露戦争後の日本と世界

教科書 194～195ページ

### 日露戦争後の日本

- 欧米諸国の支配下にあったアジアでは、日本の勝利に勇気づけられた人々もいた一方で、日本人の間では、朝鮮や中国の人々を下に見る意識が広がっていった。
- ポーツマスで結んだ講和条約で日本は(⑦　　　　)（サハリン）の南半分と、南満州の鉄道と鉱山の権利を得たが、賠償金は得られなかったため、講和に対する反対の声があがった。
- 1910年、日本は**朝鮮を併合**し**植民地**にしたことで、朝鮮では国民の権利が制限され、日本の支配に反対する運動が続いた。
- 1911年、外務大臣(⑧　　　　)のときに、**関税自主権**が確立し、不平等条約の改正が達成された。

増税や物価高で国民の暮らしは苦しくなったんだ。

| 選んだ言葉に✓ | | | | |
|---|---|---|---|---|
| | □下関 | □台湾 | □樺太 | □満州 |
| | □東郷平八郎 | □小村寿太郎 | □ポーツマス | □賠償金 |

学習日　月　日

ぴたトリビア

歌人の与謝野晶子は、日露戦争の戦地にいる弟を思い、「君死にたまふことなかれ」といううたをよみました。

教科書 192〜195ページ　答え 40ページ

## 1 次の問いに答えましょう。

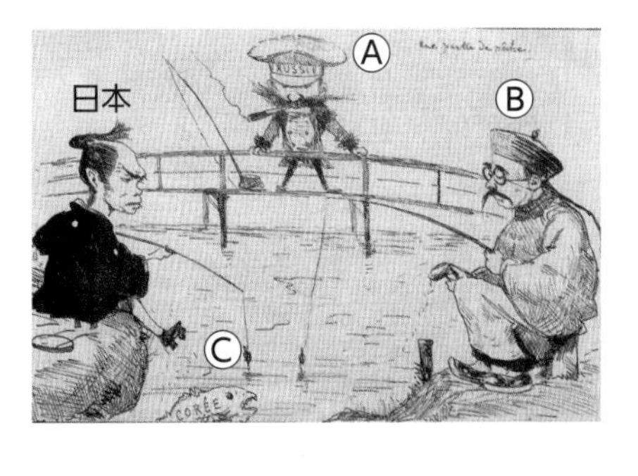


(1) 右の絵は、日清戦争直前の国際関係を表しています。Ⓐ〜Ⓒが表している国名を書きましょう。

Ⓐ(　　　)
Ⓑ(　　　)
Ⓒ(　　　)

(2) 日清戦争に関する次の①〜③の説明について、正しいものには○を、まちがっているものには×をつけましょう。

①(　　) 日本海海戦では、東郷平八郎が艦隊を指揮した。
②(　　) ポーツマス（アメリカ）で講和条約が結ばれた。
③(　　) 講和条約により、日本は清から多額の賠償金を得た。

(3) 日露戦争に関する次の①〜③の説明について、正しいものには○を、まちがっているものには×をつけましょう。

①(　　) 日本は、リュイシュン（旅順）の戦いで勝利をおさめた。
②(　　) 講和条約により、日本は台湾などを領土とした。
③(　　) 講和条約により、日本はロシアから多額の賠償金を得た。

## 2 次の文を読んで、あとの問いに答えましょう。

日本は、日露戦争で朝鮮に軍隊を送り、戦後は外交や政治の実権をにぎるなどして、支配を強めた。1910年には朝鮮を併合し、(①)とした。
朝鮮では、朝鮮の人々を日本の国民とする政策が進められた。学校では(②)にもとづく教育が行われ、日本語が国語として教えられた。また、朝鮮の国民の権利は制限された。朝鮮の独立を目ざす人々は、日本の支配に反対する運動をねばり強く続けていった。

(1) 文中の①、②にあてはまる言葉を書きましょう。

①(　　　)　②(　　　)

(2) 下線部について、朝鮮が1897年に改めた国号を書きましょう。(　　　)

(3) 清が朝鮮の独立を認めたのはいつですか、㋐〜㋓から選びましょう。(　　)

㋐ 日米修好通商条約が結ばれたとき。
㋑ 日清戦争の講和条約が結ばれたとき。
㋒ 日露戦争の講和条約が結ばれたとき。
㋓ 大日本帝国憲法が発布されたとき。

ヒント 1 (1) 朝鮮と日本・中国（清）・ロシアの関係を風刺した絵です。

ぴったり1 準備

2. 日本の歴史

# 9 近代国家を目ざして③

学習日 月 日

めあて 日清・日露戦争前後の産業の発展や、第一次世界大戦後の社会を理解しよう。

教科書 196～203ページ　答え 41ページ

次の（　　）に入る言葉や数字を、下から選びましょう。

## 1 産業の発展と世界で活躍する人々　教科書 196～197ページ

### 産業の発展

- 日清戦争前、日本の産業は繊維工業を中心に急速に発展し、（①　　　　　）の輸出量が世界第１位となった。
- 日清戦争後、賠償金の一部で北九州に（②　　　　　）がつくられた。
- 日露戦争後、造船や機械などの重工業が発達し、軍艦・大砲などの国内生産が可能になった。
- 産業が発達した一方、足尾銅山（栃木県）の鉱毒事件など、深刻な公害問題が起こった。

### 世界で活躍する人々

- （③　　　　　）は、破傷風の治療法を発見した。**北里柴三郎**がつくった研究所からは赤痢菌を発見した**志賀潔**や、黄熱病を研究した（④　　　　　）らが育った。

## 2 暮らしと社会の変化　教科書 198～199ページ

### 暮らしの変化

- 産業が発展すると、都市では人々の暮らしも近代的なものになった。人口が急増し、ガス・水道・電気を使う生活が広がった。デパートもできて、私鉄やバスの運行が始まった。

### ワンポイント　社会の変化

- 日本は1914（大正３）年に起きた（⑤　　　　　）に加わり、戦勝国の一つとなった。大戦後、国際社会の平和と安全を守ろうとする組織として**国際連盟**がつくられ、日本も参加した。
- 戦争中に輸出が増えて好景気となった一方で、物価が上がり、1918年には米の安売りを求める民衆による**米騒動**が全国で起きた。
- 国民一人一人の考えを政治に生かそうとする**民主主義**の考え方が広まり、国民の社会参加の権利を求めようとする運動がさかんになった。
- （⑥　　　　　）は、女性の地位向上を目ざす運動を始めた。
- 差別に苦しんでいた人々は、**全国水平社**をつくり、差別をなくす運動を行った。
- **普通選挙**を求める運動の高まりにより、1925年、（⑦　　　　　）才以上の男性すべてに選挙権が認められたが、女性の選挙権は認められなかった。
- 政治や社会のしくみを変えようとする動きが活発になる一方で、政府は（⑧　　　　　）をつくり、こうした動きを取りしまった。

平塚らいてう（1886～1971年）

1923年9月1日に関東大震災が起こったよ。

| 選んだ言葉に✓ | | | | |
|---|---|---|---|---|
| | □第一次世界大戦 | □八幡製鉄所 | □治安維持法 | □生糸 |
| | □平塚らいてう | □北里柴三郎 | □野口英世 | □25 |

学習日　月　日

ぴたトリビア

第一次世界大戦は、ヨーロッパが主な戦場となりました。日本は同盟を結んでいたイギリスの陣営について、この戦争に加わりました。

教科書 196～203ページ　答え 41ページ

## 1 次の文を読んで、あとの問いに答えましょう。

日清戦争前から、日本の産業は（①）を中心に発展した。（①）の中でも生糸は、輸出量が世界第１位となった。政府は、日清戦争後、北九州に近代的な設備をもつ八幡製鉄所をつくった。日露戦争後には、造船や機械などの（②）も発達した。

一方、産業の急速な発展のうらでは、厳しい労働をしいられる工場労働者の問題や、深刻なⓐ公害問題などが起こった。

明治時代の後半になると、ⓑ国際的に認められ、世界で活躍する日本人も現れた。

(1) 文中の①、②にあてはまる言葉を［　］から選びましょう。

①（　　　）　②（　　　）

繊維工業　重工業　石油化学工業

(2) 下線部ⓐについて、足尾銅山（栃木県）の鉱毒事件に取り組んだ衆議院議員の名前を書きましょう。（　　　）

(3) 下線部ⓑに関する次の①、②の説明について、正しいものには○を、まちがっているものには×をつけましょう。

①（　　）北里柴三郎は、黄熱病の治療のしかたを発見した。

②（　　）志賀潔は、食中毒の原因となる赤痢菌を発見した。

## 2 右の年表を見て、次の問いに答えましょう。

| 年 | 主なできごと |
|---|---|
| 1912 | 大正時代が始まる |
| 1914 | ⓐ第一次世界大戦が始まる |
| 1918 | 米の安売りを求めた（①）が全国で起こる |
| | ↕Ⓐ |
| 1923 | （②）が起こり、10万人以上の死者・行方不明者が出る |
| 1925 | ⓑ普通選挙法が定められる |

(1) 年表中の①、②にあてはまる言葉を書きましょう。

①（　　　）

②（　　　）

(2) 年表中のⒶの時期には、差別をなくす運動や普通選挙を要求する運動がさかんになりました。差別に苦しんでいた人々が、1922年に創立した団体の名前を書きましょう。（　　　）

(3) 下線部ⓐについて、大戦後に国際社会の平和と安全を守るためにつくられた組織の名前を書きましょう。

（　　　）

(4) 下線部ⓑについて、このとき選挙権が認められた人々を、㋐～㋒から選びましょう。

（　　）

㋐ 一定の金額以上の税金を納めた25才以上の男性。

㋑ 25才以上の男性すべて。

㋒ 20才以上の男女すべて。

ヒント ２ (3) この組織の本部はスイスのジュネーブに置かれ、新渡戸稲造が事務次長を務めました。

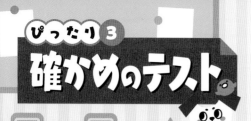

# 9 近代国家を目ざして

教科書 192～203ページ　答え 42ページ

## 1 右の年表を見て、次の問いに答えましょう。

1つ5点（25点）

| 年 | 主なできごと |
|---|---|
| 1894 | イギリスとの条約の一部を改正する<br>ⓐ日清戦争が始まる |
| 1902 | イギリスは日本を対等な国家と認め（①）を結ぶ |
| 1904 | ⓑ日露戦争が始まる |
| 1910 | 朝鮮を併合する |
| 1911 | ⓒアメリカとの条約を改正する |
| 1914 | 第一次世界大戦が始まる |
| 1920 | （②）に加盟する |

(1) よく出る 年表中の①、②にあてはまる言葉を書きましょう。

①（　　　　）　②（　　　　）

(2) 下線部ⓐについて、この戦争のきっかけとなった反乱が起こった国または地域を、㋐～㋒から選びましょう。（　　）

㋐ ロシア　㋑ 朝鮮　㋒ 満州

(3) 下線部ⓑについて、日本を勝利にみちびいた日本海海戦を指揮した人物の名前を書きましょう。

（　　　　）

(4) 下線部ⓒについて述べた文として正しいものを、㋐～㋒から選びましょう。　技能

（　　）

㋐ 外務大臣陸奥宗光によって交渉が行われた。
㋑ 治外法権が撤廃された。
㋒ 関税自主権が確立した。

## 2 右の地図を見て、次の問いに答えましょう。

1つ5点（30点）

Ⓐ

Ⓑ

(1) Ⓐ、Ⓑの地図は、ある戦争後の日本の領土を表しています。それぞれの戦争の名前を書きましょう。

Ⓐ（　　　　）
Ⓑ（　　　　）

(2) Ⓐ、Ⓑの戦争後、日本が得た領土はどこですか。㋐～㋓から選びましょう。

Ⓐ（　　）　Ⓑ（　　）

㋐ リュイシュン（旅順）　㋑ 台湾
㋒ 樺太（サハリン）の南半分　㋓ シベリアの一部

(3) 多額の賠償金を得たのは、Ⓐ、Ⓑのどちらの戦争ですか。（　　）

記述 (4) 日本の国民がⒷの戦争の講和に反対した理由を、簡単に書きましょう。　思考・判断・表現

（　　　　　　　　　　　　　　　　）

## 3 右の写真を見て、次の問いに答えましょう。

1つ5点（25点）

Ⓐ
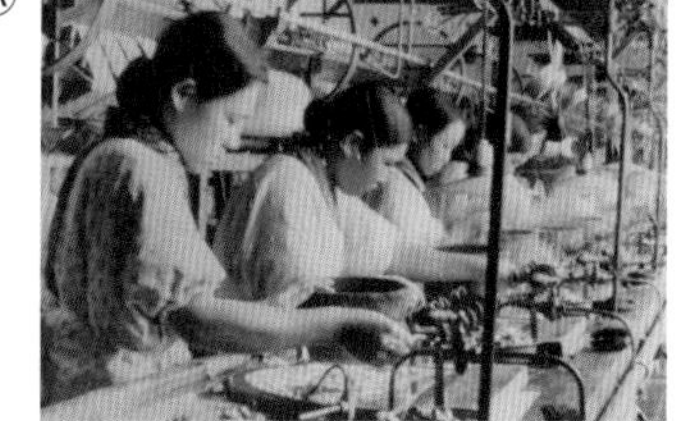

Ⓑ

(1) Ⓐの写真は、製糸工場で働く女性たちを写したものです。19世紀後半に急速に発展(はってん)した工業の名前を書きましょう。（　　　　　）

(2) よく出る Ⓐの写真のころ、輸出量が世界第1位になったものは何ですか。（　　　　　）

(3) 製糸工場で働く女性たちの労働環境(かんきょう)はどのようなものでしたか、㋐～㋒から選びましょう。 技能 （　　）

㋐ 自宅から通い、8時間労働であった。
㋑ 労働条件もよく、賃金(ちんぎん)も高かった。
㋒ 工場に住みこみ、長時間労働させられた。

(4) Ⓑの写真は、日清戦争後に北九州(きたきゅうしゅう)につくられた近代的な設備をもった工場です。工場の名前を書きましょう。（　　　　　）

記述 (5) 産業の急速な発展のうらで、どのような問題が起こりましたか、簡単に書きましょう。 思考・判断・表現

（　　　　　　　　　　　　　　　　　　　　）

## 4 次の問いに答えましょう。

1つ5点（20点）

(1) 次の人物と、その人物の事績について、あうものを線で結びましょう。

① 平塚(ひらつか)らいてう(ちょう)　・　　・ ㋐戦地にいる弟を思い、「君死にたまふ(もう)ことなかれ」といううたをよんだ。

② 与謝野晶子(よさのあきこ)　・　　・ ㋑へびの毒の研究や、黄熱病(おうねつびょう)の研究に取り組んだ。

③ 野口英世(のぐちひでよ)　・　　・ ㋒「もとは、女性は太陽だった」と呼(よ)びかけ、女性の地位の向上を目ざす運動を始めた。

記述 (2) できたらスゴイ! 普通選挙(ふつうせんきょ)を求める運動が全国各地で高まり、1925年には普通選挙法が制定されました。一方で、同年に政府が制定した法律(ほうりつ)と、その内容を、簡単に書きましょう。 思考・判断・表現

（　　　　　　　　　　　　　　　　　　　　）

ふりかえり 4(2)がわからないときは、80ページの2にもどって確認(かくにん)してみよう。

学習日　　月　　日

# 10 戦争と人々の暮らし①

めあて
日中戦争や太平洋戦争にいたった過程を理解しよう。

教科書 204～209ページ　答え 43ページ

次の（　　）に入る言葉を、下から選びましょう。

## 1 戦火に焼けた日本／中国との戦争が始まる　教科書 204～207ページ

### 中国との戦争

- 昭和初め、都市では不景気のため（①　　　　）が増え、農村では作物の値段が下がり、生活に苦しむ人々が多くなった。
- 一部の軍人や政治家が、「満州（中国の東北部）を日本のものにすれば、国民の生活はよくなる。」という考えを広めた。
- 1931（昭和６）年、（②　　　　）が起こった。南満州鉄道の線路を爆破した日本軍は、これを中国軍のしわざとして攻撃を始め、満州全土を占領した。
- 満州国をつくり、政治の実権をにぎった日本に対し、国際連盟は満州国の取り消しと占領地からの引きあげを求めた。日本はこれに従わず、1933年に国際連盟を脱退した。
- 日本国内では、一部の軍人が首相の暗殺や反乱を起こし、政治に対する発言力を強めた。
- 1937年７月、ペキン（北京）近くで日本軍と中国軍が衝突し、（③　　　　）が始まった。戦争は、シャンハイ（上海）、ナンキン（南京）と、中国各地に広がり、アメリカやイギリスの援助を受けた中国との戦いは、長期化した。

ソビエト連邦　満州国　朝鮮　ペキン　日本　中国　ナンキン　シャンハイ　台湾　0　1000km
1941年12月までの戦場
日本軍が兵力を進めた地域

中国全土に広がる戦争

## 2 アジア・太平洋に広がる戦争　教科書 208～209ページ

**ワンポイント　戦争の拡大**

- 1939年、ヨーロッパでは、ドイツがポーランドを攻撃したのをきっかけに、（④　　　　）が始まった。日本はドイツ・（⑤　　　　）と同盟を結び、（⑥　　　　）やゴムなどの資源を求めて東南アジアに軍隊を送った。これに警戒を強めたアメリカは、日本への石油輸出を禁止し、両国は激しく対立した。

日本軍の攻撃を受けた真珠湾のアメリカ艦隊

- 1941年12月、日本はハワイの（⑦　　　　）にあるアメリカ海軍基地を攻撃し、ほぼ同時に、イギリス領のマレー半島にも上陸した。
- 日本はアメリカやイギリスとも戦争を始め、（⑧　　　　）が始まった。
- 日本ははじめ勝利を重ね、東南アジア各地や太平洋の島々を占領したが、占領地の住民を働かせたり、資源や食料を取り立てたりしたため、各地で抵抗運動が起こった。
- アメリカ軍の反撃により戦況は不利となり、日本の占領地では激しい戦闘が起こった。

選んだ言葉に✓
□日中戦争　□満州事変　□太平洋戦争　□第二次世界大戦
□イタリア　□石油　□失業者　□真珠湾

ぴったり2
# 練習

学習日　　月　　日

ぴたトリビア

1929（昭和4）年にアメリカで起こった世界恐慌(きょうこう)は世界に広がり、日本では昭和恐慌とよばれる深刻(しんこく)な不況(ふきょう)が発生しました。

教科書 204～209ページ　答え 43ページ

## 1 次の文を読んで、あとの問いに答えましょう。

昭和の初めごろ、都市では不景気のために失業者が増え、農村では作物の値段が下がり、生活に苦しむ人が多くなった。こうした中で、一部の軍人や政治家は満州を日本のものにしようと考えた。1931（昭和6）年、日本軍は（①）の線路を爆破し、これを中国軍のしわざとして、攻撃を始めた。ⓐ満州全土を占領した日本軍は、（②）をつくり、政治の実権をにぎった。

（③）年7月には、ペキン（北京）の近くで日本軍と中国軍が衝突し、ⓑ日中戦争が始まった。

(1) 文中の①～③にあてはまる言葉や数字を書きましょう。

①（　　　）
②（　　　）
③（　　　）

(2) 下線部ⓐについて、このあとに日本がとった行動を、㋐～㋒から選びましょう。

（　　　）

㋐ 国際連盟から脱退した。
㋑ 朝鮮(ちょうせん)を併合(へいごう)し、植民地とした。
㋒ 日露(にちろ)戦争を起こした。

(3) 下線部ⓑについて、中国を援助した国を2つ書きましょう。

（　　　）
（　　　）

## 2 右の年表を見て、次の問いに答えましょう。

(1) 年表中の①、②にあてはまる言葉を書きましょう。

①（　　　）
②（　　　）

(2) 下線部ⓐについて、日本と同盟を結んだ国を2つ書きましょう。

（　　　）
（　　　）

(3) 下線部ⓑについて、このできごとをきっかけに始まった戦争は何ですか。

（　　　）

| 年 | 主なできごと |
|---|---|
| 1939年5月 | ソビエト連邦(れんぽう)（ソ連）と衝突する |
| 9月 | （①）が始まる |
| 1940年 | ⓐ三国(さんごく)同盟を結ぶ |
| 1941年7月 | フランス領だった（②）に兵を進める |
| 8月 | アメリカが日本に対する石油の輸出を禁止する |
| 12月 | ⓑハワイの真珠湾にあるアメリカの海軍基地を攻撃する |

ヒント 1 (2) 国際連盟は満州事変を調査し、占領地からの引きあげなどを日本に求めました。

ぴったり1 準備

2．日本の歴史

# 10 戦争と人々の暮らし②

学習日　月　日

めあて
戦争中の人々の暮らしの変化や子どもたちの暮らしにあたえた影響を理解しよう。

教科書 210～213ページ　答え 44ページ

 次の（　　）に入る言葉を、下から選びましょう。

## 1 戦争と人々の暮らし

教科書 210～211ページ

### 人々の暮らしの変化

物資の不足

- 多くの国民が兵士として戦地へ送られ、国の予算のほとんどが（①　　　）に使われるようになり、軍事生産が優先された。
- 国内では労働力や物資の不足が深刻化した。
- まちなかに看板が立てられるなど、国民全体を戦争に積極的に協力させる体制がつくられ、人々は（②　　　）などの働き手として動員された。

- 食料や燃料などの生活必需品も（③　　　）になり、暮らしに必要なものを自由に手に入れることができなくなっていった。
- 住民どうしが助け合う一方で、たがいに監視するしくみである（④　　　）がつくられた。
- （⑤　　　）の内容は、国の方針に沿うように制限され、国民は戦争の状況について正確な情報を知ることができなかった。
- 国民は、「赤紙」とよばれた召集令状が届けられると、軍隊に入り兵士となった。

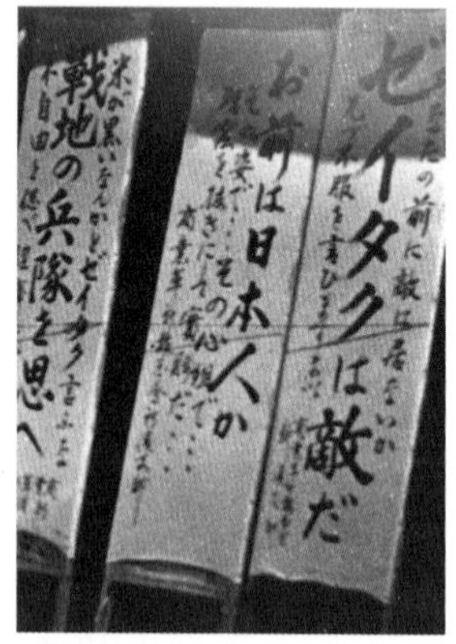


まちなかに立てられた看板

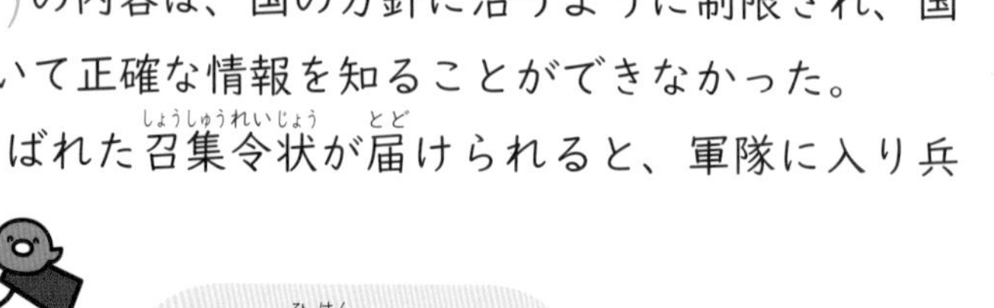

戦争を批判することは許されなかったんだね。


## 2 子どもたちと戦争

教科書 212～213ページ

### 子どもたちの暮らし

- 戦争が激しくなる中、子どもたちの暮らしも戦争一色となり、（⑥　　　）でも戦争の訓練が行われるようになった。
- 大きくなったら立派な兵士として国のために働くよう教えられ、（⑦　　　）の中身も戦争に関する内容が多くなった。
- 子どもたちの楽しみや遊びにも、戦争が影響をあたえた。
- 戦争が続くと、多くの学生が兵士として戦場に送られるようになった。
- 労働力不足が深刻になると、中学生や（⑧　　　）も動員されて、兵器工場などで働くようになった。

校門前の兵士に敬礼する小学生

選んだ言葉に✔

| | | | |
|---|---|---|---|
| □報道や出版 | □教科書 | □軍需工場 | □軍事費 |
| □隣組 | □女学生 | □小学校 | □配給制 |

戦争中につくられたアニメーション映画では、昔話の主人公である桃太郎が軍人として登場しました。

教科書 210～213ページ　答え 44ページ

## 1 右の年表や写真を見て、次の問いに答えましょう。

(1) 年表中の①、②にあてはまる言葉を書きましょう。

①(　　　　)
②(　　　　)

| 年 | 当時の標語 |
|---|---|
| 1939 | 「産めよ殖やせよ(①)のため」 |
| 1940 | ⓐ「ぜいたくは敵だ」 |
| 1941 | 「進め一億火の玉だ」 |
| 1942 | ⓑ「欲しがりません(②)までは」 |
| 1943 | 「撃ちてし止まむ」 |

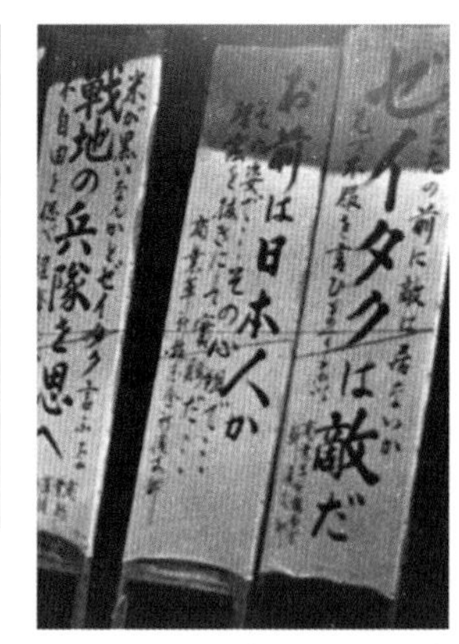


(2) 下線部ⓐ、ⓑの標語は、戦争時の国民の暮らしを表しています。どのような暮らしだったか、㋐～㋒から選びましょう。

(　　　)

㋐ ぜいたく品は自由に買うことができた。
㋑ 軍事生産が優先されていたので、暮らしに必要なものの不足は深刻だった。
㋒ 食料などの生活必需品は配給制にならず、自由に買うことができた。

(3) 写真のように、標語を書いた看板がまちなかのいたる所に立てられていました。標語はどのような目的でつくられましたか。㋐～㋒から選びましょう。

(　　　)

㋐ 国民にぜいたくな生活をさせるため。
㋑ 国民の自由な意見を聞くため。
㋒ 国民を戦争に積極的に協力させるため。

## 2 戦争中の子どもや学生に関する次の会話を読んで、正しいものには○を、まちがっているものには×をつけましょう。

(1)(　　　)

小学校では、まだ小さいので、戦争の訓練は行われなかったんだね。

(2)(　　　)

子どもたちの楽しみや遊びの中にも、戦争が大きな影響をあたえたんだね。

(3)(　　　)

戦争が続くと、多くの学生は、勉強を中断して、兵士として戦場に送られていったんだね。

(4)(　　　)

労働力不足によって、中学生や女学生も動員されて、兵器工場などで働いたんだね。

ヒント　1 (2) 国の予算のほとんどが軍事費に使われるようになりました。

# 10 戦争と人々の暮らし③

学習日　　月　　日

**めあて**
空襲による被害や戦争が終結するまでの動きを理解しよう。

教科書 214～219ページ　答え 45ページ

次の（　　）に入る言葉を、下から選びましょう。

## 1 おそいかかる空襲

教科書 214～215ページ

### 空襲の被害

- アメリカ軍により多くの都市が激しい（①　　　　）を受け、一般市民の暮らしも危険にさらされるようになった。
- （②　　　　）によってまちは焼け野原になった。
- **空襲**によって、全国で約20万人もの人々がなくなった。
- 都市の小学生は、空襲をさけるために、親元をはなれ、遠くの農村などへ集団で（③　　　　）を行った。

焼夷弾は燃えやすい薬剤と火薬をつめた爆弾で、地上の建物を焼きはらうために用いられたんだ。

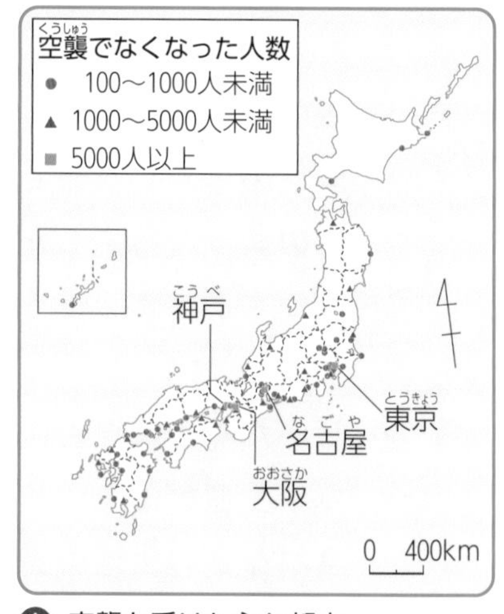


空襲を受けた主な都市

## 2 沖縄・広島・長崎、そして敗戦

教科書 216～217ページ

### 沖縄戦

- 1945（昭和20）年３月、アメリカ軍は沖縄島を空と海から激しく攻撃した。４月にはアメリカ軍が沖縄島に上陸し、住民を巻きこんだ（④　　　　）となった。
- 男子生徒は日本軍とともに戦い、女子生徒は負傷兵の看護などにあたった。
- **沖縄戦**は数か月続き、県民60万人のうち、12万人以上の人々がなくなった。
- 1945年５月、ヨーロッパでは、ドイツが、アメリカ・イギリスなどの（⑤　　　　）軍に降伏し、戦争が終結した。日本政府や軍の指導者は、空襲や沖縄占領後も戦争をやめる決断ができなかった。

**ワンポイント　広島・長崎**

- アメリカ軍が、８月６日に**広島**、９日に**長崎**に投下した（⑥　　　　）によって建物はくずれ、両市を合わせて30万人以上の命がうばわれた。
- 現在でも、後遺症で多くの人々が苦しんでいる。
- 満州や樺太（サハリン）南部には（⑦　　　　）軍がせめこみ、多くの日本人が犠牲になった。
- 1945年８月15日、（⑧　　　　）がラジオ放送で日本の降伏を伝え、15年にわたる戦争が終結した。日本による朝鮮や台湾の支配も終わった。

原子爆弾の被害を受けた広島

選んだ言葉に✔

| | | | |
|---|---|---|---|
| □原子爆弾 | □焼夷弾 | □地上戦 | □空襲 |
| □昭和天皇 | □疎開 | □連合国 | □ソビエト連邦（ソ連） |

学習日　月　日

ぴたトリビア

第二次世界大戦における死者の総数は、6000万人以上にのぼるといわれています。日本では、軍人と市民を合わせて約310万人がなくなりました。

教科書 214～219ページ　答え 45ページ

## 1 次の文を読んで、あとの問いに答えましょう。

（①）軍により多くの都市が激しい空襲を受け、一般市民の暮らしも危険にさらされるようになった。降り注ぐ（②）によってまちは焼け野原になり、多くの人々の命がうばわれた。空襲により、全国で約20万人もの人々がなくなった。

<u>都市の小学生は、空襲をさけるために、親元をはなれ、地方の農村などへ避難することになった。</u>

(1) 文中の①、②にあてはまる言葉を書きましょう。

①（　　　）
②（　　　）

(2) 下線部について、このことを何といいますか。（　　　）

## 2 右の地図を見て、次の問いに答えましょう。

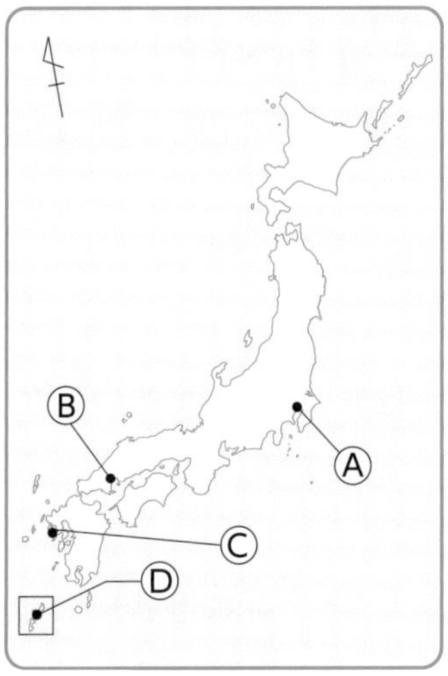

(1) 1945（昭和20）年３月10日、大空襲を受けて10万人以上の人がなくなった場所を、地図中のⒶ～Ⓓから選びましょう。また、都市名も書きましょう。

（　　）（　　　）

(2) 日本で唯一、住民を巻きこんだ激しい地上戦が行われた場所を、地図中のⒶ～Ⓓから選びましょう。また、その都県名も書きましょう。

（　　）（　　　）

(3) 原子爆弾が投下された都市について、次の問いに答えましょう。

① 1945年８月６日、原子爆弾が投下された場所を、地図中のⒶ～Ⓓから選びましょう。また、その都市名も書きましょう。

（　　）（　　　）

② 1945年８月９日、①と同様に原子爆弾が投下された場所を、地図中のⒶ～Ⓓから選びましょう。また、その都市名も書きましょう。

（　　）（　　　）

(4) 1945年５月、ヨーロッパでは、ドイツが連合国軍に降伏して、戦争が終わりました。このときの日本の対応について述べた文として正しいものを、㋐～㋓から選びましょう。（　　）

㋐ 昭和天皇がラジオ放送で日本の降伏を伝えた。
㋑ 政府や軍の指導者は、戦争をやめる決断をすることができなかった。
㋒ ソビエト連邦（ソ連）にせめこみ、多くの日本人が犠牲になった。
㋓ ハワイの真珠湾にあるアメリカの海軍基地を攻撃した。

ヒント　2 (1) 日本の首都であるこの都市への空襲は、合計で100回以上におよびました。

ぴったり3
# 確かめのテスト

2．日本の歴史
## 10 戦争と人々の暮らし

時間 30 分　／100　合格 80 点

教科書 204～219ページ　答え 46ページ

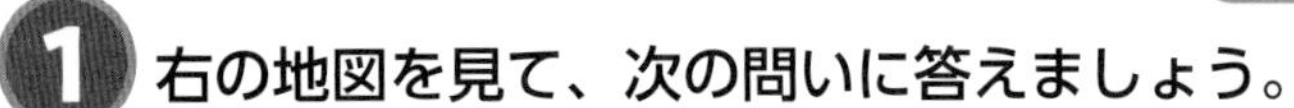

**1** 右の地図を見て、次の問いに答えましょう。　1つ5点（25点）

(1) 地図中のⒶは、満州事変によって日本軍が中国の東北部を占領してつくった国です。この国の名前を書きましょう。
（　　　　　）

(2) マレー半島を植民地としていた国を書きましょう。
（　　　　　）

記述 (3) 日本軍が東南アジアに勢力を広げた理由を、「資源」という言葉を使って簡単に書きましょう。　思考・判断・表現
（　　　　　　　　　　　　　　　　　　　　）

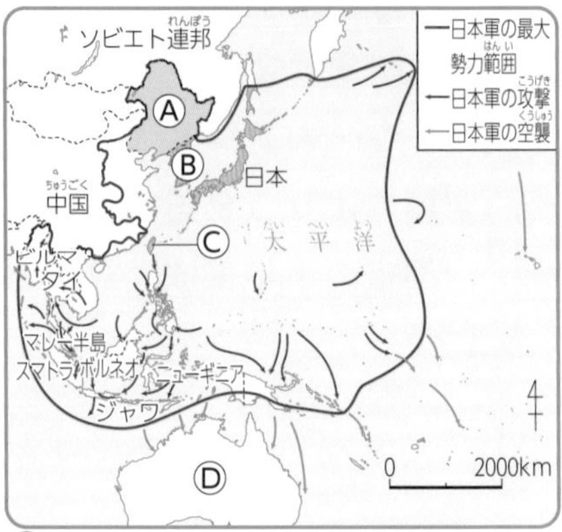

アジア・太平洋への戦争の広がり

(4) 日本の降伏後、日本による植民地支配から解放された国・地域を、地図中のⒷ～Ⓓから2つ選びましょう。
（　　　）（　　　）

**2** 右の年表を見て、次の問いに答えましょう。　1つ5点（30点）

| 年 | 主なできごと |
|---|---|
| 1931 | 満州事変が起こる |
| 1933 | 日本が（①）を脱退する |
| 1937 | ⓐ日中戦争が始まる |
| 1939 | ⓑ第二次世界大戦が始まる |
| 1940 | （②）を結ぶ |
| 1941 | （③）戦争が始まる |
| 1942 | ミッドウェー海戦で日本が敗北する |
| 1945 | ⓒ原子爆弾が投下される |

(1) 年表中の①～③にあてはまる言葉を書きましょう。
①（　　　　　）
②（　　　　　）
③（　　　　　）

(2) 下線部ⓐについて、この戦争のきっかけとなったできごとを、㋐～㋒から選びましょう。　技能
（　　　）

㋐ 南満州鉄道の線路が爆破された。
㋑ 朝鮮で反乱が起こった。
㋒ ペキン（北京）の近くで日本軍と中国軍が衝突した。

(3) できたらスゴイ！ 下線部ⓑについて、この大戦は、ドイツがある国を攻撃したことから始まりました。ドイツが攻撃した国を書きましょう。
（　　　　　）

(4) 下線部ⓒについて、長崎に原子爆弾が投下されたのは何月何日ですか。
（　　　　　）

## 3 右の年表を見て、次の問いに答えましょう。

1つ5点（25点）

| 年 | 主なできごと |
|---|---|
| 1939 | 第二次世界大戦が始まる |
| 1940 | 全国でⓐ隣組がつくられる |
| 1941 | 米などの（①）が始まる |
| 1943 | 学徒出陣が始まる |
| 1944 | ⓑアメリカ軍の空襲が本格化する |
| 1945 | アメリカ軍が（②）に上陸する<br>ⓒ日本が降伏する |

(1) よく出る 年表中の①、②にあてはまる言葉を書きましょう。

①（　　　　）
②（　　　　）

記述 (2) 下線部ⓐについて、これはどのようなしくみですか、簡単に書きましょう。 思考・判断・表現

（　　　　）

(3) 下線部ⓑについて、都市に住む小学生が空襲をさけるために始まったことは何ですか。

（　　　　）

(4) 下線部ⓒについて、ラジオ放送で日本の降伏を伝えた人物はだれですか。書きましょう。

（　　　　）

## 4 次の写真を見て、あとの問いに答えましょう。

1つ5点（20点）

Ⓐ

Ⓑ

Ⓒ

(1) Ⓐは、日本軍がアメリカ艦隊を攻撃している様子です。これが起こった場所はハワイのどこですか。

（　　　　）

記述 (2) Ⓑにあるのは、世界遺産に登録されている広島の建物です。この建物が保存されている理由を、「戦争」「平和」という言葉を使って簡単に書きましょう。 思考・判断・表現

（　　　　）

(3) Ⓒの標語のように、国民を戦争に協力させる動きを、㋐～㋒から選びましょう。 技能

（　　　　）

㋐ 報道や出版により、戦争の正確な状況を知らせる。
㋑ ぜいたく品の製造や販売を禁止させる。
㋒ 女性の選挙権を認める。

(4) 太平洋戦争のきっかけとなったできごとに関係する写真を、Ⓐ～Ⓒから選びましょう。 技能

（　　　　）

ふりかえり ❶(3)がわからないときは、84ページの❷にもどって確認してみよう。

ぴったり1 **準備**

3分でまとめ

2. 日本の歴史

# 11 平和で豊かな暮らしを目ざして①

学習日　　月　　日

めあて
戦争が終わったころの暮らしや、戦争後の日本の社会の変化を理解しよう。

教科書 220〜223ページ　答え 47ページ

次の(　　)に入る言葉や数字を、下から選びましょう。

## 1 焼けあとからの出発

教科書 220〜221ページ

### 敗戦直後の暮らし

- 多くの人々が住むところを失い、食べるものや着るものなど、暮らしに必要な物資の不足に悩んだ。
- (① 　　　　)で病気になったり、なくなったりする人もいた。
- 戦争で親をなくして(② 　　　　)となった子どももいた。
- 子どもたちは、校庭にいすを並べ、屋外の「(③ 　　　　)」で勉強した。

## 2 もう戦争はしない

教科書 222〜223ページ

### さまざまな改革

- 日本はアメリカを中心とする(④ 　　　　)に占領され、政府は連合国軍の指示のもとに、民主的な社会をつくるための改革を進めた。
- 1945(昭和20)年、選挙法が改正され、(⑤ 　　　　)才以上のすべての男女に選挙権が保障され、人々の生活と権利を守るための法律も整えられた。
- (⑥ 　　　　)…1946年11月3日公布、1947年5月3日施行。
- **日本国憲法**の前文では、国の政治を決める権利は国民にあると宣言し、世界の平和を願う理想をかかげた。
- 教育制度が変わり、小学校6年間、中学校3年間の9年間の(⑦ 　　　　)、男女共学や学校給食も始まった。(⑧ 　　　　)にもとづき、平和な国家や社会をつくる国民を育てていくことを教育の目的とした。

% 50 40 30 20 10 0
1890 1902 1920 1928 1946年

選挙権の拡大
(人口に対する割合)

言論・思想の自由が保障される
軍隊を解散する
男女平等になる
政党が再びできる
女性の選挙権が保障される
多くの農民が自分の土地を持つようになる
独占的な企業が解体される
労働者の権利が保障される
6・3制の義務教育が始まる


戦後のさまざまな改革

選んだ言葉に✔

| | | | |
|---|---|---|---|
| □孤児 | □民主主義 | □連合国軍 | □日本国憲法 |
| □栄養失調 | □義務教育 | □青空教室 | □20 |

ぴたトリビア

戦前の教科書には、戦争に関係する記述がありました。敗戦直後は、戦争に関係する部分をすみで消した「すみぬり教科書」が使われました。

教科書 220～223ページ　答え 47ページ

**1** 戦争が終わったころの暮らしに関する次の会話を読んで、正しいものには○を、まちがっているものには×をつけましょう。

(1)(　　)

多くの人々が住むところを失ってしまったよ。

(2)(　　)

空襲（くうしゅう）で校舎が焼けてしまった小学校では、校庭にいすを並べた「青空教室」で勉強したんだね。

(3)(　　)

敗戦直後には食べるものを十分に手に入れることができたんだね。

**2** 次の絵を見て、①～⑨にあてはまる言葉を書きましょう。

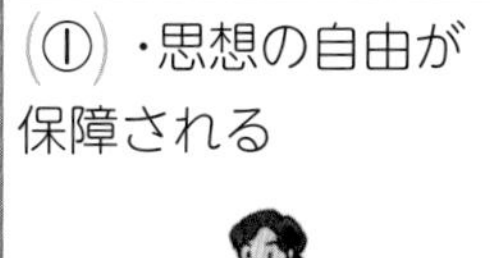

(①)・思想の自由が保障される

軍隊を(②)する

男女(③)になる

(④)が再びできる

(⑤)の選挙権が保障される

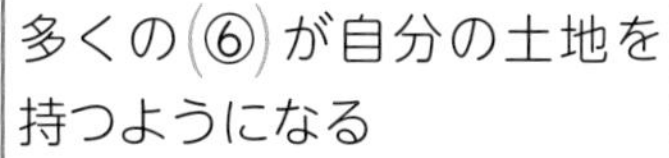

多くの(⑥)が自分の土地を持つようになる

独占的な企業が(⑦)される

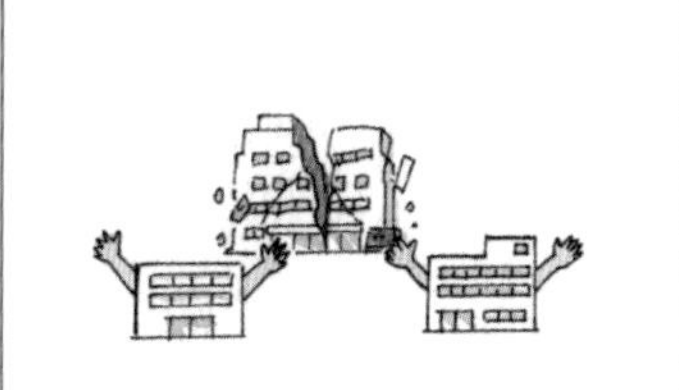

(⑧)の権利が保障される

6・3制の(⑨)が始まる

↑ 戦後のさまざまな改革

①(　　)　②(　　)　③(　　)
④(　　)　⑤(　　)　⑥(　　)
⑦(　　)　⑧(　　)　⑨(　　)

ヒント　2 ⑤　1925年の普通（ふつう）選挙法では、女性の選挙権は認（みと）められませんでした。

学習日　　月　　日

# 11 平和で豊かな暮らしを目ざして②

**めあて** 国際社会に復帰した後の日本の産業や暮らし、今後の課題を理解しよう。

教科書 224〜237ページ　答え 48ページ

次の（　　）に入る言葉を、下から選びましょう。

## 1 日本の独立と国際社会への復帰 東京オリンピック・パラリンピックが開かれる／産業の発展と国民生活の変化

教科書 224〜229ページ

### ✪ 日本の独立回復と東京オリンピック・パラリンピック

- 1945（昭和20）年、世界の平和を守るため（①　　　　　）がつくられた。また、長い間植民地とされてきたアジア・アフリカの国々は、次々と独立を果たした。
- 日本は、1951年にアメリカで開かれた講和会議で、世界の48か国と（②　　　　　）を結び、翌年に独立を回復。サンフランシスコ平和条約と同時に（③　　　　　）が結ばれ、日本の安全と東アジアの平和を守るため、アメリカ軍が日本にとどまることが決まった。

サンフランシスコ平和条約の調印

- 1956年、**国際連合**への加入が認められ、国際社会へ復帰した日本は、アメリカとの軍事や経済の結びつきを強め、急速に産業を発展させていった。
- 1964年、アジアで初となる**東京オリンピック・パラリンピック**が開かれ、国内では（④　　　　　）や高速道路の整備が進められた。

**ワンポイント　高度経済成長**

- 東京オリンピックが開かれたころから、外国との貿易もさかんとなり、日本は世界有数の工業国となった。
- 家庭には電気製品が普及し、白黒テレビ、洗濯機、冷蔵庫は「三種の神器」とよばれた。
- 農村から都市に働きに出たり、移り住んだりする人が増加し、若者が卒業後に地方から都会に出て就職するなど、多くの人が**高度経済成長**とよばれる経済発展を支えた。
- 産業が発展する一方で、（⑤　　　　　）などの環境汚染問題が起きた。
- 被害者や住民の間で**公害**反対運動が広がり、国は法律をつくって公害の防止を目ざした。

## 2 これからの日本とわたしたち

教科書 230〜232ページ

### ✪ これからの日本

- 大韓民国（韓国）とは1965年に国交が結ばれた。
- （⑥　　　　　）とはまだ国交が開かれておらず、日本人拉致問題などの解決が目ざされている。
- 中国との国交は1972年に正常化され、1978年に（⑦　　　　　）を結んだ。
- ソビエト連邦（ソ連）との国交は戦後に回復したが、（⑧　　　　　）問題は未解決で、現在はロシア連邦との間で返還を求める交渉を続けている。
- 差別をなくす取り組みや、災害などへの対策に取り組んでいくことが必要である。

選んだ言葉に✓

□北方領土　□新幹線　□日中平和友好条約　□サンフランシスコ平和条約
□国際連合　□公害　□日米安全保障条約　□朝鮮民主主義人民共和国（北朝鮮）

学習日　月　日

ぴたトリビア

戦後、急速に発展した日本は、世界の先進国の一つとなりました。ノーベル賞を受賞する日本人や日本の出身者も増えてきています。

教科書 224～237ページ　答え 48ページ

## 1 右のグラフを見て、次の問いに答えましょう。

(1) グラフ中のⒶ～Ⓓにあてはまる電気製品を、㋐～㋓から選びましょう。

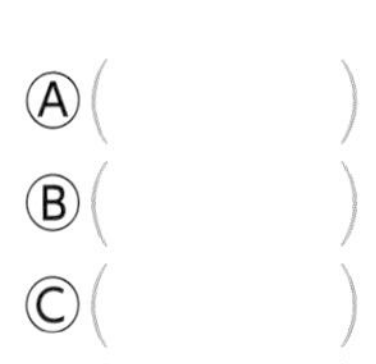
Ⓐ(　　)
Ⓑ(　　)
Ⓒ(　　)
Ⓓ(　　)

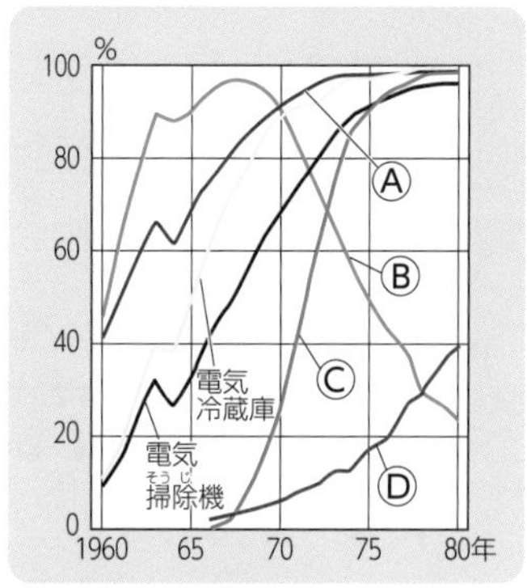

電気製品の普及

㋐ 白黒テレビ　㋑ 電気洗濯機
㋒ クーラー　㋓ カラーテレビ

(2) 白黒テレビ、洗濯機、冷蔵庫の３つは、何とよばれていましたか。(　　)

(3) 日本が豊かになり、世界有数の工業国へと発展し始めた1964年に、日本で開催された国際的な大会は何ですか。

(　　)

(4) 高度経済成長のころの人々の暮らしに関する次の①～⑤の説明について、正しいものには○を、まちがっているものには×をつけましょう。

①(　　) 繊維工業がさかんになり、生糸の輸出量が世界第１位となった。
②(　　) 新幹線や高速道路が整備された。
③(　　) 政府は、産業を保護して成長させるための政策を進めた。
④(　　) 都市の人口増加への住宅対策として、大きな団地が郊外に建設された。
⑤(　　) 公害の問題が起こり、三重県四日市市では多くの水俣病の被害者を出した。

## 2 次の問いに答えましょう。

(1) 日本の周りの国々と、その関係について、あうものを線で結びましょう。

① 大韓民国（韓国）　・　・ 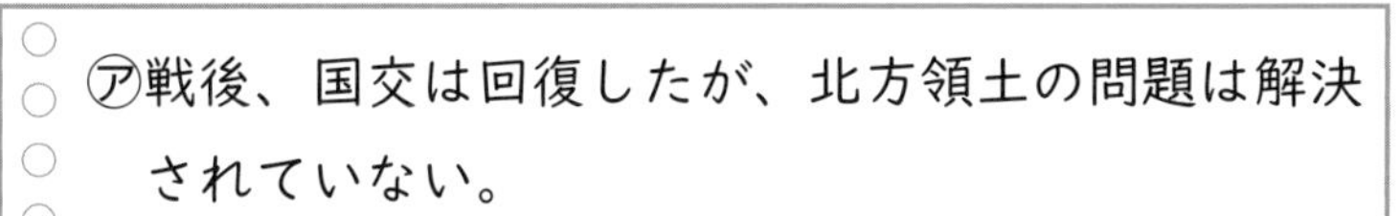
㋐戦後、国交は回復したが、北方領土の問題は解決されていない。

② 中国　・　・ ㋑1972年に国交が正常化したが、沖縄県の尖閣諸島など、領土をめぐる課題がある。

③ ソビエト連邦（ソ連）　・　・ ㋒1965年に国交が結ばれ、文化の交流がさかんであるが、竹島（島根県）の不法な占拠を続けている。

(2) 1972年に日本に復帰し、現在でも、県の面積の約８％をしめる広さのアメリカ軍基地が残されている県はどこですか。(　　)

ヒント　1 (4)⑤ 水俣病、イタイイタイ病、四日市ぜんそく、新潟水俣病は、四大公害病といわれています。

時間30分
/100
合格80点

2．日本の歴史
# 11 平和で豊かな暮らしを目ざして

教科書 220～237ページ　答え 49ページ

## 1 次の文を読んで、あとの問いに答えましょう。
1つ5点（20点）

戦後、アメリカを中心とする連合国軍によって占領された日本では、連合国軍の指示のもとで、ⓐ民主的な社会をつくるための改革が次々と進められた。1946年には、新しい国づくりの基本となる日本国憲法が公布され、翌年に施行された。
ⓑ教育の制度も大きく変わり、男女共学や学校給食が始まった。

(1) 下線部ⓐに関する次の①～③の説明について、正しいものには○を、まちがっているものには×をつけましょう。
①（　　）独占的な企業が解体された。
②（　　）報道や出版などの内容は、国の方針に沿うように制限された。
③（　　）多くの農民が自分の土地を持つようになった。

記述 (2) 下線部ⓑについて、教育の制度はどのように変わりましたか。「義務教育」という言葉を使って簡単に書きましょう。　思考・判断・表現
（　　　　　　　　　　）

## 2 右の年表を見て、次の問いに答えましょう。
1つ5点（30点）

(1) 年表中の①～④にあてはまる言葉を書きましょう。
①（　　　　）
②（　　　　）
③（　　　　）
④（　　　　）

(2) よく出る 下線部ⓐについて、このとき選挙権が保障された人々を、㋐～㋒から選びましょう。　技能
（　　）
㋐ 一定の金額以上の税金を納めた25才以上の男性
㋑ 25才以上のすべての男性
㋒ 20才以上のすべての男女

(3) できたらスゴイ！ 下線部ⓑについて、この戦争にともない、1950年に連合国軍の指令によって日本でつくられた組織を書きましょう。
（　　　　）

| 年 | 主なできごと |
| --- | --- |
| 1945 | 戦争が終わる<br>ⓐ選挙法が改正される |
| 1946 | 日本国憲法が公布される |
| 1947 | 日本国憲法が施行される |
| 1950 | ⓑ朝鮮戦争が始まる |
| 1956 | 日本の（①）への加入が認められる |
| 1964 | 東京・大阪間で（②）が開通する<br>東京オリンピック・パラリンピックが開かれる |
| 1965 | （③）と国交を結ぶ |
| 1978 | 中国と（④）を結ぶ |

## 3 右の写真や資料を見て、次の問いに答えましょう。　1つ5点（25点）

(1) よく出る 右の写真は、1951年にアメリカで開かれた講和会議で、世界の48か国と平和条約を結ぶ調印式の様子です。この平和条約の名前を書きましょう。

（　　　　　　　　　　　　）

(2) (1)と同時にアメリカと結ばれた条約の名前を書きましょう。

（　　　　　　　　　　　　）

(3) 右の資料中の①、②にあてはまる言葉の組み合わせとして正しいものを、㋐～㋓から選びましょう。　技能

（　　　）

㋐ ①朝鮮 ②台湾　㋑ ①朝鮮 ②満州
㋒ ①中国 ②台湾　㋓ ①中国 ②満州

**平和条約の主な内容**
- 日本は、（①）の独立を認める。
- （②）、ⓐ千島列島、樺太の南半分などを放棄する。
- ⓑ沖縄、奄美群島、小笠原諸島については、アメリカが治めることに同意する。

(4) 下線部ⓐについて、これらの領土を得た国は、日本固有の領土である北方領土を占領しており、日本は返還を求めています。占領している国の現在の名前を書きましょう。

（　　　　　）

(5) できたらスゴイ！ 下線部ⓑの島々について、アメリカから日本へ返還された年代の古い順にならべたものを、㋐～㋓から選びましょう。　技能

（　　　）

㋐ 沖縄→小笠原諸島→奄美群島　㋑ 沖縄→奄美群島→小笠原諸島
㋒ 奄美群島→沖縄→小笠原諸島　㋓ 奄美群島→小笠原諸島→沖縄

## 4 右のグラフや写真を見て、次の問いに答えましょう。　1つ5点（25点）

(1) グラフ中のⒶ、Ⓑにあてはまる電気製品を書きましょう。

Ⓐ（　　　　　　　）
Ⓑ（　　　　　　　）

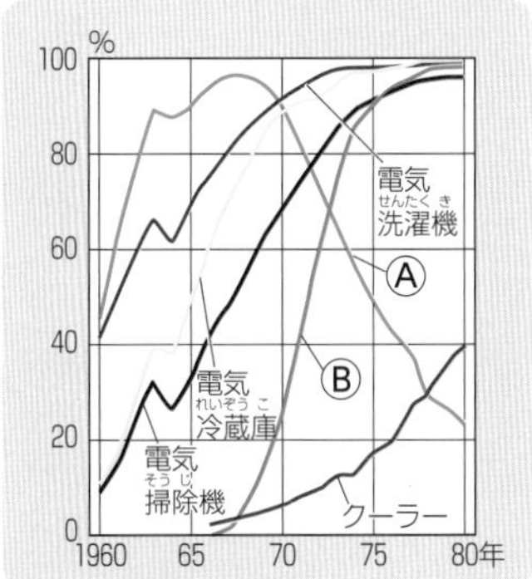

100 %
80
60
40
20
0
1960 65 70 75 80年
電気洗濯機
Ⓐ
Ⓑ
電気冷蔵庫
電気掃除機
クーラー

⬆ 電気製品の普及

(2) よく出る 東京オリンピック・パラリンピックが開かれたころから、日本の経済は急速に発展しました。これを何といいますか。

（　　　　　　　）

(3) 右の写真は、三重県四日市市で、よごれた空気を防ぐためにマスクをしている子どもたちの様子です。これは四大公害病のうち、どの公害の様子ですか。

（　　　　　　　）

記述 (4) 公害防止のために国が行ったことを、簡単に書きましょう。　思考・判断・表現

（　　　　　　　　　　　　　　　　）

この本の終わりにある「冬のチャレンジテスト」をやってみよう！

ふりかえり 4(4)がわからないときは、94ページの1にもどって確認してみよう。

# 1 日本とつながりの深い国々①

学習日　月　日

めあて
日本とつながりのある国や、アメリカと日本のつながりを理解しよう。

教科書 238～247ページ　答え 50ページ

次の（　　）に入る言葉を、下から選びましょう。

## 1 日本と世界／日本とつながりのある国

教科書 238～241ページ

### 日本と世界とのつながり

- 世界中の**国旗**や**国歌**には、その国の人々の理想などがこめられており、国の象徴である。
- 日本の国旗は日章旗（日の丸）、国歌は（①　　　　）である。

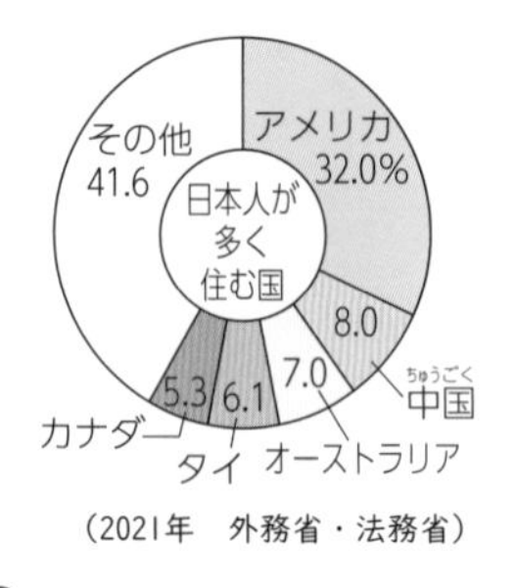

日本人が多く住む海外の国

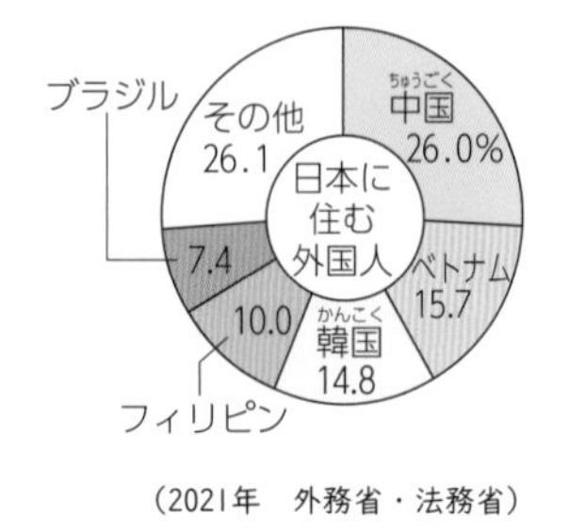

日本に住む外国人

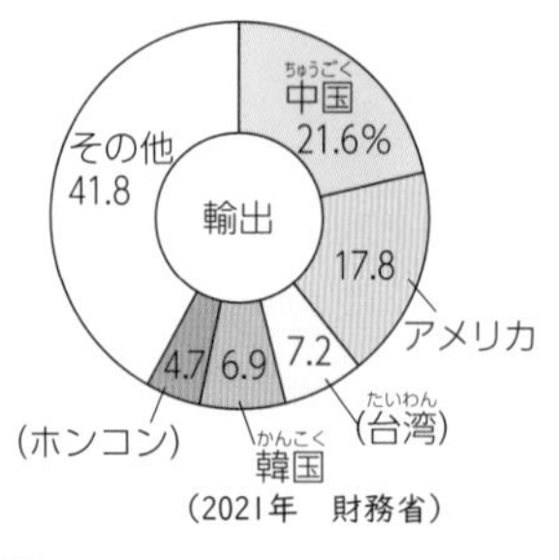

日本の主な輸出相手国

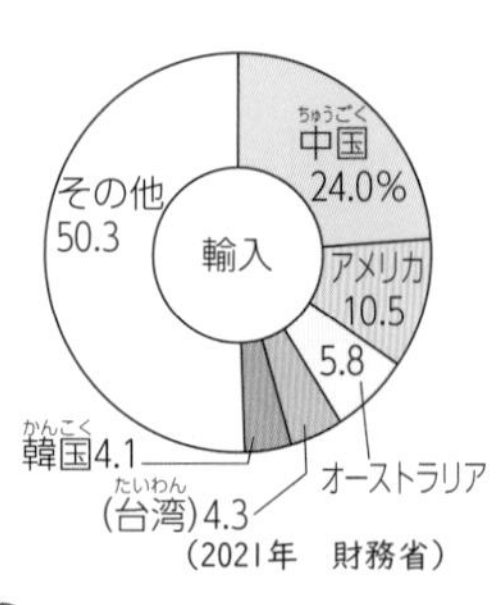

日本の主な輸入相手国

## 2 暮らしに深いつながりのある国　アメリカ

教科書 242～247ページ

### アメリカ合衆国

- 面積…約983万km²で日本の約25倍の大きさ
- 人口…約３億3100万人（2020年現在）
- 首都…（②　　　　）
- 主な言語…英語

アメリカの国旗

- ハンバーガーなどの（③　　　　）の店やジーンズ、ジャズ音楽などが発展。野球、バスケットボール、アメリカンフットボールなどのスポーツもさかん。
- もともと先住民族が暮らしていたが、16世紀以降（④　　　　）から人々が移り住み、アフリカからは、どれいとして多くの人々が連れてこられた。
- アジアからの移民も多く、さまざまな民族が暮らす（⑤　　　　）である。
- 国土は広く、東のはしと西のはしで５時間の（⑥　　　　）がある。広い国土を結ぶ交通手段として自動車や航空機が利用されている。
- 広大な耕地で、大型機械を使った（⑦　　　　）が行われており、小麦や大豆、とうもろこしなどが生産されている。
- 工業も発達しており、コンピューターなどの（⑧　　　　）や、宇宙開発などの最先端の技術の研究・開発が行われている。
- 日本は、アメリカから機械類や航空機、農作物などを輸入している。
- 日本は、アメリカへ機械類や自動車などを輸出している。

選んだ言葉に✔

| | | | |
|---|---|---|---|
| □ヨーロッパ | □多民族国家 | □情報通信技術 | □ファーストフード |
| □君が代 | □時差 | □大規模農業 | □ワシントンD.C. |

学習日　月　日

ぴたトリビア

国土が広いアメリカは、世界遺産に登録されているグランドキャニオンのほか、ロッキー山脈、ナイアガラの滝など、地形も変化に富んでいます。

教科書 238〜247ページ　答え 50ページ

## 1 次の問いに答えましょう。

(1) オリンピックやパラリンピックの表彰式などでかかげられる、各国を象徴する旗を何といいますか。（　　　）

(2) 日本の(1)を何といいますか。（　　　）

(3) 右のグラフ中のⒶ、Ⓑにはそれぞれ同じ国が入ります。あてはまる国を［　］から選びましょう。

Ⓐ（　　　）
Ⓑ（　　　）

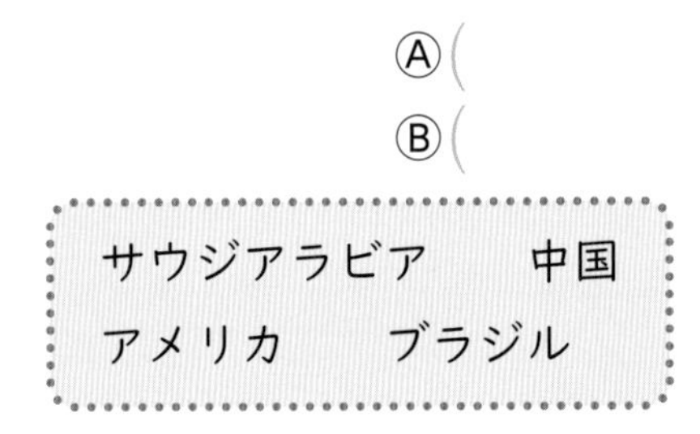


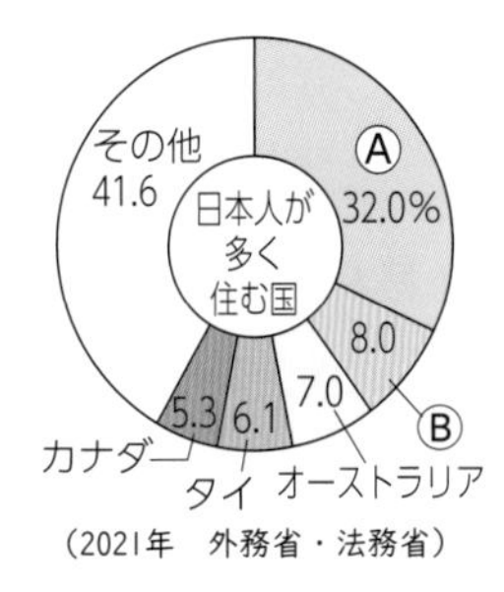


日本人が多く住む海外の国

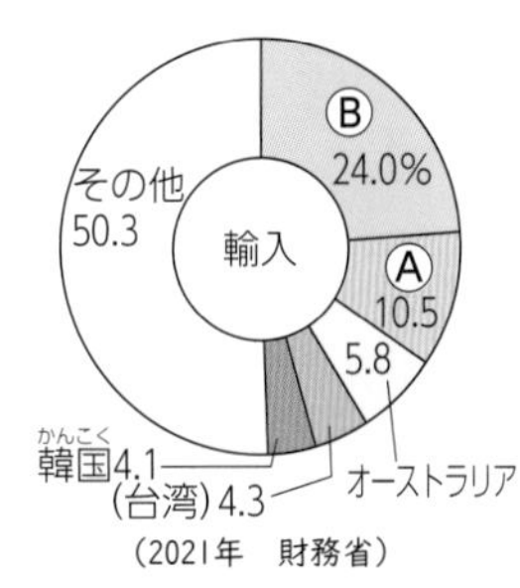


日本の主な輸入相手国

## 2 アメリカについて、次の問いに答えましょう。

(1) 右の地図中のⒶは、アメリカ合衆国の首都です。Ⓐの都市名を書きましょう。（　　　）

(2) 右の地図中のⒷは、太平洋中央部に広がる島々です。Ⓑの諸島名を書きましょう。（　　　）諸島

(3) アメリカは、日本にとって主要な貿易相手国の一つです。右のグラフ中のⒸ、Ⓓにあてはまる品目を、㋐〜㋒から選びましょう。

Ⓒ（　　）　Ⓓ（　　）

㋐ 肉類　㋑ 自動車
㋒ コンピューター

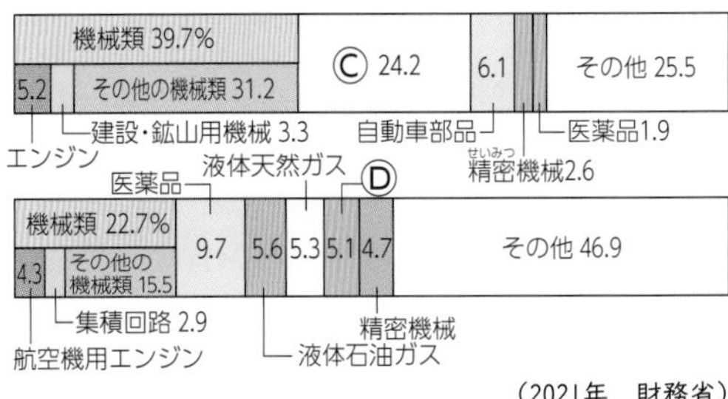


日本とアメリカの貿易

(4) 日本がアメリカから最も多く輸入している品目を書きましょう。（　　　）

(5) アメリカは、さまざまな民族の人々がともに暮らす国家です。このような国家を何といいますか。（　　　）

(6) アメリカの農業に関する次の①、②の説明について、正しいものには○を、まちがっているものには×をつけましょう。

①（　　）せまい耕地で、大規模農業が行われている。

②（　　）小麦や大豆、とうもろこしなどが生産されている。

ヒント　2 (6)① アメリカは広い国土をもっています。

ぴったり1 **準備**

3．世界の中の日本

# 1 日本とつながりの深い国々②

学習日　月　日

めあて
中国と日本のつながりや、ブラジルと日本のつながりを理解しよう。

教科書 248～259ページ　答え 51ページ

次の（　　）に入る言葉を、下から選びましょう。

## 1 経済でつながりの深い国　中国

教科書 248～253ページ

### 中華人民共和国

- 面積…約960万$km^2$で日本の約25倍の大きさ
- 人口…約14億3900万人（2020年現在）
- 首都…（①　　　　）
- 主な言語…中国語

中国の国旗

- 日本にとって主要な貿易相手国の一つである。
- （②　　　　）…コンテナの取りあつかい量で世界第１位の港があり、（③　　　　）や商業がさかん。経済の中心地で、世界有数の国際都市として発展しており、日本企業も中国各地へ進出している。
- 日本は古くから国の制度や文化などを、中国から学んできた。
- 弥生時代に（④　　　　）、鉄器などが伝わり、古墳時代には渡来人が来て土木工事などの技術、仏教などの文化が伝わった。奈良時代には遣唐使を中国に送るなどの交流があった。
- 1937（昭和12）年に日中戦争が始まり、1949年に中華人民共和国が成立、1972年に国交が正常化した。
- 1978年には（⑤　　　　）が結ばれた。

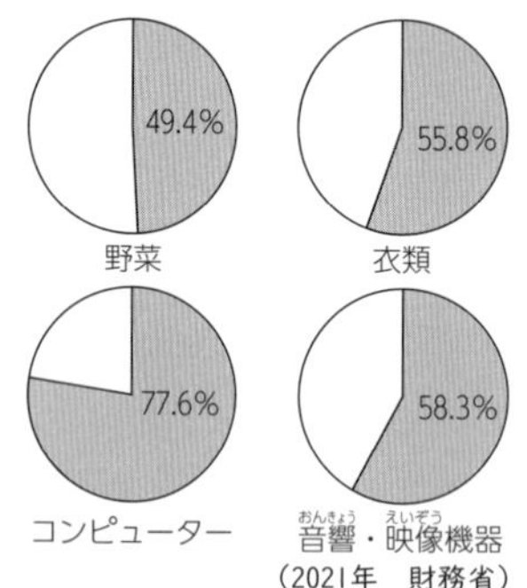

日本の主な輸入品にしめる、中国からの輸入の割合

## 2 日系人が多く住む国　ブラジル

教科書 254～259ページ

### ブラジル連邦共和国

- 面積…約850万$km^2$で日本の約22倍の大きさ
- 人口…約２億1300万人（2020年現在）
- 首都…（⑥　　　　）
- 主な言語…ポルトガル語

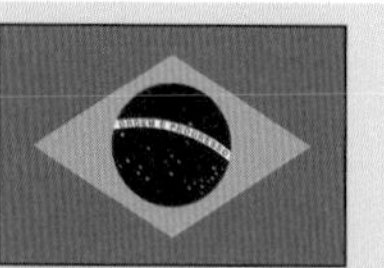
ブラジルの国旗

- 日本から見ると地球の反対側にあり、日本から移り住んだ人やその子孫の日系人が200万人ほど暮らしている。
- 広大な（⑦　　　　）が流れ、周辺には熱帯林がある。
- 鉄鉱石などの鉱物資源、コーヒー豆や大豆、さとうきびなどの農産物の輸出がさかん。
- リオデジャネイロで行われるキリスト教の祭りの一つである（⑧　　　　）が有名で、多くの人々が観光におとずれる。最も人気のあるスポーツはサッカーである。

選んだ言葉に☑

| | | | |
|---|---|---|---|
| □ブラジリア | □シャンハイ（上海） | □ペキン（北京） | □アマゾン川 |
| □金融業 | □日中平和友好条約 | □米づくり | □カーニバル |

ぴったり2 練習

学習日　　月　　日

ぴたトリビア

中国の人口の約９割は漢民族の人々で、その他に55の少数民族が住み、それぞれ言葉や文化、習慣などがちがっています。

教科書 248～259ページ　答え 51ページ

## 1 中国について、次の問いに答えましょう。

(1) 右の地図中のⒶは、中国の首都です。Ⓐの都市名を書きましょう。

(　　　　　　　　)

(2) 右の地図中のⒷは、コンテナの取りあつかい量で世界第１位の港がある都市です。Ⓑの都市名を書きましょう。

(　　　　　　　　)

(3) 右のグラフは、日本の主な輸入品にしめる、中国からの輸入の割合を示しています。グラフ中のⒶ、Ⓑにあてはまる品目を、㋐～㋒から選びましょう。

Ⓐ(　　　　)　Ⓑ(　　　　)

㋐ コンピューター　　㋑ 小麦　　㋒ 野菜

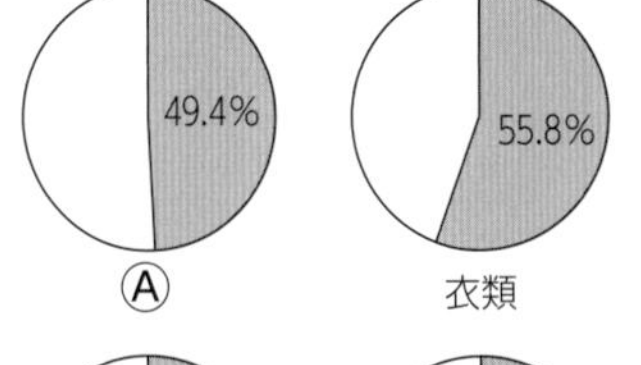


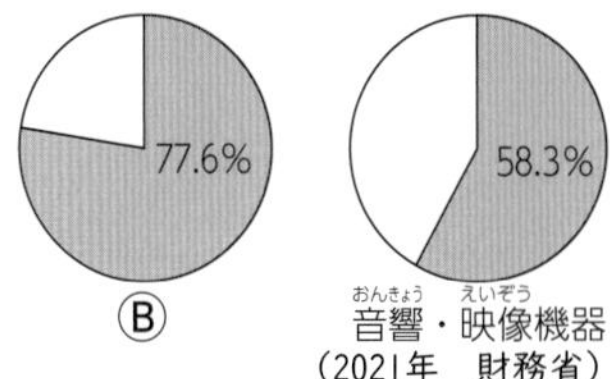


(4) 日本と中国の交流に関する次の①～③の説明について、正しいものには○を、まちがっているものには×をつけましょう。

①(　　　　)縄文時代に米づくりや鉄器などが伝わった。

②(　　　　)奈良時代には、中国の都を見習って、平城京をつくった。

③(　　　　)1972年に日中平和友好条約が結ばれた。

## 2 ブラジルについて、次の問いに答えましょう。

(1) 右の地図中のⒶは、ブラジルの首都です。Ⓐの都市名を書きましょう。

(　　　　　　　　)

(2) 右の地図中のⒷは、毎年２月ごろに行われるカーニバルが有名な都市です。Ⓑの都市名を書きましょう。

(　　　　　　　　)

(3) ブラジルに関する次の①～⑤の説明について、正しいものには○を、まちがっているものには×をつけましょう。

①(　　　　)日本の約25倍の面積を有し、世界で２番目に広い国土をもつ。

②(　　　　)現在、約200万人の日系人が暮らしている。

③(　　　　)日本から見るとちょうど地球の反対側にある。

④(　　　　)アマゾン川周辺には広大な熱帯林が広がっている。

⑤(　　　　)ブラジルで最も人気のあるスポーツは、バスケットボールである。

ヒント　2 (3)①　ブラジルの面積は，約850万$km^2$です。

# 1 日本とつながりの深い国々③

学習日　月　日

めあて
サウジアラビアと日本のつながりや、韓国と日本のつながりを理解しよう。

教科書 260〜271ページ　答え 52ページ

次の(　　)に入る言葉を、下から選びましょう。

## 1 豊かな石油資源をもつ国　サウジアラビア

教科書 260〜265ページ

### ✪ サウジアラビア王国

- 面積…約221万km²で日本の約5.7倍の大きさ
- 人口…約3500万人（2020年現在）
- 首都…(①　　　　)
- 主な言語…アラビア語

サウジアラビアの国旗

イラク　イラン　ヨルダン　クウェート　バーレーン　エジプト　リヤド　カタール　サウジアラビア王国　ジッダ　メッカ　紅海　アラブ首長国連邦　オマーン　イエメン　アラビア海　0　400km

- 日本は、石油のほぼすべてを外国からの輸入にたよっており、サウジアラビアは重要な貿易相手国である。
- 石油は、自動車のガソリンや(②　　　　)の燃料、プラスチックや合成繊維、合成ゴムなどの原料として利用される。
- サウジアラビアは、(③　　　　)や険しい山岳地帯が多く、乾燥した気候の国である。
- 石油の輸出量は世界第１位で、サウジアラビアの輸出額の５分の３をしめており、その利益は、国内の開発や整備に使われ、医療費・教育費が無料であるなど、国民の福祉を充実させている。
- 国民のほとんどがイスラム教を信仰しており、子どもはイスラム教の経典である(④　　　　)を学ぶ。
- イスラム教徒は１日５回、聖地であるメッカの方角に向かっておいのりをし、休日である金曜日正午のおいのりは、(⑤　　　　)（イスラム教の礼拝所）で行う。

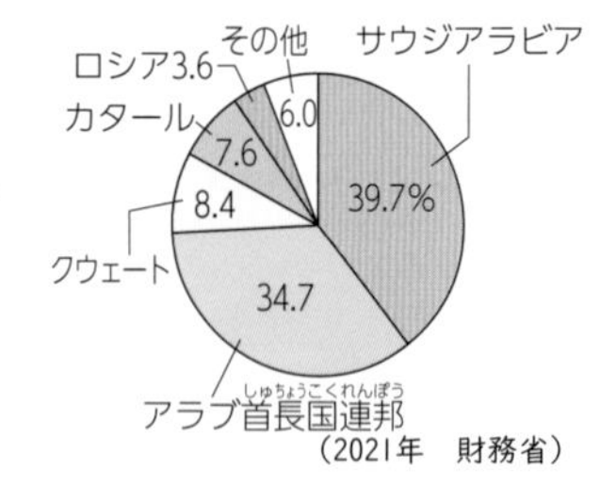

日本の石油の輸入先

## 2 おとなりの国　韓国　はってん

教科書 270〜271ページ

### ✪ 大韓民国（韓国）

- 面積…約10万km²で日本の約4分の1の大きさ
- 人口…約5100万人（2020年現在）
- 首都…(⑥　　　　)
- 主な言語…韓国語

韓国の国旗

- 韓国は日本に最も近い国の一つで、(⑦　　　　)は、福岡県の博多港から約200km、高速船で３時間ほど。首都ソウルまでは福岡空港から１時間余りの距離にある。
- けりを中心として行う武術のテコンドーが人気のスポーツである。
- 米が主食で、伝統的なつけ物である(⑧　　　　)が食事に欠かせない。

| 選んだ言葉に✓ | | | |
|---|---|---|---|
| □ソウル | □リヤド | □プサン(釜山) | □キムチ |
| □モスク | □コーラン | □砂漠 | □火力発電所 |

ぴったり2 練習

学習日　月　日

ぴたトリビア

イスラム教は、仏教・キリスト教とともに世界的に広く信仰されている宗教です。イスラム教徒のつとめの一つに断食があります。

教科書 260～271ページ　答え 52ページ

## 1 サウジアラビアについて、次の問いに答えましょう。

(1) 右の地図中のⒶは、サウジアラビアの首都です。Ⓐの都市名を書きましょう。
（　　　　　）

(2) 右の地図中のⒷは、イスラム教の聖地とされる都市で、一生に一度この都市をおとずれることが、イスラム教徒の大切なつとめとされています。Ⓑの都市名を書きましょう。
（　　　　　）



(3) サウジアラビアの輸出額の５分の３をしめる品目を、㋐～㋒から選びましょう。（　　　）

㋐ コンピューター　㋑ 石油　㋒ とうもろこし

(4) サウジアラビアに関する次の①～⑤の説明について、正しいものには○を、まちがっているものには×をつけましょう。

①（　　　）面積は約10万$km^2$で、日本の約４分の１である。
②（　　　）熱帯林が広がり、年中高温・多雨の気候の国である。
③（　　　）医療費や教育費を無料にするなど、国民の福祉が充実している。
④（　　　）子どもたちは、イスラム教の経典であるコーランを学ぶ。
⑤（　　　）イスラム教の食事では、豚肉を食べることや、酒を飲むことが禁じられている。

## 2 韓国について、次の問いに答えましょう。

(1) 右の地図中のⒶは、韓国の首都です。Ⓐの都市名を書きましょう。（　　　　　）

(2) 右の地図中のⒷは、福岡県の博多港から約200kmの距離にある都市です。Ⓑの都市名を書きましょう。
（　　　　　）



(3) 韓国に関する次の①～④の説明について、正しいものには○を、まちがっているものには×をつけましょう。

①（　　　）韓国語の「アンニョンハセヨ」は、日本語の「ありがとう」の意味である。
②（　　　）福岡空港から韓国の首都までは、８時間余りでつく。
③（　　　）けりを中心として行う武術のテコンドーが人気のスポーツである。
④（　　　）キムチは、韓国の伝統的なつけ物である。

ヒント　1 (3) この品目の輸出量はサウジアラビアが世界第１位です（2020年）。

3．世界の中の日本

# 1 日本とつながりの深い国々

時間30分 ／100 合格80点

教科書 238～271ページ　答え 53ページ

## 1 次の文を読んで、あとの問いに答えましょう。

1つ5点（20点）

ⓐアメリカの主な言語は英語で、さまざまな民族の人々がともに暮らす（①）国家である。

中国の面積は日本の約（②）倍で、人口も多い。ⓑ日本と中国は古くから交流があり、人やものがさかんに行き来した。

(1) 文中の①、②にあてはまる言葉や数字を書きましょう。

①（　　　）②（　　　）

(2) 下線部ⓐについて、日本語の「ありがとう」の意味をもつ英語を、㋐～㋒から選びましょう。 技能

（　　　）

㋐「オブリガード（オブリガーダ）」　㋑「サンキュー」　㋒「ハロー」

(3) できたらスゴイ！ 下線部ⓑについて、㋐～㋒を、時代の古い順にならべかえましょう。 技能

（　　→　　→　　）

㋐ 漢字や仏教などの文化が中国から日本へ伝わった。

㋑ 米づくり、鉄器などが中国から日本へ伝わった。

㋒ 遣唐使を中国へ送った。

## 2 次の文を読んで、あとの問いに答えましょう。

1つ5点（20点）

ⓐ日本から移り住んだ人たちやその子孫が200万人ほど暮らしているブラジルでは、（①）が最も人気の高いスポーツである。（②）を国の宗教に定めているⓑサウジアラビアの小学校では、（②）の経典であるコーランを学ぶ。

(1) 文中の①、②にあてはまる言葉を書きましょう。

①（　　　）②（　　　）

(2) よく出る 下線部ⓐについて、この人たちを何といいますか。

（　　　）

記述 (3) できたらスゴイ！ 下線部ⓑについて、サウジアラビアの首都の気温と降水量を示した右のグラフを参考にして、サウジアラビアの気候の特徴を簡単に書きましょう。 思考・判断・表現

（　　　）

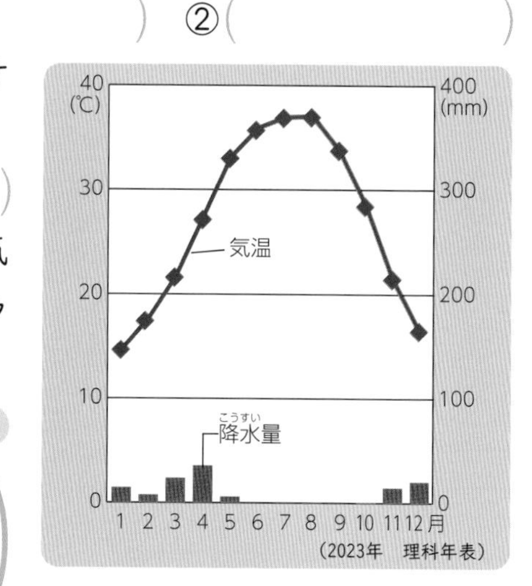

## 3 右の地図を見て、次の問いに答えましょう。

1つ4点（40点）

(1) 地図中のⒶ～Ⓓにあてはまる国を、［　　］から選びましょう。

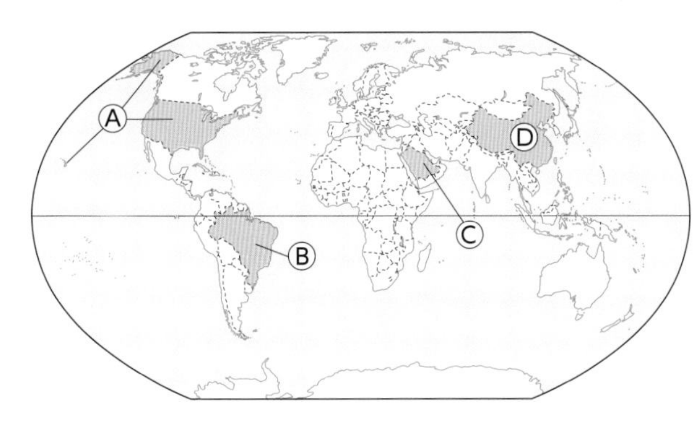


Ⓐ（　　　　　）
Ⓑ（　　　　　）
Ⓒ（　　　　　）
Ⓓ（　　　　　）

中国　　サウジアラビア
ブラジル　　アメリカ

(2) 地図中のⒶ～Ⓓの首都を、㋐～㋓から選びましょう。

Ⓐ（　　）Ⓑ（　　）Ⓒ（　　）Ⓓ（　　）

㋐ ブラジリア　　㋑ ペキン　　㋒ リヤド　　㋓ ワシントンD.C.

(3) 地図中のⒶ、Ⓒの国の国旗を、㋐～㋓から選びましょう。　**技能**

Ⓐ（　　）Ⓒ（　　）

㋐

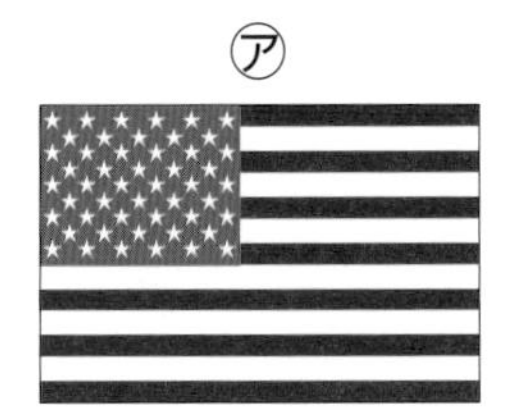

㋑

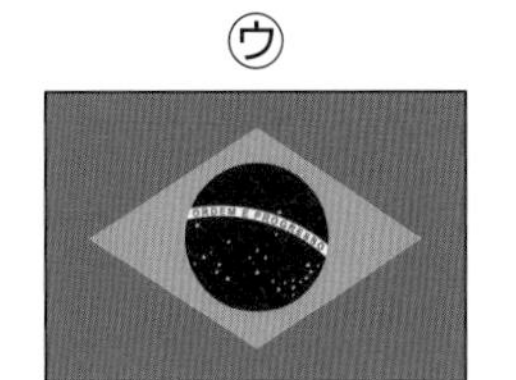

㋒

㋓

## 4 次のグラフを見て、あとの問いに答えましょう。

1つ4点（20点）

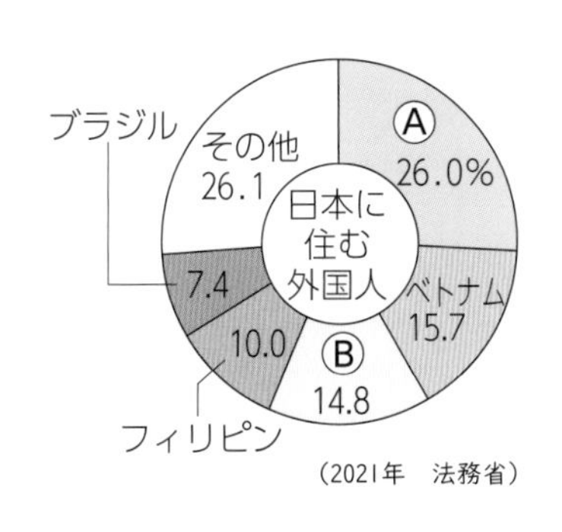


日本に住む外国人

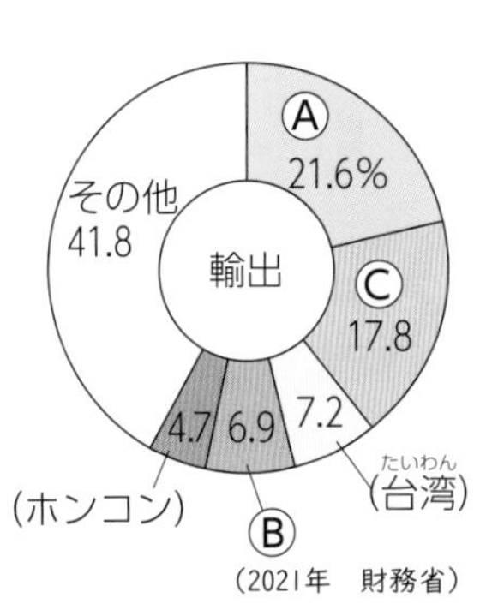


日本の主な輸出相手国

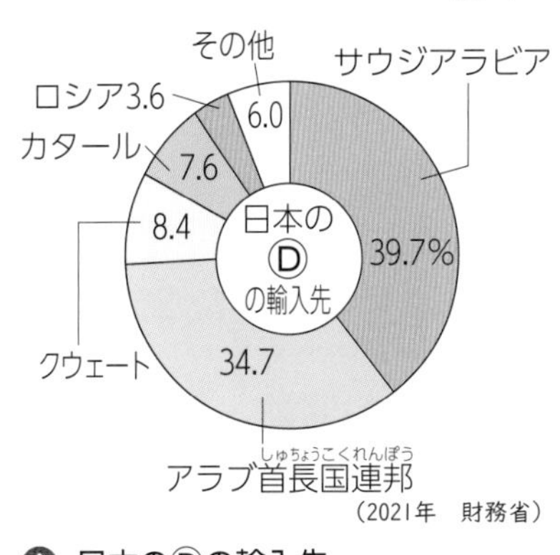


日本のⒹの輸入先

(1) グラフ中のⒶ～Ⓒにあてはまる国名を、㋐～㋓から選びましょう。

Ⓐ（　　）Ⓑ（　　）Ⓒ（　　）

㋐ アメリカ　　㋑ 韓国　　㋒ 中国　　㋓ イギリス

(2) よく出る グラフ中のⒹにあてはまる品目を、㋐～㋓から選びましょう。

（　　）

㋐ 小麦　　㋑ 鉄鉱石　　㋒ とうもろこし　　㋓ 石油

記述 (3) (2)は何に使われる資源ですか、簡単に書きましょう。　**思考・判断・表現**

（　　　　　　　　　　　　　　　　）

4(3)がわからないときは、102ページの1にもどって確認してみよう。

# 2 地球規模の課題の解決と国際協力①

学習日 月 日

めあて
世界で活躍する日本人の活動や、子どもたちを守るための活動を理解しよう。

教科書 272~277ページ　答え 54ページ

次の（　　）に入る言葉を、下から選びましょう。

## 1 世界で活躍する日本人

教科書 272~275ページ

### 世界で活躍する日本人

- 医師の中村哲さんは、1984（昭和59）年からパキスタン北西部のまちペシャワールで、（① 　　　　）患者の治療に取り組んできた。
- パキスタンのとなりのアフガニスタンでは戦乱が続いており、戦火をのがれて国外へ流出した（② 　　　　）の治療を行いながら、国境をこえてアフガニスタンでも活動を広げた。
- 日本の（③ 　　　　）**（非政府組織）**であるペシャワール会は、中村さんの活動を支援してきた。
- 2000（平成12）年、アフガニスタンが深刻な（④ 　　　　）におそわれると、多くの人々がうえや生命の危険にさらされたため、中村さんたちは井戸をほる活動を始めた。
- 2001年、アメリカのニューヨークで（⑤ 　　　　）事件が起こると、アメリカはテロの犯人をかくまったとして、アフガニスタンへの空爆を開始した。
- 中村さんたちは、国内の避難民に緊急の食料を配る支援活動を行った。
- 2003年には用水路の工事が始められ、河川の流域にも用水路をつくるようになった。
- 今では約1万6500haの農地で農作物が育つようになり、多くの**難民**が帰ってきた。

パキスタンとアフガニスタン

## 2 ユニセフのはたらき

教科書 276~277ページ

### ユニセフの活動

- 世界には、病気や栄養不足のために命を落とす子どもや、学校に通うことができない子ども、家がなく路上で生活する子ども、紛争や内戦に巻きこまれてしまう子どもがたくさんいる。
- **ユニセフ（国連児童基金）**…困難な状況にある子どもたちを守るために活動している国連の機関。
- 世界中の人々に（⑥ 　　　　）を呼びかけ、それを子どもたちのために使っている。
- 世界各国と協力して、保健や栄養指導、（⑦ 　　　　）などに力を入れている。
- 1989年、すべての子どもが安全に、幸せに生きる権利をうたった（⑧ 　　　　）が国際連合で採択された。
- **子どもの権利条約**は、生きる権利、育つ権利、守られる権利、参加する権利を四つの柱としている。

日本は1994年に子どもの権利条約を批准したよ。

選んだ言葉に ✓
□NGO　□干ばつ　□ハンセン病　□子どもの権利条約
□テロ　□難民　□募金　□教育

学習日　月　日

**ぴたトリビア**

2011年の東日本大震災のときには、日本ユニセフ協会は子どもたちのための支援活動を行い、避難所に子どもの遊び場を開設しました。

教科書 272〜277ページ　答え 54ページ

## 1 次の文を読んで、あとの問いに答えましょう。

医師の中村哲さんは、パキスタンでハンセン病患者の治療に取り組み、ⓐペシャワール会もこの活動を支援した。2000年にⓑアフガニスタンが大干ばつにおそわれると、中村さんは医療活動だけでなく、目の前の人々の命を救い、土地を耕して食料を生産していけるようにすることが大切だと考えた。そこで、安全な水と作物を育てるためのかんがい用の水を十分に確保するために、（①）をほる活動を始めた。2003年からは、現地の人々と協力しながら、大きな河川から（②）を引き、より広い地域を緑化する活動に取り組んだ。

(1) 文中の①、②にあてはまる言葉を書きましょう。

①（　　　　）②（　　　　）

(2) 下線部ⓐについて、ペシャワール会は、NGOの一つです。NGOを日本語で何といいますか。（　　　　）

(3) 下線部ⓑについて、テロの犯人をかくまったとして、2001年にアフガニスタンへの空爆を始めた国はどこですか。（　　　　）

## 2 子どもの権利条約の四つの柱を示した次の表について、あとの問いに答えましょう。

| | |
|---|---|
| Ⓐ生きる権利 | 住む場所や食べ物があり、医療を受けられるなど、命が守られること。 |
| Ⓑ育つ権利 | （①）したり遊んだりして、もって生まれた能力を十分にのばしながら成長できること。 |
| Ⓒ守られる権利 | 紛争に巻きこまれず、（②）になったら保護され、暴力や搾取、有害な労働などから守られること。 |
| Ⓓ参加する権利 | 自由に意見を表したり、（③）をつくったりできること。 |

(1) 表中の①〜③にあてはまる言葉を、㋐〜㋒から選びましょう。

①（　　）②（　　）③（　　）

㋐ 団体　㋑ 勉強　㋒ 難民

(2) 子どもの権利条約が国際連合で採択されたのは何年ですか。

（　　　　）年

(3) ユニセフ募金でできる支援の例（2022年12月現在）に関する次の①、②の説明について、表中のⒶ〜Ⓓのどの権利にもとづくものなのか、それぞれ選びましょう。

①（　　）1314円の募金で、子ども10人分のえんぴつとノートが支援される。

②（　　）554円の募金で、はしかから子どもを守るための予防接種ワクチン10回分が支援される。

**ヒント** 1 (3) 2001年9月11日、この国のニューヨークでテロ事件が起こりました。

ぴったり1 準備

3．世界の中の日本

# 2 地球規模の課題の解決と国際協力②

学習日　月　日

めあて 国際連合の活動や、地球規模の課題や解決に向けた取り組みを理解しよう。

教科書 278〜287ページ　答え 55ページ

次の（　）に入る言葉を、下から選びましょう。

## 1 国際連合のはたらき　教科書 278〜279ページ

### 国際連合の役割

- **国際連合（国連）**…1945（昭和20）年、世界の平和を守り、社会を発展させていくことを目的としてつくられた。
- （①　　　　）が中心となって、平和を守るための活動を行っている。
- 関連機関として（②　　　　）（国連児童基金）や、難民の生活を支援する国連難民高等弁務官事務所（UNHCR）、世界遺産の修復や保存などを行うユネスコ（国連教育科学文化機関）などがあり、（③　　　　）（PKO）なども行っている。

アメリカ 22.0%
中国 15.3
日本 8.0
ドイツ 6.1
イギリス 4.4
フランス 4.3
その他 49.9
（2022〜2024年　国連広報センター）

国連の活動費用の負担割合

### 国連と日本

- 日本は1956年に国連に加盟し、多くの活動費用を負担するなど、国連の活動を支えている。
- 日本は、世界でゆいいつ（④　　　　）の被害を受けた国として、核兵器のおそろしさや核兵器廃絶の大切さをうったえる取り組みを続けている。

## 2 地球の環境とともに生きる／よりよい社会をともにひらく　教科書 280〜284ページ

### 地球環境問題

- エネルギーの大量消費で、（⑤　　　　）などの温室効果ガスを出していることが地球温暖化の原因となり、豪雨や干ばつ、海水面上昇などの被害が起こっている。
- 熱帯林の減少や酸性雨、砂漠化、大気や水の汚染なども、生物に大きな影響をおよぼす。
- 環境問題は、一国の努力だけでは解決できないため、国連を中心に各国の政府やＮＧＯなどが協力して、さまざまな取り組みを進めている。
- 2015年、（⑥　　　　）（SDGｓ）が国連総会で採択され、17項目の目標を達成するために行動することが定められた。

### よりよい社会を実現するための活動

- 水不足に苦しむ状況を改善するため、日本は、井戸の建設や水道の整備に協力している。
- （⑦　　　　）（ODA）…政府が、支援を必要とする国に社会の発展や福祉向上のための資金や技術を提供して行う援助のこと。
- **国際協力機構（JICA）**は日本のODAの実施機関で、（⑧　　　　）やシニア海外ボランティアはその事業の一部である。
- 自然災害や紛争、食料・資源の不足、人権の抑圧などにより、困難な状況におかれている人々を支援し、世界全体で問題を解決していくために、各国の政府や民間の人々の協力によってさまざまな活動が行われている。

選んだ言葉に✓

| | | | |
|---|---|---|---|
| □二酸化炭素 | □政府開発援助 | □ユニセフ | □持続可能な開発目標 |
| □安全保障理事会 | □青年海外協力隊 | □原子爆弾 | □平和維持活動 |

ぴったり2

# 練習

学習日　　月　　日

ぴたトリビア

日本はこれまで積極的に世界各国を支援してきました。2011年、東日本大震災で被害を受けると、逆に日本が世界から多くの支援を受けました。

教科書 278～287ページ　答え 55ページ

## 1 次の文を読んで、あとの問いに答えましょう。

国際連合（国連）は、（①）（昭和20）年につくられ、現在世界のほとんどの国が加盟している。総会や安全保障理事会のほか、ⓐさまざまな機関が活動を行っている。

日本は、（②）（昭和31）年に国連に加盟し、現在では、多くのⓑ活動費用を負担するなどして国連の活動を支えている。

(1) 文中の①、②にあてはまる数字を書きましょう。

①（　　　）②（　　　）

(2) 下線部ⓐについて、国際連合のさまざまな機関に関する次の①～③の説明について、正しいものには○を、まちがっているものには×をつけましょう。

①（　　）ユニセフは、教育や文化などの分野で活動を行い、世界遺産の修復や保存につとめている。

②（　　）国連難民高等弁務官事務所（UNHCR）は、難民となった人々の安全を守り、生活を支援している。

③（　　）2016年に国連の平和維持活動（PKO）に参加した日本の自衛隊は、南スーダンで現地の人々と協力して道路の補修などの土木工事を行った。

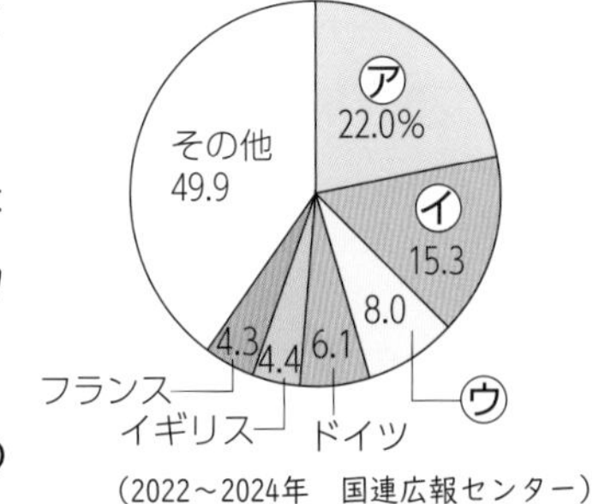

国連の活動費用の負担割合

(3) 下線部ⓑについて、右のグラフのうち、日本にあてはまるものを、グラフ中のア～ウから選びましょう。（　　）

## 2 次の会話を読んで、正しいものには○を、まちがっているものには×をつけましょう。

(1)（　　）

地球温暖化の影響で、豪雨や干ばつなどの深刻な被害が起こっているよ。

(2)（　　）

石油などの限りある資源にたよらない、新しいエネルギーの研究が世界各国で取り組まれているよ。

(3)（　　）

国連総会では、持続可能な開発目標（SDGs）が採択されたよ。

(4)（　　）

国際協力機構（JICA）は、日本の非政府組織（NGO）の実施機関だよ。

ヒント　2 (2) 日本では、太陽光、風力、地熱などのエネルギーの研究・開発が進められています。

ぴったり3 確かめのテスト

3．世界の中の日本

# 2 地球規模の課題の解決と国際協力

教科書 272～287ページ　答え 56ページ

## 1 次の問いに答えましょう。

1つ5点（25点）

(1) 次の用語と、その説明について、あうものを線で結びましょう。

① NGO ・　・ ㋐政府が、支援を必要としている国々に対して、資金や技術を提供して行う。

② ODA ・　・ ㋑国際連合（国連）が行っている平和のための活動の一つで、日本の自衛隊も参加することがある。

③ PKO ・　・ ㋒平和や人権、環境などの問題に対して、国のちがいをこえて、協力して活動している民間の団体。

(2) 政治的な目的を果たすために、暴力にうったえて行われる行為のことを何といいますか。

（　　　　）

(3) 2001年に(2)による事件が起こり、多くの人々がなくなった国はどこですか。

（　　　　）

## 2 次の文を読んで、あとの問いに答えましょう。

1つ5点（25点）

ⓐユニセフは、戦後、十分な物資がなかった時代の日本に、援助の物資を届けた。日本では、ⓑ1956（昭和31）年から、全国の小学校・中学校を通じての（①）活動が始まり、全国から集まった（①）は、ユニセフの活動を支えている。

2011年３月、（②）が起こると、日本ユニセフ協会は、さまざまな支援活動を行った。

(1) 文中の①、②にあてはまる言葉を書きましょう。

①（　　　　）　②（　　　　）

(2) 下線部ⓐについて、次の問いに答えましょう。

① ユニセフの正式名称を漢字で書きましょう。（　　　　）

② 1989年に国際連合で採択された、ユニセフの活動の中心となる考え方を示した条約は何ですか。（　　　　）

(3) できたらスゴイ！ 下線部ⓑについて、当時の日本の状況を、㋐～㋒から選びましょう。 技能

（　　）

㋐ 日本国憲法が公布された。
㋑ 国際連合に加盟し、国際社会へ復帰した。
㋒ 中国との国交が正常化した。

## 3 次の文を読んで、あとの問いに答えましょう。

1つ5点（25点）

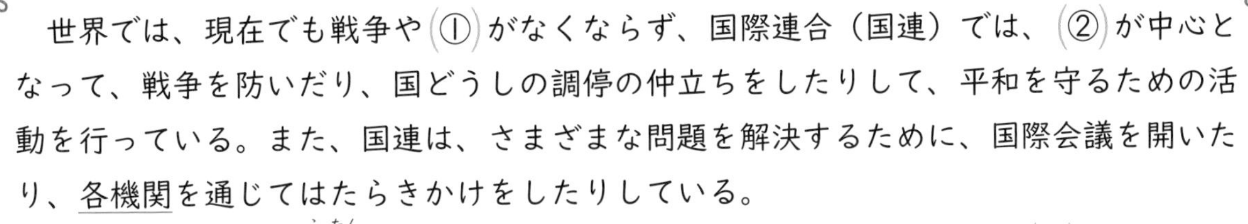

世界では、現在でも戦争や（①）がなくならず、国際連合（国連）では、（②）が中心となって、戦争を防いだり、国どうしの調停の仲立ちをしたりして、平和を守るための活動を行っている。また、国連は、さまざまな問題を解決するために、国際会議を開いたり、各機関を通じてはたらきかけをしたりしている。

多くの活動費用を負担するなどして国連の活動を支えている日本は、（③）のおそろしさや（③）廃絶の大切さを世界にうったえる取り組みを続けている。

(1) よく出る 文中の①～③にあてはまる言葉を、㋐～㋓から選びましょう。

①（　　）②（　　）③（　　）

㋐ 紛争　㋑ 核兵器　㋒ 総会　㋓ 安全保障理事会

(2) 下線部について、次の問いに答えましょう。

① 難民となった人々の安全を守り、生活を支援している国連難民高等弁務官事務所のアルファベットの略称を何といいますか。（　　）

② ユネスコ（国連教育科学文化機関）が人類共通の宝物として登録している建物や遺跡、自然を何といいますか。（　　）

## 4 次の文を読んで、あとの問いに答えましょう。

1つ5点（25点）

わたしたちの暮らしや産業活動は、大量のⓐエネルギーを消費することによって成り立っている。しかし、それは、ⓑ地球環境を悪化させる大きな原因となっている。ⓒ地球環境の悪化を防ぐため、国際連合を中心に、各国の政府やNGOなどが協力して、さまざまな取り組みを進めている。

(1) できたらスゴイ！ 下線部ⓐについて、自然界で再生が可能で、温暖化や大気汚染にもつながらないエネルギーを、㋐～㋒から選びましょう。 技能

（　　）

㋐ 太陽光　㋑ 石油　㋒ 原子力

(2) 下線部ⓑについて、環境問題に関する次の①～③の説明について、正しいものには○を、まちがっているものには×をつけましょう。

①（　　）二酸化炭素などの温室効果ガスは、地球温暖化の原因となっている。

②（　　）南太平洋にある島国ツバルは、地球温暖化の影響で砂漠化が進行している。

③（　　）熱帯林の減少や酸性雨などは、人間や他の生物に大きな影響をおよぼす。

記述 (3) 下線部ⓒについて、国際連合や各国の政府、NGOなどが協力して取り組みを進めているのはなぜですか、「全体」という言葉を使って簡単に書きましょう。 思考・判断・表現

（　　）

この本の終わりにある「春のチャレンジテスト」をやってみよう！

この本の終わりにある「学力診断テスト」をやってみよう！

4(3)がわからないときは、108ページの2にもどって確認してみよう。

学習日　　月　　日

6年の復習　クロスワードにちょう戦！

# 歴史の復習をしよう！

| 1 |  | ■ | 2 | ■ | 3 | ■ | 4 | ■ | ■ |
|---|---|---|---|---|---|---|---|---|---|
|  | ■ | 5 |  |  |  | ■ |  | ■ | 6 |
| 7 |  |  | ■ | ■ | ■ | 8 |  |  |  |
|  | ■ |  | ■ | 9 | 10 | ■ | ■ | ■ |  |
| ■ | 11 |  |  | ■ |  | ■ | ■ | 12 | ■ |
| 13 |  | ■ | ■ | 14 |  | 15 | ■ | 16 |  |
|  | ■ | 17 |  | ■ | ■ |  | ■ |  | ■ |
| 18 |  |  | ■ | ■ | 19 |  | ■ | ■ | ■ |
|  | ■ |  | ■ | 20 | ■ | 21 | 22 |  | 23 |
|  | ■ |  | ■ | 24 |  |  |  | ■ |  |
| ■ | 25 |  |  | ■ | ■ | ■ |  | ■ |  |
| ■ | ■ |  | ■ | 26 |  |  |  |  |  |

## 【タテのかぎ】

1　日露戦争後、日本はこの国を併合し、植民地にした。

2　小野妹子(おののいもこ)は、この国に使者として派遣(はけん)された。

3　奈良時代、この国の政治や文化を学ぶため、多くの使者が命がけの航海をした。

4　太平洋(たいへいよう)戦争末期、都会の小学校は空襲(くうしゅう)をさけるため、集団で農村などに〇〇〇した。

5　徳川家光(とくがわいえみつ)は、〇〇〇〇交代の制度を定めた。

6　1951年、サンフランシスコで〇〇〇条約が結ばれて、日本は独立を回復した。

10　鎖国(さこく)のなか、朝鮮とはこの藩(はん)を通じて交易をした。

11　この国は、北条時宗(ほうじょうときむね)が執権(しっけん)のときにせめてきた。

12　邪馬台国(やまたいこく)の女王は〇〇〇である。

13　〇〇〇〇〇太子(たいし)は、十七条の憲法(けんぽう)を制定した。

15　聖武天皇(しょうむてんのう)は、この寺に大仏を安置した。

17　幕末(ばくまつ)に、この藩と薩摩(さつま)藩は同盟を結んだ。

20　大化の改新で〇〇氏はたおされた。

22　平安時代に貴族(きぞく)は〇〇〇〇造のやしきでくらした。

23　〇〇〇〇の乱の後、戦国時代になった。

## 【ヨコのかぎ】

1　「枕草子(まくらのそうし)」は〇〇文字で書かれている。

5　薩摩藩出身の〇〇〇〇隆盛(たかもり)は、西南(せいなん)戦争に敗れ、自害した。

7　有力な豪族(ごうぞく)や天皇の墓を〇〇〇という。

8　1922年、差別に苦しんできた人々は、全国〇〇〇〇社を結成した。

9　条約改正の交渉で、〇〇宗光(むねみつ)は、領事(りょうじ)裁判(さいばん)権(治外法権(ちがいほうけん))の撤廃(てっぱい)に成功した。

11　紫式部(むらさきしきぶ)は、「〇〇〇物語」を書いた。

13　この国とは鎖国時も交易していたが、明治時代にはこの国をせめた。

14　〇〇〇朝廷(〇〇〇政権)は、九州から東北地方南部までの豪族を従えた。

16　豊臣秀吉(とよとみひでよし)はこの国を征服しようと、朝鮮に大軍を送った。

17　明治政府は、〇〇を改正して収入の安定を図った。

18　歌川広重(うたがわひろしげ)は、有名な〇〇〇絵師。

19　〇〇信長(のぶなが)は、長篠(ながしの)の戦いで勝利した。

21　元寇(げんこう)に備えて、〇〇の防塁(ぼうるい)を築いた。

24　唐招提寺(とうしょうだいじ)を建てた中国の僧。

25　板垣退助(いたがきたいすけ)は、〇〇〇民権運動をおし進めた。

26　〇〇〇〇〇〇号事件をきっかけに、不平等条約改正の声が高まった。

## 4 Ⓐ～Ⓒの資料を見て答えましょう。

1つ3点、(1)1つ2点(19点)

(1) Ⓐ、Ⓑのような道具が使われていた時代は、それぞれ何時代ですか。

Ⓐ
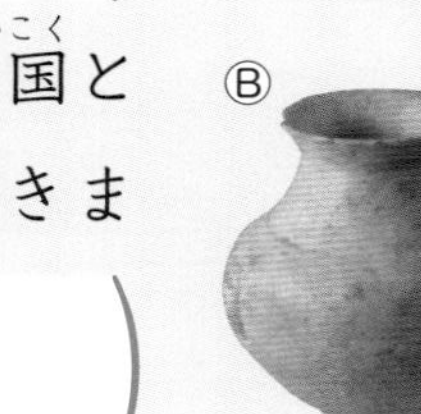

Ⓐ(　　　　) Ⓑ(　　　　)

(2) Ⓑの道具が使われていたころに邪馬台国というくにを治めていた女王の名前を書きましょう。

Ⓑ

(　　　　)

(3) Ⓑがつくられるようになったころに、大陸から伝わったものを、㋐～㋒から選びましょう。

㋐ かな文字　㋑ 米づくり　㋒ 狩り

(4) Ⓒは、大きな権力をもっていた豪族の墓の周りに並べられました。そのような墓を何といいますか。

Ⓒ

(　　　　)

(5) Ⓒがつくられたころの様子について、①、②にあう言葉を書きましょう。

(①)という政府が、近畿地方を中心として、九州から関東までの広いはんいで大きな力をもっていた。また、この時代には、(②)とよばれる人々が中国や朝鮮半島の国々から日本に移り住み、大陸の文化を伝えた。

①(　　　　) ②(　　　　)

## 5 年表の①～⑥にあう言葉を書きましょう。

1つ2点(12点)

| 時代 | 年 | できごと |
| --- | --- | --- |
| | 589 | (②)が中国を統一する |
| (①)時代 | 593 | 聖徳太子が天皇を助ける役職につく |
| | 603 | (③)を定め、家がらに関係なく能力のある者を役人に取り立てるしくみをつくる |
| | 604 | 役人の心構えを示すために(④)を定める |
| | 607 | 小野妹子らを使者として(②)に送る |
| | | 法隆寺を建て、(⑤)の教えを人々の間に広める |
| | 645 | 中大兄皇子らが(⑥)氏をたおす |

①(　　　　) ②(　　　　) ③(　　　　)

④(　　　　) ⑤(　　　　) ⑥(　　　　)

## 6 次の年表を見て答えましょう。

1つ3点、(3)1つ2点(13点)

| 年 | 主なできごと |
| --- | --- |
| 1167 | (①)が武士としてはじめて太政大臣になる |
| 1185 | 壇ノ浦の戦いで平氏が敗れる<br>国ごとに(②)・地頭をおく |
| 1192 | 源頼朝が(③)になる |

(1) 年表の①にあう人物を、㋐～㋒から選びましょう。

㋐ 平清盛　㋑ 源義経　㋒ 竹崎季長

(2) 下線部について、壇ノ浦の場所を、右の地図の㋐～㋒から選びましょう。

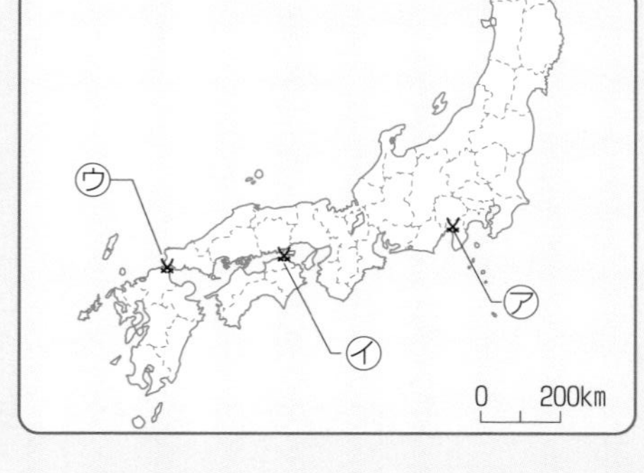


(3) 年表の②、③にあう言葉を書きましょう。

②(　　　　) ③(　　　　)

(4) ②や地頭となり、頼朝と「ご恩と奉公」の関係で結ばれていた、頼朝の家来の武士を何といいますか。

(　　　　)

思考・判断・表現　30点

## 7 次の資料を見て答えましょう。

1つ6点、(3)12点、(4)完答で6点(30点)

Ⓐ

Ⓑ

Ⓒ
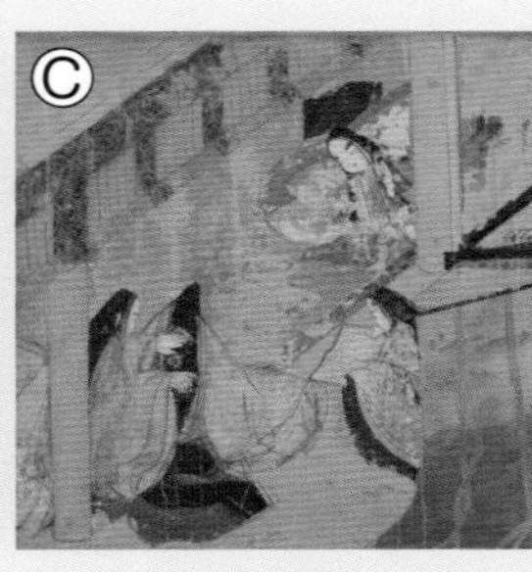

(1) 右の部屋の建築様式を何といいますか。

(　　　　)

(2) (1)は、Ⓐ～Ⓒのどの時代に広がりましたか。

(3) Ⓒのころの文化の特色を、簡単に書きましょう。

(　　　　)

(4) Ⓐ～Ⓒを、かかれた年代の古い順に並べかえましょう。

□→□→□

# 夏のチャレンジテスト

教科書　8〜127ページ

月　日

名前

時間 40分

| 知識・技能 | 思考・判断・表現 | 合格80点 |
| --- | --- | --- |
| ／70 | ／30 | ／100 |

答え57ページ

3については、学習の状況に応じてA〜Cから１つ選んでやりましょう。

**知識・技能**　70点

## 1 日本国憲法について答えましょう。

(1)1つ2点、(2)1つ1点(12点)

(1) 日本国憲法の三つの原則を書きましょう。

(　　)(　　)(　　)

(2) 次の①〜⑥のうち、国民の義務には㋐を、国民の権利には㋑を書きましょう。

① 働く人が団結する。　② 教育を受ける。
③ 裁判を受ける。　④ 税金を納める。
⑤ 健康で文化的な生活を送る。
⑥ 子どもに教育を受けさせる。

①□ ②□ ③□ ④□ ⑤□ ⑥□

## 2 日本の政治のはたらきについて答えましょう。

(1)1つ1点、(2)2点(8点)

(1) 次の①〜⑥のうち、国会の仕事には㋐を、内閣の仕事には㋑を、裁判所の仕事には㋒を書きましょう。

① 内閣総理大臣を指名する。
② 衆議院の解散を決める。
③ 最高裁判所長官を指名する。
④ 法律が憲法に違反していないかを審査する。
⑤ 行政処分が憲法に違反していないかを審査する。
⑥ 外国と条約を結ぶ。

①□ ②□ ③□ ④□ ⑤□ ⑥□

(2) 選挙権は、何才以上の国民に認められていますか。数字で書きましょう。

(　　)才以上

## 3のA 静岡県浜松市で市の施設ができるまでの資料を見て答えましょう。

(1)1つ1点、(2)1つ2点(6点)

(1) 資料の①、②にあう言葉を書きましょう。

市民
・子育てをしやすい環境を整えて、不安やなやみを減らしたい。
・困ったことを解決するために、子育てを支援してほしい。
(子育て支援ひろばができたあと)アンケート
市の審議会や協議会　市民や専門家
審議・意見交換
アンケート　パブリックコメント
市役所
子育て支援の計画を立てる・予算案をつくる
子育て支援ひろばの計画を立てる・予算案をつくる
計画決定
子育て支援ひろばができる
( ① )
予算案を提出
議決
浜松市子ども・若者支援プラン
根拠
実施の委託
報告
申請
補助金
国・県
子育てに関する国の法律や市の( ② )
事業者　子育て支援ひろばの運営を行う民間団体など
計画の見直し

①(　　)　②(　　)

(2) 資料の①の仕事を、㋐〜㋔から２つ選びましょう。

㋐ 法律をつくる。　㋑ 市の予算を決定する。
㋒ 国会議員を選ぶ。　㋓ 市の計画を決定する。
㋔ 国会の召集を決める。

□□

## 3のB 岩手県釜石市の政治について、①、②にあう言葉を、㋐〜㋒から選びましょう。また、③にあう言葉を書きましょう。

1つ2点(6点)

・( ① )は、「復興まちづくり基本計画」をつくるため、市民の願いを取り入れる場として懇談会などを開いた。完成した基本計画は、( ② )で検討され、議決された。このように、よりよい暮らしになるように、地域の政治を住民の意思にもとづいて進めていくことを「地方( ③ )」という。

㋐ 市議会　㋑ 国　㋒ 市役所

①□ ②□ ③(　　)

## 3のC 北海道札幌市で除雪が実施されるまでの資料を見て答えましょう。

(1)1つ1点、(2)3点(6点)

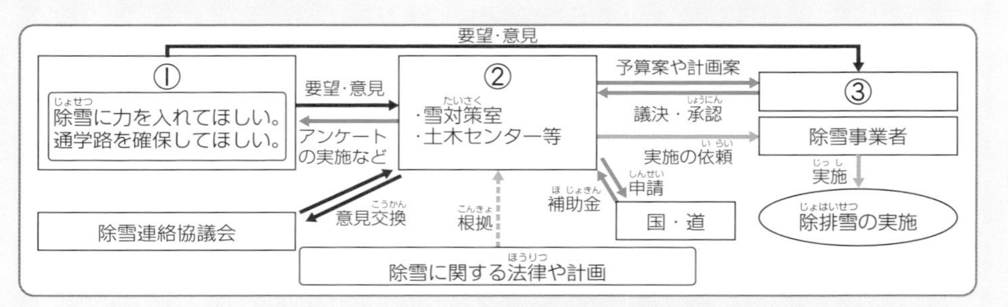


(1) 資料の①〜③にあう言葉を、㋐〜㋒から選びましょう。

㋐ 市役所　㋑ 市民　㋒ 市議会

①□ ②□ ③□

(2) よりよい暮らしになるように地域の政治を住民の意思にもとづいて進めていくことを「地方(　)」といいます。(　)にあう言葉を漢字で書きましょう。

(　　)



裏にも問題があります。

## 4 次の問いに答えましょう。

1つ2点、(2)1つ3点(14点)

(1) ペリーの来航の翌年に開かれた港を、㋐～㋔から選びましょう。

㋐ 横浜　㋑ 新潟　㋒ 下田
㋓ 神戸　㋔ 長崎

(2) 江戸幕府が外国と結んだ条約は、どのような点で不平等でしたか。①、②にあう言葉を書きましょう。

①(　　　　)を認めている。

②(　　　　)がない。

(3) 次の文は明治政府が行ったことです。それぞれの説明にあうものを、㋐～㋓から選びましょう。

① 経済を発展させるために、国が運営する官営工場を開いた。

② 20才以上の男子すべてに、兵役を義務づけた。

③ 国の収入を安定させるために、土地に対する税のしくみを改めた。

㋐ 廃藩置県　㋑ 殖産興業
㋒ 地租改正　㋓ 徴兵令

## 5 次の資料を見て答えましょう。

1つ2点(8点)

(1) 資料の詩の作者を、㋐～㋒から選びましょう。

㋐ 与謝野晶子
㋑ 平塚らいてう
㋒ 新渡戸稲造

あゝをとうとよ
君を泣く
君死にたまふことなかれ
末に生れし君なれば
親のなさけはまさりしも…

(2) 詩が発表されたときに起きていた戦争の名前を書きましょう。(　　　　)

(3) (2)の戦争では、勝利したにもかかわらず、国民には不満が残りました。その理由について、①、②にあう言葉を□から選びましょう。

・戦争で多額の(①)がかかったが、(②)を得られなかったため、国民の生活がいっそう苦しくなったから。

リヤオトン半島　教育基金　賠償金　戦費

①(　　　　)②(　　　　)

## 6 次の年表を見て答えましょう。

(1)1つ1点、(2)1つ2点(10点)

| 年 | 社会の動き・戦争の状況 | 国民生活 |
|---|---|---|
| 1931 | (①)にいた日本軍が中国軍を攻撃する | |
| 1933 | (②)を脱退する | |
| 1937 | 日本軍と中国軍がペキンの近くで衝突して、(③)が始まる | |
| 1938 | (④)ができる | |
| 1941 | ハワイの真珠湾を攻撃し、(⑤)が始まる | 米が(⑥)になる |
| 1945 | アメリカ軍により原子爆弾が投下される | |

(1) ①～⑥にあう言葉を、㋐～㋘から選びましょう。

㋐ 国際連合　㋑ 日清戦争　㋒ 配給制
㋓ 国家総動員法　㋔ 日中戦争　㋕ 満州
㋖ 国際連盟　㋗ 太平洋戦争
㋘ 第二次世界大戦

①　②　③
④　⑤　⑥

(2) 下線部について、原子爆弾が投下された2つの都市を、右の地図のⓐ～ⓕから選びましょう。

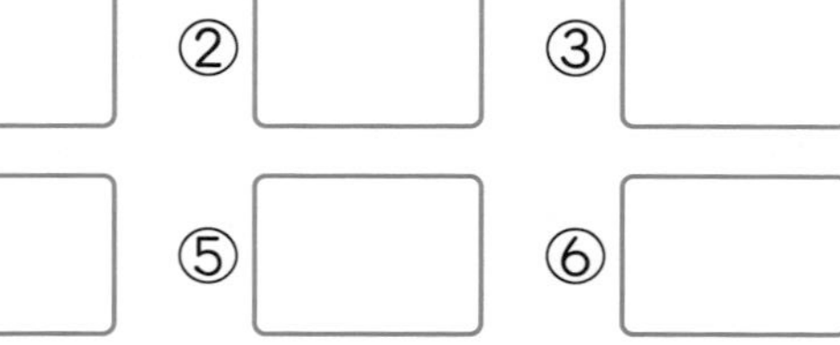


思考・判断・表現　30点

## 7 次のグラフを見て答えましょう。

1つ10点(30点)

(1) 1890年に選挙権をもっていた人たちを、㋐～㋒から選びましょう。

㋐ 25才以上のすべての男性
㋑ 一定の金額以上の税金を納めた25才以上の男性
㋒ 30才以上のすべての男女

%
50
40
30
20
10
0
1890 1902 1920 1928 1946年

選挙権の拡大(人口に対する割合)

(2) 1928年の選挙の3年前につくられたものを、㋐～㋒から選びましょう。

㋐ 日本国憲法　㋑ 治安維持法
㋒ 日米安全保障条約

(3) 1946年に選挙権をもつ人が増えた理由を、「20才」という言葉を使って簡単に書きましょう。

(　　　　)

# 冬のチャレンジテスト

教科書 128〜237ページ

月　日

名前

時間 40分

| 知識・技能 | 思考・判断・表現 | 合格80点 |
| --- | --- | --- |
| /70 | /30 | /100 |

答え59ページ

**知識・技能** 70点

## 1 次の資料を見て答えましょう。

1つ2点(8点)

(1) 右は、織田信長が武田氏の軍勢と戦っている様子です。①この戦いを何といいますか。また、②この戦いのころから新しく使われるようになった武器は何ですか。

①(　　　)　②(　　　)

(2) (1)の戦いの翌年に信長が築いた城を、㋐〜㋒から選びましょう。

㋐ 安土城　㋑ 大阪城　㋒ 江戸城

(3) 右は、信長の死後に全国を統一した人物が行ったことです。人物名を書きましょう。

(　　　)

## 2 次の年表を見て答えましょう。

1つ2点(12点)

| 年 | 主なできごと |
| --- | --- |
| 1600 | Ⓐ関ケ原の戦い |
| 1612 | ( ① )教を禁止する |
| 1635 | 武家諸法度を改め、Ⓑ参勤交代の制度を定める |
| 1641 | Ⓒ平戸のオランダ商館を出島に移す |

(1) 下線部Ⓐの戦いに勝ったのち、徳川家康は幕府による体制を整えました。右の地図のA〜Cの大名をそれぞれ何といいますか。

A(　　　)

B(　　　)

C(　　　)

(2) ①にあう言葉を書きましょう。

(　　　)

(3) 下線部Ⓑの内容として正しいものを、㋐〜㋒から選びましょう。

㋐ 中国にならった法律で、九州などの守りについた。

㋑ 1年おきに江戸と領地との間を行き来させた。

㋒ 五人組というしくみをつくり、共同で責任を負わせた。

(4) 下線部Ⓒのころ、鎖国とよばれる状態となりました。このときに幕府が交流を禁止した国を、㋐〜㋓から選びましょう。

㋐ オランダ　㋑ 朝鮮

㋒ ポルトガル　㋓ 中国

## 3 次のⒶ〜Ⓔの文を読んで答えましょう。

1つ2点(18点)

Ⓐ 歌舞伎や( ① )の脚本を数多く残し、町人の姿を生き生きとえがいた。

Ⓑ 松阪(三重県)の医師で、「古事記伝」を書きあげた。

Ⓒ 小浜藩(福井県)の医師で、( ② )語で書かれた医学書を翻訳し、「解体新書」として出版した。

Ⓓ 「東海道五十三次」などの( ③ )をえがいた。

Ⓔ 全国各地の沿岸をくまなく歩いて測量し、日本地図を作成した。

(1) Ⓐ〜Ⓔの人物名を書きましょう。

Ⓐ(　　　)　Ⓑ(　　　)

Ⓒ(　　　)　Ⓓ(　　　)　Ⓔ(　　　)

(2) ①〜③にあう言葉を、㋐〜㋔から選びましょう。

㋐ 浮世絵　㋑ ドイツ　㋒ オランダ

㋓ 人形浄瑠璃　㋔ 水墨画

①　②　③

(3) Ⓓについて、「東海道」を、右の地図の㋐〜㋒から選びましょう。

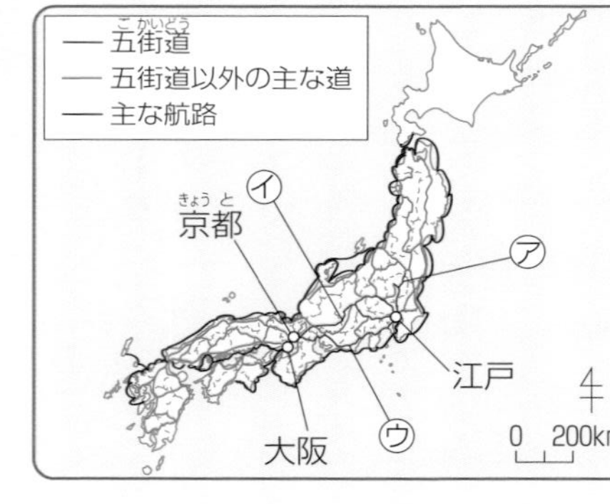




裏にも問題があります。

## 5 ブラジルについて答えましょう。

1つ2点(8点)

(1) 右のブラジルの都市・サンパウロの気温と降水量のグラフを見て、①、②にあう言葉を書きましょう。

・サンパウロは、( ① )月が最も降水量が多い。日本とは季節が逆になるため、6月～8月の季節は( ② )になる。

年平均気温 20.6℃
年間降水量 1608.3mm
℃ 40 30 20 10 0
降水量
気温
mm 400 300 200 100 0
1 2 3 4 5 6 7 8 9 10 11 12月
(理科年表 2023年)

①(　　　) ②(　　　)

(2) 毎年100万人前後が国内外から観光におとずれる、ブラジルの祭りの名前を答えましょう。(　　　)

(3) (2)は、何という宗教の祭りの一つですか。

(　　　)

**思考・判断・表現　40点**

## 6 次の文を読んで答えましょう。

1つ3点、(3)2点(14点)

青年海外協力隊は、Ⓐ政府開発援助の一つです。自分の知識や技術を生かしたいという意欲をもった人たちが、発展途上の国や地域で活やくしています。

一方で、( ① )支援や植林活動、自然災害の復興支援などさまざまな分野で、国のちがいをこえて協力するⒷ非政府組織の活動も目立っています。

(1) ①には、「政治上や宗教上の理由から迫害を受けたり、紛争などで生活と命がおびやかされたりしたために、住んでいた土地から国外へのがれた人」という意味の言葉が入ります。これを何といいますか。
漢字2字で書きましょう。(　　　)

(2) 下線部Ⓐ、Ⓑを何といいますか。アルファベット3字で書きましょう。

Ⓐ(　　　) Ⓑ(　　　)

(3) 下線部Ⓐの活動としてあてはまらないものを、㋐～㋒から選びましょう。

㋐ 水道の整備
㋑ 国どうしの調停の仲立ち
㋒ 農業用の機械の使い方の指導

(4) 日本でも、2011年に起きた災害の際には多くの国の救援隊がかけつけ、支援を受けました。この災害名を書きましょう。

(　　　)

## 7 国際連合(国連)について答えましょう。

1つ2点(14点)

(1) 次の国連の機関名をそれぞれカタカナで書きましょう。

① 戦争や食料不足による飢えなどに苦しむ地域の子どもたちを助けることを目的としてつくられた機関。

(　　　)

② 世界遺産の修復や保存など、教育や文化などの分野で世界平和につながる活動をする機関。(　　　)

(2) (1)の①の機関の活動の中心となる「子どもの権利条約」は、四つの柱で成り立っています。それぞれの権利にあうものを、㋐～㋓から選びましょう。

Ⓐ 生きる権利 □　Ⓑ 育つ権利 □

Ⓒ 守られる権利 □　Ⓓ 参加する権利 □

㋐ 自由に意見を表したり、団体をつくったりできる。
㋑ 住む場所や食べ物があり、医療を受けられるなど、命が守られる。
㋒ 暴力や搾取、有害な労働などから守られる。
㋓ 勉強したり遊んだりして、もって生まれた能力を十分にのばしながら成長できる。

(3) 国連の平和維持活動(PKO)として、日本の自衛隊が参加した国を、㋐～㋒から選びましょう。

㋐ アメリカ合衆国　㋑ ブラジル
㋒ 南スーダン

## 8 次の文を読んで答えましょう。

(1)8点、(2)4点(12点)

地球温暖化や熱帯林の減少、砂漠化や大気の汚染などの地球規模の環境問題が生じるなか、生活と環境のバランスを考えた(　)な社会の実現が緊急の課題となっている。

(1) 右の写真のツバルは、地球規模の環境問題の進行により、国土が浸水し、高潮の被害が増えています。その原因について、下線部の言葉を1つ使って、簡単に書きましょう。

(　　　)

(2) 文中の(　)にあう言葉を、漢字4字で書きましょう。

(　　　)

# 春のチャレンジテスト

教科書 238〜287ページ

月　日

名前

時間 40分

| 知識・技能 | 思考・判断・表現 | 合格80点 |
|---|---|---|
| /60 | /40 | /100 |

答え61ページ

知識・技能　60点

## 1
次の資料は、アメリカ、ブラジル、中国(ちゅうごく)、サウジアラビアの国旗です。あとの問いに答えましょう。(国名は略称で表しています。)　1つ2点(24点)

㋐ 
㋑ 
㋒
㋓ 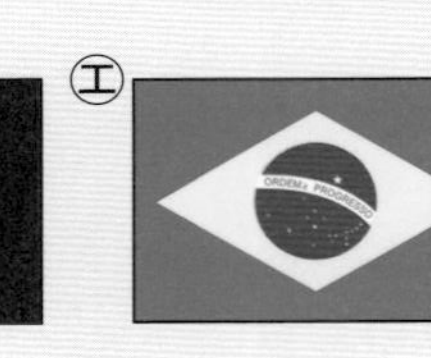

(1) ①中国と、②サウジアラビアの国旗を、㋐〜㋓から選びましょう。また、それぞれの国の首都名を書きましょう。

① 国旗 [　] 首都 (　　)

② 国旗 [　] 首都 (　　)

(2) 次の①〜④の文にあう国名を、4か国から選んで書きましょう。

① ファーストフードやジーンズの生まれた国で、もともと先住民族が暮(く)らしていた。

② 米づくりや渡来人(とらいじん)など日本と関わりの深いこの国は、現在、経済(けいざい)が発展(はってん)し、日本からはさまざまな企業(きぎょう)が進出している。

③ 日本から見てちょうど地球の反対側にある国で、現在、日系人(にっけいじん)が約200万人暮(く)らしている。

④ 日本の約6倍の面積のあるこの国から、石油を多く輸入している。

①(　　) ②(　　) ③(　　) ④(　　)

(3) 4か国の中で、アジアにふくまれる国を全て書きましょう。

(　　)

(4) 次のグラフのⒶ〜Ⓒにあう国名を、4か国から選んで書きましょう。

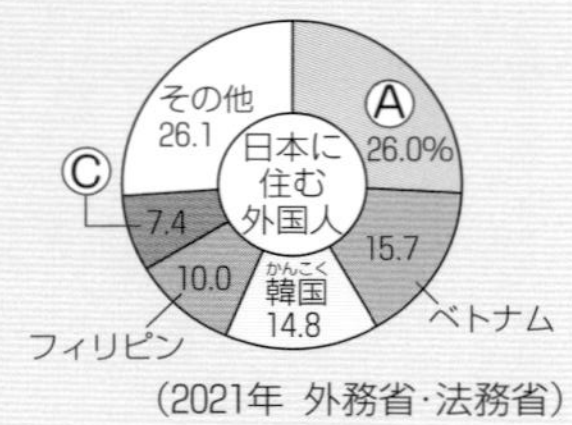

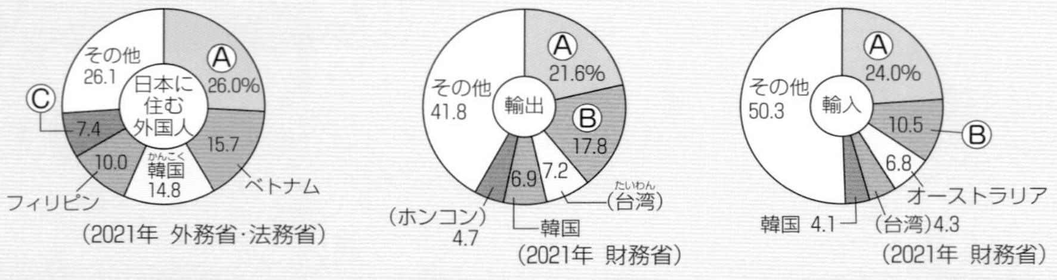

日本に住む外国人

日本の主な輸出相手国
輸出: Ⓐ 21.6%、Ⓑ 17.8、(台湾) 7.2、韓国 6.9、(ホンコン) 4.7、その他 41.8
(2021年 財務省)

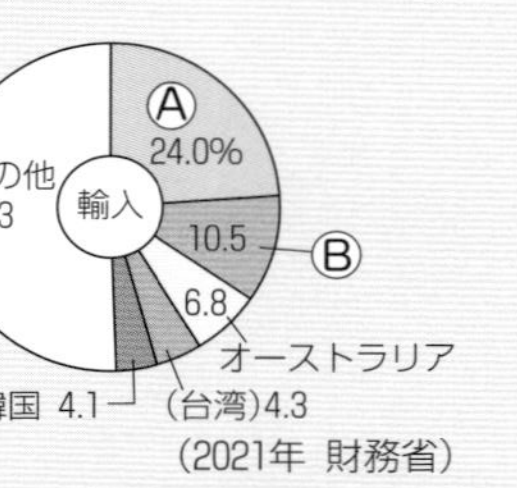


日本の主な輸入相手国

Ⓐ(　　) Ⓑ(　　) Ⓒ(　　)

## 2
サウジアラビアについて、次のⒶ、Ⓑを見て答えましょう。　1つ3点(6点)

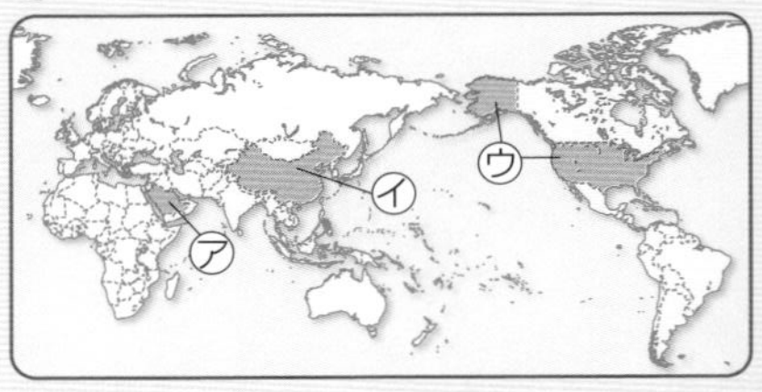

Ⓐ (地図 ㋐ ㋑ ㋒)　Ⓑ (写真)

(1) サウジアラビアの場所を、Ⓐの㋐〜㋒から選びましょう。 [　]

(2) Ⓑは、サウジアラビアにある、何という宗教(しゅうきょう)の聖地(せいち)の様子ですか。 (　　)

## 3
アメリカの説明について、正しいものには○を、まちがっているものには×をつけましょう。　1つ3点(15点)

① 広い耕地で、大型機械を使った大規模(だいきぼ)農業が行われている。 [　]

② ハワイ諸島(しょとう)はアメリカの国土である。 [　]

③ 多民族国家であり、首都ニューヨークでもさまざまな民族が暮らしている。 [　]

④ かつて日本と戦争があったが、1972年に国交が正常化した。 [　]

⑤ 国土が広く、砂漠(さばく)地帯もある。 [　]

## 4
中国について答えましょう。　1つ2点、(3)3点(7点)

(1) コンテナの取りあつかい量が世界第1位で、金融(きんゆう)業や商業が発展している中国の都市を、㋐〜㋒から選びましょう。

㋐ ジッダ　㋑ シャンハイ　㋒ ロサンゼルス　[　]

(2) 2020年の世界人口は約78億人、中国の人口は約14億人です。中国には、世界全体の約何%の人々が暮らしていますか。四捨五入し整数で答えましょう。

約(　　)%

(3) 飛鳥(あすか)時代から平安(へいあん)時代にかけて、日本から中国にわたった使節団を何といいますか。 (　　)



裏にも問題があります。

## 5 次の年表を見て答えましょう。

1つ2点(10点)

| 年 | 主なできごと |
|---|---|
| 1894 | 日清戦争が起こる………㋐ |
| 1904 | 日露戦争が起こる………㋑ |
| 1911 | ⓐ関税自主権を回復する |
| 1937 | 日中戦争が起こる………㋒ |
| 1941 | ⓑ太平洋戦争が起こる |
| 1950 | 朝鮮戦争が起こる………㋓ |
| 1964 | 東京( ① )が開かれる…㋔ |

(1) 下線部ⓐに成功した外務大臣の名前を書きましょう。

(　　　　)

(2) 下線部ⓑで、アメリカ軍が上陸したのはどこですか。県名を書きましょう。

(　　　　)

(3) 与謝野晶子が弟を思い、戦争に反対する詩を出した戦争を、㋐～㋓から選びましょう。

□

(4) ①にあう言葉を、カタカナで書きましょう。

(　　　　)

(5) ㋔のころ、日本では経済が成長し、暮らしが豊かになる一方で、工業の発展による人々への健康被害が問題となりました。このような被害を、何といいますか。漢字2字で書きましょう。

(　　　　)

## 6 次の地図中の㋐～㋔は、日本と関係の深い国です。あとの①、②にあう国を選びましょう。また、その国名も書きましょう。

1つ3点(12点)

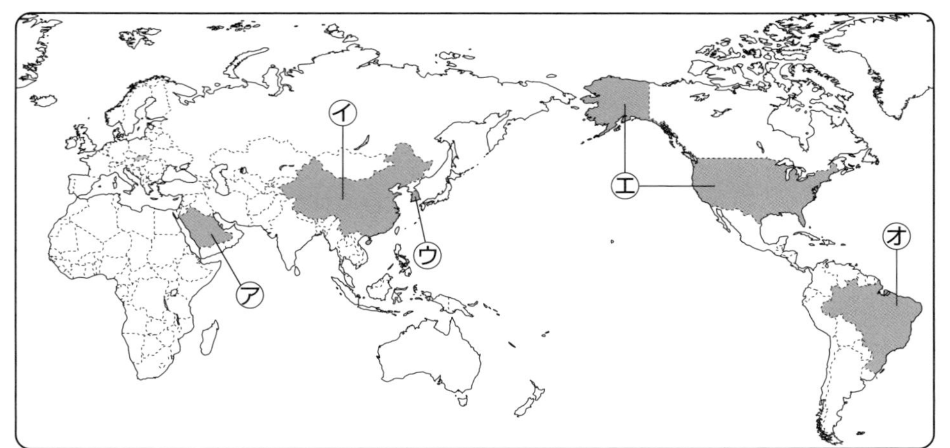


① 多くの移民を受け入れてきた多文化社会の国家。ハンバーガーやジーンズの生まれた国でもある。

② 人口がとても多く、日本とは古くから人やものがさかんに行き来した。

①記号 □ 国名(　　　　)

②記号 □ 国名(　　　　)

活用力をみる

## 7 次の資料を見て答えましょう。

1つ5点(10点)

(1) 資料Ⓐの戦いで、織田信長らの軍は、武田軍をどのようにして破りましたか。資料を参考にして、簡単に書きましょう。

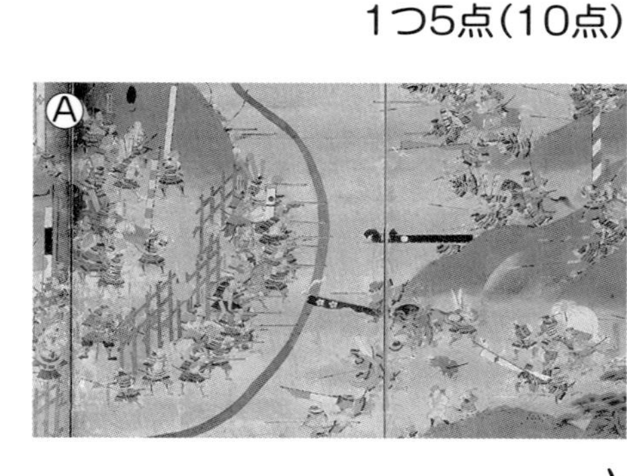


(　　　　)

(2) 資料Ⓑは、江戸時代の大名の配置を表しています。関ヶ原の戦い以降に徳川氏に従った大名が㋐～㋒のどれかを明記して、そのような配置にした理由を、簡単に書きましょう。

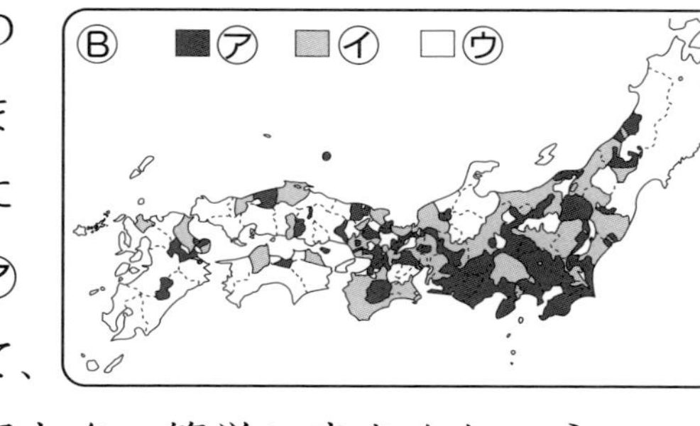


(　　　　)

## 8 次の文章を読んで答えましょう。

1つ5点、(2)②完答(15点)

太平洋戦争で敗戦した後、ⓐ日本国憲法を制定して再出発した日本は、経済的な発展をとげました。現在は、ⓑ世界中の多くの国々と、持続可能な社会を実現するため努力しています。

(1) 下線部ⓐと大日本帝国憲法における、天皇の地位のちがいを、次の資料を参考にして、簡単に書きましょう。

**大日本帝国憲法(要約)**
第4条　天皇は、国の元首であり、憲法に従って国を統治する権利をもつ。

**日本国憲法(要約)**
第1条　天皇は日本国の象徴であり日本国民統合の象徴であって、この地位は、主権をもつ国民の総意にもとづく。

(　　　　)

(2) 下線部ⓑについて、右下の資料は、世界の国々が加盟する機関で2015年に定められた17項目の目標の一部です。次の問いに答えましょう。

① この目標を定めた機関を書きましょう。

(　　　　)

② 2つの目標のうち、どちらか1つを選んで、その目標を実現するために自分にどのようなことができるか、考えて書きましょう。

番号 □ (　　　　)

(切り取り線)

6年 社会のまとめ

# 学力診断テスト

月　日

名前

時間 40分

合格70点　／100

答え63ページ

## 1 日本国憲法と政治について答えましょう。

1つ3点(15点)

(1) 憲法の三つの原則の中の平和主義に関係する、日本政府が出した「核兵器をもたない、つくらない、もちこませない」という方針を何といいますか。（　　　）

(2) 右の資料は、国の政治の重要な役割を分担する、3つの機関の関係を表しています。次の問いに答えましょう。

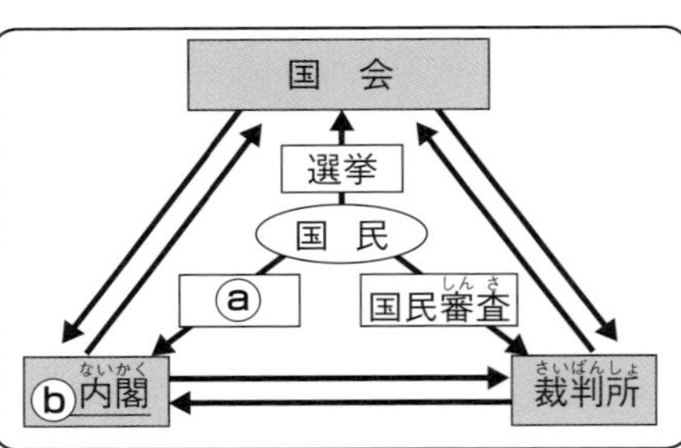


① 資料のようなしくみを何といいますか。（　　　）

② 資料中のⓐにあう言葉を、漢字2字で書きましょう。（　　　）

③ 下線部ⓑのもとに属している省庁のうち、国民の健康や働く人の安全などに関する仕事をしている役所を何といいますか。（　　　）

(3) 税金の使い道ではないものを、㋐～㋓から選びましょう。

㋐ 学校などの教育　㋑ 警察や消防

㋒ 被災地の復興　㋓ 百貨店の建設

## 2 次の㋐～㋔の文を読んで答えましょう。

1つ2点、(2)8点(完答)(20点)

㋐ ( ① )は仏教の力で国を守ろうと考え、東大寺を建て、大仏をつくった。

㋑ 聖徳太子は、役人の心構えを示した( ② )を定めた。

㋒ ( ③ )は平氏を破り、朝廷から征夷大将軍に任命された。

㋓ 邪馬台国の女王( ④ )は、30ほどのくにを従えた。

㋔ ( ⑤ )時代の人々は、縄目の文様がつけられた土器を使って暮らしていた。

(1) ①～⑤にあう言葉を書きましょう。

①（　　　）②（　　　）③（　　　）④（　　　）⑤（　　　）

(2) ㋐～㋔を年代の古い順に並べかえましょう。

□→□→□→□→□

(3) ㋓について、この時代の大規模な集落あとが発見された吉野ヶ里遺跡は、現在の何県にありますか。（　　　）

## 3 次の資料を見て答えましょう。

1つ2点(8点)

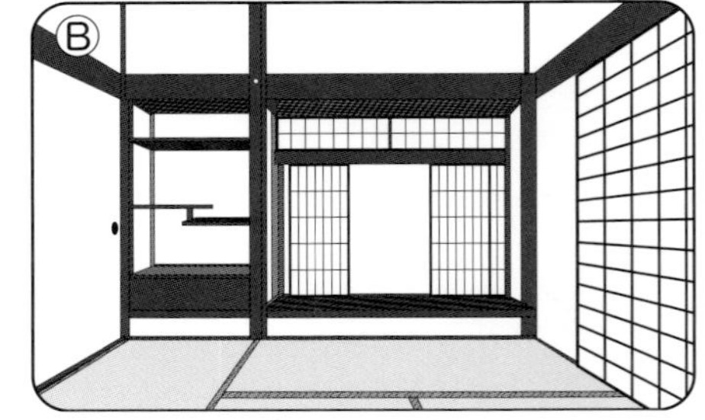


(1) Ⓐについて、①このような屋しきのつくりを何といいますか。また、②この屋しきがつくられた時代に起こったできごとを、㋐～㋓から選びましょう。

㋐ 天下統一を目ざして、各地で戦国大名が争った。

㋑ 足利氏が京都に幕府を開いた。

㋒ 藤原氏が政治の権力をにぎった。

㋓ 大王や豪族の墓である古墳が各地につくられた。

①（　　　）②□

(2) Ⓑについて、①現代の和室のもととなったこの部屋の建築様式を何といいますか。また、②この時代に始まり、現在まで受けつがれている文化や芸能を1つ書きましょう。

①（　　　）②（　　　）

## 4 学問・文化について、次の①～⑤の「わたし」にあう人物の名前を書きましょう。

1つ2点(10点)

① わたしは、浮世絵の「東海道五十三次」をかきました。

② わたしは、破傷風という病気の治療法を発見しました。

③ わたしは、随筆の「枕草子」をかな文字で書きました。

④ わたしは、日本古来の考え方を研究し、「古事記伝」を書きました。

⑤ わたしは、「学問のすゝめ」を書き、人は生まれながらにして平等であることを主張しました。

①（　　　）②（　　　）③（　　　）④（　　　）⑤（　　　）



裏にも問題があります。

(切り取り線)

## 2ページ

ぴったり1 準備

1. ともに生きる暮らしと政治
### 1 憲法とわたしたちの暮らし①

めあて みんなが生きやすいまちや日本国憲法とはどのようなものかを理解しよう。

教科書 8～17ページ　答え 2ページ

次の（　）に入る言葉を、下から選びましょう。

**1 オリンピック・パラリンピックから学び、社会を考える／だれもが使いやすいまちに**　教科書 8～13ページ

**オリンピック・パラリンピック**

- 4年に一度開催される世界的なスポーツの祭典で、2021（令和3）年には、東京で夏季大会が開催された。

**さまざまな人が利用する公共施設の設備**

- 建物や道路の（① スロープ ）、駐車場の専用スペースなど、だれもが不自由なく、安全に利用できるように、さまざまな公共施設の設備が整えられている。
- （② バリアフリー ）…障がいのある人や高齢者が生活を送るうえで、さまたげになるもの（バリア）を取り除くこと。
- （③ ユニバーサルデザイン ）…年齢や障がいの有無、性別、国籍に関係なく、すべての人が利用しやすいものやまちを、はじめからつくっていこうとする考え方。

公共施設の設備
- ・建物や道路のスロープ
- ・駐車場の専用スペース
- ・バリアフリートイレ
- ・エレベーター　など

「バリアフリー法」や「障害者差別解消法」がつくられたよ。


**2 国のあり方を示す日本国憲法／学習問題をつくり、学習計画を立てよう**　教科書 14～17ページ

ワンポイント 日本国憲法の三つの原則

日本国憲法
- （④ 国民主権 ）…国の政治のあり方は国民が決める
- （⑤ 基本的人権 ）の尊重…国民はだれもが人間らしく生きる権利をもつ
- 平和主義…（⑥ 戦争 ）を二度とくり返さない

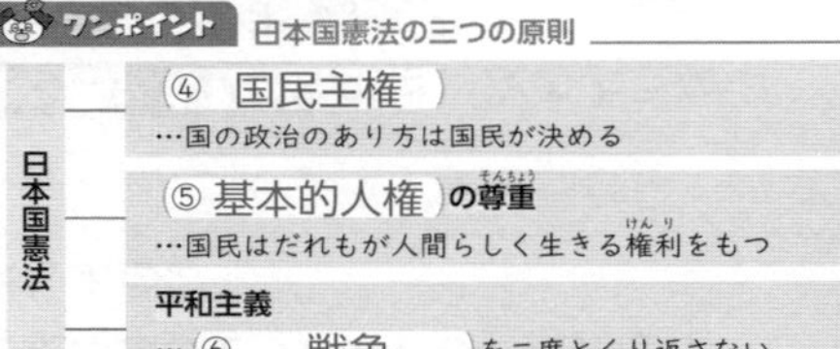
日本国憲法

- 日本国憲法は、国の政治の基本的なあり方を定めたもので、（⑦ 法律 ）は、すべて、憲法にもとづく。
- 1946（昭和21）年11月3日に（⑧ 公布 ）され、1947年5月3日に施行された。

**日本国憲法の前文（一部の要約）**

日本国民は、わたしたちと子孫のために、世界の国々と親しく交わり、国内に自由のめぐみをみなぎらせることが、国民を幸福にするものであると信じる。そして、政府の行いによってこれから二度と戦争の起こることのないようにしようと決意するとともに、ここに国の政治のあり方を決める力は、わたしたち国民にあることを宣言して、この憲法をつくった。

選んだ言葉に✓　□基本的人権　□スロープ　□公布　□法律　□国民主権　□戦争　□バリアフリー　□ユニバーサルデザイン

2

## 3ページ

ぴったり2 練習

ぴたトリビア
日本国憲法が公布された11月3日は「文化の日」、施行された5月3日は「憲法記念日」として祝日に定められ、学校は休みになります。

教科書 8～17ページ　答え 2ページ

**1 バリアフリーについて、次の問いに答えましょう。**

(1) 年齢や障がいの有無、性別、国籍に関係なく、すべての人が利用しやすいものやまちを、はじめからつくっていこうとする考え方を何といいますか。
（ ユニバーサルデザイン ）

(2) バリアフリーの考え方にもとづいて整備されている設備に関する次の①～⑤の説明について、正しいものには○を、まちがっているものには×をつけましょう。

①（ ○ ）車いすが通れるように駅の改札口を広くした。
②（ × ）駅のホームに便利な売店をつくった。
③（ ○ ）駅にエレベーターを設置した。
④（ ○ ）駐車場に、車いすを置いて乗り移ることのできるスペースを設けた。
⑤（ ○ ）トイレのスペースを広くとり、便座に座るときに使う手すりを備え付けた。

**2 次の日本国憲法の前文を読んで、あとの問いに答えましょう。**

日本国民は、わたしたちと子孫のために、①と親しく交わり、国内に自由のめぐみをみなぎらせることが、国民を②にするものであると信じる。そして、政府の行いによってこれから二度と戦争の起こることのないようにしようと決意するとともに、ここに国の政治のあり方を決める力は、わたしたち国民にあることを宣言して、この憲法をつくった。

(1) 文中の①、②にあてはまる言葉を書きましょう。
①（ 世界の国々 ）②（ 幸福 ）

(2) 日本国憲法の前文に書かれている内容に関する次の①～③の会話について、正しいものには○を、まちがっているものには×をつけましょう。

①（ ○ ）前文には、日本国憲法の三つの原則と同じような意味のことが書かれているね。
②（ × ）「二度と戦争の起こることのないように」は、基本的人権の尊重の考え方だね。
③（ ○ ）「国の政治のあり方を決める力は、わたしたち国民にある」は、国民主権の考え方だね。

(3) 日本国憲法が公布された日と施行された月日をそれぞれ書きましょう。
公布された月日　1946年（ 11 ）月（ 3 ）日
施行された月日　1947年（ 5 ）月（ 3 ）日

ヒント 2 (2) 日本国憲法の三つの原則は、国民主権、基本的人権の尊重、平和主義です。

3

できたかな？
□身近にあるバリアフリーの設備を確認してみよう。
□日本国憲法の三つの原則を説明してみよう。

## 練習 3ページ

**1** (1)身の回りにあるユニバーサルデザインの例として、シャンプーとリンスを目をつむっても区別できるように突起をつけたボトル、日本語がわからない人にも伝わるように、非常口や車いすなどを絵文字で示したピクトグラムによる案内、自動ドアなどがあげられます。

(2)このほか、建物や道路のスロープ、自動ドアなどもバリアフリーの考えにもとづく設備です。

**2** (2)②「二度と戦争の起こることのないように」は、平和主義の考え方です。

(3)公布と施行の月日が反対にならないように注意しましょう。

教科書ぴったりトレーニング

# 丸つけラクラク解答

教育出版版
社会６年

この「丸つけラクラク解答」は
とりはずしてお使いください。

「丸つけラクラク解答」では問題と同じ紙面に、赤字で答えを書いています。

①問題がとけたら、まずは答え合わせをしましょう。

②まちがえた問題やわからなかった問題は、てびきを読んだり、教科書を読み返したりしてもう一度見直しましょう。

おうちのかたへ では、次のようなものを示しています。

- 学習のねらいやポイント
- 他の学年や他の単元の学習内容とのつながり
- まちがいやすいことやつまずきやすいところ

お子様への説明や、学習内容の把握などにご活用ください。

見やすい答え

できたかな？
□方位じしんで、色のついている方の方位を言ってみよう。
□公共しせつはどのような場所か、せつ明してみよう。

おうちのかたへ
東西南北の方位については、東と西がおぼえにくいので注意してください。また、地図を見る際、「学校は駅の上にあるね」など「上下左右」を使わず、「学校は駅の北にあるね」など「東西南北」を使うとよいでしょう。

おうちのかたへ

練習　3ページ

❶ (2)方位じしんは、色がついている方が北をさします。また、北、南、東、西の４つの方位を四方位といいます。

(3)①は公民館と自転車が通るための道、②は急な坂道と大きな神社、③は地下鉄の駅と商店がい、④はわたしたちの学校の近くの古いお寺、⑤は公園と大きなたて物や店をヒントにして、絵地図をよく見ましょう。

(4)公共しせつは、国や都道府県、市区町村がみんなのためにつくったしせつのことです。みんなから集めたお金でつくられているという特ちょうがあります。公共しせつのれいとして、学校、市役所、けいさつしょ、消防しょ、公民館、じどう館、公園などがあります。スーパーや工場、マンションは、国や都道府県、市区町村がつくるものではなく会社がつくるものなので、公共しせつにはあてはまりません。

くわしいてびき



※紙面はイメージです。

# ぴったり1 準備

1．ともに生きる暮らしと政治
1 憲法とわたしたちの暮らし②

◎めあて 国民主権、基本的人権の尊重、平和主義とはどのようなものかを理解しよう。

教科書 18〜23ページ　答え 3ページ

次の（　　）に入る言葉や数字を、下から選びましょう。

## 1 国の主人公はわたしたち国民

教科書 18〜19ページ

**国民主権**

- **選挙権**…**国民主権**の代表的な例で、国民が政治についての考えを示す権利。（① 18 ）才以上のすべての国民は選挙権をもつ。
- 選挙で選ばれた（② 議員 ）は、国民の代表として国会で話し合い、法律などを決める。
- **天皇**…「日本国の象徴」（日本国憲法第1条）。憲法で定められた（③ 国事行為 ）を行う。**国事行為**には最高裁判所長官の任命や国会の召集、衆議院の解散などがある。

国民主権の例

## 2 すべての人が幸せに生きるために／平和を守る

教科書 20〜23ページ

**ワンポイント** 基本的人権の尊重

- **基本的人権**…生命や身体の自由を大切にされ、人間らしく生きる権利（憲法第11条）。すべての国民は（④ 健康で文化的 ）な生活を送る権利をもつ。

| 日本国憲法に定められている国民の権利 | 国民の義務 |
|---|---|
| ・居住・移転、職業を選ぶ自由　・法のもとの平等<br>・政治に参加する権利　・信教・学問・思想の自由<br>・健康で文化的な生活を送る権利　・働く権利　・裁判を受ける権利<br>・団結する権利　・言論・出版の自由　・教育を受ける権利 | ・（⑤ 税金 ）を納める義務<br>・働く義務<br>・子どもに教育を受けさせる義務 |

- 就職や結婚の差別、**アイヌの人たち**や在日外国人、障がいのある人に対する差別や偏見、性別による差別の解消には、おたがいの人権を尊重し合う社会をつくる努力が大切。

**平和主義**

- 憲法第9条で、決して戦争をしないこと、戦力（武力）をもたないことを定めている。
- 日本は（⑥ 核兵器 ）の被害を受けた、ただ一つの被爆国。（⑦ 非核三原則 ）（「核兵器をもたない、つくらない、もちこませない」）をかかげている。
- （⑧ 自衛隊 ）…国の平和と独立を守ることを目的として1954年につくられた。

選んだ言葉に✓　□国事行為　□議員　□健康で文化的　□核兵器　□非核三原則　□18　□自衛隊　□税金





# ぴったり2 練習

ぴたトリビア 憲法改正…日本国憲法を改正するのに必要な手続きの一つとして、国民投票が定められています。

教科書 18〜23ページ　答え 3ページ

**1 国民主権について、次の問いに答えましょう。**

(1) 日本で選挙権をもっている人を、㋐〜㋒から選びましょう。（ ㋒ ）
㋐ 16才以上のすべての国民　㋑ 18才以上の男性のみ　㋒ 18才以上のすべての国民

(2) 国民主権に関する次の①〜⑤の説明について、正しいものには○を、まちがっているものには×をつけましょう。
①（ ○ ）選挙権は、国民主権の代表的な例とされる。
②（ × ）選挙によって天皇を選ぶことができる。
③（ ○ ）選挙によって都道府県知事を選ぶことができる。
④（ × ）選挙当日に決められた投票所に行けない場合、事前に投票することはできない。
⑤（ × ）天皇は、国会で話し合いをして国の法律などを定める。

**2 次の図を見て、あとの問いに答えましょう。**

日本国憲法に定められている国民の権利と義務

(1) 図中の①〜⑥にあてはまる言葉を書きましょう。
①（ 平等 ）②（ 税金 ）③（ 学問 ）
④（ 裁判 ）⑤（ 出版 ）⑥（ 教育 ）

(2) 次の①〜③にあてはまる国民の権利を、図の㋐〜㋛から選びましょう。
① マリさんのお父さんは、選挙の投票に行った。
② マリさんは、小学校に通っている。
③ マリさんのおばあさんは、デイサービスを利用している。
①（ ㋒ ）②（ ㋚ ）③（ ㋕ ）

ヒント 1 (2)⑤ 天皇は憲法で定められた国事行為を行います。

**できたかな？**
□国民主権を説明してみよう。
□基本的人権の尊重を説明してみよう。
□平和主義を説明してみよう。

**おうちのかたへ**
戦争による不幸な体験をくり返すことがないように、過去の歴史に学ぶことが大切です。

## 練習 5ページ

**1** (1)選挙権は18才以上のすべての国民がもっています。
(2)②③選挙によって選ぶことができるのは、都道府県知事や市区町村長、国会議員です。
④不在者投票や期日前投票の制度があります。
⑤国の法律などを定めるのは国会です。国民主権のもとでは、天皇は国の政治についての権限はもたず、憲法で定められた国事行為（国会の召集や衆議院の解散など）を行います。

**2** (1)、(2)㋐〜㋛は、日本国憲法に定められている国民の権利と義務です。これらは基本的人権の尊重の考えにもとづいています。権利だけではなく、義務もあることに注意しましょう。

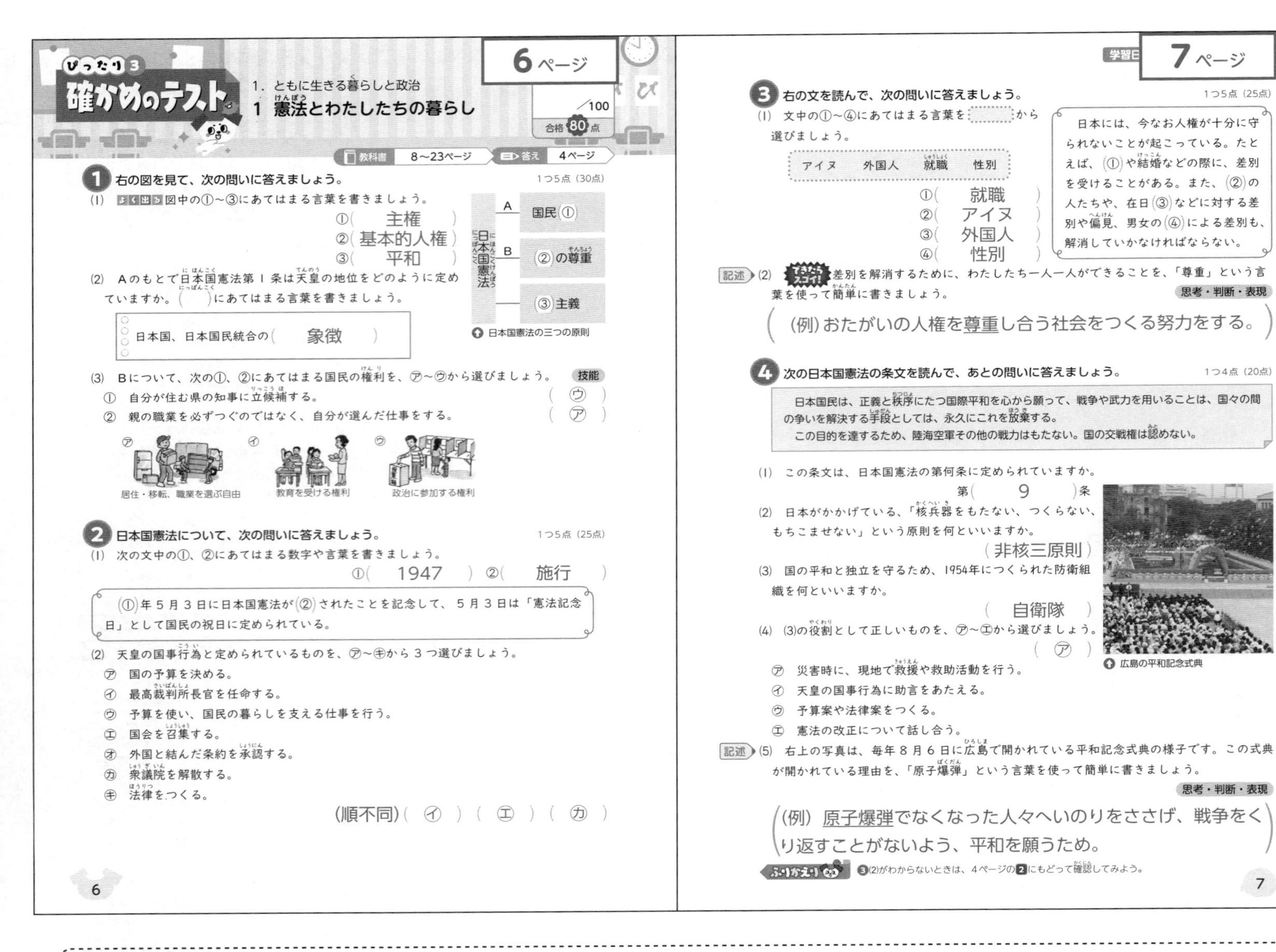

6ページ

ぴったり3 確かめのテスト

1. ともに生きる暮らしと政治
1 憲法とわたしたちの暮らし

/100 合格80点

教科書 8~23ページ　答え 4ページ

**1 右の図を見て、次の問いに答えましょう。** 1つ5点（30点）

(1) よく出る 図中の①~③にあてはまる言葉を書きましょう。
①（主権）
②（基本的人権）
③（平和）

日本国憲法 — A 国民① — B ②の尊重 — ③主義

日本国憲法の三つの原則

(2) Aのもとで日本国憲法第1条は天皇の地位をどのように定めていますか。（　）にあてはまる言葉を書きましょう。

日本国、日本国民統合の（象徴）

(3) Bについて、次の①、②にあてはまる国民の権利を、㋐~㋒から選びましょう。 技能
① 自分が住む県の知事に立候補する。（㋒）
② 親の職業を必ずつぐのではなく、自分が選んだ仕事をする。（㋐）

㋐ 居住・移転、職業を選ぶ自由　㋑ 教育を受ける権利　㋒ 政治に参加する権利

**2 日本国憲法について、次の問いに答えましょう。** 1つ5点（25点）

(1) 次の文中の①、②にあてはまる数字や言葉を書きましょう。
①（1947）②（施行）

（①）年5月3日に日本国憲法が（②）されたことを記念して、5月3日は「憲法記念日」として国民の祝日に定められている。

(2) 天皇の国事行為と定められているものを、㋐~㋖から3つ選びましょう。
㋐ 国の予算を決める。
㋑ 最高裁判所長官を任命する。
㋒ 予算を使い、国民の暮らしを支える仕事を行う。
㋓ 国会を召集する。
㋔ 外国と結んだ条約を承認する。
㋕ 衆議院を解散する。
㋖ 法律をつくる。

（順不同）（㋑）（㋓）（㋕）

6

7ページ

学習日

**3 右の文を読んで、次の問いに答えましょう。** 1つ5点（25点）

(1) 文中の①~④にあてはまる言葉を［　］から選びましょう。

アイヌ　外国人　就職　性別

①（就職）
②（アイヌ）
③（外国人）
④（性別）

日本には、今なお人権が十分に守られないことが起こっている。たとえば、（①）や結婚などの際に、差別を受けることがある。また、（②）の人たちや、在日（③）などに対する差別や偏見、男女の（④）による差別も、解消していかなければならない。

記述 (2) てきたらスゴイ！ 差別を解消するために、わたしたち一人一人ができることを、「尊重」という言葉を使って簡単に書きましょう。 思考・判断・表現

（(例) おたがいの人権を尊重し合う社会をつくる努力をする。）

**4 次の日本国憲法の条文を読んで、あとの問いに答えましょう。** 1つ4点（20点）

日本国民は、正義と秩序にたつ国際平和を心から願って、戦争や武力を用いることは、国々の間の争いを解決する手段としては、永久にこれを放棄する。
この目的を達するため、陸海空軍その他の戦力はもたない。国の交戦権は認めない。

(1) この条文は、日本国憲法の第何条に定められていますか。
第（9）条

(2) 日本がかかげている、「核兵器をもたない、つくらない、もちこませない」という原則を何といいますか。
（非核三原則）

(3) 国の平和と独立を守るため、1954年につくられた防衛組織を何といいますか。
（自衛隊）

(4) (3)の役割として正しいものを、㋐~㋓から選びましょう。（㋐）
㋐ 災害時に、現地で救援や救助活動を行う。
㋑ 天皇の国事行為に助言をあたえる。
㋒ 予算案や法律案をつくる。
㋓ 憲法の改正について話し合う。

広島の平和記念式典

記述 (5) 右上の写真は、毎年8月6日に広島で開かれている平和記念式典の様子です。この式典が開かれている理由を、「原子爆弾」という言葉を使って簡単に書きましょう。 思考・判断・表現

（(例) 原子爆弾でなくなった人々へいのりをささげ、戦争をくり返すことがないよう、平和を願うため。）

ふりかえり ③(2)がわからないときは、4ページの2にもどって確認してみよう。

7

## 確かめのテスト　6~7ページ

**1** (2)天皇の地位は、憲法第1条に「日本国の象徴であり日本国民統合の象徴」であると定められています。
(3)①わたしたちの代表として議員や知事などの職につく権利(被選挙権)も政治に参加する権利にふくまれます。

**2** (2)天皇の主な国事行為は、解答以外にも、憲法改正、法律や条約の公布、外国の大使などに会うといった仕事があります。

**3** (2)差別が今なお残り、人権が十分に守られないことがあります。国や地方の政治が努力するだけでなく、わたしたち一人一人がそのような差別を解消するための努力をすることが大切です。

**4** (2)日本国憲法では、三つの原則の一つとして平和主義をかかげています。決して戦争をしないこと、戦力をもたないことを定めています。また、日本は非核三原則で、「核兵器をもたない、つくらない、もちこませない」という原則をかかげています。

**記述問題のプラスワン**

**4** (5)広島（8月6日）と長崎（8月9日）では、戦争による不幸な体験をくり返すことがないように、毎年平和を願って式典が開かれています。問題文中に「原子爆弾」という語句を使用するという指定があるので、忘れずに解答にふくめましょう。

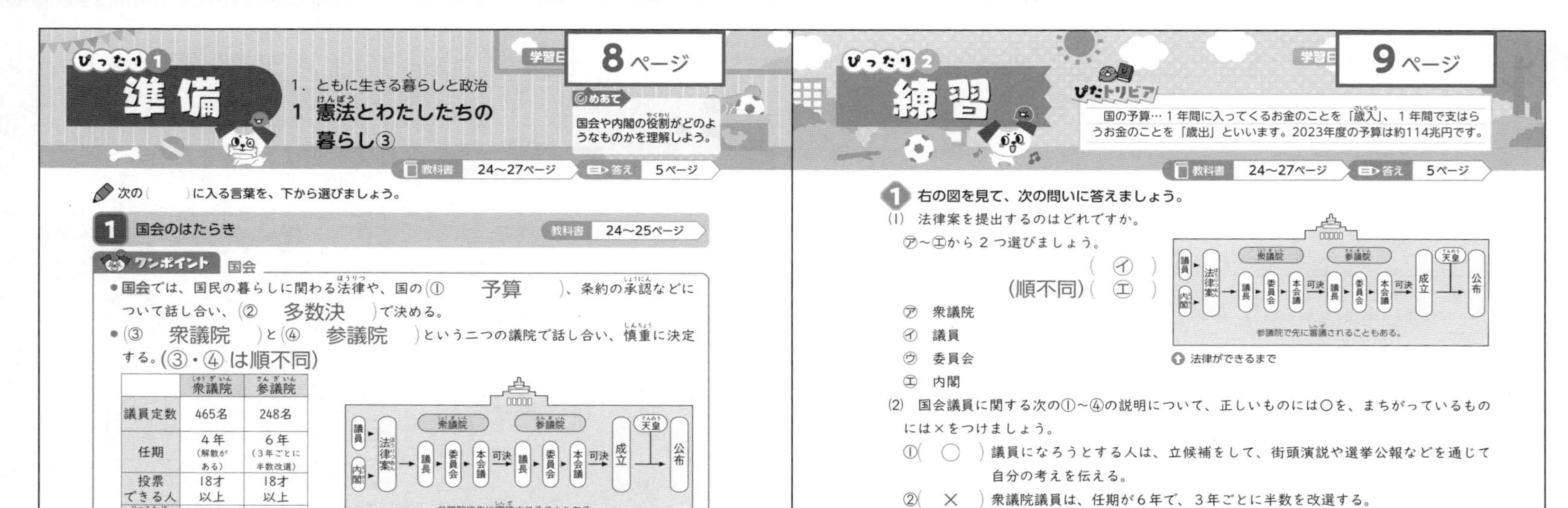

ぴったり1 準備

1. ともに生きる暮らしと政治
1 憲法とわたしたちの暮らし③

8ページ

めあて 国会や内閣の役割がどのようなものかを理解しよう。

教科書 24～27ページ　答え 5ページ

次の（　）に入る言葉を、下から選びましょう。

**1 国会のはたらき**　教科書 24～25ページ

ワンポイント 国会

- 国会では、国民の暮らしに関わる法律や、国の（① 予算 ）、条約の承認などについて話し合い、（② 多数決 ）で決める。
- （③ 衆議院 ）と（④ 参議院 ）という二つの議院で話し合い、慎重に決定する。（③・④は順不同）

| | 衆議院 | 参議院 |
|---|---|---|
| 議員定数 | 465名 | 248名 |
| 任期 | 4年（解散がある） | 6年（3年ごとに半数改選） |
| 投票できる人 | 18才以上 | 18才以上 |
| 立候補できる人 | 25才以上 | 30才以上 |

衆議院と参議院のちがい ※2023年現在

法律ができるまで

**2 内閣のはたらき**　教科書 26～27ページ

内閣

- 内閣は、国会で決めた予算を使って、国民の暮らしを支える仕事をする。
- 最高責任者は（⑤ 内閣総理大臣 ）（首相）。首相が国務大臣を任命して内閣をつくる。
- 内閣のもとには、さまざまな府・（⑥ 省 ）・庁などが置かれ、ほとんどの国務大臣は各省庁の大臣を務める。

内閣の主な仕事
- 国会で決めた法律や予算をもとに、仕事を行う＝（⑦ 行政 ）。
- 予算案や法律案をつくって、国会に提出する。
- 外国と条約を結ぶ。
- 天皇の（⑧ 国事行為 ）に助言や承認をあたえる。

内閣と国の主な機関

選んだ言葉に✓　□参議院　□衆議院　□多数決　□予算　□国事行為　□行政　□内閣総理大臣　□省

8

ぴったり2 練習

9ページ

ぴたトリビア 国の予算…1年間に入ってくるお金のことを「歳入」、1年間で支はらうお金のことを「歳出」といいます。2023年度の予算は約114兆円です。

教科書 24～27ページ　答え 5ページ

**1** 右の図を見て、次の問いに答えましょう。

(1) 法律案を提出するのはどれですか。㋐～㋓から2つ選びましょう。
（ ㋑ ）（ ㋓ ）（順不同）
㋐ 衆議院
㋑ 議員
㋒ 委員会
㋓ 内閣

法律ができるまで

(2) 国会議員に関する次の①～④の説明について、正しいものには○を、まちがっているものには×をつけましょう。
①（ ○ ）議員になろうとする人は、立候補をして、街頭演説や選挙公報などを通じて自分の考えを伝える。
②（ × ）衆議院議員は、任期が6年で、3年ごとに半数を改選する。
③（ ○ ）衆議院と参議院の議員を選ぶ選挙権は、18才以上の国民に認められている。
④（ × ）参議院議員には、25才以上の国民が立候補できる。

**2** 右の図を見て、次の問いに答えましょう。

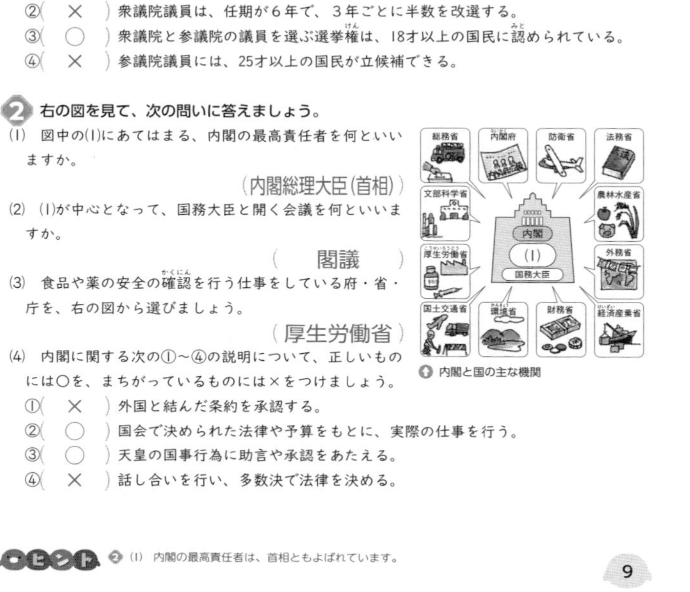

(1) 図中の(1)にあてはまる、内閣の最高責任者を何といいますか。
（ 内閣総理大臣（首相） ）

(2) (1)が中心となって、国務大臣と開く会議を何といいますか。
（ 閣議 ）

(3) 食品や薬の安全の確認を行う仕事をしている府・省・庁を、右の図から選びましょう。
（ 厚生労働省 ）

(4) 内閣に関する次の①～④の説明について、正しいものには○を、まちがっているものには×をつけましょう。
①（ × ）外国と結んだ条約を承認する。
②（ ○ ）国会で決められた法律や予算をもとに、実際の仕事を行う。
③（ ○ ）天皇の国事行為に助言や承認をあたえる。
④（ × ）話し合いを行い、多数決で法律を決める。

内閣と国の主な機関

ヒント **2** (1) 内閣の最高責任者は、首相ともよばれています。

9

## 練習 9ページ

**1** (1)図から判断します。

(2)②任期が6年で、3年ごとに半数改選するのは参議院議員です。衆議院議員の任期は4年ですが、そのと中で解散することがあります。

④参議院議員に立候補できるのは30才以上の国民です。25才以上の国民が立候補できるのは衆議院議員です。

**2** (2)閣議では、政治の進め方を話し合います。

(3)内閣のもとに置かれた府・省・庁が、それぞれどのような仕事をしているのかについて、国の機関が用意している子ども向けのウェブサイトなどで調べてみましょう。

(4)①外国と結んだ条約を承認するのは国会で、内閣は外国と条約を結びます。

④多数決で法律を決めるのは国会です。

できたかな？
□国会の役割を説明してみよう。
□内閣の役割を説明してみよう。

おうちのかたへ
普段から国会や選挙などに関する新聞記事やニュースなどを確認することで、お子様の学習理解も深まります。

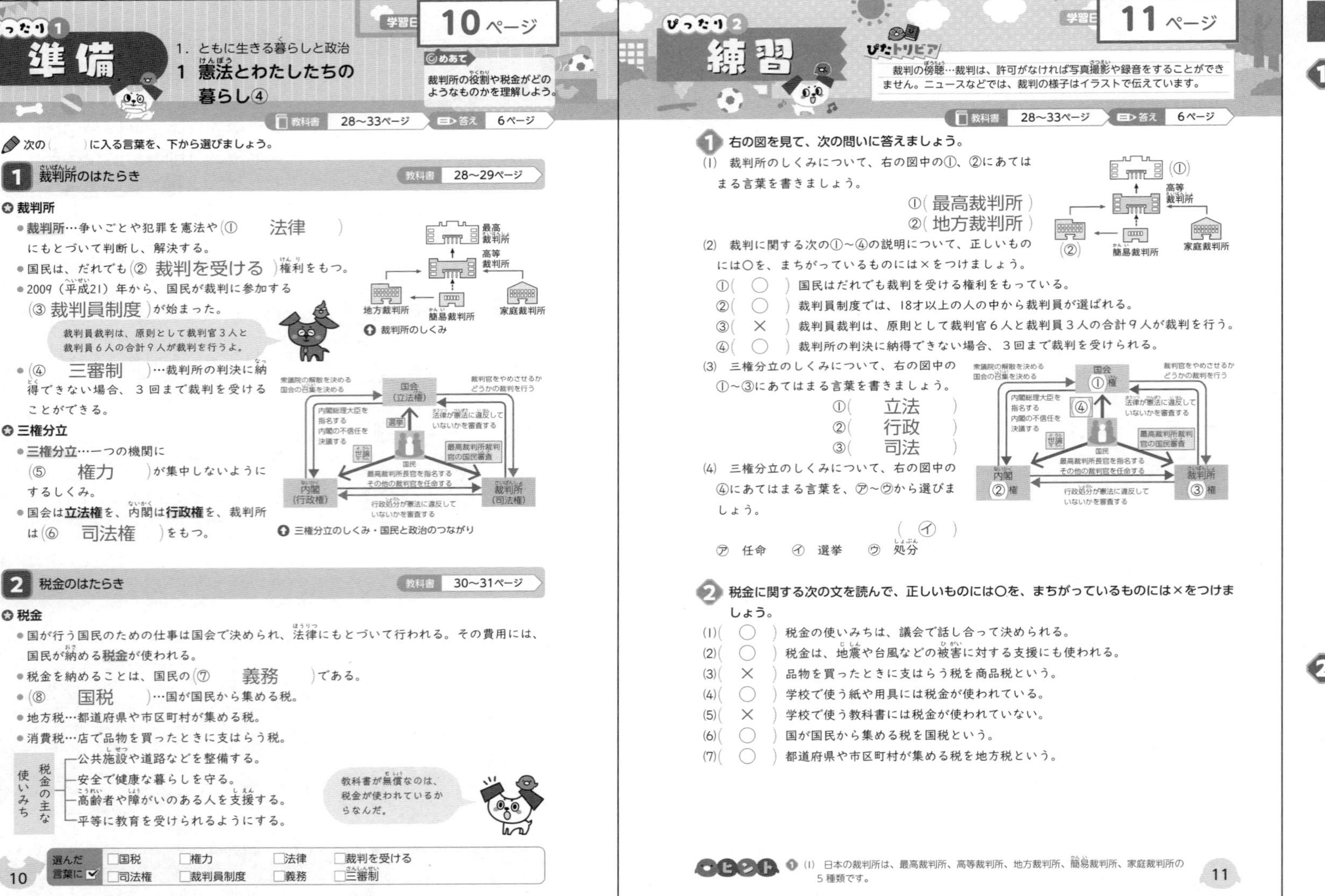

ぴったり1 準備　学習日　10ページ

1．ともに生きる暮らしと政治
1 憲法とわたしたちの暮らし④

めあて　裁判所の役割や税金がどのようなものかを理解しよう。

教科書 28〜33ページ　答え 6ページ

次の（　）に入る言葉を、下から選びましょう。

1 裁判所のはたらき　教科書 28〜29ページ

裁判所
- 裁判所…争いごとや犯罪を憲法や（① 法律 ）にもとづいて判断し、解決する。
- 国民は、だれでも（② 裁判を受ける ）権利をもつ。
- 2009（平成21）年から、国民が裁判に参加する（③ 裁判員制度 ）が始まった。

裁判員裁判は、原則として裁判官3人と裁判員6人の合計9人が裁判を行うよ。

- （④ 三審制 ）…裁判所の判決に納得できない場合、3回まで裁判を受けることができる。

裁判所のしくみ（最高裁判所、高等裁判所、地方裁判所、簡易裁判所、家庭裁判所）

三権分立
- 三権分立…一つの機関に（⑤ 権力 ）が集中しないようにするしくみ。
- 国会は立法権を、内閣は行政権を、裁判所は（⑥ 司法権 ）をもつ。

三権分立のしくみ・国民と政治のつながり（国会（立法権）、内閣（行政権）、裁判所（司法権）、国民、選挙、世論、最高裁判所裁判官の国民審査、衆議院の解散を決める、国会の召集を決める、内閣総理大臣を指名する、内閣の不信任を決議する、法律が憲法に違反していないかを審査する、最高裁判所長官を指名する、その他の裁判官を任命する、行政処分が憲法に違反していないかを審査する、裁判官をやめさせるかどうかの裁判を行う）

2 税金のはたらき　教科書 30〜31ページ

税金
- 国が行う国民のための仕事は国会で決められ、法律にもとづいて行われる。その費用には、国民が納める税金が使われる。
- 税金を納めることは、国民の（⑦ 義務 ）である。
- （⑧ 国税 ）…国が国民から集める税。
- 地方税…都道府県や市区町村が集める税。
- 消費税…店で品物を買ったときに支はらう税。

税金のおもな使いみち
- 公共施設や道路などを整備する。
- 安全で健康な暮らしを守る。
- 高齢者や障がいのある人を支援する。
- 平等に教育を受けられるようにする。

教科書が無償なのは、税金が使われているからなんだ。

選んだ言葉に✔　□国税　□権力　□法律　□裁判を受ける　□司法権　□裁判員制度　□義務　□三審制

10

ぴったり2 練習　学習日　11ページ

ぴたトリビア　裁判の傍聴…裁判は、許可がなければ写真撮影や録音をすることができません。ニュースなどでは、裁判の様子はイラストで伝えています。

教科書 28〜33ページ　答え 6ページ

1 右の図を見て、次の問いに答えましょう。

(1) 裁判所のしくみについて、右の図中の①、②にあてはまる言葉を書きましょう。
①（ 最高裁判所 ）
②（ 地方裁判所 ）

(2) 裁判に関する次の①〜④の説明について、正しいものには○を、まちがっているものには×をつけましょう。
①（ ○ ）国民はだれでも裁判を受ける権利をもっている。
②（ ○ ）裁判員制度では、18才以上の人の中から裁判員が選ばれる。
③（ × ）裁判員裁判は、原則として裁判官6人と裁判員3人の合計9人が裁判を行う。
④（ ○ ）裁判所の判決に納得できない場合、3回まで裁判を受けられる。

(3) 三権分立のしくみについて、右の図中の①〜③にあてはまる言葉を書きましょう。
①（ 立法 ）
②（ 行政 ）
③（ 司法 ）

(4) 三権分立のしくみについて、右の図中の④にあてはまる言葉を、㋐〜㋒から選びましょう。（ ㋑ ）

㋐ 任命　㋑ 選挙　㋒ 処分

2 税金に関する次の文を読んで、正しいものには○を、まちがっているものには×をつけましょう。

(1)（ ○ ）税金の使いみちは、議会で話し合って決められる。
(2)（ ○ ）税金は、地震や台風などの被害に対する支援にも使われる。
(3)（ × ）品物を買ったときに支はらう税を商品税という。
(4)（ ○ ）学校で使う紙や用具には税金が使われている。
(5)（ × ）学校で使う教科書には税金が使われていない。
(6)（ ○ ）国が国民から集める税を国税という。
(7)（ ○ ）都道府県や市区町村が集める税を地方税という。

ヒント　1 (1) 日本の裁判所は、最高裁判所、高等裁判所、地方裁判所、簡易裁判所、家庭裁判所の5種類です。

11

できたかな？
□裁判所の役割を説明してみよう。
□税金の集められ方・使われ方を確認してみよう。

## 練習　11ページ

**1** (1)①最高裁判所は、司法権の最高機関です。
②地方裁判所は、各都道府県に１か所、北海道に４か所（全国で計50か所）設置されています。
(2)③裁判官３人と裁判員６人の合計９人です。裁判員裁判はすべての裁判に適用されるわけではなく、重大な犯罪に関わる裁判でのみ行われます。裁判官と裁判員は、うったえられた人が有罪か無罪か、また有罪の場合どのくらいの刑が適当かをいっしょに話し合います。
(3)国会が立法権、内閣が行政権、裁判所が司法権をになっています。
(4)国民は、選挙によって国会議員を選びます。

**2** (3)品物を買ったときに支はらう税金は、消費税です。
(5)教科書は税金によって無償で配られています。

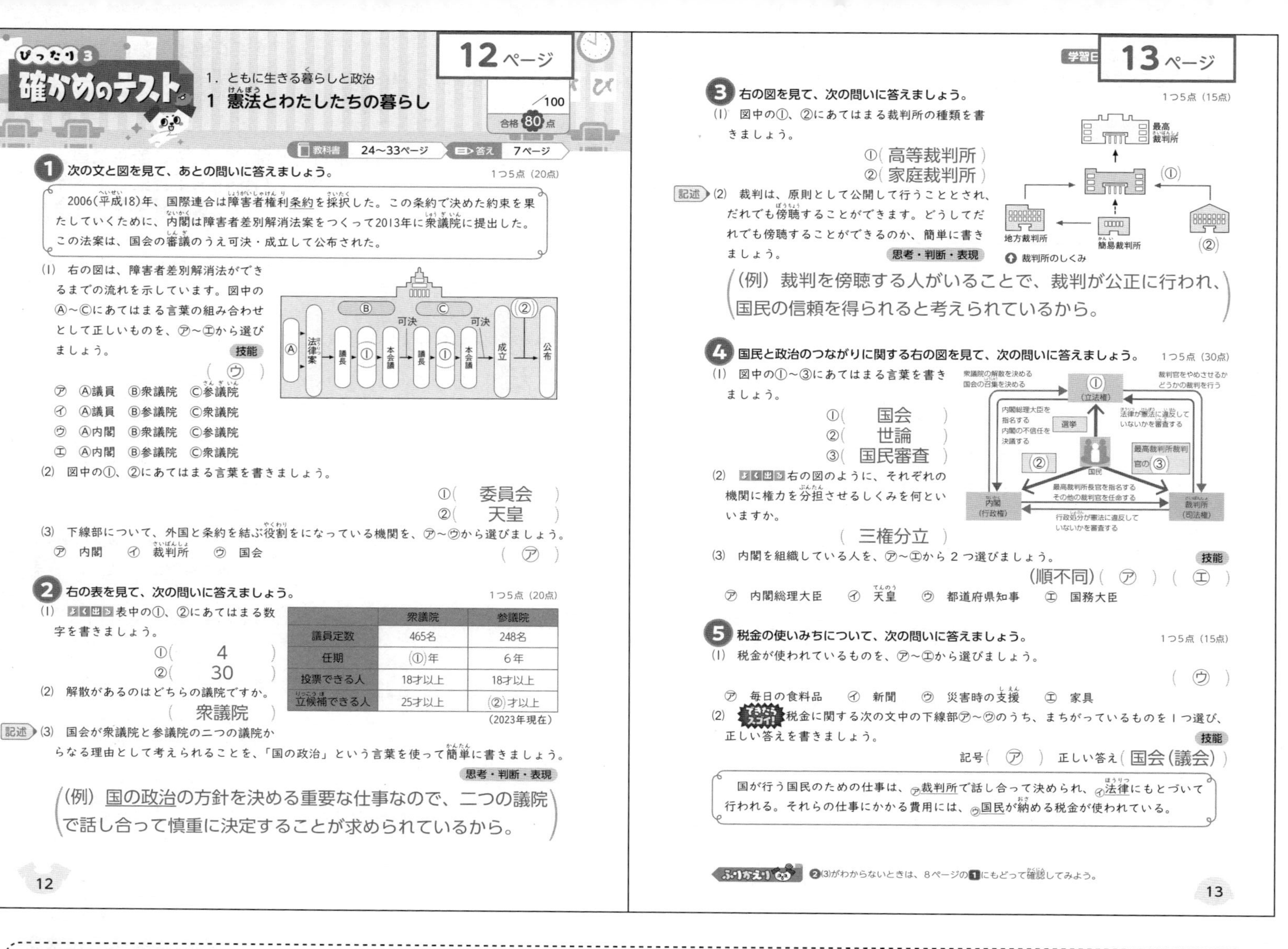
ぴったり3 確かめのテスト。
12ページ
1．ともに生きる暮らしと政治
1 憲法とわたしたちの暮らし
100 合格80点
教科書 24～33ページ 答え 7ページ

1 次の文と図を見て、あとの問いに答えましょう。 1つ5点（20点）

2006（平成18）年、国際連合は障害者権利条約を採択した。この条約で決めた約束を果たしていくために、内閣は障害者差別解消法案をつくって2013年に衆議院に提出した。この法案は、国会の審議のうえ可決・成立して公布された。

(1) 右の図は、障害者差別解消法ができるまでの流れを示しています。図中のⒶ～Ⓒにあてはまる言葉の組み合わせとして正しいものを、㋐～㋓から選びましょう。 技能 （ ㋒ ）



㋐ Ⓐ議員 Ⓑ衆議院 Ⓒ参議院
㋑ Ⓐ議員 Ⓑ参議院 Ⓒ衆議院
㋒ Ⓐ内閣 Ⓑ衆議院 Ⓒ参議院
㋓ Ⓐ内閣 Ⓑ参議院 Ⓒ衆議院

(2) 図中の①、②にあてはまる言葉を書きましょう。
①（ 委員会 ）
②（ 天皇 ）

(3) 下線部について、外国と条約を結ぶ役割をになっている機関を、㋐～㋒から選びましょう。
㋐ 内閣 ㋑ 裁判所 ㋒ 国会 （ ㋐ ）

2 右の表を見て、次の問いに答えましょう。 1つ5点（20点）

(1) よく出る 表中の①、②にあてはまる数字を書きましょう。
①（ 4 ）
②（ 30 ）

| | 衆議院 | 参議院 |
|---|---|---|
| 議員定数 | 465名 | 248名 |
| 任期 | （①）年 | 6年 |
| 投票できる人 | 18才以上 | 18才以上 |
| 立候補できる人 | 25才以上 | （②）才以上 |

（2023年現在）

(2) 解散があるのはどちらの議院ですか。（ 衆議院 ）

記述 (3) 国会が衆議院と参議院の二つの議院からなる理由として考えられることを、「国の政治」という言葉を使って簡単に書きましょう。 思考・判断・表現

（（例）国の政治の方針を決める重要な仕事なので、二つの議院で話し合って慎重に決定することが求められているから。）

12

学習日
13ページ

3 右の図を見て、次の問いに答えましょう。 1つ5点（15点）

(1) 図中の①、②にあてはまる裁判所の種類を書きましょう。
①（ 高等裁判所 ）
②（ 家庭裁判所 ）



記述 (2) 裁判は、原則として公開して行うこととされ、だれでも傍聴することができます。どうしてだれでも傍聴することができるのか、簡単に書きましょう。 思考・判断・表現

（（例）裁判を傍聴する人がいることで、裁判が公正に行われ、国民の信頼を得られると考えられているから。）

4 国民と政治のつながりに関する右の図を見て、次の問いに答えましょう。 1つ5点（30点）

(1) 図中の①～③にあてはまる言葉を書きましょう。
①（ 国会 ）
②（ 世論 ）
③（ 国民審査 ）



(2) よく出る 右の図のように、それぞれの機関に権力を分担させるしくみを何といいますか。（ 三権分立 ）

(3) 内閣を組織している人を、㋐～㋓から2つ選びましょう。 技能
（順不同）（ ㋐ ）（ ㋓ ）
㋐ 内閣総理大臣 ㋑ 天皇 ㋒ 都道府県知事 ㋓ 国務大臣

5 税金の使いみちについて、次の問いに答えましょう。 1つ5点（15点）

(1) 税金が使われているものを、㋐～㋓から選びましょう。 （ ㋒ ）
㋐ 毎日の食料品 ㋑ 新聞 ㋒ 災害時の支援 ㋓ 家具

(2) てきたらスゴイ！ 税金に関する次の文中の下線部㋐～㋒のうち、まちがっているものを1つ選び、正しい答えを書きましょう。 技能
記号（ ㋐ ） 正しい答え（ 国会（議会） ）

国が行う国民のための仕事は、㋐裁判所で話し合って決められ、㋑法律にもとづいて行われる。それらの仕事にかかる費用には、㋒国民が納める税金が使われている。

ふりかえり 2(3)がわからないときは、8ページの1にもどって確認してみよう。

13

## 確かめのテスト 12～13ページ

1 (1)文中に「内閣は…衆議院に提出」とあるのがヒントになっています。
(3)内閣が条約を結び、国会は条約を承認します。

2 (1)、(2)衆議院の任期は4年で、解散があります。参議院の任期は6年で、3年ごとに半数が改選されますが、解散はありません。

3 (1)判決に納得できない場合は、上級の裁判所へうったえ、3回まで裁判を受けられます。これを三審制といいます。
(2)裁判は、原則としてだれでも見ることができます。傍聴の希望者が多い場合には、抽選によって傍聴券の交付手続が行われます。

4 (2)三権分立では、国会・内閣・裁判所が、それぞれの権力を分担してもち、それぞれの役割がきちんと実行できているか調べる役割をもっています。

5 (1)地震や台風などの自然災害によって大きな被害が発生した場合、税金によって緊急の支援が行われます。

### 記述問題のプラスワン

3 (2)裁判の傍聴を通じて国民が適正なチェックを行うことは、公平・中立な司法の維持にもつながります。また、裁判の傍聴は、わたしたちが司法の役割を身近に感じるよい機会にもなります。

# ぴったり1 準備

しゃかい 1. ともに生きる暮らしと政治
## 2 わたしたちの暮らしを支える政治①

学習日 **14ページ**

めあて 日本の社会の課題である人口問題がどのようなものかを理解しよう。

教科書 34～39ページ　答え 8ページ

次の（　）に入る言葉を、下から選びましょう。

### 1 わたしたちの暮らしと社会の課題　教科書 34～35ページ

**家族の構成の変化**

- 以前は子どもの数が多く、子・親・祖父母の３世代が暮らす（① 大家族 ）が多かった。
- 現在は、夫婦や、親と子の２世代で暮らすような「（② 核家族 ）」が日本全体の約55%をしめ、（③ 一人暮らし ）の割合も増えている。

昔の日本は、子どもや若者の数が多く、お年寄りの割合は少なかったんだね。

**社会の課題**

- 生まれてくる子どもの数が減少するなか、医療の進歩で（④ 平均寿命 ）がのび、65才以上の高齢者の割合が増える（⑤ 少子化・高齢化 ）が進んでいる。
- 現在の日本では、なくなる人の数の方が生まれてくる子どもの数よりも多く、人口が減り続けていく（⑥ 人口減少社会 ）をむかえている。



生まれた子どもの数と、人口にしめる65才以上の高齢者の割合

### 2 人々の暮らしの願い／子どもは未来への希望　教科書 36～39ページ

**静岡県浜松市の様子**

- 人口約80万人で、全国で２番目に広い市。人口にしめる14才以下の子どもの割合はおよそ13%で、少子化・高齢化が進んでいる。

**子育てをしている人たちを支える取り組み**

- 浜松市では、「浜松市子ども育成（⑦ 条例 ）」を制定し、2011（平成23）年に「子育て支援ひろば」を整備。
- 保育園の取り組み…自分のことを自分でする力、人や身近なものごとに関わる力を育成。預かる子どもの人数を増やす努力もしている。
- 小学校の取り組み…小学生が放課後の時間を安心して過ごすことができる場所をつくる。
- 「子育て支援ひろば」の取り組み…小さな子どもとその親、子育てを始める親などが無料で利用することができる施設で、不安なことの相談や情報交換などができる。

「子育て支援ひろば」では妊婦や外国人への支援も行っているよ！

選んだ言葉に✔　□条例　□一人暮らし　□平均寿命　□核家族　□少子化・高齢化　□大家族　□人口減少社会



# ぴったり2 練習

学習日 **15ページ**

ぴたトリビア　都道府県や市区町村が、議会で話し合って決めるきまりを条例といいます。条例の中には「朝ごはん条例」など、ユニークなものもあります。

教科書 34～39ページ　答え 8ページ

**1** 次の文とグラフを見て、あとの問いに答えましょう。

右下のグラフでは、1970年からは、生まれた子どもの数は全体として①｛増加・(減少)｝している。それに対して、人口にしめる高齢者の割合は、②｛(増加)・減少｝し続けている。このままだと、今後、日本の人口は③｛増加・(減少)｝し続けていくことが予想される。

(1) 文中の①～③について、｛　｝の中の正しい言葉を◯で囲みましょう。

(2) 家族の構成の変化に関する次の①、②の説明について、正しいものには○を、まちがっているものには×をつけましょう。

①（ × ）現在では、子・親・祖父母の３世代が一緒に暮らす大家族が多くみられる。

②（ ◯ ）夫婦や、親と子の２世代からなる世帯を「核家族」という。



生まれた子どもの数と、人口にしめる65才以上の高齢者の割合

**2** 次の条例の前文を読んで、あとの問いに答えましょう。

**浜松市子ども育成条例の前文（一部の要約）**

子どもは、浜松市の宝であり、明日への活力の源です。

子どもは、①、性別、障がいの有無、国籍などによらず、一人一人がさまざまな個性、資質や能力、夢をもったかけがえのない存在です。子どもが②や地域のぬくもり、自然の中でのびのびと遊び、学び、育っていくことは、わたしたち浜松市民すべての願いです。

ここに、地域のあらゆる力を結集し、浜松市の③をになう子どもを育て守っていくことが重要であるという意識のもと、子どもがいきいきとかがやき、子育てがしやすく楽しいと感じられる社会の実現を目ざして、この条例を制定します。

(1) 文中の①～③にあてはまる言葉を[　　]から選びましょう。

[ 年齢　未来　家庭 ]

①（ 年齢 ）②（ 家庭 ）③（ 未来 ）

(2) 「浜松市子ども育成条例」を制定した機関を、㋐～㋒から選びましょう。（ ㋒ ）

㋐ 国際連合　㋑ 国会　㋒ 浜松市の議会

ヒント ❶ (1) 少子化・高齢化が進んでいくと考えられています。



## 練習　15ページ

❶ (1)日本では、生まれてくる子どもの数が年々減少する一方で、高齢者の割合が増加する少子化・高齢化が進んでいます。

(2)①昔は大家族が多くみられましたが、現在は、核家族が日本全体の約55%をしめています。

❷ (1)浜松市は、「浜松市子ども育成条例」を制定し、子どもがいきいきとかがやき、子育てがしやすく楽しいと感じられる社会の実現を目ざしています。

(2)条例を制定するのは、都道府県や市区町村です。日本国憲法第94条で定められており、条例は法律の範囲内で定めることができます。

**できたかな？**

□少子化・高齢化を説明してみよう。

□子育て支援のために必要な取り組みを考えてみよう。

**おうちのかたへ**

お住まいの地域の自治体のホームページなどを利用して、自治体が行っている子育てに関する取り組みを実際に確認することで、お子様の学習理解も深まります。

ぴったり1
準備
せんたく
1. ともに生きる暮らしと政治
2 わたしたちの暮らしを 支える政治②
学習日
16ページ
めあて
人口減少をめぐる課題の解決に向けて行われている取り組みを理解しよう。
教科書 40〜49ページ
答え 9ページ
ぴったり2
練習
ぴたトリビア
地方自治体の歳入にしめる地方税の割合が、3〜4割にすぎないことから、「三割自治」と表現されることがあります。
17ページ
教科書 40〜49ページ
答え 9ページ


次の（　）に入る言葉や数字を、下から選びましょう。

## 1 「子育て支援ひろば」ができるまで　教科書 40〜41ページ

**「子育て支援ひろば」の取り組み**

- （① 選挙 ）で選ばれた市長や（② 市議会 ）議員が市議会で話し合って、市の仕事（市政）の進め方を決める。
- 市や県が進める政治は、飲み水やごみ処理、福祉や（③ 防災 ）など。
- 市が行う仕事の費用…税金のほか、都道府県や国からの（④ 補助金 ）が使われる。
- **地方自治**…地域の問題を解決し、よりよい暮らしにつながる政治を（⑤ 住民の意思 ）にもとづいて進めていく。

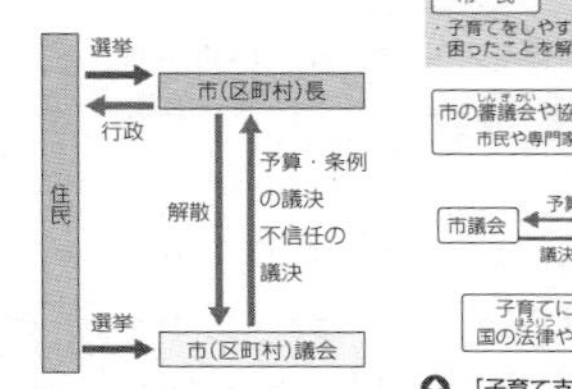

市（区町村）の政治と住民のつながり

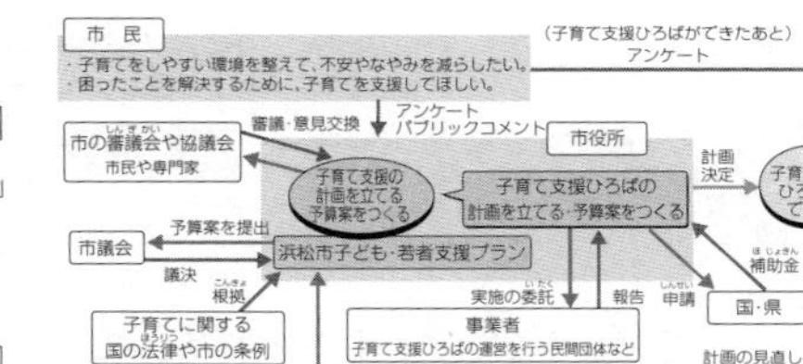

「子育て支援ひろば」ができるまで

＊パブリックコメントとは、これから行う取り組みについて、役所や省庁が住民や国民から広く意見を集めて、最終的な決定に生かそうとするしくみのこと。

## 2 たがいに助け合う社会／社会の課題の解決とわたしたち　教科書 42〜45ページ

**たがいに助け合う社会**

- **介護保険制度**…介護が必要になったときに備え、みんなでお金を出し合い資金をため、介護が必要だと認められた人が、国や地方自治体の介護支援を受けられるしくみ。資金は（⑥ 40 ）才以上の人が支はらう介護保険料と、税金でまかなう。
- **社会保障**…助けを必要としている人を、（⑦ 社会全体 ）で支えるしくみ。

**社会の課題**

- （⑧ 育児・介護休業法 ）…働く人が子育てや介護のための休暇をとりやすくするための法律。
- 人口の多い都市では、保育園などの子どもを預かる施設やサービスが不足している。
- 地方では、急速に少子化・高齢化が進み、人口が減り続けている。
- 若者や都市から移り住んでくる人を増やすことが、多くの地方自治体で課題となっている。

政治の果たすべき役割は重要だね。

選んだ言葉に✓
補助金
40
住民の意思
選挙
防災
社会全体
市議会
育児・介護休業法




## 1 次の文と図を見て、あとの問いに答えましょう。

市長や市議会（①）は、選挙を通して市民の代表として選ばれる。市が行う仕事やそのために使う費用は、市議会で話し合い、決定される。これには、（②）だけでなく、都道府県や国からの補助金が使われることがある。

(1) 文中の①、②にあてはまる言葉を書きましょう。

①（ 議員 ）
②（ 税金 ）

(2) 下線部について、市が行う仕事は私たちの暮らしのどのような面に関わっていますか。正しいものには○を、まちがっているものには×をつけましょう。

①（ ○ ）飲み水やごみ処理。
②（ ○ ）福祉や防災。
③（ × ）法律の制定。

(3) 右の図の矢印のうち、「解散」にあてはまるものを、図中の㋐〜㋓から選びましょう。（ ㋒ ）

住民 ㋐ ㋑ 市(区町村)長 ㋒ ㋓ ㋐ 市(区町村)議会

市(区町村)の政治と住民のつながり

## 2 社会の課題の解決に向けた取り組みに関する次の会話を読んで、正しいものには○を、まちがっているものには×をつけましょう。

(1)（ × ）働く人が子育てや介護のための休暇をとりやすくするために、介護保険制度が制定されたね。

(2)（ ○ ）人口減少社会をむかえている日本では、社会保障の取り組みの充実が求められているね。

(3)（ ○ ）都市では、保育園などの子どもを預かる施設を充実させる取り組みが求められているね。

(4)（ ○ ）地方自治体では、地域の魅力を都市に向けて発信する取り組みが進められているね。

ヒント ❶(2) 市が進める政治は、住民の暮らしのさまざまな面に直接関わっています。



**できたかな？**

□地方自治のしくみを説明してみよう。
□人口減少をめぐる課題の解決のために必要な取り組みを考えてみよう。

## 練習　17ページ

❶ (1)②2023年度の浜松市の予算では、歳入のうち市民からの税金が38.4%、国や県からの補助金が24.6%をしめています。

(2)①②市は、飲み水やごみ処理、福祉や防災など、住民の暮らしに直接関わっている仕事を行います。

③法律の制定は国会の仕事です。

(3)㋐には「選挙」、㋑には「行政」、㋓には「予算・条例の議決、不信任の議決」があてはまります。

❷ (1)介護保険制度ではなく育児・介護休業法です。介護保険制度とは、介護が必要になったときに備え、みんなでお金を出し合い資金をためておき、介護が必要だと認められた人が、国や地方自治体の介護支援を受けられるしくみです。

(4)地方自治体は、若者や他の地域から移り住む人を増やすため、子育てのしやすい町づくりや働きやすい環境を整えるなど、さまざまな取り組みを行っています。

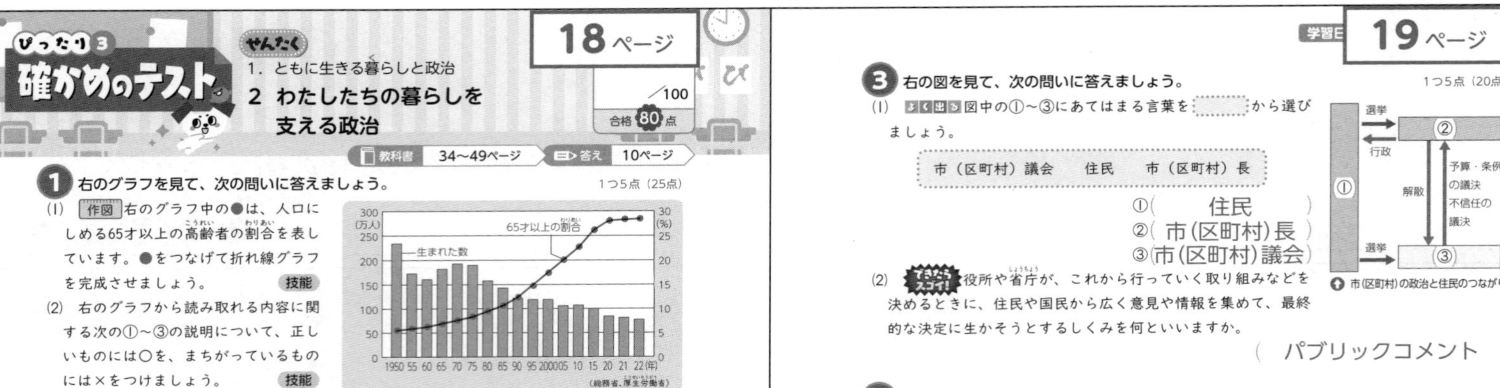

ぴったり3 確かめのテスト

せんたく 1. ともに生きる暮らしと政治
2 わたしたちの暮らしを支える政治

18ページ

/100 合格80点

教科書 34〜49ページ　答え 10ページ

**1** 右のグラフを見て、次の問いに答えましょう。　1つ5点（25点）

(1) 作図 右のグラフ中の●は、人口にしめる65才以上の高齢者の割合を表しています。●をつなげて折れ線グラフを完成させましょう。　技能

(2) 右のグラフから読み取れる内容に関する次の①〜③の説明について、正しいものには○を、まちがっているものには×をつけましょう。　技能


生まれた子どもの数と、人口にしめる65才以上の高齢者の割合

①（ ○ ）2022年に生まれた子どもの数は、1950年に生まれた子どもの数の半分以下である。

②（ × ）65才以上の高齢者の割合が約5%から約10%になるまで、約20年かかっている。

③（ × ）65才以上の高齢者の割合が約10%から約20%になるまで、約35年かかっている。

記述 (3) 高齢者の割合が増えた原因として考えられることを、「医療」という言葉を使って簡単に書きましょう。　思考・判断・表現

（(例) 医療の進歩によって日本人の平均寿命がのびたから。）

**2** 次の文を読んで、あとの問いに答えましょう。　1つ5点（20点）

静岡県浜松市では、子育てがしやすく楽しいと感じられる社会を目ざして、「浜松市子ども育成（①）」を制定し、2011年（平成23）年には、「子育て支援ひろば」を整備した。子育てに関するさまざまな取り組みを行っており、（②）では預かる子どもの人数を増やす取り組みを行っている。

(1) 文中の①、②にあてはまる言葉を書きましょう。

①（ 条例 ）
②（ 保育園 ）

(2) 下線部について、「子育て支援ひろば」で子育てをしている人たちを支えるために行っている取り組みを、㋐〜㋓から2つ選びましょう。

（ ㋐ ）（ ㋑ ）（順不同）

㋐ 出産や子育てに関する相談や情報交換
㋑ 妊婦や外国人への支援
㋒ 浜松市への移住を考えている人に情報を提供するサービス
㋓ 一人暮らしの高齢者に食事を届けるサービス

18

19ページ

**3** 右の図を見て、次の問いに答えましょう。　1つ5点（20点）

(1) よく出る 図中の①〜③にあてはまる言葉を［　］から選びましょう。

市（区町村）議会　住民　市（区町村）長

①（ 住民 ）
②（ 市(区町村)長 ）
③（ 市(区町村)議会 ）


市(区町村)の政治と住民のつながり

(2) てきたらスゴイ！ 役所や省庁が、これから行っていく取り組みなどを決めるときに、住民や国民から広く意見や情報を集めて、最終的な決定に生かそうとするしくみを何といいますか。

（ パブリックコメント ）

**4** 右のグラフを見て、次の問いに答えましょう。　1つ5点（15点）

(1) 歳出のうち、最も多いものを書きましょう。　技能

（ 福祉のための費用 ）

(2) 「教育のための費用」は、歳出の何%をしめていますか。　技能

（ 16.7 ）%

(3) 歳出に対する言葉で、浜松市に入ってくるお金のことを何といいますか。

（ 歳入 ）

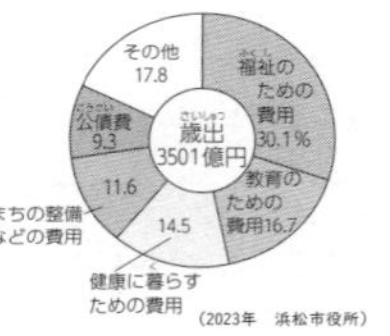

浜松市の予算

**5** 次の文を読んで、あとの問いに答えましょう。　1つ5点（20点）

2010（平成22）年に約1億3千万人あった日本の人口は、2050年ごろには1億人以下になると予想されている。人口減少は①｛(地方)・都市｝から始まり、今後は、②｛地方・(都市)｝でも広がっていくとされ、わたしたちの暮らしにさまざまな影響をおよぼすと考えられている。

また、少子化・高齢化が進んでいることから、助けを必要としている人を、社会全体で支えるしくみである③｛(社会保障)・防災｝の取り組みをいっそう充実させていくことが求められている。一方で、この取り組みに必要な財源を、社会全体でどのように負担していくのかも課題となっている。

(1) 文中の①〜③について、｛ ｝の中の正しい言葉を◯で囲みましょう。

記述 (2) 下線部の例を、「税金」という言葉を使って簡単に書きましょう。　思考・判断・表現

（(例) 地方自治体や国の、税金による収入が減っていく。）

ふりかえり 1(3)がわからないときは、14ページの1にもどって確認してみよう。

19

## 確かめのテスト 18〜19ページ

**1** (2)②65才以上の高齢者の割合は、1950年に約5%、1985年に約10%で、5%から10%になるのに約35年かかっています。
③65才以上の高齢者の割合は、1985年に約10%、2005年に約20%で、10%から20%になるのに約20年かかっています。
(3)1950年の平均寿命は男性が58.0年、女性が61.5年です。2022年の平均寿命は男性が81.1年、女性が87.1年となり、のびています。

**2** (2)㋒は、浜松移住コーディネーターの活動です。

**3** (1)住民は、選挙によって市（区町村）長や市（区町村）議会の議員を選びます。
(2)役所や省庁のホームページで意見を募集しています。

**4** (1)福祉のための費用が約30%をしめています。
(3)2023年度の浜松市の歳入では、市民からの税金が38.4%をしめています。

**5** (1)①地方では、若い人が就職などのために都市へと移り住むことなどが人口減少の原因の一つとなっています。

### 記述問題のプラスワン

**5** (2)問題文中に「税金」という語句を使用するという指定があるので、忘れずに解答にふくめましょう。人口の減少がわたしたちの暮らしにおよぼす影響の例としては、学校や病院、商店などが地域から減っていく、高齢者だけの世帯が増加する、商品を買う人が減り、産業全体がおとろえていくことなどが考えられます。

# ぴったり1 準備

せんたく 1．ともに生きる暮らしと政治

## 2 災害からわたしたちを守る政治①

学習日 **20ページ**

めあて 東日本大震災がもたらした被害や被災した人々に対する支援を理解しよう。

教科書 50～53ページ　答え 11ページ

次の（　）に入る言葉や数字を、下から選びましょう。

### 1 突然の大地震と津波

教科書 50～51ページ

**東日本大震災**

- （① 2011 ）（平成23）年3月11日午後2時46分、（② 東北地方 ）を中心に東日本大震災が発生した。
- 震源は宮城県の沖合130km付近の海底、最大震度は7。
- 10mをこえる高さの（③ 津波 ）が沿岸のまちをおそい、多くの人々が家族や家を失った。
- （④ 電気 ）や水道が止まり、生活を支える基盤が失われた。
- 福島第一（⑤ 原子力発電所 ）で事故が起こり、放射性物質が広い範囲に放出され、多くの人々が避難した。
- 多くの人々は避難所などで不自由な生活を送った。

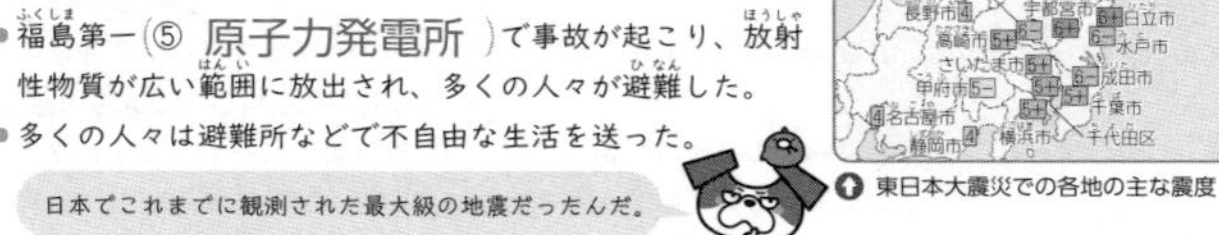

東日本大震災での各地の主な震度

日本でこれまでに観測された最大級の地震だったんだ。

### 2 緊急の支援

教科書 52～53ページ

**釜石市や岩手県、国の取り組み**

- 岩手県の太平洋沿岸にある釜石市では、巨大な防波堤を乗りこえて津波が流れこみ、大きな被害を受けた。
- 釜石市は地震発生直後に災害対策本部を市役所に設置した。
- 岩手県は（⑥ 災害救助法 ）にもとづいて国や他の都道府県に協力を求め、（⑦ 自衛隊 ）や日本赤十字社に対して救助を要請した。
- 全国から派遣された警察や消防、自衛隊などが被災した人々の捜索や救護にあたった。
- がれきの撤去作業や日本赤十字社による医療活動が始まった。
- 多くの（⑧ ボランティア ）が市と協力しながら支援活動を行い、国の内外から支援物資が届けられた。

岩手県釜石市

**釜石市の復興**

- 震災の1か月後には仮設住宅への入居が開始され、2か月後には電気が、4か月後には水道が復旧した。

選んだ言葉に✓

| | | | |
|---|---|---|---|
| □東北地方 | □自衛隊 | □津波 | □ボランティア |
| □原子力発電所 | □2011 | □電気 | □災害救助法 |



# ぴったり2 練習

学習日 **21ページ**

ぴたトリビア 東日本大震災では、死亡者1万9765人、行方不明者2553人、避難者約47万人（最大時）という大きな被害がもたらされました。（2023年3月現在）

教科書 50～53ページ　答え 11ページ

**1 次の文を読んで、あとの問いに答えましょう。**

2011年（平成23）年3月11日午後2時46分、ⓐ東北地方を中心に大きな地震が発生した。最大震度は7で、日本でこれまでに観測された最大級の地震となった。
地震のあとに発生した津波は、沿岸のまちをおそい、この津波によって多くの人々が大切な家族を失い、家を失った。また、ⓑ生活を支える基盤が失われた。
（①）第一原子力発電所で事故が起こり、有害な（②）が広い範囲に放出され、多くの人々が避難することになった。

(1) 文中の①、②にあてはまる言葉を書きましょう。
①（ 福島 ）
②（ 放射性物質 ）

(2) 下線部ⓐについて、この地震による災害を何といいますか。（ 東日本大震災 ）

(3) 下線部ⓑについて、「生活を支える基盤」が失われたとは、具体的にはどのようなことですか。例を2つ書きましょう。
（ 電気 ）や（ 水道 ）が止まること
（順不同）（ガスも可）

**2 右の図を見て、次の問いに答えましょう。**

(1) 図中の①、②にあてはまる言葉を書きましょう。
①（ 都道府県 ）
②（ 自衛隊 ）

(2) 被災した地域で、避難した人々のために学校や公民館などの公共施設に設けられるのは何ですか。
（ 避難所 ）

(3) 日本赤十字社が行う重要な活動は何ですか。
（ 医療活動 ）

(4) この図のほかに、多くの人が被災地に入り、市と協力しながら支援活動を行いました。このような活動を何といいますか。
（ ボランティア ）活動

応援要請／救助・支援
国／②／日本赤十字社／①／警察、消防、水道、電気、ガス、鉄道、など／他の市町村／被災した市町村／他の都道府県／被災した地域
報告・協議／助言／派遣要請／必要な業務の委託／被害状況の報告／支援・調整

被災した地域を支援する政治のしくみ

ヒント 2 (1)② 被災した人々の捜索や救護、がれきの撤去作業などの活動を行います。



# 練習 21ページ

1 (1)福島第一原子力発電所の事故は、まだまだ収束には時間がかかるとされています。
(3)「ガス」も可です。特に重要なものは、電気・ガス・水道であり、ライフラインともよばれます。

2 (1)災害時にどのようなしくみで救助活動が行われるのか、覚えておきましょう。
(3)日本赤十字社は、主に被災者のけがの手当などの医療活動を行っています。
(4)日本では、1995年1月に発生した阪神・淡路大震災をきっかけとしてボランティアが注目されるようになりました。そのため、1995年は日本の「ボランティア元年」といわれています。

**できたかな？**

□東日本大震災がもたらした被害を説明してみよう。
□被災した人々に対する緊急の支援にはどのようなものがあるかを説明してみよう。

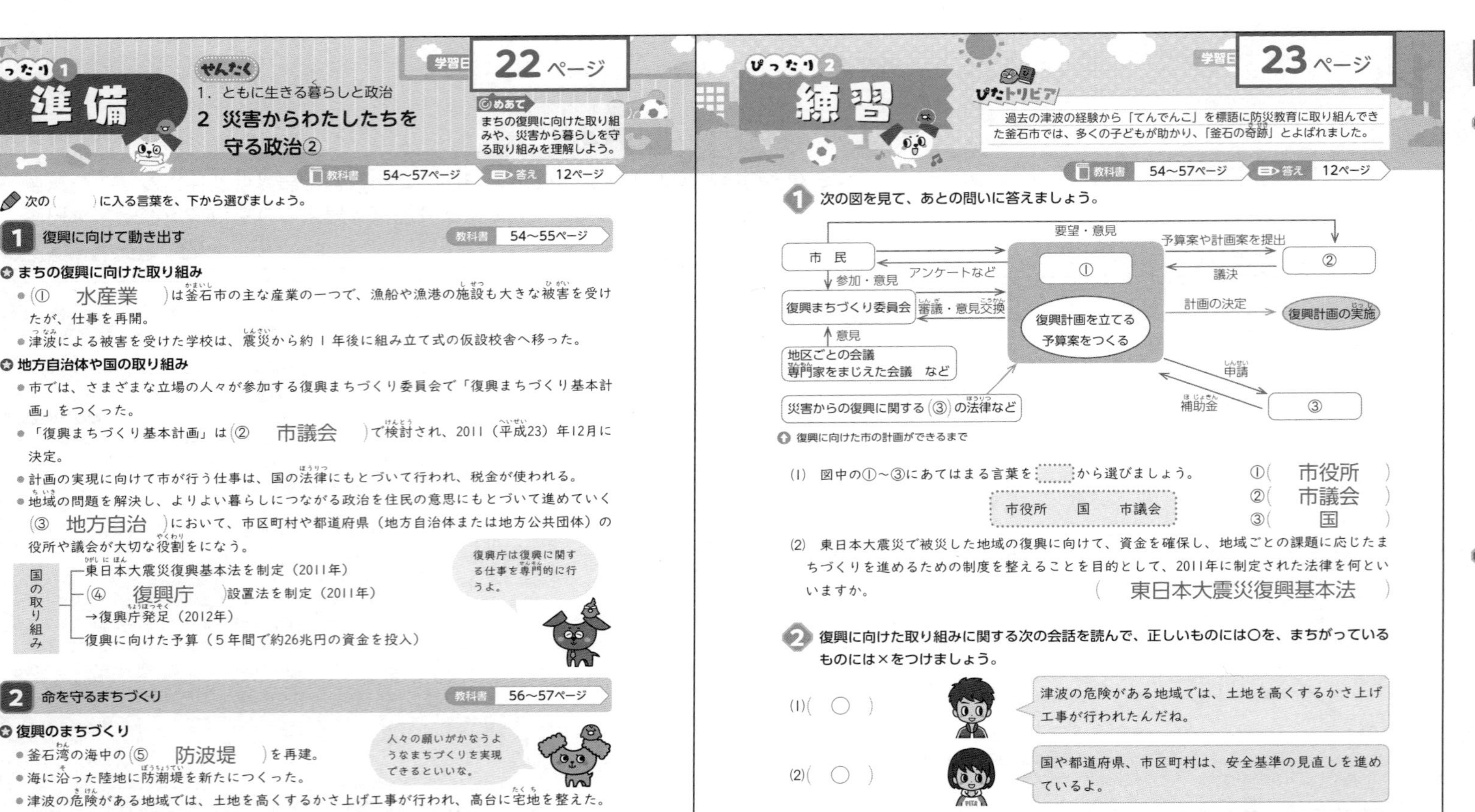

ぴったり1 準備　せんたく　1. ともに生きる暮らしと政治
2 災害からわたしたちを守る政治②
学習日　22ページ
めあて　まちの復興に向けた取り組みや、災害から暮らしを守る取り組みを理解しよう。
教科書 54〜57ページ　答え 12ページ

次の（　）に入る言葉を、下から選びましょう。

1 復興に向けて動き出す　教科書 54〜55ページ

まちの復興に向けた取り組み
- （① 水産業 ）は釜石市の主な産業の一つで、漁船や漁港の施設も大きな被害を受けたが、仕事を再開。
- 津波による被害を受けた学校は、震災から約１年後に組み立て式の仮設校舎へ移った。

地方自治体や国の取り組み
- 市では、さまざまな立場の人々が参加する復興まちづくり委員会で「復興まちづくり基本計画」をつくった。
- 「復興まちづくり基本計画」は（② 市議会 ）で検討され、2011（平成23）年12月に決定。
- 計画の実現に向けて市が行う仕事は、国の法律にもとづいて行われ、税金が使われる。
- 地域の問題を解決し、よりよい暮らしにつながる政治を住民の意思にもとづいて進めていく（③ 地方自治 ）において、市区町村や都道府県（地方自治体または地方公共団体）の役所や議会が大切な役割をになう。

国の取り組み
- 東日本大震災復興基本法を制定（2011年）
- （④ 復興庁 ）設置法を制定（2011年）→復興庁発足（2012年）
- 復興に向けた予算（5年間で約26兆円の資金を投入）

復興庁は復興に関する仕事を専門的に行うよ。

2 命を守るまちづくり　教科書 56〜57ページ

復興のまちづくり
- 釜石湾の海中の（⑤ 防波堤 ）を再建。
- 海に沿った陸地に防潮堤を新たにつくった。
- 津波の危険がある地域では、土地を高くするかさ上げ工事が行われ、高台に宅地を整えた。
- 仮設校舎の小・中学校は、高台に完成した新しい校舎へ移転。

人々の願いがかなうようなまちづくりを実現できるといいな。

災害から命や暮らしを守る取り組み
- 自然災害の多い日本では、災害の発生に備える体制をつくったり、安全基準の見直しや災害に強いまちづくりを進めたりしている。
- 国や都道府県、市区町村が進める取り組み＝（⑥ 公助 ）とともに、地域の人々の助け合い＝（⑦ 共助 ）や、自分や家族を守ること＝（⑧ 自助 ）を組み合わせていくことが必要。

選んだ言葉に✓　□自助　□公助　□共助　□市議会　□防波堤　□復興庁　□水産業　□地方自治

22

ぴったり2 練習　学習日　23ページ
ぴたトリビア　過去の津波の経験から「てんでんこ」を標語に防災教育に取り組んできた釜石市では、多くの子どもが助かり、「釜石の奇跡」とよばれました。
教科書 54〜57ページ　答え 12ページ

1 次の図を見て、あとの問いに答えましょう。



復興に向けた市の計画ができるまで

(1) 図中の①〜③にあてはまる言葉を［　］から選びましょう。　市役所　国　市議会
①（ 市役所 ）②（ 市議会 ）③（ 国 ）

(2) 東日本大震災で被災した地域の復興に向けて、資金を確保し、地域ごとの課題に応じたまちづくりを進めるための制度を整えることを目的として、2011年に制定された法律を何といいますか。（ 東日本大震災復興基本法 ）

2 復興に向けた取り組みに関する次の会話を読んで、正しいものには○を、まちがっているものには×をつけましょう。

(1)（ ○ ）津波の危険がある地域では、土地を高くするかさ上げ工事が行われたんだね。
(2)（ ○ ）国や都道府県、市区町村は、安全基準の見直しを進めているよ。
(3)（ × ）自分や家族を守ることを公助というよ。
(4)（ ○ ）地域の人々の助け合いを共助というよ。

ヒント　1 (2) 2011年には復興庁設置法も制定されました。

23

できたかな？
□復興に向けた取り組みを説明してみよう。

おうちのかたへ
「災害からわたしたちを守る政治」のかわりに、「わたしたちの暮らしを支える政治」「雪とともに生きる暮らしを支える政治」を学習することもできます。国民生活における国や都道府県、市区町村の政治の働きを考えることが大切です。

## 練習　23ページ

1 (1)地方自治では、市区町村や都道府県の役所や議会が大切な役割をになっています。

(2)国は、2011年に東日本大震災復興基本法や復興庁設置法を制定しました。2012年には、東日本大震災で被災した地域の復興に関する仕事を行う復興庁が発足しました。さらに、復興に向けた予算として、震災からの５年間で約26兆円の資金を投入しました。

2 (3)公助は国や都道府県、市区町村が進める取り組みです。食料や飲料水を家に置いておいたり、避難経路を確認したりするなど、自分や家族を守ることは自助といいます。

ぴったり1 準備 せんたく 1．ともに生きる暮らしと政治
## 2 雪とともに生きる暮らしを支える政治

学習日 **24ページ**

めあて 雪のおよぼす影響や、雪を生かした取り組みを理解しよう。

教科書 58～67ページ　答え 13ページ

次の（　　）に入る言葉を、下から選びましょう。

### 1 まちで暮らす人々の願い／雪対策で暮らしが変わった　教科書 58～61ページ

**北海道札幌市**

- 人口約197万人の大都市で、（① 明治 ）時代に入ってから本格的な開発が始まった。
- 毎年2月ごろに行われる「さっぽろ雪まつり」には、多くの見物客がおとずれる。
- 札幌市のひと冬の（② 降雪量 ）は約5mにものぼる。
- 1972（昭和47）年に開催された冬季（③ オリンピック ）札幌大会をきっかけの一つとして発展が進んだ。

北海道札幌市

**札幌市の雪対策**

- 人の移動やものの輸送をしやすくするため、除雪の仕事のしくみを見直した。
- 道路が広げられ、1971（昭和46）年に地下鉄が開通した。
- 2018（平成30）年に「札幌市冬のみちづくりプラン2018」をつくり、除雪と排雪を中心とする雪対策の取り組みを進めている。
- 除雪など市が行う仕事は、国の法律や市のきまりにもとづき進められ、税金が使われる。
- 市の（④ 予算 ）だけではなく、都道府県や国からの（⑤ 補助金 ）が使われることもある。
- 地域の問題を解決し、よりよい暮らしにつながる政治を住民の意思にもとづいて進めていく（⑥ 地方自治 ）において、市区町村や都道府県（地方自治体または地方公共団体）の役所や議会が大切な役割をになう。

道路の除雪は、通行する自動車の少ない夜中に作業が行われているよ。

### 2 雪を生かす　教科書 62～63ページ

**「さっぽろ雪まつり」**

- 1950（昭和25）年に札幌市の学生が市内の大通公園に6基の雪像をつくったことをきっかけとして始まり、地域の行事から日本の冬を代表とする行事の一つへと発展していった。
- 雪像づくりを行う自衛隊や市民だけではなく、（⑦ 警察 ）による警備や民間企業の協力のもとに成り立っている。
- 北海道や札幌市は、夏に比べて冬の観光客が少なくなるため、市や観光協会はより多くの人たちに来てもらうための取り組みに力を入れている。
- 1974年から国際雪像コンクールが開かれ、雪を通した（⑧ 国際的な交流 ）が行われている。

選んだ言葉に☑　□補助金　□オリンピック　□地方自治　□明治　□降雪量　□予算　□国際的な交流　□警察



ぴったり2 練習

学習日 **25ページ**

ぴたトリビア 札幌市では、人通りの多い交差点などにすべり止め用の砂が入った「砂箱」が設置されており、路面がつるつるの状態になったときに使います。

教科書 58～67ページ　答え 13ページ

**1** 次の文を読んで、あとの問いに答えましょう。

> 北海道札幌市では、1972年にアジアで初の冬季オリンピックが開催された。オリンピックの開催に向けて、札幌市では都市の基礎を整えるまちづくりが進められ、1971年には（①）が開通した。
> 札幌市では、「札幌市冬のみちづくりプラン2018」をつくり、除雪と（②）を中心とする雪対策の取り組みを進めている。

(1) 文中の①、②にあてはまる言葉を書きましょう。
①（ 地下鉄 ）
②（ 排雪 ）

(2) 下線部について、雪対策の取り組みに関する次の①～④の説明について、正しいものには○を、まちがっているものには×をつけましょう。
①（ × ）道路の除雪は、主に太陽が出ている昼間に行われている。
②（ × ）札幌市の除雪の費用は、すべて国費でまかなわれている。
③（ ○ ）費用と人手がかかる排雪は、利用者の多い重要な道路で行われている。
④（ ○ ）札幌市は、住宅の雪を道路に出すことのないように市民に協力を求めている。

**2** 雪を生かす取り組みに関する次の会話を読んで、正しいものには○を、まちがっているものには×をつけましょう。

(1)（ × ）「さっぽろ雪まつり」は、オリンピックと同じように4年に一度開かれているね。
(2)（ ○ ）「さっぽろ雪まつり」は、新聞やテレビなどで紹介され、広く知られるようになったね。
(3)（ ○ ）北海道や札幌市をおとずれる観光客の数は、冬よりも夏の方が多いね。
(4)（ ○ ）「さっぽろ雪まつり」の会場には、観光の魅力を発信するための展示場などが設けられているね。

ヒント 1 (2)① 除雪は、通行する自動車の少ない時間帯に行われます。



**練習 25ページ**

**1** (1)②札幌市では、少子化・高齢化が進んでも持続可能で安心・安全な冬の道路を実現できるように2018年につくられた「札幌市冬のみちづくりプラン2018」にもとづき、除雪と排雪を中心とする雪対策が進められています。
(2)①通行する自動車の少ない夜中に作業を行います。
②札幌市の予算や、国費が使われています。

**2** (1)「さっぽろ雪まつり」は、毎年2月ごろに開かれています。この祭りは、1950年に札幌市の中学生や高校生たちが市内の大通公園に6基の雪像を設置したことをきっかけとして始まりました。

**できたかな？**
□雪対策や雪を生かした取り組みを説明してみよう。

**おうちのかたへ**
「雪とともに生きる暮らしを支える政治」のかわりに、「わたしたちの暮らしを支える政治」「災害からわたしたちを守る政治」を学習することもできます。国民生活における国や都道府県、市区町村の政治の働きを考えることが大切です。

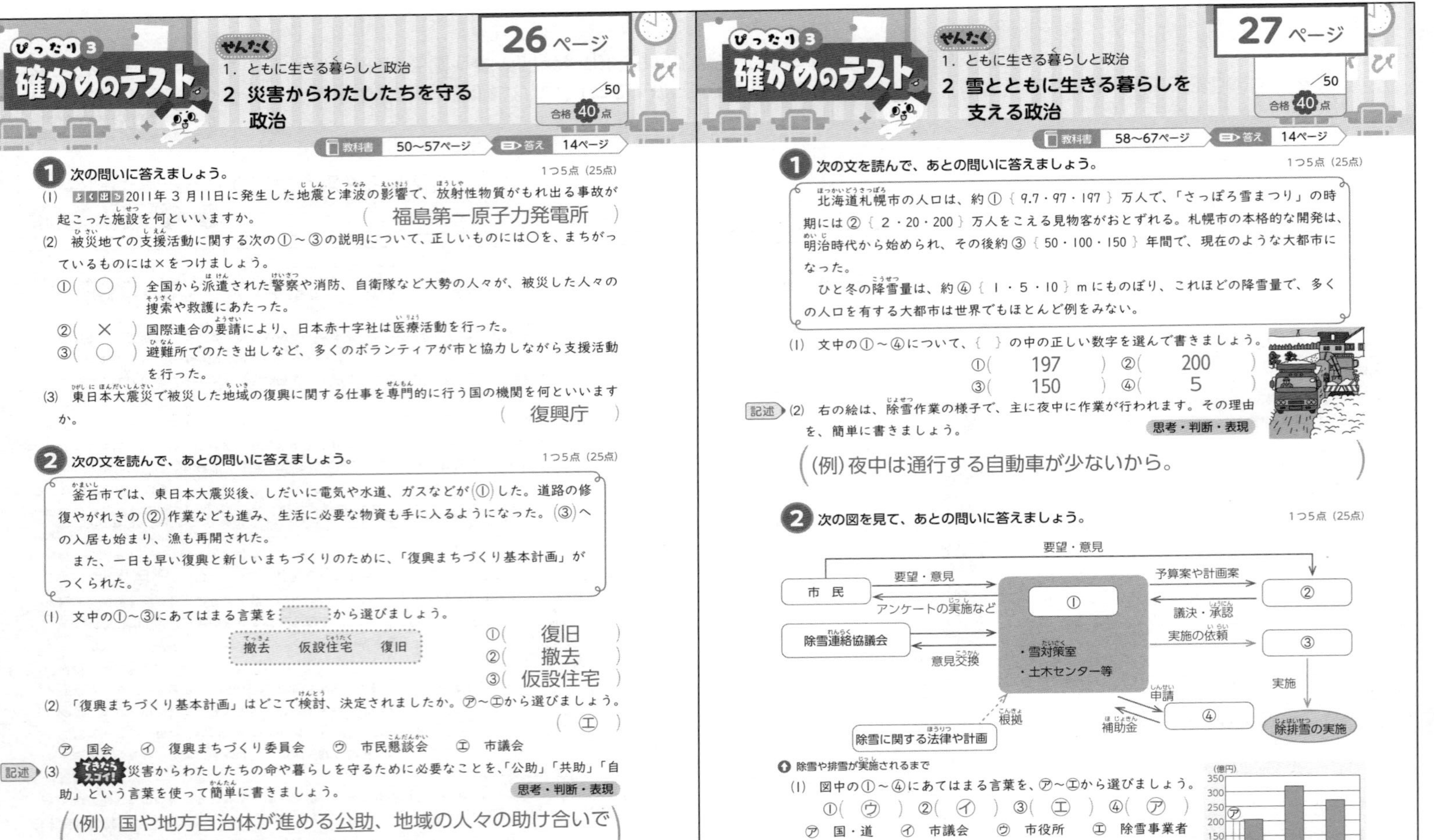

ぴったり3 確かめのテスト。
せんたく
1. ともに生きる暮らしと政治
2 災害からわたしたちを守る政治

26ページ

/50 合格40点

教科書 50~57ページ　答え 14ページ

1 次の問いに答えましょう。　1つ5点（25点）

(1) よく出る 2011年3月11日に発生した地震と津波の影響で、放射性物質がもれ出る事故が起こった施設を何といいますか。（ 福島第一原子力発電所 ）

(2) 被災地での支援活動に関する次の①～③の説明について、正しいものには○を、まちがっているものには×をつけましょう。

①（ ○ ）全国から派遣された警察や消防、自衛隊など大勢の人々が、被災した人々の捜索や救護にあたった。

②（ × ）国際連合の要請により、日本赤十字社は医療活動を行った。

③（ ○ ）避難所でのたき出しなど、多くのボランティアが市と協力しながら支援活動を行った。

(3) 東日本大震災で被災した地域の復興に関する仕事を専門的に行う国の機関を何といいますか。（ 復興庁 ）

2 次の文を読んで、あとの問いに答えましょう。　1つ5点（25点）

釜石市では、東日本大震災後、しだいに電気や水道、ガスなどが（①）した。道路の修復やがれきの（②）作業なども進み、生活に必要な物資も手に入るようになった。（③）への入居も始まり、漁も再開された。

また、一日も早い復興と新しいまちづくりのために、「復興まちづくり基本計画」がつくられた。

(1) 文中の①～③にあてはまる言葉を［　］から選びましょう。

撤去　仮設住宅　復旧

①（ 復旧 ）②（ 撤去 ）③（ 仮設住宅 ）

(2) 「復興まちづくり基本計画」はどこで検討、決定されましたか。㋐～㋓から選びましょう。（ ㋓ ）

㋐ 国会　㋑ 復興まちづくり委員会　㋒ 市民懇談会　㋓ 市議会

記述 (3) できたらスゴイ! 災害からわたしたちの命や暮らしを守るために必要なことを、「公助」「共助」「自助」という言葉を使って簡単に書きましょう。　思考・判断・表現

（(例) 国や地方自治体が進める公助、地域の人々の助け合いである共助、自分や家族を守る自助を組み合わせていくこと。）

ふりかえり 2(3)がわからないときは、22ページの2にもどって確認してみよう。

26

ぴったり3 確かめのテスト。
せんたく
1. ともに生きる暮らしと政治
2 雪とともに生きる暮らしを支える政治

27ページ

/50 合格40点

教科書 58~67ページ　答え 14ページ

1 次の文を読んで、あとの問いに答えましょう。　1つ5点（25点）

北海道札幌市の人口は、約①｛ 9.7・97・197 ｝万人で、「さっぽろ雪まつり」の時期には②｛ 2・20・200 ｝万人をこえる見物客がおとずれる。札幌市の本格的な開発は、明治時代から始められ、その後約③｛ 50・100・150 ｝年間で、現在のような大都市になった。

ひと冬の降雪量は、約④｛ 1・5・10 ｝mにものぼり、これほどの降雪量で、多くの人口を有する大都市は世界でもほとんど例をみない。

(1) 文中の①～④について、｛ ｝の中の正しい数字を選んで書きましょう。

①（ 197 ）②（ 200 ）
③（ 150 ）④（ 5 ）

記述 (2) 右の絵は、除雪作業の様子で、主に夜中に作業が行われます。その理由を、簡単に書きましょう。　思考・判断・表現

（(例) 夜中は通行する自動車が少ないから。）

2 次の図を見て、あとの問いに答えましょう。　1つ5点（25点）



除雪や排雪が実施されるまで

(1) 図中の①～④にあてはまる言葉を、㋐～㋓から選びましょう。

①（ ㋒ ）②（ ㋑ ）③（ ㋓ ）④（ ㋐ ）

㋐ 国・道　㋑ 市議会　㋒ 市役所　㋓ 除雪事業者

(2) 右のグラフのうち、国費を表しているのは㋐、㋑のどちらですか。　技能

（ ㋑ ）



除雪の費用のうち国費の割合

ふりかえり 1(2)がわからないときは、24ページの1にもどって確認してみよう。

27

## 確かめのテスト　26ページ

1 (2)②岩手県は、災害救助法にもとづいて国や他の都道府県に協力を求め、自衛隊や日本赤十字社に救助を要請しました。

(3)2011年に復興庁設置法が制定され、翌年発足しました。

2 (1)被災地復興のために、どのようなことが必要になるのか、また、新しいまちづくりのために何をすればよいのか、しっかり学習しましょう。

(2)「復興まちづくり基本計画」は、2011年12月に釜石市の市議会で決定されました。

(3)公助、共助、自助のそれぞれを組み合わせていくことが必要です。

## 確かめのテスト　27ページ

1 (1)北海道札幌市は道庁所在地で、北海道最大の都市です。「さっぽろ雪まつり」の時期には国内外から多くの観光客がおとずれます。

2 (1)③道路の除排雪は、札幌市から実施を請け負った会社の作業員が行っています。

**記述問題のプラスワン**

26ページ 2 (3)問題文中に「公助」「共助」「自助」という語句を使用するという指定があるので、忘れずに解答にふくめましょう。

27ページ 1 (2)交通量の多い都市では、除雪作業による交通障害をさけるため、夜間に作業が行われます。

ぴったり1 準備

2. 日本の歴史
1 国づくりへの歩み①

28ページ

めあて：歴史年表を活用して学習を広げ、大昔の人々の暮らしを理解しよう。

教科書 68〜83ページ　答え 15ページ

次の（　）に入る言葉を、下から選びましょう。

## 1 人々の願いの今と昔／歴史の学び方をナビゲーション！　教科書 68〜77ページ

**歴史年表**

- 年表は、時間軸の長さをとらえたり、できごとのつながりをつかんだりするのに役立つ。
- 文化の特色や（① 政治の中心地 ）などをもとにした、「○○時代」という表し方がある。
- 世紀…（② 100年間 ）を一つの単位とした表し方。21世紀は、2001年から2100年まで。
- 年（西暦）…（③ イエス＝キリスト ）が生まれたとされる年を西暦1年と表す。

| 時代 | 世紀 | 年 | 主なできごと |
|---|---|---|---|
| 平成 | 20 | 1991 | ソ連が解体する |
| | | 1995 | 阪神・淡路大震災が起こる |
| | 21 | 2011 | 東日本大震災が起こる |
| 令和 | | 2021 | 東京オリンピック・パラリンピックが開かれる |

平成・令和時代の年表

年表は時間の定規になっているんだね。

## 2 大昔の暮らしをさぐろう／学習問題をつくり、学習の見通しを立てよう　教科書 78〜83ページ

**ワンポイント　縄文時代の暮らし**

- 縄文時代…人々が（④ 狩りや漁・採集 ）を行い、（⑤ 縄文土器 ）を使って暮らしていた時代。今から約（⑥ 1万数千年 ）前に始まり、1万年近く続いた。
- （⑦ 竪穴住居 ）…縄文時代の人々の住居。
- （⑧ 土偶 ）…豊かなめぐみを願ってつくられたと考えられている。

縄文土器　土偶

人々は、土器を使って食べ物をにたり、保存したりしたんだね。

三内丸山遺跡（青森県）

縄文時代の暮らし（想像図）

選んだ言葉に✓：□狩りや漁・採集　□100年間　□土偶　□竪穴住居　□縄文土器　□政治の中心地　□イエス＝キリスト　□1万数千年

28

ぴったり2 練習

29ページ

ぴたトリビア：縄文時代には、どんぐりやくりなどの木の実を使って、「縄文クッキー」とよばれる食べ物がつくられていたと考えられています。

教科書 68〜83ページ　答え 15ページ

**1 右の年表を見て、次の問いに答えましょう。**

(1) 20世紀の出来事を、年表中の㋐〜㋓から2つ選びましょう。
（順不同）（ ㋐ ）（ ㋑ ）

(2) 年表に関する次の①〜③の説明について、正しいものには○を、まちがっているものには×をつけましょう。

①（ × ）右の年表は、昭和時代のできごとを表している。
②（ × ）世紀とは、1000年間を一つの単位とした表し方である。
③（ ○ ）イエス＝キリストが生まれたと考えられている年は、西暦1年と表される。

| 年 | 主なできごと | |
|---|---|---|
| 1991 | ソ連が解体する | …㋐ |
| 1995 | 阪神・淡路大震災が起こる | …㋑ |
| 2011 | 東日本大震災が起こる | …㋒ |
| 2021 | 東京オリンピック・パラリンピックが開かれる | …㋓ |

**2 右の想像図を見て、次の問いに答えましょう。**

(1) 青森県にある、今から約5500年前から1500年間にわたり人々が暮らしていた遺跡を何といいますか。
（ 三内丸山遺跡 ）

(2) 右の想像図に見られる、縄文時代の住居を何といいますか。
（ 竪穴住居 ）

(3) 右の想像図に関する次の①〜④の会話を読んで、正しいものには○を、まちがっているものには×をつけましょう。

縄文時代の暮らし（想像図）

①（ × ）みんなで協力して米づくりをしている様子がわかるね。
②（ ○ ）みんなで協力して家を建てたり土器をつくったりしているね。
③（ ○ ）狩りや漁に使う道具を自分たちでつくっているね。
④（ × ）食べ物をめぐって争いが起きているね。

ヒント：1 (2)① 1926年から昭和時代、1989年から平成時代、2019年から令和時代です。

29

## 練習　29ページ

1 (1)1901年から2000年までが20世紀です。
(2)①年表は、平成・令和時代のできごとを表しています。
②世紀とは、100年間を一つの単位とした表し方です。

2 (1)三内丸山遺跡は縄文時代の遺跡です。
(3)①縄文時代は狩りや漁・採集を行って暮らしていました。米づくりは弥生時代から広がりました。
②このころの土器の多くは、縄目の文様がつけられていたことから縄文土器とよばれています。
④みんなで協力している様子がえがかれており、争いが起きている様子はえがかれていません。

できたかな？
□大昔の人々の暮らしを説明してみよう。

おうちのかたへ
想像図や写真などの画像資料、歴史年表など、歴史学習を進めるうえで役立つ資料の活用のしかたをおさえておくとよいです。

30ページ

ぴったり1 準備

2. 日本の歴史
1 国づくりへの歩み②

めあて 弥生時代の暮らしや、古墳の広がりを理解しよう。

教科書 84〜93ページ　答え 16ページ

次の（　）に入る言葉を、下から選びましょう。

**1 米づくりが始まる／むらからくにへ**　教科書 84〜87ページ

ワンポイント 弥生時代の暮らし
- 弥生時代…大陸から米づくり、（① 青銅器 ）や鉄器が伝わり、うすくてかたい（② 弥生土器 ）がつくられるようになった時代。
- 約2500年前に米づくりの技術が伝わり、各地へ広がると、人々は集まって住み、協力して農作業を行うようになった。
- 春から夏は湿地を耕して水田をつくり、秋には石包丁で稲の穂をかり取り、（③ 高床の倉庫 ）にたくわえた。

弥生土器

**むらからくにへ**
- 食料が安定して得られるようになり、むらの人口が増加した。集落の周りにはほりをめぐらした（④ 環濠集落 ）が生まれた。
- 人々をまとめる指導者（首長）が現れ、米づくりを命じ、豊作をいのる祭りを行った。また、土地や水をめぐる他のむらとの戦いの指揮をとった。
- （⑤ 豪族 ）…他のむらを従える地域の支配者。それぞれが小さなくにをつくり、王とよばれるようになった。
- 卑弥呼…（⑥ 邪馬台国 ）の女王。
- まじないを行い、3世紀ごろに30ほどのくにを従えていた。

銅たく

**2 古墳をつくった人々／古墳の広がりと大和朝廷**　教科書 88〜91ページ

**古墳をつくった人々**
- 古墳…その地域を支配していた豪族の墓。3世紀末に近畿・瀬戸内海沿岸でつくられ始め、各地へ広がる。大仙古墳（大阪府堺市）は、日本最大の（⑦ 前方後円墳 ）。
- 渡来人…中国や朝鮮半島から日本に移り住んだ人々。高度な技術をもち、建築や鍛冶、絹織物、漢字や仏教などを日本各地へ伝えた。

大仙（仁徳陵）古墳　はにわ

**古墳の広がりと大和朝廷**
- 大和朝廷（大和政権）…大和（奈良県）や河内（大阪府）の豪族が連合してつくった政府。中心となった人物は（⑧ 大王 ）（後に天皇）とよばれた。

古墳からさまざまな形のはにわが出土しているんだ。

選んだ言葉に✓：□大王　□豪族　□弥生土器　□前方後円墳　□青銅器　□高床の倉庫　□邪馬台国　□環濠集落

30

31ページ

ぴったり2 練習

ぴたトリビア 佐賀県の吉野ヶ里遺跡は、弥生時代の環濠集落の遺跡です。管玉や銅剣、首のない人骨などが出土しました。

教科書 84〜93ページ　答え 16ページ

**1 次の文を読んで、あとの問いに答えましょう。**

ⓐ米づくりがさかんになっていくと、ⓑむらの人口が増えて、農作業も共同で行うようになった。また、集落の周りに①をめぐらせ、さくで囲んだ環濠集落も生まれ、ⓒむらをまとめる指導者が現れた。そして、人々の間にも、技術をもつ者やたくわえ（富）をもつ者が出てきた。やがて、指導者の中から他のむらを従えるほどの大きな力をもつ者が現れ、地域の支配者である②となり、それぞれが小さなくにをつくった。

(1) 文中の①、②にあてはまる言葉を書きましょう。　①（ ほり ）②（ 豪族 ）
(2) 下線部ⓐについて、稲の穂をかり取る道具を、㋐〜㋒から選びましょう。（ ㋒ ）
㋐ 田げた
㋑ 銅たく
㋒ 石包丁
(3) 下線部ⓑについて、人口が増えた理由を、㋐〜㋒から選びましょう。（ ㋑ ）
㋐ 争いがなくなったから。
㋑ 安定して食料を得られるようになったから。
㋒ お金の取り引きがさかんになったから。
(4) 下線部ⓒを何といいますか。（ 首長 ）

**2 右の資料を見て、次の問いに答えましょう。**

(1) 右の写真は、5世紀中ごろから後半にかけてつくられたとされる日本最大の古墳です。この古墳の名前を書きましょう。（大仙(仁徳陵)古墳）
(2) (1)の古墳がある場所を、右の地図中の㋐〜㋒から選びましょう。（ ㋑ ）
(3) (1)の古墳のような巨大な前方後円墳が多く見られる地域を、昔の国名で2つ書きましょう。（ 大和 ）（順不同）（ 河内 ）
(4) 大陸から日本へ移り住み、新しい技術や文化を日本各地に伝えた人たちのことを何といいますか。（ 渡来人 ）

ヒント 2 (3) 現在の都道府県名は、奈良県と大阪府です。

31

できたかな?
□弥生時代の暮らしを説明してみよう。
□古墳とはどのようなものかを説明してみよう。

## 練習　31ページ

**1** (2)㋐の田げたは、水田で作業するとき、足がしずまないようにするための道具です。㋑の銅たくは、祭りのときにかざったり鳴らしたりして使われたと考えられている青銅器です。
(3)米づくりが広がると、収穫した米を高床の倉庫にたくわえるようになりました。また、土地や水をめぐって他のむらとの争いも起こりました。

**2** (1)、(2)大阪府堺市にある大仙古墳は、日本最大の前方後円墳で、2019年に世界遺産に登録されました。
(3)大和は奈良県、河内は大阪府あたりの昔の国名です。

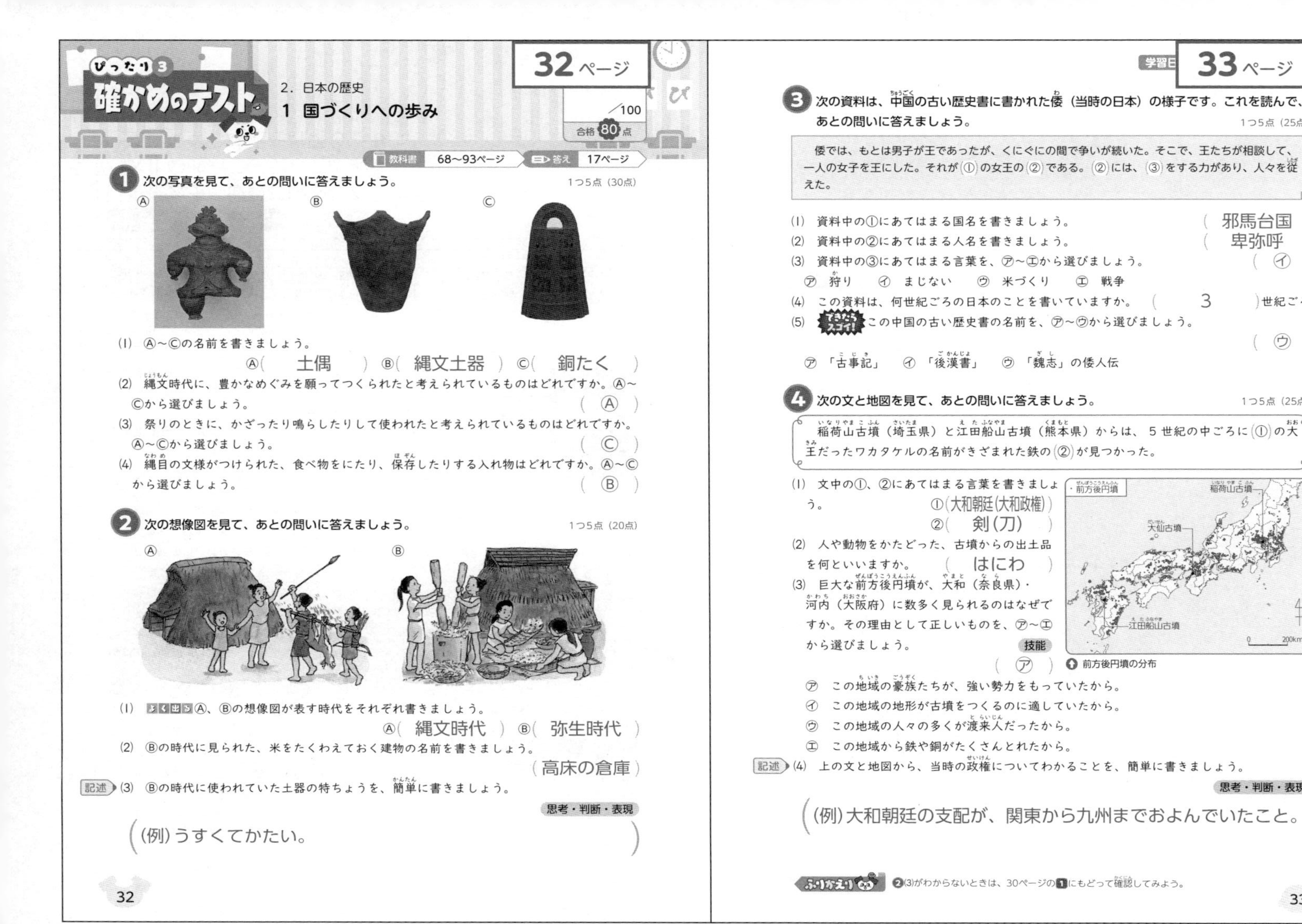

ぴったり3
# 確かめのテスト
2. 日本の歴史
1 国づくりへの歩み

32ページ

/100　合格80点

教科書 68～93ページ　答え 17ページ

**1** 次の写真を見て、あとの問いに答えましょう。　1つ5点（30点）

Ⓐ　Ⓑ　Ⓒ

(1) Ⓐ～Ⓒの名前を書きましょう。
Ⓐ（土偶）Ⓑ（縄文土器）Ⓒ（銅たく）

(2) 縄文時代に、豊かなめぐみを願ってつくられたと考えられているものはどれですか。Ⓐ～Ⓒから選びましょう。（Ⓐ）

(3) 祭りのときに、かざったり鳴らしたりして使われたと考えられているものはどれですか。Ⓐ～Ⓒから選びましょう。（Ⓒ）

(4) 縄目の文様がつけられた、食べ物をにたり、保存したりする入れ物はどれですか。Ⓐ～Ⓒから選びましょう。（Ⓑ）

**2** 次の想像図を見て、あとの問いに答えましょう。　1つ5点（20点）

Ⓐ　Ⓑ

(1) よく出る Ⓐ、Ⓑの想像図が表す時代をそれぞれ書きましょう。
Ⓐ（縄文時代）Ⓑ（弥生時代）

(2) Ⓑの時代に見られた、米をたくわえておく建物の名前を書きましょう。（高床の倉庫）

記述 (3) Ⓑの時代に使われていた土器の特ちょうを、簡単に書きましょう。　思考・判断・表現
（(例) うすくてかたい。）

32

学習日　33ページ

**3** 次の資料は、中国の古い歴史書に書かれた倭（当時の日本）の様子です。これを読んで、あとの問いに答えましょう。　1つ5点（25点）

倭では、もとは男子が王であったが、くにぐにの間で争いが続いた。そこで、王たちが相談して、一人の女子を王にした。それが①の女王の②である。②には、③をする力があり、人々を従えた。

(1) 資料中の①にあてはまる国名を書きましょう。（邪馬台国）
(2) 資料中の②にあてはまる人名を書きましょう。（卑弥呼）
(3) 資料中の③にあてはまる言葉を、㋐～㋓から選びましょう。（㋑）
㋐ 狩り　㋑ まじない　㋒ 米づくり　㋓ 戦争
(4) この資料は、何世紀ごろの日本のことを書いていますか。（3）世紀ごろ
(5) てきたらスゴイ! この中国の古い歴史書の名前を、㋐～㋒から選びましょう。（㋒）
㋐「古事記」　㋑「後漢書」　㋒「魏志」の倭人伝

**4** 次の文と地図を見て、あとの問いに答えましょう。　1つ5点（25点）

稲荷山古墳（埼玉県）と江田船山古墳（熊本県）からは、5世紀の中ごろに①の大王だったワカタケルの名前がきざまれた鉄の②が見つかった。

(1) 文中の①、②にあてはまる言葉を書きましょう。
①（大和朝廷(大和政権)）
②（剣(刀)）
(2) 人や動物をかたどった、古墳からの出土品を何といいますか。（はにわ）
(3) 巨大な前方後円墳が、大和（奈良県）・河内（大阪府）に数多く見られるのはなぜですか。その理由として正しいものを、㋐～㋓から選びましょう。　技能　（㋐）


前方後円墳の分布

㋐ この地域の豪族たちが、強い勢力をもっていたから。
㋑ この地域の地形が古墳をつくるのに適していたから。
㋒ この地域の人々の多くが渡来人だったから。
㋓ この地域から鉄や銅がたくさんとれたから。

記述 (4) 上の文と地図から、当時の政権についてわかることを、簡単に書きましょう。　思考・判断・表現
（(例) 大和朝廷の支配が、関東から九州までおよんでいたこと。）

ふりかえり　2(3)がわからないときは、30ページの1にもどって確認してみよう。

33

## 確かめのテスト　32～33ページ

**1** (1)Ⓐ・Ⓑは縄文時代、Ⓒは弥生時代につくられたものです。縄文時代と弥生時代のそれぞれの特ちょうを覚えておきましょう。

**2** (1)Ⓐは狩りから帰った様子なので縄文時代、Ⓑは稲の収穫後の様子なので弥生時代です。米づくりは弥生時代に広がりました。

**3** (1)、(2)邪馬台国の女王卑弥呼は30ほどのくにを従えていたといわれています。

(4)3世紀の中国は、後漢がほろび、魏・呉・蜀の三国に分かれていました。卑弥呼は魏に使いを送り、銅鏡などをさずかりました。

**4** (3)古墳は、王や豪族をほうむるための墓で、このような古墳をつくるには、強い勢力を必要としました。

**記述問題のプラスワン**

**4** (4)関東地方の埼玉県や九州地方の熊本県から出土した鉄剣や鉄刀に、大和朝廷の大王であったワカタケルの名前がきざまれていたことや、前方後円墳が関東地方から九州地方にかけて分布していることに注目しましょう。

ぴったり1 準備 学習日 34ページ

2．日本の歴史
2 大陸に学んだ国づくり①

めあて 聖徳太子の改革や大化の改新、聖武天皇の政治を理解しよう。

教科書 94〜101ページ 答え 18ページ

次の（　）に入る言葉を、下から選びましょう。

**1 大陸にわたった人々／聖徳太子の理想** 教科書 94〜97ページ

**大陸にわたった人々**
- 7世紀から9世紀に、（① 遣唐使 ）とよばれる使節団は、中国（唐）の進んだ政治のしくみや大陸の文化を学び、日本に伝えた。

**聖徳太子（厩戸王）**
- 6世紀末に天皇を助ける地位につき、豪族の（② 蘇我氏 ）とともに、天皇中心の国づくりを目ざして、政治の改革を進めた。
- **冠位十二階**…能力のある者を役人に取り立てるしくみ。
- （③ 十七条の憲法 ）…政治を行う役人の心構え。
- 小野妹子らを（④ 遣隋使 ）として中国（隋）に送り、進んだ政治のしくみや文化を取り入れた。
- 仏教を重んじ、**法隆寺**（奈良県）などの寺を建てた。
- 聖徳太子の死後、蘇我氏の力がますます大きくなった。

聖徳太子［厩戸王］（574〜622年）

法隆寺

**2 大化の改新と新しい政治のしくみ／聖武天皇と大仏づくり** 教科書 98〜101ページ

**大化の改新**
- **大化の改新**…645年、（⑤ 中大兄皇子 ）（後の天智天皇）と中臣鎌足（後の藤原鎌足）が蘇我氏をたおした。
- 農民が国に納める税のしくみや、天皇がすべての土地と人民を治める政治のしくみを整えた。
- 8世紀初めには唐にならった（⑥ 律令 ）とよばれる法律がつくられた。
- 政治は、天皇を中心に、天皇の一族や有力な豪族などの貴族によって進められた。
- 710年、唐の都の長安にならってつくられた（⑦ 平城京 ）（奈良県）に都が移された。

| 租 | 収穫した稲の約3％を納める。 |
|---|---|
| 調 | 地方の特産物を納める。 |
| 庸 | 都で働くか、布を納める。 |
| 兵役 | 都や九州などの警備をする。 |
| 雑徭 | 土木工事をする。 |

律令で定められた農民の負担

**聖武天皇と大仏づくり**
- 8世紀中ごろ、伝染病やききんが広がり、地方では貴族の反乱が起こった。
- **聖武天皇**は仏教の力を借りて人々の不安をしずめ、国を守ろうとした。
- 全国に（⑧ 国分寺 ）を、都に国分寺の中心となる**東大寺**を建て、**大仏**をつくることを決めた。

渡来人の子孫である行基は、大仏づくりに協力したよ。

東大寺の大仏

選んだ言葉に☑ □遣隋使 □国分寺 □遣唐使 □十七条の憲法 □平城京 □律令 □中大兄皇子 □蘇我氏

34

ぴったり2 練習 学習日 35ページ

ぴたトリビア 大仏づくりには約500トンの銅、8.5トンのすず、440kgの金などが使われました。これらの金属や木材などの物資は、各地から集められました。

教科書 94〜101ページ 答え 18ページ

**1** 右の資料と写真を見て、次の問いに答えましょう。

第一条　人の和を大切にしなさい。
第二条　仏教の教えを厚く敬いなさい。
第三条　天皇の命令には、必ず従いなさい。
第五条　（①）は、公平に行いなさい。
第十二条　地方の役人が勝手に（②）を取ってはいけません。

(1) 右の資料中の①、②にあてはまる言葉を書きましょう。 ①（ 裁判 ） ②（ 税 ）
(2) 右の資料で示された憲法を何といいますか。（ 十七条の憲法 ）
(3) (2)の憲法を定めたのはだれですか。（ 聖徳太子（厩戸王） ）
(4) 資料の第二条にある、仏教を重んじて建てられた、右の写真の寺を何といいますか。（ 法隆寺 ）
(5) このころ、中国の政治のしくみや文化を取り入れるために送られた使節団を何といいますか。（ 遣隋使 ）
(6) (5)として中国に送られた人物を、㋐〜㋒から選びましょう。（ ㋒ ）
㋐ 中臣鎌足　㋑ 中大兄皇子　㋒ 小野妹子

**2** 次の文を読んで、あとの問いに答えましょう。

ⓐ8世紀中ごろ、伝染病やききんが広がり、地方でも（①）の反乱が起こり、世の中は混乱した。ⓑ天皇は仏教の力を借りて人々の不安をしずめ、国を守ろうとした。天皇は、全国に国分寺を建てることを命じ、都に（②）を建て、ⓒ大仏をつくることにした。

(1) 文中の①、②にあてはまる言葉を書きましょう。 ①（ 貴族 ） ②（ 東大寺 ）
(2) 下線部ⓐについて、710年に平城京に都が移されました。この都がつくられた場所を、現在の都道府県名で書きましょう。（ 奈良県 ）
(3) 下線部ⓑについて、この天皇の名前を書きましょう。（ 聖武天皇 ）
(4) 下線部ⓒについて、大仏づくりの工事の責任者となった人物を、㋐〜㋒から選びましょう。（ ㋑ ）
㋐ 位の高いインドの僧
㋑ 朝鮮からの渡来人の子孫
㋒ 九州の守りにあたった防人

ヒント 2 (2) 平城京に都がおかれた時代を奈良時代といいます。

35

できたかな？
□聖徳太子の改革を説明してみよう。
□大化の改新を説明してみよう。
□聖武天皇の政治を説明してみよう。

## 練習 35ページ

**1** (2)十七条の憲法は、天皇中心の国づくりに向けての役人の心構えを示したものです。
(3)聖徳太子（574〜622年）は、6世紀末に天皇を助ける地位につき、政治の改革を進めました。
(4)法隆寺の金堂や五重塔などは、現存する世界最古の木造建築です。
(5)隋は、581年に成立し、618年にほろんだ中国の王朝です。
(6)㋐、㋑中臣鎌足と中大兄皇子は645年に蘇我氏をたおしました。

**2** (2)平城京は中国（唐）の都、長安にならってつくられました。
(4)朝鮮からの渡来人の子孫は、すぐれた技術をもち、大仏づくりの工事の責任者に任命されました。

ぴったり1 準備

2．日本の歴史
## 2 大陸に学んだ国づくり②

学習日 **36ページ**

めあて 大陸との交流がもたらしたものや、貴族の暮らしやその文化を理解しよう。

教科書 102〜109ページ　答え 19ページ

次の（　）に入る言葉を、下から選びましょう。

### 1 海をこえた人やもの
教科書 102〜103ページ

**大陸の文化**

- 8世紀、朝廷は、仏教の教えを正しく教え広めてくれる僧を求めた。
- （① 鑑真 ）はこの求めに応じて、日本にわたることを決意し、たび重なる苦労の末、6度めの航海で日本にたどり着いた。
- 鑑真は奈良に（② 唐招提寺 ）を開き、仏教を発展させた。
- （③ 遣唐使 ）や留学生は、政治のしくみや**大陸の文化**を伝えた。
- （④ 東大寺 ）の**正倉院**には、752年の大仏開眼式で使われた道具や、聖武天皇の持ち物（ガラスの器・水差し・瑠璃坏・琵琶など）が、約9000点も収められている。

ペルシャ（今のイラン）の文化の影響を受けた品物もあるよ。中国を通じて世界の文化とつながっていたんだね。

鑑真（688〜763年）

正倉院

### 2 藤原道長と貴族の暮らし／日本独自の文化が生まれる
教科書 104〜107ページ

**藤原道長と貴族の暮らし**

- 794年、都が奈良から京都の（⑤ 平安京 ）に移される。
- 都では貴族が勢力を争い、天皇とつながりを強めた藤原氏が力をのばす。
- 11世紀初め、**藤原道長**は天皇に代わり政治を動かすほどの権力をもった。

藤原道長（966〜1027年）

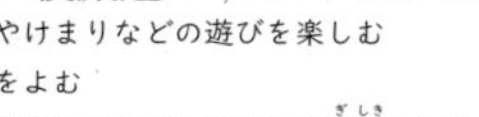
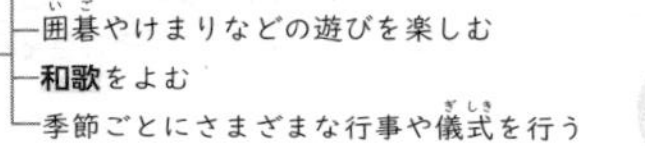
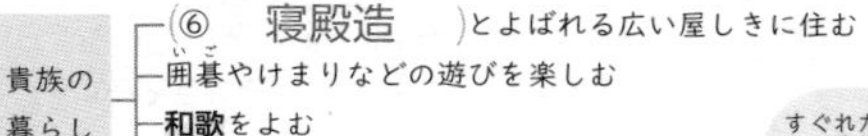

貴族の暮らし
- （⑥ 寝殿造 ）とよばれる広い屋しきに住む
- 囲碁やけまりなどの遊びを楽しむ
- **和歌**をよむ
- 季節ごとにさまざまな行事や儀式を行う

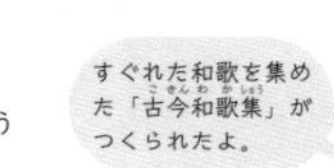

すぐれた和歌を集めた「古今和歌集」がつくられたよ。


**ワンポイント** 日本ふうの文化

- **国風文化**…日本の風土や生活に合った日本ふうの文化。
- 貴族の屋しきには**大和絵**がかざられ、感情を自由に表現しやすいひらがなやかたかながつくられた。
- **かな文字**で書かれた（⑦ 紫式部 ）の**『源氏物語』**、（⑧ 清少納言 ）の**『枕草子』**などの文学作品は、人々の細やかな感情や貴族の暮らしをえがいている。

| | | |
|---|---|---|
| 安→あ→あ | | 阿→ア |
| 以→い→い | | 伊→イ |
| 宇→う→う | | 宇→ウ |
| 衣→え→え | | 江→エ |
| 於→お→お | | 於→オ |

ひらがなとかたかな
＊かな文字がつくられるまでは漢字だけが使われていた。

選んだ言葉に ☑　□鑑真　□唐招提寺　□清少納言　□東大寺　□紫式部　□平安京　□遣唐使　□寝殿造



ぴったり2 練習

学習日 **37ページ**

ぴたトリビア
道長はむすめが天皇のきさきになったことを喜び、この世は自分のもので、満月のように欠けているものはないという意味の和歌をよみました。

教科書 102〜109ページ　答え 19ページ

**1 右の地図と写真を見て、次の問いに答えましょう。**

(1) 右の地図は、遣唐使が通った道を示しています。地図中のⒶ、Ⓑの都の名を書きましょう。
Ⓐ（ 平城京 ）
Ⓑ（ 長安 ）

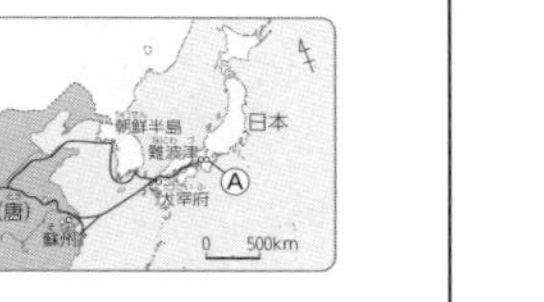


(2) 右の写真の僧は、何度も航海に失敗し、目が見えなくなりながらも6度めの航海で日本にたどり着きました。この僧の名前を書きましょう。（ 鑑真 ）

(3) (2)の僧が奈良に開いた寺院の名前を何といいますか。□から選びましょう。（ 唐招提寺 ）

唐招提寺　国分寺　東大寺　法隆寺

**2 右の資料を見て、次の問いに答えましょう。**

(1) 日本の風土や生活に合った日本ふうの文化を何といいますか。（ 国風文化 ）

(2) かな文字のうち、漢字をくずしてつくられた文字を何といいますか。（ ひらがな ）

(3) かな文字のうち、漢字の一部をとってつくられた文字を何といいますか。（ かたかな ）

| | |
|---|---|
| 安→あ→あ | 阿→ア |
| 以→い→い | 伊→イ |
| 宇→う→う | 宇→ウ |
| 衣→え→え | 江→エ |
| 於→お→お | 於→オ |

(4) これらの文字が果たした役割を、㋐〜㋓から2つ選びましょう。（順不同）（ ㋐ ）（ ㋒ ）

㋐ すぐれた和歌や物語、日記が多数生まれた。
㋑ 各地方で話されていた言葉が統一された。
㋒ 日本古来の言葉や日本人の感情をより自由に表現できるようになった。
㋓ 農民の間にも和歌をよむことが流行した。

(5) 右の資料は、清少納言が書いた文学作品の一部です。この文学作品を何といいますか。□から選びましょう。（ 枕草子 ）

春は夜明けのころがよい。だんだんと白くなっていく空の、山に近いあたりが、少し明るくなって、紫がかった雲が細く横に長く引いているのがよい。

万葉集　古今和歌集　枕草子　源氏物語

ヒント 1 (1)Ⓑ 現在のシーアンです。



**できたかな？**
□日本と大陸との交流を確認してみよう。
□平安京の貴族の暮らしを説明してみよう。
□国風文化を説明してみよう。

**練習 37ページ**

1 (1)日本から中国（唐）の都、長安を目ざしました。
(2)遣唐使とともに来日し、正しい仏教の教えを広めました。
(3)国分寺や東大寺は聖武天皇の時代に建てられました。法隆寺は聖徳太子の時代に建てられました。

2 (1)日本独自の国風文化は、平安京の貴族の暮らしの中から生まれました。
(2)〜(4)ひらがなとかたかなを合わせて、かな文字といいます。かな文字によって日本古来の言葉や日本人の感情をより自由に表現できるようになりました。
(5)「万葉集」は8世紀につくられた歌集です。「古今和歌集」は平安時代につくられた歌集です。「源氏物語」は紫式部の作品です。

ぴったり3

# 確かめのテスト

2. 日本の歴史

## 2 大陸に学んだ国づくり

/100 合格80点

教科書 94～109ページ　答え 20ページ

**1 次の文を読んで、あとの問いに答えましょう。**　1つ5点（25点）

聖徳太子（厩戸王）は、蘇我氏とともに、（①）中心の国づくりを目ざした。能力のある者を役人に取り立てるしくみとして（②）をつくり、役人の心構えを示す（③）を定めるなど、政治改革を進めた。さらに、ⓐ中国に遣隋使として小野妹子らを送った。また、国づくりのよりどころとして、ⓑ仏教を重んじた。

(1) 文中の①～③にあてはまる言葉を書きましょう。

①（ 天皇 ）②（ 冠位十二階 ）③（ 十七条の憲法 ）

(2) 下線部ⓐについて、遣隋使を中国に送った理由を、㋐～㋒から選びましょう。（ ㋒ ）

㋐ 中国から米を輸入するため。
㋑ 中国に日本の技術を伝えるため。
㋒ 中国の進んだ政治のしくみや文化を取り入れるため。

記述 (3) 下線部ⓑについて、仏教を重んじた聖徳太子が行ったことを、「寺」という言葉を使って簡単に書きましょう。　思考・判断・表現

（(例)法隆寺などの寺を建てた。）

**2 右の表と資料を見て、次の問いに答えましょう。**　1つ5点（25点）

(1) 表中の①、②にあてはまる数字、言葉を書きましょう。

①（ 3 ）
②（ 特産物 ）

(2) 下線部について、九州などの警備をする兵士を何といいますか。

（ 防人 ）

(3) 右下の資料は、8世紀につくられた歌集にのっている、九州を守っていた兵士のうたです。歌集の名前を書きましょう。

（ 万葉集 ）

(4) てきたらスゴイ！ 全国各地から都に届けられる品物に付けられていた札を何といいますか。

（ 木簡 ）

| | |
|---|---|
| 租 | 収穫した稲の約（①）%を納める。 |
| 調 | 地方の（②）を納める。 |
| 庸 | 都で働くか、布を納める。 |
| 兵役 | 都や九州などの警備をする。 |
| 雑徭 | 土木工事をする。 |

律令で定められた農民の負担

着物のすそに取り付いて泣く子をおいてきてしまった。母もいないのに、今ごろどうしているのだろうか。





**3 右の絵を見て、次の問いに答えましょう。**　1つ5点（15点）

(1) 貴族の暮らしに関する次の①、②の説明について、正しいものには○を、まちがっているものには×をつけましょう。

①（ × ）貴族たちは、竪穴住居とよばれる広い屋しきに住んだ。
②（ ○ ）貴族たちは、囲碁やけまりを楽しみ、和歌をよんだ。

記述 (2) この時代の貴族の暮らしの中からどのような文化が生まれましたか、簡単に書きましょう。　思考・判断・表現

都の貴族の屋しき（想像図）

（(例)日本の風土や生活に合った日本ふうの文化(国風文化)が生まれた。）

**4 右の年表を見て、次の問いに答えましょう。**　1つ5点（35点）

(1) 年表中の①～③にあてはまる言葉を書きましょう。

①（ 平安京 ）
②（ 紫式部 ）
③（ 藤原道長 ）

(2) よく出る 下線部ⓐについて、二人はその後、天皇を中心とした政治の改革を進めました。この改革を何といいますか。

（ 大化の改新 ）

(3) てきたらスゴイ！ 下線部ⓑについて、日本の成り立ちを記した歴史書を2つ書きましょう。

（ 古事記 ）
（順不同）（ 日本書紀 ）

| 世紀 | 主なできごと |
|---|---|
| 7世紀中ごろ | ⓐ中大兄皇子・中臣鎌足が蘇我氏をたおす |
| 8世紀初め | 平城京（奈良県）へ都を移す<br>ⓑ歴史書がつくられる<br>聖武天皇が位につく |
| 中ごろ | ・ⓒ大仏をつくる命令を出す<br>中国の僧である鑑真が来日する<br>・唐招提寺が建てられる |
| 末 | （①）（京都府）へ都を移す |
| 11世紀初め | 清少納言が「枕草子」を書く<br>（②）が「源氏物語」を書く<br>（③）が天皇を助ける役職につく |

記述 (4) 下線部ⓒについて、聖武天皇がこのような命令を出した理由を、「不安」という言葉を使って簡単に書きましょう。　思考・判断・表現

（(例) 仏教の力を借りて人々の不安をしずめ、国を守ろうと考えたから。）

ふりかえり 4(4)がわからないときは、34ページの2にもどって確認してみよう。



**記述問題のプラスワン**

3 (2)飛鳥時代や奈良時代には遣隋使や遣唐使によって大陸の文化がもちこまれました。9世紀後半になると中国（唐）の力がおとろえたことなどから遣唐使が停止され、その後、貴族を中心として日本の風土に合った文化が生まれました。

## 確かめのテスト 38～39ページ

1 (1)①聖徳太子（厩戸王）は、天皇を助ける摂政として、天皇中心の国づくりを目ざしました。
②役人の位を12に分けて、冠の色で区別しました。
(2)隋は、581年に成立した後589年に中国を統一し、618年にほろびました。

2 (3)8世紀につくられた「万葉集」には、天皇や貴族、農民や兵士などがよんだ約4500首のうたが収められています。
(4)木簡は都へ運ばれる品物に付ける札で、どの国からどんな品物が納められたのかが書かれていました。

3 (1)①貴族は、寝殿造とよばれる広い屋しきに住みました。
(2)かな文字による文学作品が生まれたり、あざやかな大和絵がえがかれたりしました。

4 (1)③藤原氏は、藤原道長・頼通父子の時代に最も栄えました。
(2)すべての土地と人民を天皇が治めるという政治のしくみなどが整えられました。
(4)聖武天皇は人々の不安をしずめるため、大仏づくりのほか、東大寺と国分寺の建設も命じました。

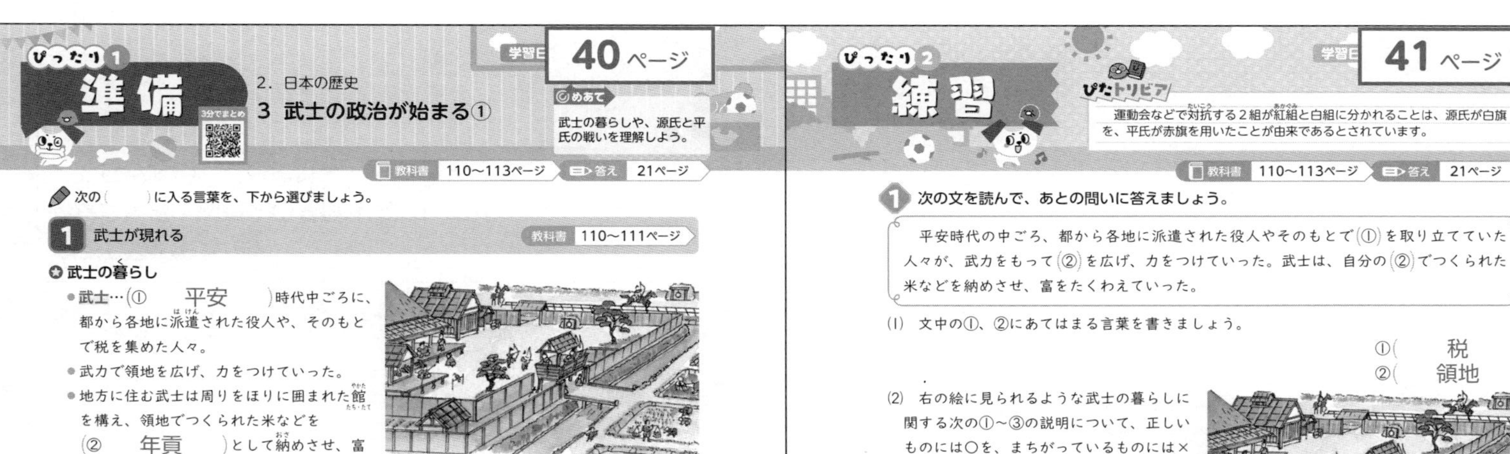

ぴったり1 準備 2. 日本の歴史
# 3 武士の政治が始まる①

40ページ

◎めあて 武士の暮らしや、源氏と平氏の戦いを理解しよう。

教科書 110〜113ページ　答え 21ページ

次の（　）に入る言葉を、下から選びましょう。

## 1 武士が現れる　教科書 110〜111ページ

**武士の暮らし**

- 武士…（① 平安 ）時代中ごろに、都から各地に派遣された役人や、そのもとで税を集めた人々。
- 武力で領地を広げ、力をつけていった。
- 地方に住む武士は周りをほりに囲まれた館を構え、領地でつくられた米などを（② 年貢 ）として納めさせ、富をたくわえた。
- 領地を守るために、馬を飼い、武芸にはげんだ。
- 都に住む武士たちは、都の警護をしたり、（③ 天皇 ）や貴族の身の安全を守ったりする任務についた。

武士の館（想像図）

## 2 源氏と平氏が戦う　教科書 112〜113ページ

ワンポイント 源氏と平氏

- 朝廷や貴族の勢力争いに関わった武士は力をもつようになり、**源氏**と**平氏**が力をのばした。

平氏
- （④ 平清盛 ）を中心とする一族で、朝廷の重要な地位につき勢力を広げた。
- 平清盛は武士では初めて（⑤ 太政大臣 ）になり、むすめを天皇のきさきにした。

平清盛（1118〜1181年）

- 平氏の政治に不満をもつ武士や貴族もいた。

源氏
- 源頼朝は、（⑥ 平治の乱 ）に敗れて伊豆（静岡県）に流された。
- 関東の有力な武士を味方につけ、平氏をたおす戦いを始めた。

源頼朝（1147〜1199年）

- 頼朝の弟の（⑦ 源義経 ）の活躍などにより、源氏は、1185年に（⑧ 壇ノ浦 ）（現在の関門海峡）で平氏をほろぼした。

源義経はやがて兄の頼朝と対立して、東北へ追われたよ。

選んだ言葉に✓ □源義経 □平清盛 □天皇 □平安 □太政大臣 □年貢 □壇ノ浦 □平治の乱



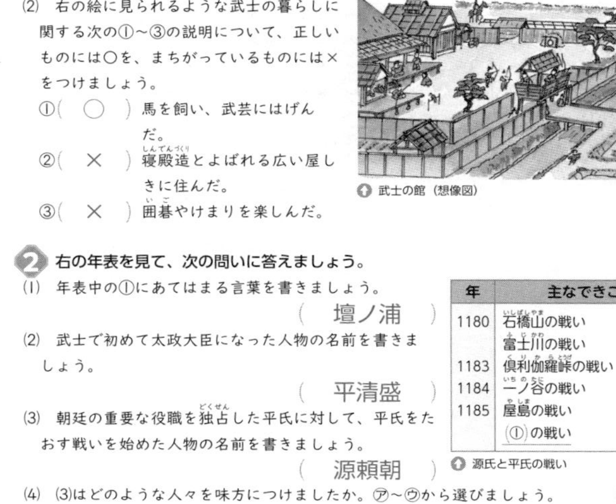

ぴったり2 練習

41ページ

ぴたトリビア 運動会などで対抗する2組が紅組と白組に分かれることは、源氏が白旗を、平氏が赤旗を用いたことが由来であるとされています。

教科書 110〜113ページ　答え 21ページ

**1 次の文を読んで、あとの問いに答えましょう。**

平安時代の中ごろ、都から各地に派遣された役人やそのもとで（①）を取り立てていた人々が、武力をもって（②）を広げ、力をつけていった。武士は、自分の（②）でつくられた米などを納めさせ、富をたくわえていった。

(1) 文中の①、②にあてはまる言葉を書きましょう。
①（ 税 ）
②（ 領地 ）

(2) 右の絵に見られるような武士の暮らしに関する次の①〜③の説明について、正しいものには○を、まちがっているものには×をつけましょう。
①（ ○ ）馬を飼い、武芸にはげんだ。
②（ × ）寝殿造とよばれる広い屋しきに住んだ。
③（ × ）囲碁やけまりを楽しんだ。

武士の館（想像図）

**2 右の年表を見て、次の問いに答えましょう。**

(1) 年表中の①にあてはまる言葉を書きましょう。（ 壇ノ浦 ）
(2) 武士で初めて太政大臣になった人物の名前を書きましょう。（ 平清盛 ）
(3) 朝廷の重要な役職を独占した平氏に対して、平氏をたおす戦いを始めた人物の名前を書きましょう。（ 源頼朝 ）
(4) (3)はどのような人々を味方につけましたか。㋐〜㋒から選びましょう。（ ㋐ ）
㋐ 関東の有力な武士
㋑ 中国（宋）の人々
㋒ 九州地方の武士
(5) 年表中の下線部について、この戦いでほろびたのは源氏ですか、平氏ですか。（ 平氏 ）

| 年 | 主なできごと |
|---|---|
| 1180 | 石橋山の戦い<br>富士川の戦い |
| 1183 | 倶利伽羅峠の戦い |
| 1184 | 一ノ谷の戦い |
| 1185 | 屋島の戦い<br>（①）の戦い |

源氏と平氏の戦い

ヒント 2 (1) 現在の関門海峡で起こった戦いです。



できたかな？
□武士の暮らしを説明してみよう。
□源氏と平氏の戦いの流れを確認してみよう。

## 練習 41ページ

1 (2)②、③武士はほりに囲まれた館に住みました。寝殿造や、囲碁やけまりは平安時代の貴族の暮らしの様子です。

2 (1)、(5)1185年の壇ノ浦の戦いによって、源氏は平氏をほろぼしました。この戦いでは、源頼朝の弟である源義経が活躍しました。
(2)1167年に太政大臣となりました。清盛は、瀬戸内海の航路や兵庫県の港を整え、さかんに中国（宋）と貿易を行いました。
(3)平治の乱に敗れて伊豆に流された人物です。
(4)平氏一族が政治の権力を独占していたことが貴族や武士の反感をかいました。頼朝は、関東の有力な武士や弟の義経と協力して平氏と戦いました。

# 3 武士の政治が始まる②

めあて：鎌倉幕府の政治の体制や元との戦いがもたらした変化を理解しよう。

教科書 114～119ページ　答え 22ページ

次の（　）に入る言葉を、下から選びましょう。

## 1 幕府を開いた源頼朝

教科書 114～115ページ

ワンポイント　鎌倉幕府

- 多くの武士は平氏に勝利した源頼朝に**御家人**として従い、有力な御家人は（① 守護 ）や**地頭**に任命された。
- 頼朝は、1192年に（② 征夷大将軍 ）に任命され、全国の武士を従えた。
- **鎌倉幕府**…鎌倉（神奈川県）で頼朝が開いた政府で、武士が政治の中心となった。
- 幕府と御家人は土地を仲立ちとした「**ご恩と奉公**」の関係で結ばれた。
- 「（③ ご恩 ）」…幕府（将軍）は、御家人がもつ領地の支配を認め、ほうびとして新たな領地をあたえる。
- 「（④ 奉公 ）」…御家人は、幕府のために戦い、都や鎌倉の警備をする。
- 源氏の将軍が3代でとだえると、北条氏が**執権**として将軍に代わり政治を行った。朝廷は強い力をもった幕府をたおそうとしたが、頼朝の妻の（⑤ 北条政子 ）が御家人たちを団結させて朝廷軍を破り、幕府の危機を救った。

幕府（将軍）／ご恩／奉公／御家人（武士）／領地の支配を認める 領地をあたえる／幕府のために戦う 都や鎌倉の警備をする

ご恩と奉公の関係

御家人は戦いのときに家来を率いて「いざ鎌倉」とかけつけたよ。

## 2 元との戦い

教科書 116～117ページ

**元**

- 13世紀に中国を支配したモンゴル人は、国号を元と定め、朝鮮半島の高麗を従えた。
- 元は日本も従えようと使者を送ったが、幕府がこれをこばむと、九州北部へ2度せめこんだ。

**元との戦いとその影響**

- 幕府の執権（⑥ 北条時宗 ）は、御家人を九州に集め、元軍と戦った。
- 1度め（1274年）元軍は新兵器を使って（⑦ 集団戦法 ）を用いた。
- 2度め（1281年）元軍は（⑧ 暴風雨 ）にあって引きあげた。
- 御家人たちは多くの費用を使い、命がけで戦ったが、幕府はほうびの土地をあたえることができなかった。
- 御家人が幕府に不満をもったことで両者の関係がくずれ、幕府の力がおとろえていった。

元軍は「てつはう」という新兵器などを使ったよ。

選んだ言葉に☑　□征夷大将軍　□守護　□ご恩　□奉公　□暴風雨　□北条時宗　□集団戦法　□北条政子





ぴたトリビア　13世紀、チンギス・ハンによって統一されたモンゴルは、ユーラシア大陸の大部分におよぶ大帝国を築きました。

教科書 114～119ページ　答え 22ページ

**1** 次の文を読んで、あとの問いに答えましょう。

源頼朝は、有力な御家人を守護や①に任命して全国各地に置き、武士による政治の体制を整えた。1192年、頼朝は征夷大将軍に任命された。鎌倉（神奈川県）を政治の中心として、頼朝が開いた政府を②という。

(1) 文中の①、②にあてはまる言葉を書きましょう。
①（ 地頭 ）
②（ 鎌倉幕府 ）

(2) 将軍と御家人の関係について述べた次の文中の①、②について、｛　｝の中の正しい言葉を○で囲みましょう。

幕府（将軍）が、御家人がもつ領地の支配を認めたり、手がらによって新しい領地をあたえたりすることを①｛（ご恩）・奉公｝という。戦いのときに御家人が家来を率いて幕府のために命がけで戦うことを②｛ご恩・（奉公）｝という。

**2** 右の地図と絵を見て、次の問いに答えましょう。

(1) 13世紀に中国を支配した地図中のⒶの国名を書きましょう。（ 元 ）

(2) Ⓐは、2度にわたって日本のⒷにせめてきました。地図中のⒷの地名を書きましょう。（ 博多 ）

(3) Ⓐと戦った当時の、幕府の執権の名前を書きましょう。（ 北条時宗 ）

モンゴルの最大の範囲／Ⓐ軍の進路／大都（今のペキン）／朝鮮（高麗）／2000km

(4) 右の絵は、Ⓐ軍と御家人が戦っている様子です。右の絵に関する次の①、②の説明について、正しいものには○を、まちがっているものには×をつけましょう。
①（ ○ ）Ⓐ軍は、「てつはう」という新兵器などを使った。
②（ × ）御家人たちは集団戦法を用いて戦った。

(5) Ⓐ軍との戦いの結果として正しいものを、㋐～㋒から選びましょう。（ ㋒ ）
㋐ Ⓐ軍は、御家人の攻撃に備えて、防塁をつくった。
㋑ 北条政子は、動揺する御家人を団結させてⒶ軍を破った。
㋒ 御家人は、幕府からほうびの土地をもらうことができなかった。

ヒント　2 (2) Ⓐ軍は九州北部のⒷに侵入する前に、対馬や壱岐などをおそいました。



できたかな？
□鎌倉幕府と御家人の関係を説明してみよう。
□元との戦いの流れを確認してみよう。

## 練習 43ページ

**1** (1)②幕府は、朝廷のあった都（京都）ではなく鎌倉（神奈川県）に開かれました。
(2)鎌倉時代、幕府と御家人は、土地を仲立ちとした「ご恩と奉公」の関係で結ばれていました。

**2** (1)モンゴル人は、13世紀に中国を支配し、国号を元と定めました。
(2)元軍は対馬・壱岐をおそい、博多に上陸しました。
(4)元軍は「てつはう」という新兵器などを使い、集団戦法を用いて戦いました。
(5)㋐防塁は、元軍の攻撃に備えて、幕府が御家人に命じてつくらせた石垣です。博多湾にそってつくられました。㋑北条政子が御家人に団結をよびかけたのは、朝廷が幕府をたおそうと兵を挙げたときです。

ぴったり1 準備　2. 日本の歴史　4 室町文化と力をつける人々①

学習日　44ページ

めあて：室町時代に生まれた文化やその特徴を理解しよう。

教科書 120〜123ページ　答え 23ページ

次の（　）に入る言葉を、下から選びましょう。

## 1 室町時代に生まれた文化（教科書 120〜121ページ）

ワンポイント　室町幕府

- 室町幕府…14世紀に足利氏が京都で開いた幕府。この幕府が続いた約240年間を（① 室町時代 ）という。
- 14世紀の終わり、3代将軍の（② 足利義満 ）は、各地の守護大名を従え、強い権力をもった。
- 足利義満は、中国の（③ 明 ）と貿易を行い、京都の北山に3層の金閣を建てた。
- 15世紀の終わり、足利義満の孫の8代将軍（④ 足利義政 ）は、東山に銀閣を建てた。
- （⑤ 書院造 ）…たたみや障子、ふすまなどを使った日本独自の建築様式。

金閣

東求堂にある書院造の部屋

書院造の様式は、現在の和室とよく似ているね。

## 2 簡素で静かな美しさ（教科書 122〜123ページ）

室町時代の文化

- 水墨画…墨だけを使って絵をえがく技法で、鎌倉時代に中国から伝わった。
- 僧として修行をしながら水墨画を学び、48才のときに中国にわたった（⑥ 雪舟 ）は、水墨画を日本ふうの様式に完成させた。
- 書院造の様式が広まると、水墨画は、ふすま絵・かけ軸に使われるようになった。
- このころ、茶を飲む習慣が広まり、武士や貴族の間で、心静かに茶を楽しむ（⑦ 茶の湯 ）の作法が定まった。
- 書院造の床の間をかざる生け花もさかんになった。
- （⑧ 枯山水 ）…石や砂を用いて、水の流れや山の風景を表現する庭園の様式。
- 龍安寺（京都市）の石庭は枯山水の代表的な庭園として知られている。

雪舟（1420〜1506年）

茶の湯や生け花は、その後さまざまな流派ができて、現在も多くの人々に楽しまれているよ。

選んだ言葉に✓：足利義満　足利義政　雪舟　茶の湯　明　室町時代　枯山水　書院造

44

ぴったり2 練習

学習日　45ページ

ぴたトリビア：幼いころに修行をおろそかにして柱にしばりつけられた雪舟は、足の指を使い、なみだでネズミをえがいたと伝えられています。

教科書 120〜123ページ　答え 23ページ

**1** 右の写真を見て、次の問いに答えましょう。

(1) 14世紀に、足利氏が京都に開いた幕府を何といいますか。（ 室町幕府 ）

(2) (1)の幕府と貿易を行っていた中国の王朝を、㋐〜㋒から選びましょう。（ ㋒ ）
㋐ 唐　㋑ 宋　㋒ 明

(3) Ⓐの写真について、次の問いに答えましょう。
① この建物の名前を書きましょう。（ 金閣 ）
② この建物を建てたのはだれですか。名前を書きましょう。（ 足利義満 ）
③ この建物は京都のどこに建てられましたか。地名を書きましょう。（ 北山 ）

(4) Ⓑの写真について、次の問いに答えましょう。
① この建物の名前を書きましょう。（ 銀閣 ）
② この建物を建てたのはだれですか。名前を書きましょう。（ 足利義政 ）
③ この建物は京都のどこに建てられましたか。地名を書きましょう。（ 東山 ）
④ この建物のとなりに建てられた東求堂の部屋に見られる、たたみや障子などを使った建築様式を何といいますか。（ 書院造 ）

**2** 室町時代の文化に関する次の会話を読んで、正しいものには○を、まちがっているものには×をつけましょう。

(1)（ ○ ）水墨画は、墨の濃淡だけで、自然の風景を表現しているよ。

(2)（ × ）茶を飲む習慣は、貴族の間だけで広まり、武士の間には広まらなかったんだ。

(3)（ ○ ）生け花は、現在も多くの人に楽しまれているね。

(4)（ × ）枯山水とよばれる様式の庭園では、水路が引かれて水の流れが表現されているよ。

ヒント　1 (3) Ⓐは3層建てで、2層め・3層めには金ぱくがはられました。

45

## 練習　45ページ

**1** (2)1401年、足利義満は、明と国交を結びました。

(3)金閣は3層建てで、2層め、3層めには金ぱくがはられたごうかな建物です。

(4)義政は義満の孫にあたります。銀閣のとなりに建てられた東求堂では、今の和室のもとである書院造の部屋が見られます。

**2** (2)武士や貴族の間に、茶を飲む習慣が広まりました。

(4)石や砂を用いて、水の流れなどが表現されました。

できたかな？

□室町時代につくられた建物を説明してみよう。
□室町時代の文化の特徴を説明してみよう。

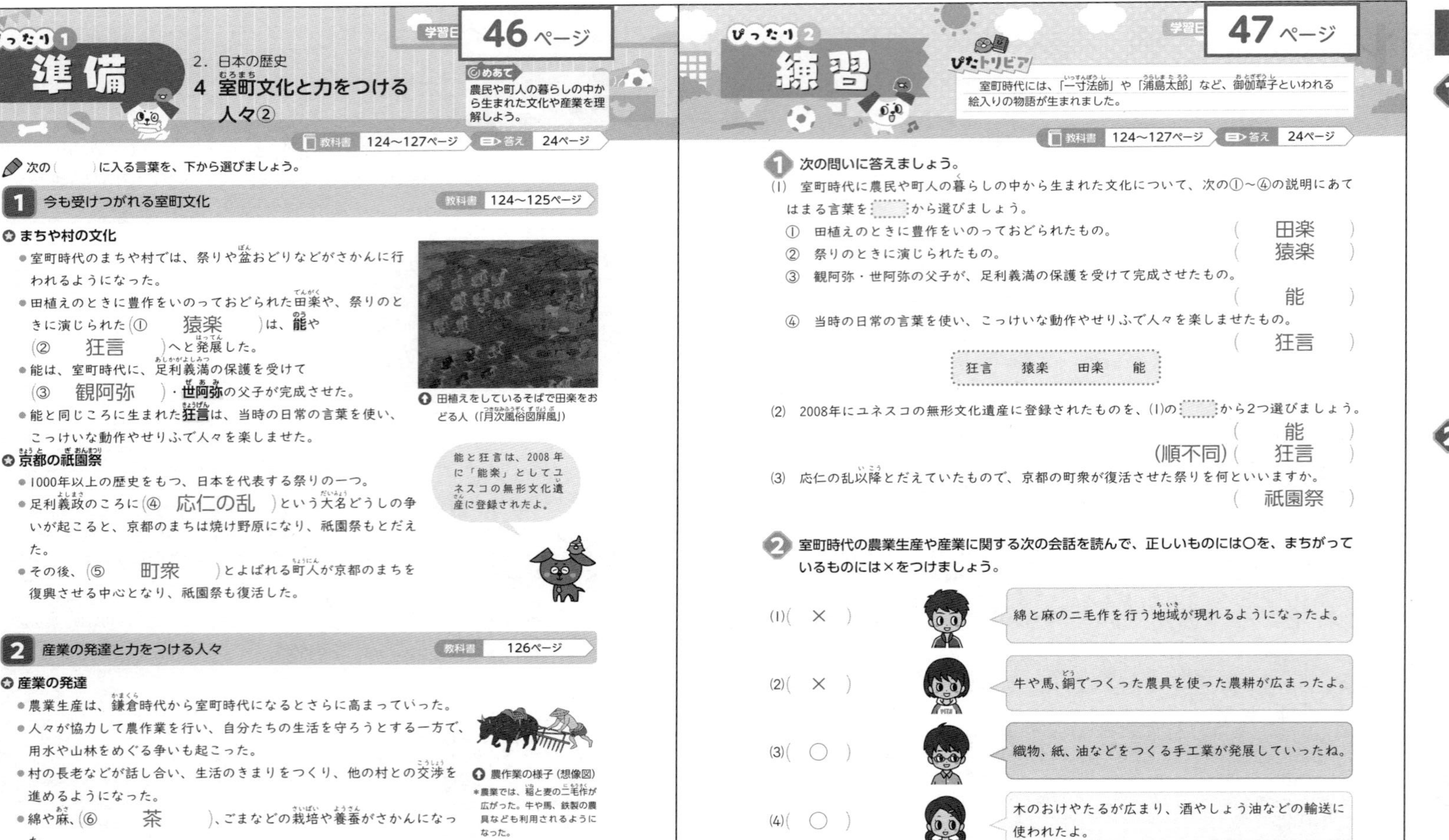

ぴったり1 準備

2. 日本の歴史

4 室町文化と力をつける人々②

学習日 46ページ

めあて 農民や町人の暮らしの中から生まれた文化や産業を理解しよう。

教科書 124~127ページ　答え 24ページ

次の(　)に入る言葉を、下から選びましょう。

1 今も受けつがれる室町文化　教科書 124~125ページ

まちや村の文化

- 室町時代のまちや村では、祭りや盆おどりなどがさかんに行われるようになった。
- 田植えのときに豊作をいのっておどられた田楽や、祭りのときに演じられた(① 猿楽 )は、能や(② 狂言 )へと発展した。
- 能は、室町時代に、足利義満の保護を受けて(③ 観阿弥 )・世阿弥の父子が完成させた。
- 能と同じころに生まれた狂言は、当時の日常の言葉を使い、こっけいな動作やせりふで人々を楽しませた。

田植えをしているそばで田楽をおどる人（「月次風俗図屏風」）

能と狂言は、2008年に「能楽」としてユネスコの無形文化遺産に登録されたよ。

京都の祇園祭

- 1000年以上の歴史をもつ、日本を代表する祭りの一つ。
- 足利義政のころに(④ 応仁の乱 )という大名どうしの争いが起こると、京都のまちは焼け野原になり、祇園祭もとだえた。
- その後、(⑤ 町衆 )とよばれる町人が京都のまちを復興させる中心となり、祇園祭も復活した。

2 産業の発達と力をつける人々　教科書 126ページ

産業の発達

- 農業生産は、鎌倉時代から室町時代になるとさらに高まっていった。
- 人々が協力して農作業を行い、自分たちの生活を守ろうとする一方で、用水や山林をめぐる争いも起こった。
- 村の長老などが話し合い、生活のきまりをつくり、他の村との交渉を進めるようになった。
- 綿や麻、(⑥ 茶 )、ごまなどの栽培や養蚕がさかんになった。
- 織物、紙、油などをつくる(⑦ 手工業 )も発展した。
- 産業の発展により、船や馬などを使った輸送も発達した。
- 人の多く集まる場所で、(⑧ 市 )が開かれるようになった。

農作業の様子（想像図）
＊農業では、稲と麦の二毛作が広がった。牛や馬、鉄製の農具なども利用されるようになった。

選んだ言葉に☑　□狂言　□応仁の乱　□猿楽　□市　□観阿弥　□手工業　□町衆　□茶

46

ぴったり2 練習

学習日 47ページ

ぴたトリビア　室町時代には、「一寸法師」や「浦島太郎」など、御伽草子といわれる絵入りの物語が生まれました。

教科書 124~127ページ　答え 24ページ

1 次の問いに答えましょう。

(1) 室町時代に農民や町人の暮らしの中から生まれた文化について、次の①~④の説明にあてはまる言葉を[　]から選びましょう。

① 田植えのときに豊作をいのっておどられたもの。（ 田楽 ）
② 祭りのときに演じられたもの。（ 猿楽 ）
③ 観阿弥・世阿弥の父子が、足利義満の保護を受けて完成させたもの。（ 能 ）
④ 当時の日常の言葉を使い、こっけいな動作やせりふで人々を楽しませたもの。（ 狂言 ）

狂言　猿楽　田楽　能

(2) 2008年にユネスコの無形文化遺産に登録されたものを、(1)の[　]から2つ選びましょう。（ 能 ）（ 狂言 ）（順不同）

(3) 応仁の乱以降とだえていたもので、京都の町衆が復活させた祭りを何といいますか。（ 祇園祭 ）

2 室町時代の農業生産や産業に関する次の会話を読んで、正しいものには○を、まちがっているものには×をつけましょう。

(1)( × )　綿と麻の二毛作を行う地域が現れるようになったよ。
(2)( × )　牛や馬、銅でつくった農具を使った農耕が広まったよ。
(3)( ○ )　織物、紙、油などをつくる手工業が発展していったね。
(4)( ○ )　木のおけやたるが広まり、酒やしょう油などの輸送に使われたよ。

ヒント 1 (3) 現在の京都でも、毎年7月に行われています。

47

## 練習　47ページ

1 (2)能と狂言は、「能楽」として2008年に無形文化遺産に登録されました。その後、「京都祇園祭の山鉾行事」(2016年に「山・鉾・屋台行事」へ拡張)、「那智の田楽」なども無形文化遺産に登録されました。

(3)京都の祇園祭は、1000年をこえる歴史をもつ祭りで、毎年7月に行われています。

2 (1)牛や馬の糞尿や草木を焼いた灰を肥料として使うようになったことで土地の生産力が上がり、稲と麦の二毛作を行う地域が現れるようになりました。

(2)鉄でつくった農具が使われるようになりました。

できたかな?

□室町文化のうち、民衆の暮らしの中から生まれた文化を説明してみよう。
□室町時代の農業生産や産業を説明してみよう。

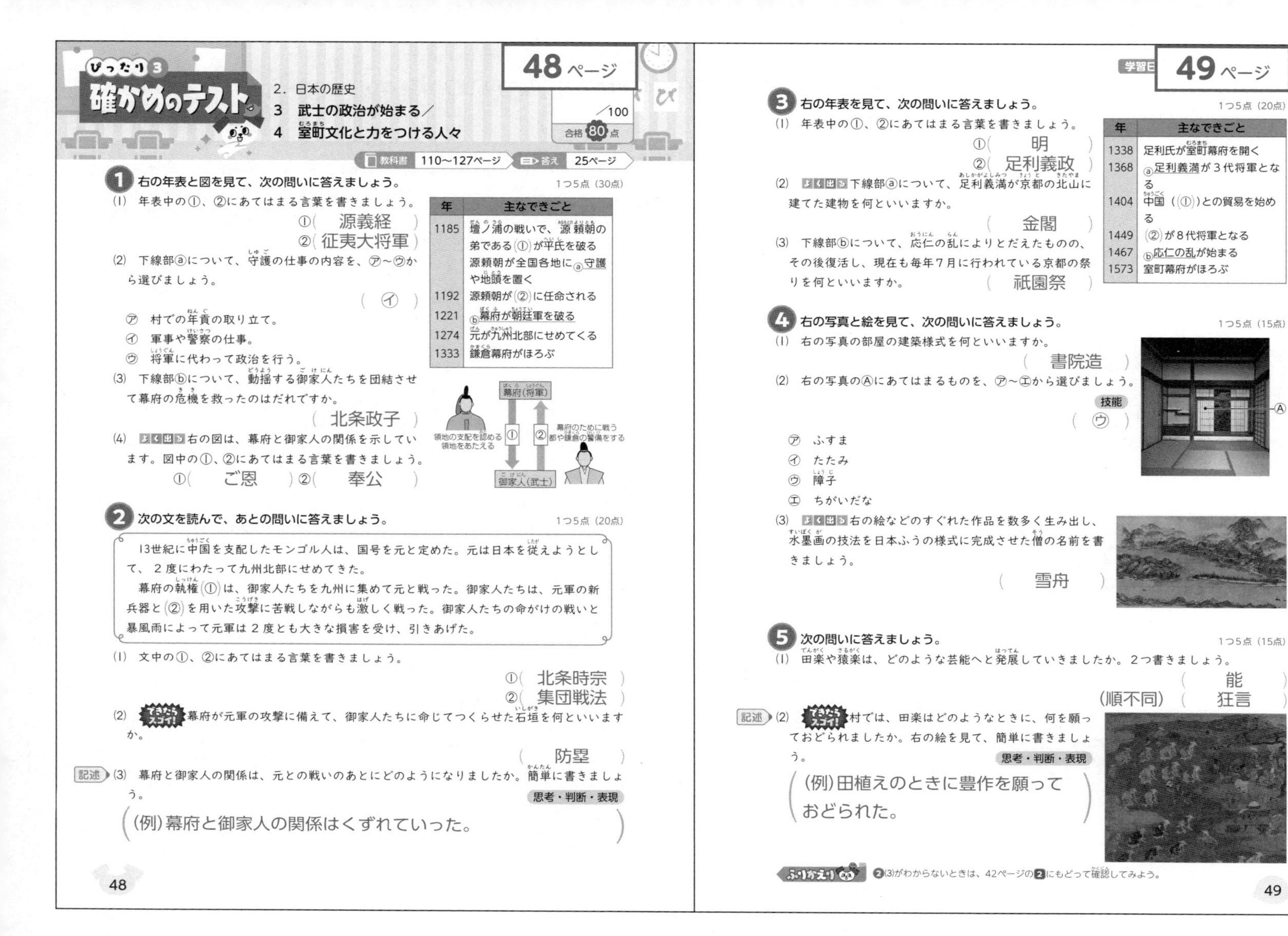

ぴったり3 確かめのテスト

2. 日本の歴史
3 武士の政治が始まる／
4 室町文化と力をつける人々

48ページ

/100 合格80点

教科書 110〜127ページ　答え 25ページ

1 右の年表と図を見て、次の問いに答えましょう。 1つ5点（30点）

(1) 年表中の①、②にあてはまる言葉を書きましょう。
①（ 源義経 ）
②（ 征夷大将軍 ）

| 年 | 主なできごと |
|---|---|
| 1185 | 壇ノ浦の戦いで、源頼朝の弟である①が平氏を破る<br>源頼朝が全国各地に ⓐ守護や地頭を置く |
| 1192 | 源頼朝が②に任命される |
| 1221 | ⓑ幕府が朝廷軍を破る |
| 1274 | 元が九州北部にせめてくる |
| 1333 | 鎌倉幕府がほろぶ |

(2) 下線部ⓐについて、守護の仕事の内容を、㋐〜㋒から選びましょう。（ ㋑ ）
㋐ 村での年貢の取り立て。
㋑ 軍事や警察の仕事。
㋒ 将軍に代わって政治を行う。

(3) 下線部ⓑについて、動揺する御家人たちを団結させて幕府の危機を救ったのはだれですか。（ 北条政子 ）

(4) よく出る 右の図は、幕府と御家人の関係を示しています。図中の①、②にあてはまる言葉を書きましょう。
①（ ご恩 ）②（ 奉公 ）



2 次の文を読んで、あとの問いに答えましょう。 1つ5点（20点）

13世紀に中国を支配したモンゴル人は、国号を元と定めた。元は日本を従えようとして、2度にわたって九州北部にせめてきた。
幕府の執権（①）は、御家人たちを九州に集めて元と戦った。御家人たちは、元軍の新兵器と（②）を用いた攻撃に苦戦しながらも激しく戦った。御家人たちの命がけの戦いと暴風雨によって元軍は2度とも大きな損害を受け、引きあげた。

(1) 文中の①、②にあてはまる言葉を書きましょう。
①（ 北条時宗 ）
②（ 集団戦法 ）

(2) てきたらスゴイ! 幕府が元軍の攻撃に備えて、御家人たちに命じてつくらせた石垣を何といいますか。（ 防塁 ）

記述 (3) 幕府と御家人の関係は、元との戦いのあとにどのようになりましたか。簡単に書きましょう。 思考・判断・表現
（(例)幕府と御家人の関係はくずれていった。）

48

49ページ

3 右の年表を見て、次の問いに答えましょう。 1つ5点（20点）

(1) 年表中の①、②にあてはまる言葉を書きましょう。
①（ 明 ）
②（ 足利義政 ）

| 年 | 主なできごと |
|---|---|
| 1338 | 足利氏が室町幕府を開く |
| 1368 | ⓐ足利義満が3代将軍となる |
| 1404 | 中国（①）との貿易を始める |
| 1449 | ②が8代将軍となる |
| 1467 | ⓑ応仁の乱が始まる |
| 1573 | 室町幕府がほろぶ |

(2) よく出る 下線部ⓐについて、足利義満が京都の北山に建てた建物を何といいますか。（ 金閣 ）

(3) 下線部ⓑについて、応仁の乱によりとだえたものの、その後復活し、現在も毎年7月に行われている京都の祭りを何といいますか。（ 祇園祭 ）

4 右の写真と絵を見て、次の問いに答えましょう。 1つ5点（15点）

(1) 右の写真の部屋の建築様式を何といいますか。（ 書院造 ）

(2) 右の写真のⒶにあてはまるものを、㋐〜㋓から選びましょう。 技能 （ ㋒ ）
㋐ ふすま
㋑ たたみ
㋒ 障子
㋓ ちがいだな

(3) よく出る 右の絵などのすぐれた作品を数多く生み出し、水墨画の技法を日本ふうの様式に完成させた僧の名前を書きましょう。（ 雪舟 ）

5 次の問いに答えましょう。 1つ5点（15点）

(1) 田楽や猿楽は、どのような芸能へと発展していきましたか。2つ書きましょう。
（ 能 ）
（順不同）（ 狂言 ）

記述 (2) てきたらスゴイ! 村では、田楽はどのようなときに、何を願っておどられましたか。右の絵を見て、簡単に書きましょう。 思考・判断・表現
（(例)田植えのときに豊作を願っておどられた。）

この本の終わりにある「夏のチャレンジテスト」をやってみよう！

ふりかえり 2(3)がわからないときは、42ページの2にもどって確認してみよう。

49

## 確かめのテスト 48〜49ページ

1 (2)㋐は地頭、㋒は執権の仕事の内容です。
(3)源頼朝の妻の北条政子は、尼将軍とよばれたと伝えられています。
(4)土地を仲立ちとした「ご恩と奉公」の関係です。

2 (2)博多湾（福岡県）につくられました。
(3)元との戦いは、自分たちの国を守る戦争だったため、勝っても新しい土地が手に入らず、幕府は御家人に「ご恩」としての土地をあたえることができませんでした。

3 (1)①足利義満が明との貿易を始めました。
(2)金閣は、室町時代の代表的な建物の一つです。足利義政が東山に建てた建物は銀閣なのでまちがえないようにしましょう。

4 (1)、(2)寺院の部屋の建築様式を武家の住居に取り入れたもので、現在の和室のもととなりました。

5 (1)鎌倉・室町時代にかけて、田楽や猿楽は能や狂言に発展していきました。

### 記述問題のプラスワン

5 (2)この絵は、田植えをしているそばで田楽をおどる人々をえがいています。田楽は、村をあげて行う田植えのときに、豊作をいのって行われました。

ぴったり1 準備

2．日本の歴史
5 全国統一への動き①

学習日

50ページ

めあて
戦国時代の世の中や全国統一を目ざした織田信長の動きを理解しよう。

教科書 128〜135ページ　答え 26ページ

次の（　）に入る言葉を、下から選びましょう。

## 1 戦国の世の中　教科書 128〜131ページ

**戦国大名**

- 15世紀後半、将軍のあとつぎ問題をめぐって、室町幕府の有力な守護大名どうしの対立が深まると、京都で（① 応仁の乱 ）が起こり、幕府の権力がおとろえた。
- 各地で実力をもった**戦国大名**が、領地の支配を固め、周りの大名と勢力を争う戦国の世の中になっていった。

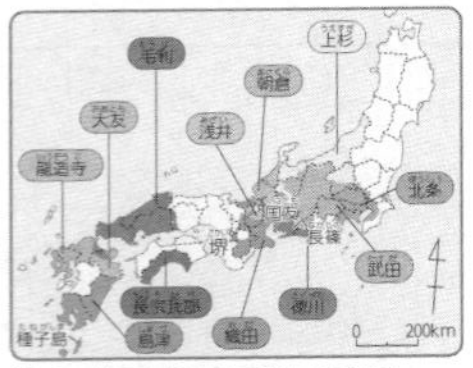

主な戦国大名とその領地（1572年）

**鉄砲の伝来**

- ポルトガル人が（② 種子島 ）（鹿児島県）へ流れ着き、**鉄砲**が伝えられた。鉄砲は、堺（大阪府）や国友（滋賀県）で大量に生産され、戦いに利用された。

**長篠の戦い**

- 1575年に長篠（愛知県）で起こった織田・徳川連合軍と**武田勝頼**の軍の戦い。
- 鉄砲を使った戦法で織田・徳川連合軍が武田軍の騎馬隊に勝利した。
- その後、織田信長・（③ 豊臣秀吉 ）・徳川家康が、全国統一をめざしていった。

## 2 全国統一を目ざした織田信長　教科書 132〜135ページ

ワンポイント　織田信長

- 尾張（愛知県）の大名の織田信長は、（④ 桶狭間 ）の戦いで駿河（静岡県）の今川義元を破り、周囲の有力大名をたおして勢力を広げ、足利氏の将軍を京都から追放して室町幕府をほろぼした。
- 比叡山延暦寺や一向宗などの仏教勢力を武力でおさえこんだ一方で、1549年にスペインの宣教師（⑤ ザビエル ）が伝えたキリスト教を保護した。
- 堺（大阪府）など商工業で栄えた都市を直接支配した。
- 近江（滋賀県）に築いた（⑥ 安土城 ）を、全国統一の拠点とし、城下町では商人に営業の自由を認めたり（楽市・楽座）、交通のさまたげになっていた各地の（⑦ 関所 ）をなくしたりして、商工業をさかんにしようとした。
- 九州などの港では、ポルトガルやスペインの商人との貿易を行った。
- 家臣の（⑧ 明智光秀 ）におそわれ、本能寺（京都府）で命を落とした。

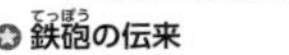

織田信長（1534〜1582年）



選んだ言葉に☑　□安土城　□明智光秀　□種子島　□豊臣秀吉　□桶狭間　□ザビエル　□関所　□応仁の乱

ぴったり2 練習

学習日

51ページ

ぴたトリビア
このころ、ヨーロッパとの貿易によって、パン、カステラ、カルタなどが日本に伝えられました。

教科書 128〜135ページ　答え 26ページ

**1 次の文を読んで、あとの問いに答えましょう。**

1467年、京都で⓪応仁の乱が起こった。この戦いは、全国の有力な守護大名をまきこんで10年余りも続いた。この戦いによって、幕府のもとで力をもっていた大名に代わり、各地で実力をたくわえた戦国大名が領地の支配を固めていった。こうして、（①）が始まった。
1543年、鉄砲が（②）人によって種子島（鹿児島県）に伝えられた。鉄砲のつくり方はすぐに広がり、堺（大阪府）や（③）（滋賀県）などで大量に生産され、ⓑ戦いに使われるようになった。

(1) 文中の①〜③にあてはまる言葉を書きましょう。
①（ 戦国時代 ）
②（ ポルトガル ）
③（ 国友 ）

(2) 下線部ⓐについて、応仁の乱が起こった原因を、㋐〜㋒から選びましょう。（ ㋑ ）
㋐ 天皇のあとつぎ問題。
㋑ 将軍のあとつぎ問題。
㋒ 中国（明）のあとつぎ問題。

(3) 下線部ⓑについて、鉄砲は織田・徳川連合軍と武田軍との戦いで効果的に使われました。1575年に起こったこの戦いの名前を書きましょう。（ 長篠の戦い ）

**2 右の年表を見て、次の問いに答えましょう。**

(1) 年表中の①〜③にあてはまる言葉を書きましょう。
①（ キリスト教 ）
②（ 室町幕府 ）
③（ 本能寺 ）

(2) 下線部ⓐについて、この戦いに敗れた駿河（静岡県）の戦国大名の名前を書きましょう。（ 今川義元 ）

(3) 下線部ⓑについて、信長が商工業をさかんにするために城下町で認めたことを、㋐〜㋒から選びましょう。（ ㋐ ）
㋐ 商人が自由に営業すること。
㋑ 関所を築くこと。
㋒ 教会や学校を築くこと。

| 年 | 主なできごと |
|---|---|
| 1549 | ザビエルが（①）を伝える |
| 1560 | ⓐ桶狭間の戦い |
| 1571 | 比叡山延暦寺焼き打ち |
| 1573 | 織田信長が足利氏の将軍を追放し、（②）をほろぼす |
| 1576 | 織田信長が近江（滋賀県）にⓑ安土城の築城を始める |
| 1582 | 織田信長が（③）（京都府）で命を落とす |

ヒント　2 (3) 城下町には水路が引かれ、人やものの行き来がさかんになりました。



**できたかな？**

□戦国時代の世の中を説明してみよう。
□全国統一を目ざした織田信長の動きを説明してみよう。

**おうちのかたへ**

織田信長・豊臣秀吉・徳川家康がそれぞれ全国統一にどのような役割を果たしたのか、おさえておくとよいです。

## 練習　51ページ

**1** (1)①応仁の乱の開始から織田信長が全国統一に乗り出すまでの約100年にわたる戦乱の時代は、戦国時代とよばれます。
②③1543年、ポルトガル人によって伝えられた鉄砲は、堺（大阪府）や国友（滋賀県）などで大量に生産され、戦いに使われました。
(2)応仁の乱は、室町幕府8代将軍足利義政のあとつぎなどをめぐって京都で起こった戦乱です。
(3)鉄砲を使った戦法で、武田軍の騎馬隊を破りました。

**2** (1)②織田信長が室町幕府15代将軍足利義昭を京都から追放したことで、室町幕府は滅亡しました。
(3)各地の関所をなくしたり、安土城下に多くの商人を招いたりして、商工業の発展につくしました。

ぴったり1 準備　2. 日本の歴史　5 全国統一への動き②

学習日　52ページ

めあて　豊臣秀吉の全国統一や徳川家康の全国支配を理解しよう。

教科書 136～141ページ　答え 27ページ

次の（　）に入る言葉を、下から選びましょう。

## 1 全国を統一した豊臣秀吉　教科書 136～137ページ

**豊臣秀吉**

- 織田信長に仕える武将であった豊臣秀吉は、信長にそむいた明智光秀をたおした。
- （① 大阪城 ）を築いて拠点とし、信長の政治を引きついだ。
- 信長の死後8年で全国の大名を従え、一向宗などの仏教勢力もおさえ、全国を統一した。

豊臣秀吉（1537～1598年）

**ワンポイント　秀吉の政策**

- （② 検地 ）…全国の田畑の面積を測り、土地の良しあし、収穫量、耕作者の名前を記録。耕作者は田畑を耕す権利を認められるかわりに、（③ 年貢 ）を納める義務を負った。
- 村に住む人々を（④ 百姓 ）身分とした。
- （⑤ 刀狩 ）…刀狩令を出し、百姓が一揆を起こさないように、刀や鉄砲などの武器を取り上げた。
- 武士や町人（職人・商人）を城下町に住まわせ、百姓には武士や町人になることや、田畑を捨てることを禁じた。これにより、武士と、町人・百姓の身分が明確に区別されるようになった。
- 2度にわたって（⑥ 朝鮮 ）に大軍を送ったが、激しい抵抗や中国（明）の援軍、秀吉の病死により失敗に終わった。

検地の様子（想像図）

## 2 江戸幕府を開いた徳川家康　教科書 138～139ページ

**徳川家康**

- 徳川家康は三河（愛知県）の大名の家に生まれ、その後、力をのばした。信長の死後、秀吉の命令で関東地方に移り、力をたくわえた。
- 秀吉の死後、（⑦ 関ケ原 ）（岐阜県）の戦いで、対立する豊臣方の大名を破り、全国の大名を従えた。
- 1603年、家康は（⑧ 征夷大将軍 ）となり、江戸幕府を開いた。
- 大阪城をせめて豊臣氏をほろぼし、幕府の基礎を築いた。
- 朝鮮に使者を送り、交流を再開した。
- 将軍職を息子の秀忠にゆずり、徳川家が代々将軍になることを大名たちに示した。

徳川家康（1542～1616年）

選んだ言葉に✓　□関ケ原　□大阪城　□刀狩　□検地　□百姓　□征夷大将軍　□年貢　□朝鮮

52

ぴったり2 練習

学習日　53ページ

ぴたトリビア　朝鮮で戦った大名が、焼き物の職人を朝鮮から連れてきたことから、佐賀県の有田焼などの焼き物の生産が始まり、現在まで受けつがれています。

教科書 136～141ページ　答え 27ページ

**1 次の資料を読んで、あとの問いに答えましょう。**

> 一、ⓐ百姓が、刀・弓・やり・鉄砲などの武器をもつことを禁止する。武器をたくわえ、ⓑ年貢を納めず、（①）をくわだてる者は罰する。
> 一、取り上げた刀は、新しく（②）をつくるためのくぎなどに役立てるから、仏のめぐみで、百姓はこの世だけでなく、あの世までも救われることになる。

(1) 資料中の①、②にあてはまる言葉を書きましょう。　①（ 一揆 ）　②（ 大仏 ）

(2) この資料を何といいますか。（ 刀狩令 ）

(3) この資料を出した人物の名前を書きましょう。（ 豊臣秀吉 ）

(4) 下線部ⓐについて、百姓に関する次の①～③の説明について、正しいものには○を、まちがっているものには×をつけましょう。

①（ × ）漁業や林業を営むことを禁じられた。
②（ ○ ）田畑を捨てることを禁じられた。
③（ ○ ）武士や町人になることを禁じられた。

(5) 下線部ⓑについて、年貢を取り立てるため、全国の村ごとに行われたことを何といいますか。（ 検地 ）

**2 右の年表を見て、次の問いに答えましょう。**

(1) 年表中の①、②にあてはまる言葉を書きましょう。　①（ 長篠 ）　②（ 豊臣 ）

(2) この年表が表す武将の名前を書きましょう。（ 徳川家康 ）

(3) 下線部ⓐについて、この戦いに関する次の①～③の説明について、正しいものには○を、まちがっているものには×をつけましょう。

①（ × ）武田軍の騎馬隊を破った。
②（ ○ ）徳川方の東軍と豊臣方の西軍が戦った。
③（ × ）朝鮮の人々の激しい抵抗にあった。

(4) 下線部ⓑについて、(2)が開いた幕府を何といいますか。（ 江戸幕府 ）

| 年 | 主なできごと |
|---|---|
| 1542 | 三河（愛知県）で生まれる |
| 1575 | （①）の戦い |
| 1600 | ⓐ関ケ原の戦い |
| 1603 | ⓑ幕府を開く |
| 1615 | （②）氏をほろぼす |
| 1616 | 病死する |

ヒント　1 (4) 武士と、町人・百姓の身分は、はっきりと区別されるようになりました。

53

## 練習　53ページ

1 (1)、(2)百姓がもつ武器を取り上げることによって、一揆を防ごうとしました。

(4)①ほとんどの百姓が農業にたずさわっていましたが、漁業や林業を営む人々もいました。

(5)検地を正確に行うため、年貢米を量るますの大きさや、田畑を測るものさしの長さを統一しました。

2 (1)②徳川家康は、1615年に大阪城をせめ（大阪夏の陣）、豊臣氏をほろぼしました。

(3)石田三成を中心とする西軍と、家康を中心とする東軍との戦いです。①は長篠の戦い、③は2度にわたる豊臣秀吉の朝鮮侵略に関することです。

(4)家康は1603年に征夷大将軍となり、江戸幕府を開きました。

**できたかな？**

□全国を統一した豊臣秀吉の政策を確認してみよう。
□全国を支配した徳川家康の動きを説明してみよう。

**おうちのかたへ**

全国を統一した豊臣秀吉と、江戸幕府を開いた徳川家康の統一政策のちがいをそれぞれおさえておくとよいです。

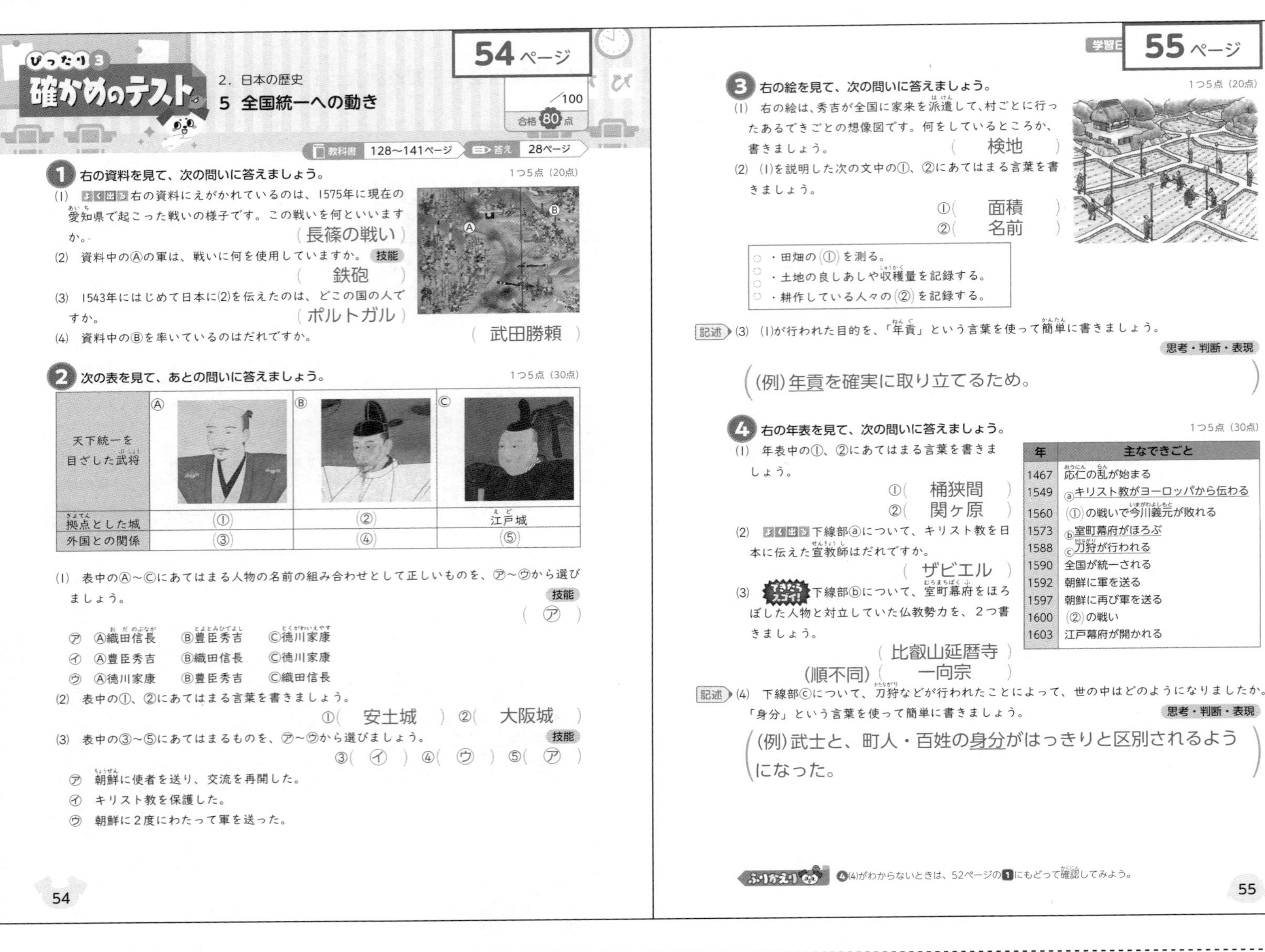

ぴったり3 確かめのテスト

2. 日本の歴史
5 全国統一への動き

54ページ

合格80点 /100

教科書 128〜141ページ　答え 28ページ

**1** 右の資料を見て、次の問いに答えましょう。　1つ5点（20点）

(1) よく出る 右の資料にえがかれているのは、1575年に現在の愛知県で起こった戦いの様子です。この戦いを何といいますか。（長篠の戦い）

(2) 資料中のⒶの軍は、戦いに何を使用していますか。技能（鉄砲）

(3) 1543年にはじめて日本に(2)を伝えたのは、どこの国の人ですか。（ポルトガル）

(4) 資料中のⒷを率いているのはだれですか。（武田勝頼）

**2** 次の表を見て、あとの問いに答えましょう。　1つ5点（30点）

| 天下統一を目ざした武将 | Ⓐ | Ⓑ | Ⓒ |
|---|---|---|---|
| 拠点とした城 | ① | ② | 江戸城 |
| 外国との関係 | ③ | ④ | ⑤ |

(1) 表中のⒶ〜Ⓒにあてはまる人物の名前の組み合わせとして正しいものを、㋐〜㋒から選びましょう。技能（㋐）

㋐ Ⓐ織田信長　Ⓑ豊臣秀吉　Ⓒ徳川家康
㋑ Ⓐ豊臣秀吉　Ⓑ織田信長　Ⓒ徳川家康
㋒ Ⓐ徳川家康　Ⓑ豊臣秀吉　Ⓒ織田信長

(2) 表中の①、②にあてはまる言葉を書きましょう。
①（安土城）②（大阪城）

(3) 表中の③〜⑤にあてはまるものを、㋐〜㋒から選びましょう。技能
③（㋑）④（㋒）⑤（㋐）

㋐ 朝鮮に使者を送り、交流を再開した。
㋑ キリスト教を保護した。
㋒ 朝鮮に2度にわたって軍を送った。

54

学習日　55ページ

**3** 右の絵を見て、次の問いに答えましょう。　1つ5点（20点）

(1) 右の絵は、秀吉が全国に家来を派遣して、村ごとに行ったあるできごとの想像図です。何をしているところか、書きましょう。（検地）

(2) (1)を説明した次の文中の①、②にあてはまる言葉を書きましょう。
①（面積）
②（名前）

・田畑の（①）を測る。
・土地の良しあしや収穫量を記録する。
・耕作している人々の（②）を記録する。

記述 (3) (1)が行われた目的を、「年貢」という言葉を使って簡単に書きましょう。思考・判断・表現

（(例)年貢を確実に取り立てるため。）

**4** 右の年表を見て、次の問いに答えましょう。　1つ5点（30点）

(1) 年表中の①、②にあてはまる言葉を書きましょう。
①（桶狭間）
②（関ヶ原）

(2) よく出る 下線部ⓐについて、キリスト教を日本に伝えた宣教師はだれですか。（ザビエル）

(3) 下線部ⓑについて、室町幕府をほろぼした人物と対立していた仏教勢力を、2つ書きましょう。
（比叡山延暦寺）
（順不同）（一向宗）

| 年 | 主なできごと |
|---|---|
| 1467 | 応仁の乱が始まる |
| 1549 | ⓐキリスト教がヨーロッパから伝わる |
| 1560 | （①）の戦いで今川義元が敗れる |
| 1573 | ⓑ室町幕府がほろぶ |
| 1588 | ⓒ刀狩が行われる |
| 1590 | 全国が統一される |
| 1592 | 朝鮮に軍を送る |
| 1597 | 朝鮮に再び軍を送る |
| 1600 | （②）の戦い |
| 1603 | 江戸幕府が開かれる |

記述 (4) 下線部ⓒについて、刀狩などが行われたことによって、世の中はどのようになりましたか。「身分」という言葉を使って簡単に書きましょう。思考・判断・表現

（(例)武士と、町人・百姓の身分がはっきりと区別されるようになった。）

ふりかえり　4(4)がわからないときは、52ページの1にもどって確認してみよう。

55

## 確かめのテスト　54〜55ページ

**1** (3)鉄砲は、1543年にポルトガル人によって種子島（鹿児島県）に伝えられました。

(4)武田軍の騎馬隊は当時最強といわれていましたが鉄砲隊に敗れました。

**2** (2)①安土城は近江（滋賀県）に築かれました。

(3)秀吉は、はじめはキリスト教を保護していましたが、やがて全国統一のさまたげになると考え、宣教師の国外追放を命じました。

**3** (1)秀吉は、全国に家来を派遣し、検地を行うように命じました。

**4** (3)信長は、自分に従わない仏教勢力には厳しい態度でのぞみ、武力でおさえつけました。

(4)刀狩によって、百姓は武器を取り上げられたり、田畑を捨てることを禁じられたりして、身分が明確に区別されていきました。

**記述問題のプラスワン**

**3** (3)豊臣秀吉は、検地によって耕作者に田畑を耕す権利を認め、その代わりに決められた年貢を納める義務を負わせて、確実に年貢を取り立てようとしました。問題文中に「年貢」という語句を使用するという指定があるので、忘れずに解答にふくめましょう。

2. 日本の歴史
## 6 幕府の政治と人々の暮らし①

めあて
江戸幕府による大名支配や江戸時代の暮らしと身分を理解しよう。

教科書 142～147ページ　答え 29ページ

次の（　）に入る言葉を、下から選びましょう。

### 1 江戸を目ざす行列／江戸幕府と大名　教科書 142～145ページ

**大名の配置**

- 江戸幕府は、全国200以上の大名を３つに区別し、幕府にとって都合のよい地域に配置した。
- 親藩…徳川家の親類の大名。
- （① 譜代 ）…関ヶ原の戦い以前からの家臣。
- 外様…関ヶ原の戦いのあとで従った大名。

**幕府が定めたきまり**

- （② 武家諸法度 ）を定め、きまりにそむいた大名は、他の土地に移したり、領地を取り上げたりした。
- 大名は、（③ 江戸城 ）の修理や、河川の堤防づくりなどの土木工事を命じられ、大きな負担となった。
- ３代将軍（④ 徳川家光 ）は、武家諸法度を改めて、大名が領地（藩）と江戸を１年おきに行き来する（⑤ 参勤交代 ）の制度を定め、大名の妻や子どもを人質として江戸で暮らすようにさせた。

大名の配置（1664年）

### 2 人々の暮らしと身分　教科書 146～147ページ

**身分制度**

- 江戸幕府のもとでは、武士が世の中を支配する身分とされた。
- 武士は、（⑥ 名字 ）を名のり、刀を差すなどの特権が認められ、百姓や（⑦ 町人 ）は、武士の暮らしを支える身分とされるなど、上下関係が細かく分かれていた。
- 村は、村役人を中心に共同で運営された。幕府は、百姓に対して、村ごとに収穫の半分ほどの年貢を納めさせた。
- （⑧ 五人組 ）…年貢を納められない者や罪をおかす者がいた場合、共同で責任を負わせるしくみ。
- 江戸や大阪などの都市では、職人や商人が商工業を営んだ。
- 差別された人々は、住む場所や服装、他の身分の人々との交際などを制限されながらも、農業や手工業を営んだり、役人のもとで治安をになったりして社会を支えた。また、芸能をさかんにして、後の文化に大きな影響をあたえた。

身分ごとの人口の割合（江戸時代の終わりごろ）

選んだ言葉に✓
□江戸城　□参勤交代　□名字　□五人組　□譜代　□徳川家光　□町人　□武家諸法度





ぴたトリビア
江戸幕府は、全国の米の生産量の約４分の１をしめる土地を領地とし、京都や大阪などの重要な都市や、主な鉱山も直接支配しました。

教科書 142～147ページ　答え 29ページ

**1 次の文を読んで、あとの問いに答えましょう。**

江戸幕府は、全国200以上の大名を、親藩、ⓐ譜代、（①）に区別して、各地に配置した。そして、武家諸法度を定めて大名を取りしまった。これにそむいた大名は、他の土地に移したり、領地を取り上げたりした。また、たくさんの費用や人手がかかる土木工事を大名に命じた。３代将軍（②）は、武家諸法度を改めて、ⓑ参勤交代の制度を定めた。

(1) 文中の①、②にあてはまる言葉を書きましょう。
①（ 外様 ）
②（ 徳川家光 ）

(2) 下線部ⓐの大名の説明を、㋐～㋒から選びましょう。（ ㋐ ）
㋐ 関ヶ原の戦い以前からの家臣。
㋑ 関ヶ原の戦いのあとで従った大名。
㋒ 徳川家の親類の大名。

(3) 下線部ⓑについて、この制度で領地（藩）と江戸を１年おきに行き来した人を、㋐～㋒から選びましょう。（ ㋑ ）
㋐ 天皇　㋑ 大名　㋒ 大名の妻や子ども

**2 右のグラフと資料を見て、次の問いに答えましょう。**

(1) グラフ中のⒶ～Ⓒにあてはまる身分を、㋐～㋒から選びましょう。
Ⓐ（ ㋑ ）Ⓑ（ ㋒ ）Ⓒ（ ㋐ ）
㋐ 町人　㋑ 百姓　㋒ 武士

(2) 右下の資料は、ある身分の人々に対する生活上の心得を示した法令の一部です。どの身分の人々ですか、書きましょう。（ 百姓 ）

(3) 幕府は、Ⓐの人々に対して、共同で責任を負わせるしくみをつくりました。このしくみを何といいますか。（ 五人組 ）

(4) 都市で商工業を営んだ職人や商人は、どの身分の人々ですか、書きましょう。（ 町人 ）

一、朝は早く起きて草をかり、昼は田畑を耕し、夜は縄をない、俵を編み、仕事にはげむこと。
一、酒や茶を買って飲まないこと。
一、なるべく雑穀を食べ、米を多く食べないこと。

ヒント 1 (3) 江戸を目ざす行列は、大名行列とよばれました。



できたかな？
□江戸幕府による大名支配を説明してみよう。
□江戸時代の人々の暮らしと身分を説明してみよう。

## 練習 57ページ

**1**
(2)㋑は外様、㋒は親藩の説明です。
(3)大名の妻や子は、人質として江戸に住まわされました。

**2**
(1)武士は世の中を支配し、百姓や町人はその暮らしを支える身分とされました。
(2)資料は、江戸時代の後半に岩村藩（岐阜県）で出された百姓に対する法令の一部です。
(3)五人組の中から年貢を納められない者や罪をおかす者が出ると、共同で責任を負わせるようにしました。
(4)町人は、都市で商工業を営みました。

ぴったり1 準備

2. 日本の歴史
6 幕府の政治と人々の暮らし②

学習日 58ページ

めあて 鎖国前の外国との交流と、鎖国のもとでの外国との交流のちがいを理解しよう。

教科書 148～153ページ ／ 答え 30ページ

次の（　）に入る言葉を、下から選びましょう。

## 1 鎖国への道

教科書 148～149ページ

**外国との交流から鎖国へ**

- 江戸時代の初めごろには、スペインやポルトガルの貿易船が来航し、また、日本人の商人は東南アジア各地に移住して（① 日本町 ）をつくった。
- （② キリスト教 ）信者の数が増加すると、幕府は、信者が団結して幕府に従わなくなることをおそれ、キリスト教を禁止した。徳川家光のころには、日本人の海外渡航と、海外からの帰国も禁止した。
- 1637年、島原（長崎県）や天草（熊本県）で、重い年貢の取り立てやキリスト教の取りしまりに反対して、一揆が起きた。16才の（③天草四郎(益田時貞)）を中心とした人々は幕府軍と戦ったが、幕府軍におさえられた。一揆後、幕府はキリスト教の取りしまりを強化した。
- 鎖国…貿易の相手を、中国と（④ オランダ ）の商人に限り、貿易港も長崎に限定した。長崎の港には貿易のために**出島**がつくられた。
- 幕府は、外国の情報や貿易の利益を独占した。

キリスト教の取りしまり

絵ふみを行って信者を調べたよ。

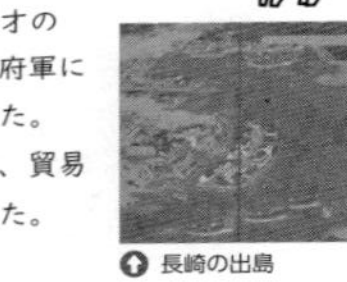
長崎の出島

## 2 鎖国のもとでの交流

教科書 150～151ページ

ワンポイント 外国との窓口

- 朝鮮との交流は、対馬藩（長崎県）を窓口にして行われた。日本をおとずれた（⑤ 朝鮮通信使 ）は、朝鮮や中国の文化を伝え、鎖国下の日本に影響をあたえた。
- 沖縄では、中国や東南アジアの国々と交流し、独自の文化をもつ（⑥ 琉球王国 ）が栄えた。薩摩藩（鹿児島県）の力がおよぶようになると、貿易の利益の多くは薩摩藩の手に渡った。幕府は、**琉球王国**を通して、中国などの産物を入手した。
- 北海道では、（⑦ 松前藩 ）が幕府の許可を得て独自の文化をもつ（⑧ アイヌ ）の人たちと交易を行った。
- 海産物や毛皮、織物などと、本州の産物を取り引きした。

鎖国のもとでの交流の窓口

選んだ言葉に✓ □オランダ □キリスト教 □アイヌ □松前藩 □琉球王国 □日本町 □朝鮮通信使 □天草四郎（益田時貞）



ぴったり2 練習

学習日 59ページ

ぴたトリビア 17世紀初めごろのヨーロッパでは、スペインが栄えていましたが、オランダやイギリスがしだいに力をつけ、アジアへ進出するようになりました。

教科書 148～153ページ ／ 答え 30ページ

**1 右の絵と写真を見て、次の問いに答えましょう。**

(1) 右の絵は、ある宗教の信者を見つけ出しているときの様子です。また、写真は、そのために使われた像です。禁止された宗教の名前と、この取りしまりの方法を何といいますか。

禁止された宗教（ キリスト教 ）
取りしまりの方法（ 絵ふみ ）

(2) (1)が始められたころの将軍の名前を書きましょう。（ 徳川家光 ）

(3) 日本人の海外渡航、帰国を禁じ、スペイン船やポルトガル船の来航を禁止して貿易を制限した日本の状態を何といいますか。（ 鎖国 ）

(4) (3)の状態の中で、江戸幕府との貿易が認められた国を、2つ書きましょう。（順不同）（ 中国(清) ）（ オランダ ）

(5) (3)の状態の中で、貿易港として、唯一認められていた日本の都市の名前を書きましょう。（ 長崎 ）

**2 次の問いに答えましょう。**

(1) 江戸時代に、他の国や地域との交流の窓口となった藩と、交流の相手の説明について、あうものを線で結びましょう。

① 松前藩　　㋐ 12回にわたって朝鮮通信使を日本に派遣した。
② 対馬藩　　㋑ 琉球王国は、東南アジア・中国・朝鮮・日本をつなぐ貿易の中継地として、重要な役割を果たした。
③ 薩摩藩　　㋒ 蝦夷地とよばれていた北海道で、独自の文化をもつ人たちが、狩りや漁を行いながら生活していた。

(2) (1)の㋒の下線部について、北海道に古くから住んでいた人たちを何といいますか。（ アイヌ ）の人たち

ヒント 1 (5) 出島とよばれるうめ立て地がつくられ、幕府の役所の監視のもとで貿易が行われました。



できたかな？
□江戸時代初めごろの外国との交流を説明してみよう。
□鎖国のもとでの外国との交流を説明してみよう。

おうちのかたへ
鎖国のもとで行われた交流の窓口となった藩と、その相手国、交流の内容をそれぞれおさえておくとよいです。

## 練習 59ページ

1 (1)島原・天草一揆のあと、幕府はキリスト教の取りしまりをいっそう強めました。
(4)幕府は、キリスト教を広めるおそれのない中国、オランダとだけ貿易を行いました。
(5)1641年、平戸（長崎県）にあったオランダ商館を長崎の出島に移しました。

2 (1)①松前藩は、幕府の許可を得てアイヌの人たちと交易を行いました。
②対馬藩は、プサン（釜山）にある倭館という施設に役人を送って、朝鮮との間で貿易を行いました。
③薩摩藩は琉球王国を通して、中国などの産物を手に入れました。

ぴったり3 確かめのテスト

2. 日本の歴史
## 6 幕府の政治と人々の暮らし

/100 合格80点

教科書 142〜153ページ　答え 31ページ

**1** 右の地図を見て、次の問いに答えましょう。　1つ5点（25点）

(1) よく出る 江戸幕府は、全国の大名を３種類に区別しました。地図中のⒶ〜Ⓒにあてはまる大名の種類を書きましょう。

Ⓐ（親藩）
Ⓑ（譜代）
Ⓒ（外様）

(2) 次の文は、大名の配置について述べたものです。文中の①、②について、｛　｝の中の正しい言葉を〇で囲みましょう。

Ⓐは、徳川氏の一族で、尾張・紀伊・水戸などの藩があった。Ⓑは、江戸や京都の①｛近く・遠く｝に配置され、重要な地を守る役割があった。Ⓒは、江戸や京都の②｛近く・遠く｝に配置された。

（①近く、②遠く を囲む）

**2** 右の資料を見て、次の問いに答えましょう。　1つ5点（25点）

(1) 資料中の①、②にあてはまる言葉を、㋐〜㋓から選びましょう。　技能

①（㋑）②（㋐）

㋐ 結婚
㋑ 城
㋒ 橋
㋓ 旅行

武家諸法度（一部）
一、学問や武芸を身につけ、常にこれにはげむこと。
一、（①）を修理する場合は、幕府に届け出ること。
一、幕府の許可を得ずに（②）してはならない。
（下の内容は、ⓐ後に加えられたもの）
一、ⓑ大名は、領地と江戸に交代で住み、毎年４月に江戸に参勤すること。
一、大きな船をつくってはならない。

(2) 下線部ⓐについて、だれの時代に加えられたものですか。将軍の名前を書きましょう。

（徳川家光）

(3) よく出る 下線部ⓑについて、この制度を何といいますか。

（参勤交代）

記述 (4) この法令にそむいた大名は、どのようなことをされましたか。「土地」という言葉を使って簡単に書きましょう。　思考・判断・表現

（(例) 他の土地に移されたり、領地を取り上げられたりした。）





**3** 右の地図を見て、次の問いに答えましょう。　1つ5点（25点）

(1) 地図中のⒶは江戸時代に12回にわたって日本をおとずれた使節団の行路です。この使節団を何といいますか。

（朝鮮通信使）

(2) 地図中のⒷについて、長崎につくられ、貿易が行われたうめ立て地を何といいますか。

（出島）

(3) 地図中のⒸについて、独自の文化をもつ琉球王国は、17世紀初めにどこの藩に支配されましたか。

（薩摩）藩

(4) 地図中のⒹについて、幕府の許可を得てアイヌの人たちと交易を行っていた藩の名前を書きましょう。

（松前）藩

記述 (5) てきたらスゴイ！ 鎖国のもとでの外国との交流で、幕府は何を独占していましたか。「情報」という言葉を使って簡単に書きましょう。　思考・判断・表現

（(例) 外国の情報や貿易の利益を独占した。）

**4** 右の年表を見て、次の問いに答えましょう。　1つ5点（25点）

(1) 年表中の①、②にあてはまる言葉を、㋐〜㋓から選びましょう。　技能

①（㋐）②（㋑）

㋐ スペイン
㋑ ポルトガル
㋒ オランダ
㋓ 中国

| 年 | 主なできごと |
|---|---|
| 1600 | 関ヶ原の戦い |
| 1603 | ⓐ江戸幕府が開かれる |
| 1612 | キリスト教を禁止する |
| 1616 | 外国船の来航を長崎と平戸（長崎県）に限る |
| 1624 | （①）船の来航を禁止する |
| 1635 | 日本人の海外への渡航と海外からの帰国を禁止する |
| 1637 | ⓑ島原・天草一揆が起こる |
| 1639 | （②）船の来航を禁止する |
| 1641 | 鎖国が完成する |

(2) 下線部ⓐについて、江戸幕府のもとでの身分に関する次の①、②の説明について、正しいものには〇を、まちがっているものには×をつけましょう。

①（×）町人は、名字を名のり、刀を差すなどの特権を認められた。
②（〇）百姓は、人口の約８割を占め、収穫の半分ほどを年貢として納めた。

(3) 下線部ⓑについて、この一揆の中心となった人物の名前を書きましょう。

（天草四郎（益田時貞））

ふりかえり ３(5)がわからないときは、58ページの１にもどって確認してみよう。



## 確かめのテスト　60〜61ページ

**1** (1)親藩は徳川家の親類で、名古屋の尾張、和歌山の紀伊、茨城の水戸の３家は「徳川御三家」とよばれて重んじられました。

**2** (1)武家諸法度は、全国の大名を支配し、主従関係を確認するための法令です。

(3)大名は行列を組んで領地と江戸の往復をするため、多くの費用がかかりました。

**3** (1)朝鮮通信使は日本の将軍の代がわりの際に日本へ派遣されました。

(2)出島には決められた日本人しか出入りができず、オランダ人の出入りには幕府の役人がつきそいました。

(4)松前藩はアイヌの人たちと交易を行い、海産物や毛皮、織物などと、本州の産物を取り引きしました。

**4** (1)鎖国により、幕府との貿易はキリスト教を広めるおそれのない中国とオランダの商人に限られました。

(2)①江戸幕府のもとでは、武士にさまざまな特権が認められました。

**記述問題のプラスワン**

**2** (4)江戸幕府は、大名を統制するために武家諸法度という法令を定めました。武家諸法度にそむいた大名は処罰され、他の土地に移されたり、領地を取り上げられたりしました。問題文中に「土地」という語句を使用するという指定があるので、忘れずに解答にふくめましょう。

ぴったり1 準備 学習日 **62ページ**

2．日本の歴史
## 7 新しい文化と学問①

めあて 江戸時代の町人文化や、それを支えた産業や交通を理解しよう。

教科書 154～161ページ　答え 32ページ

次の（　）に入る言葉を、下から選びましょう。

### 1 都市のにぎわいと人々の楽しみ／活気あふれる町人の文化　教科書 154～157ページ

**江戸・大阪・京都の発展**
- 江戸…政治の中心で「（① 将軍のおひざもと）」とよばれた。江戸の日本橋を起点に五街道が整備され、全国から多くの人やものが行き来した。
- 大阪…経済の中心で「（② 天下の台所）」とよばれ、全国から産物が集まった。
- 京都…平安時代からの都で、西陣織などの美術工芸が発達。

ワンポイント 町人の文化
- 大都市では、町人たちが中心となり、新しい文化を生み出した。
- 人形浄瑠璃や歌舞伎の人気が広まり、（③ 近松門左衛門）は、町人の姿を生き生きとえがいた芝居の脚本を数多く残した。
- 木版技術の発達により、色あざやかな浮世絵が大量につくられた。（④ 歌川広重）の「東海道五十三次」や葛飾北斎の「富嶽三十六景」などの風景画や、役者絵、美人画が人気を集めた。
- （⑤ 松尾芭蕉）は、自然をたくみによみこんだ味わい深い俳句を数多くつくった。

「富嶽三十六景」

### 2 今につながる江戸の文化／文化を支えた産業と交通　教科書 158～161ページ

**現在も受けつがれている江戸時代の文化**
- 相撲や花火見物などの娯楽が楽しまれ、１日３食の食事の習慣が広まった。

**産業と交通**
- 江戸と主要な都市を結ぶ五街道が整備され、大阪を中心に全国をつなぐ航路も発達した。
- 農村では、（⑥ 新田開発）がさかんに行われ、（⑦ 備中ぐわ）や千歯こきなどの農具が普及した。肥料のくふうもあって、生産力が高まった。
- 綿花やなたね、茶、藍などの商品作物を栽培し、現金収入を得る農民が増加した。
- （⑧ 伊勢参り）など、生活に余裕ができた人たちの間で信仰と楽しみをかねた旅が流行した。



全国を結ぶ交通と各地の主な産物

選んだ言葉に✓
□新田開発　□伊勢参り　□備中ぐわ　□天下の台所
□歌川広重　□近松門左衛門　□松尾芭蕉　□将軍のおひざもと

62

ぴったり2 練習 学習日 **63ページ**

ぴたトリビア 江戸のまちでは屋台が発達し、そばやにぎりずし、天ぷらなどが人々の人気を集めました。

教科書 154～161ページ　答え 32ページ

**1 次の問いに答えましょう。**

(1) 江戸時代に発展した都市に関する次の①～③の説明について、江戸には㋐を、大阪には㋑を、京都には㋒を書きましょう。

①（ ㋑ ）経済の中心として栄え、「天下の台所」とよばれた。
②（ ㋒ ）平安時代からの都で、高度な美術工芸が発達した。
③（ ㋐ ）政治の中心として栄え、「将軍のおひざもと」とよばれた。

(2) 町人たちが生み出した文化と、その説明について、あうものを線で結びましょう。

① 浮世絵　② 人形浄瑠璃　③ 俳句

㋐物語を語る人、三味線をひく人、人形を動かす人が一体となって演じる芝居。
㋑五・七・五の３句17音からなる詩で、松尾芭蕉が数多くの作品をつくった。
㋒木版技術を用いた色あざやかな絵で、ヨーロッパの画家たちにも大きな影響をあたえた。

**2 右のグラフを見て、次の問いに答えましょう。**

(1) 右のグラフは、全国の耕地面積の増加を示しています。Ⓐにあてはまる時代を書きましょう。
（ 江戸時代 ）中ごろ

(2) Ⓐの時代に、生産を増やすためにさかんに行われていたことは何ですか。㋐～㋓から選びましょう。
（ ㋓ ）

㋐ 稲と麦の二毛作がさかんに行われた。
㋑ 全国の村ごとに検地が行われた。
㋒ 刀狩がさかんに行われた。
㋓ 新田開発がさかんに行われた。



耕地面積の増加

(3) Ⓐの時代には、新しい農具が普及しました。その農具の名前を２つ書きましょう。
(順不同)（ 備中ぐわ ）（ 千歯こき ）

(4) Ⓐの時代には、米のほかに綿花や藍などを栽培して現金収入を得る農民が増えていきました。このような作物を何といいますか。
（ 商品作物 ）

ヒント 2 (4) 綿花やなたね、茶、藍などの、商品となる作物です。

63

**できたかな？**
□江戸時代の町人文化を説明してみよう。
□江戸時代の産業や交通の発達を確認してみよう。

## 練習　63ページ

**1** (1)①全国の大名は、大阪に蔵屋敷を構えました。
(2)①浮世絵は後に海外にも紹介されました。19世紀のオランダの画家ゴッホは、浮世絵の構図や色づかいをまねた絵を残しています。

**2** (2)㋐は鎌倉時代に普及し、室町時代に全国で行われるようになりました。㋑と㋒は豊臣秀吉が全国的に行いました。
(3)このほか、米のもみがらを取り除く唐みや、脱穀に使うからさおなどの農具も普及するようになりました。
(4)綿花・なたね・茶・藍などを栽培しました。

# ぴったり1 準備

2. 日本の歴史

## 7 新しい文化と学問②

学習日 **64ページ**

めあて
江戸時代に発展した蘭学や国学、江戸時代の教育を理解しよう。

教科書 162～169ページ　答え 33ページ

次の（　）に入る言葉を、下から選びましょう。

### 1 新しい学問

教科書 162～163ページ

ワンポイント 蘭学

- 蘭学…ヨーロッパの医学や天文学、地理学などの学問の研究。
- 小浜藩（福井県）の医者（① 杉田玄白 ）は、中国の医学書とは人体の図がちがうオランダ語の医学書を入手した。中津藩（大分県）の医者の前野良沢らと人体解剖を見学し、オランダの医学書の正確さを知った。
- 杉田玄白らは正しい知識を広めるため、3年半かけてオランダ語の医学書の翻訳を完成させ、「解体新書」として出版した。

中国の医学書の人体の図　「解体新書」の人体の図

**国学**

- 国学…古くからの日本人の考え方を明らかにしようとする学問。
- 松阪（三重県）の医師であった（② 本居宣長 ）は、「古事記」や「源氏物語」などの日本の古典を研究し、35年かけて「（③ 古事記伝 ）」を完成させた。
- 国学は当時の社会に大きな影響をあたえ、将軍や大名による政治を批判し、天皇中心の政治にもどそうとする動きも出てきた。

**日本地図**

- 佐原（千葉県）で酒屋を営んでいた（④ 伊能忠敬 ）は、50才で西洋の天文学や測量術を学び、幕府に願い出て全国を測量し、現在の地図に近い正確な地図をつくった。

### 2 人々と学問、新しい時代への動き

教科書 164～165ページ

**人々と学問**

- 江戸時代には各地に（⑤ 寺子屋 ）がつくられ、町人や百姓の子どもが、読み書きやそろばんなどを学んだ。
- 藩は、藩校とよばれる学校をつくり、武士の子どもたちを教育した。幕府は中国で生まれた（⑥ 儒学 ）を学ぶことを奨励した。
- 幕府や藩の支配を受けない私塾もつくられ、武士だけでなく百姓や町人も、国学や蘭学などの新しい知識を学んだ。

寺子屋の様子

**新しい時代への動き**

- 19世紀中ごろに大きなききんが起こり、農村では（⑦ 百姓一揆 ）、都市では打ちこわしが増えた。大阪では、かつて幕府の役人であった（⑧ 大塩平八郎 ）が反乱を起こした。

選んだ言葉に✓
□本居宣長　□大塩平八郎　□杉田玄白　□伊能忠敬
□百姓一揆　□寺子屋　□儒学　□古事記伝



# ぴったり2 練習

学習日 **65ページ**

ぴたトリビア
江戸ではリサイクルが進んでおり、古紙など不要なものを回収して再利用したり、こわれたものを修理して再生させたりする仕事がありました。

教科書 162～169ページ　答え 33ページ

**1** 次のⒶ～Ⓒの文を読んで、あとの問いに答えましょう。

Ⓐ 小浜藩（福井県）の医者であった杉田玄白は、オランダ語の医学書の人体図が実際の人体と同じであったことにおどろき、（①）らとこの医学書を日本語に翻訳することを決意して、苦心の末、出版した。
Ⓑ 松阪（三重県）の医師であった本居宣長は、「（②）」や「源氏物語」などの日本の古典を研究し、35年かけて「（②）伝」を完成させた。
Ⓒ 佐原（千葉県）で酒屋を営んでいた（③）は、50才のとき、西洋の天文学や測量術を学び、地図をつくった。

(1) 文中の①～③にあてはまる言葉を書きましょう。
①（ 前野良沢 ）②（ 古事記 ）③（ 伊能忠敬 ）

(2) 下線部について、出版した本の名前を書きましょう。
（ 解体新書 ）

(3) Ⓐについて、当時、オランダ語の書物を通してヨーロッパの学問の研究が行われましたが、この学問を何といいますか。
（ 蘭学 ）

(4) Ⓑについて、古くからの日本人の考え方や文化を明らかにする学問を何といいますか。
（ 国学 ）

**2** 次の問いに答えましょう。

(1) 江戸時代につくられた学校と、その説明について、あうものを線で結びましょう。

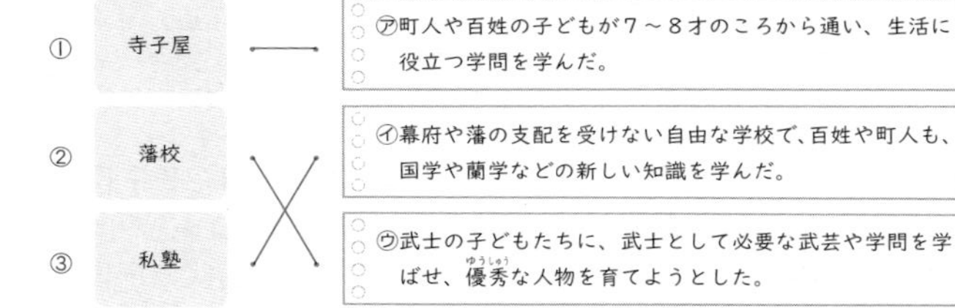

① 寺子屋　② 藩校　③ 私塾

㋐町人や百姓の子どもが7～8才のころから通い、生活に役立つ学問を学んだ。
㋑幕府や藩の支配を受けない自由な学校で、百姓や町人も、国学や蘭学などの新しい知識を学んだ。
㋒武士の子どもたちに、武士として必要な武芸や学問を学ばせ、優秀な人物を育てようとした。

(2) 19世紀中ごろ、大きなききんが起こりましたが、農村や都市ではどのようなことが急増しましたか。
農村（ 百姓一揆 ）
都市（ 打ちこわし ）

ヒント 1 (3) 当時、オランダは「和蘭」または「阿蘭陀」と漢字表記されました。



できたかな？
□江戸時代に発展した蘭学や国学を説明してみよう。
□江戸時代にどのような教育が行われていたかを説明してみよう。

おうちのかたへ
百姓一揆や打ちこわしは、開国してからも起こりました。これは、「8明治の新しい国づくり」で学習します。

## 練習 65ページ

**1** (2)当時は、オランダ語の辞書もなかったため、3年半という長い時間をかけて翻訳を完成させました。
(3)蘭学は、オランダ語の書物を通して日本に入ってきたヨーロッパの学問です。
(4)国学は、日本の古い時代の書物を研究し、日本古来の考え方を明らかにしようとする学問です。

**2** (1)②弘道館（水戸藩）、明倫館（長州藩）などの藩校が有名です。
③緒方洪庵の適塾、シーボルトの鳴滝塾などの私塾が有名です。
(2)農村では年貢の引き下げを求める百姓一揆が、都市では米の買い占めや値上がりに抗議する打ちこわしが起こりました。

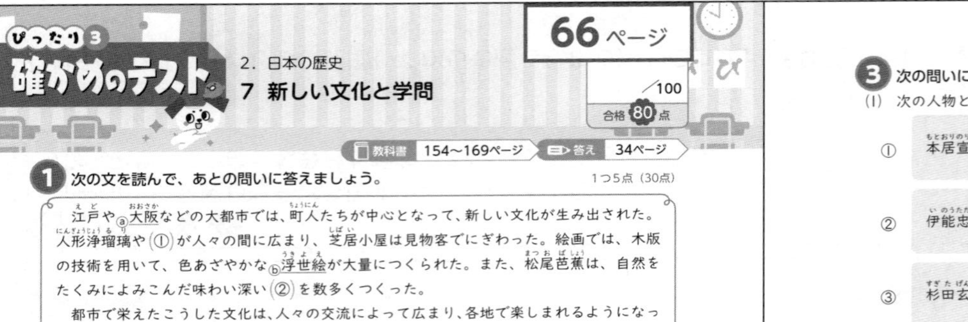


2. 日本の歴史
7 新しい文化と学問

**66ページ**

合格 80 点 /100

教科書 154～169ページ　答え 34ページ

**1** 次の文を読んで、あとの問いに答えましょう。　1つ5点（30点）

江戸や ⓐ大阪などの大都市では、町人たちが中心となって、新しい文化が生み出された。人形浄瑠璃や（①）が人々の間に広まり、芝居小屋は見物客でにぎわった。絵画では、木版の技術を用いて、色あざやかな ⓑ浮世絵が大量につくられた。また、松尾芭蕉は、自然をたくみによみこんだ味わい深い（②）を数多くつくった。
都市で栄えたこうした文化は、人々の交流によって広まり、各地で楽しまれるようになった。

(1) よく出る 文中の①、②にあてはまる言葉を書きましょう。
①（ 歌舞伎 ）
②（ 俳句 ）

(2) 下線部ⓐに関する次の①～③の説明について、正しいものには○を、まちがっているものには×をつけましょう。
①（ × ）経済が栄え、「将軍のおひざもと」とよばれた。
②（ ○ ）全国の大名が、年貢米などを売りさばくため蔵屋敷を構えた。
③（ × ）出島がつくられ、オランダとの貿易の窓口となった。

(3) 下線部ⓑについて、浮世絵をえがいた画家と、その代表的な作品の組み合わせとして正しいものを、㋐～㋒から選びましょう。　技能
（ ㋒ ）
㋐ 近松門左衛門――「東海道五十三次」
㋑ 歌川広重――「天橋立図」
㋒ 葛飾北斎――「富嶽三十六景」

**2** 右の地図を見て、次の問いに答えましょう。　1つ5点（20点）

(1) 五街道の起点となったのは、江戸のどこですか。
（ 日本橋 ）

(2) 地図中のⒶ、Ⓑの街道の名前を書きましょう。
Ⓐ（ 東海道 ）
Ⓑ（ 中山道 ）

(3) できたらスゴイ！ 地図中の――線で示した主な航路のうち、日本海まわりの航路で北海道や東北地方の産物を大阪に運んでいた船の名前を書きましょう。
（ 北前船 ）

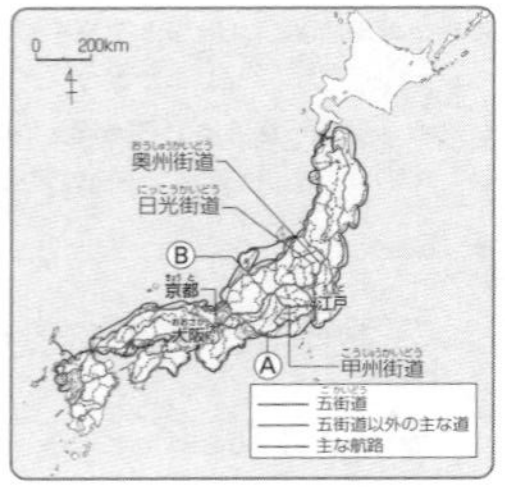

（地図：0 200km　奥州街道　日光街道　Ⓑ　京都　Ⓐ　甲州街道　――五街道　――五街道以外の主な道　――主な航路）



学習日

**67ページ**

**3** 次の問いに答えましょう。　1つ5点（25点）

(1) 次の人物と、その人物の実績について、あうものを線で結びましょう。
① 本居宣長　② 伊能忠敬　③ 杉田玄白
㋐オランダの医学書を翻訳し、「解体新書」として出版した。
㋑全国各地を測量し、正確な地図をつくった。
㋒「古事記」や「源氏物語」などの日本の古典を研究し、「古事記伝」を完成させた。

(2) 町人や百姓の子どもが、7～8才のころから読み書きやそろばんなどを学んだ場所を、㋐～㋒から選びましょう。　技能
（ ㋐ ）
㋐ 寺子屋　㋑ 私塾　㋒ 藩校

記述 (3) 国学が当時の社会に大きな影響をあたえたことで出てきた考え方を、「将軍」「天皇」という言葉を使って簡単に書きましょう。　思考・判断・表現
（(例) 将軍や大名による政治を批判し、天皇を中心とした政治にもどそうとする考え方。）

**4** 右のグラフを見て、次の問いに答えましょう。　1つ5点（25点）

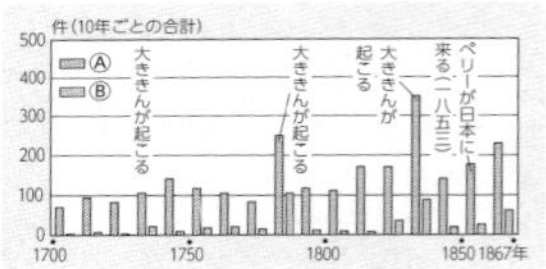

(1) グラフ中のⒶ、Ⓑは、何の件数を表していますか。それぞれ書きましょう。
Ⓐ（ 百姓一揆 ）
Ⓑ（ 打ちこわし ）

（グラフ：件（10年ごとの合計）　Ⓐ　Ⓑ　大ききんが起こる　ペリーが日本に来る（一八五三年）　1700　1750　1800　1850 1867年）

(2) 1837年、ききんで苦しんでいる人々を救おうとして大阪で兵を挙げた、かつて幕府の役人であったのはだれですか。
（ 大塩平八郎 ）

記述 (3) ⒶやⒷのようなことが起こった理由を、グラフと関連づけて簡単に書きましょう。　思考・判断・表現
（(例) 大ききんが起こって不作となり、生活が苦しかったから。）

(4) できたらスゴイ！ 19世紀の中ごろ、住民に厳しい倹約令を出した岡山藩に対し、差別を受けていた人々が起こした出来事を何といいますか。
（ 渋染一揆 ）

ふりかえり 3(3)がわからないときは、64ページの1にもどって確認してみよう。



**記述問題のプラスワン**

**4** (3)グラフからは、大ききんが起こると百姓一揆や打ちこわしの件数が増加していることが読み取れます。大ききんの影響によって不作となり、物価が上昇して人々の生活は苦しくなりました。

## 確かめのテスト　66～67ページ

**1** (2)①大阪は「天下の台所」とよばれました。
③は長崎に関する説明です。
(3)㋐近松門左衛門は歌舞伎などの芝居の脚本を書きました。㋑歌川広重は「東海道五十三次」をえがきました。

**2** (3)北前船は、北海道と大阪を結ぶ日本海まわりの航路で活やくした船です。北海道からは昆布やにしんなどを、大阪からは米や塩、酒などを運びました。

**3** (1)①の本居宣長は国学を、③の杉田玄白は蘭学を発展させました。
(2)㋑の私塾では武士に限らず百姓や町人も学びました。㋒の藩校では武士の子どもたちが学びました。
(3)新しい学問を学ぶ人の中から、幕府や藩が行う政治のあり方を批判する動きが出てくるようになりました。

**4** (1)大きなききんが起こると、農村では百姓一揆が急増し、都市では豊かな商人の家をおそう打ちこわしが起こりました。
(2)かつて幕府の役人であった大塩平八郎は、人々の救済のために兵を挙げました。この反乱は1日でおさえられましたが、幕府をおどろかせました。

ぴったり1 準備

2．日本の歴史

# 8 明治の新しい国づくり①

学習日 68ページ

めあて 黒船の来航による世の中の変化や江戸から明治への時代の変化を理解しよう。

教科書 170～175ページ 答え 35ページ

次の（　　）に入る言葉を、下から選びましょう。

## 1 新しい世の中へ／黒船が来た

教科書 170～173ページ

**新しい世の中**

- 明治維新…江戸時代が終わり、新しい世の中の基礎をつくるための改革が行われ、日本の外国との関係や政治のしくみなどが変化した。

**黒船来航**

- 1853年、4せきの軍艦が浦賀（神奈川県）沖に現れ、アメリカ合衆国の使節（① ペリー ）が、日本の開国を求める大統領からの手紙を持ってやってきた。
- 1854年、ペリーは再び現れ、開国をせまった。アメリカの武力をおそれた幕府は開国の要求を受け入れ、（② 日米和親条約 ）を結び、下田（静岡県）と函館（北海道）の2港を開いた。
- 1858年、（③ 日米修好通商条約 ）を結び、横浜や長崎などでの貿易を認めたことで、約200年続いた鎖国の状態が終わった。
- 幕府は日米修好通商条約と同様の条約をオランダ・ロシア・イギリス・フランスとも結んだが、（④ 治外法権 ）を認め（＝外国人を日本の法律で裁けない）、（⑤ 関税自主権 ）がない（＝輸入品に自由に税をかけられない）など日本に不利な内容であった。

ペリー（1794～1858年）

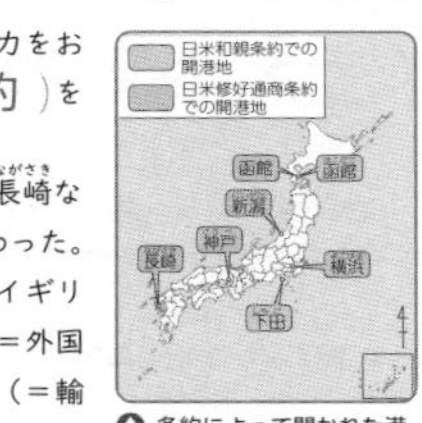


条約によって開かれた港

## 2 江戸幕府がたおれる

教科書 174～175ページ

**ワンポイント** 江戸幕府の終わり

- 開国して外国との貿易が始まると、国内の品不足や米などの値上がりで人々の生活が苦しくなり、各地で「世直し」を求める一揆や打ちこわしが激しくなった。
- 武士の中で、外国の勢力を追いはらおうとする動きが起こり、（⑥ 長州 ）藩（山口県）や薩摩藩（鹿児島県）は外国と戦ったが、力の差は大きかった。
- 幕府に代わる新しい政治のしくみをつくろうとする動きが強まり、長州藩の木戸孝允（桂小五郎）や、薩摩藩の西郷隆盛・（⑦ 大久保利通 ）らの下級武士たちが運動の中心となった。
- 両藩は、軍事的な約束を結び、倒幕を目ざした。
- 1867年、15代将軍（⑧ 徳川慶喜 ）が、政権を天皇に返したことで、約260年続いた江戸幕府の政治が終わった。
- その後、新政府軍と旧幕府軍の間で戦いが起こり、新政府軍が勝利した。

土佐藩（高知県）を脱藩した坂本龍馬が、両藩を説得して同盟が結ばれたよ。

選んだ言葉に✓ □長州 □大久保利通 □治外法権 □ペリー □関税自主権 □徳川慶喜 □日米修好通商条約 □日米和親条約



ぴったり2 練習

学習日 69ページ

ぴたトリビア 新政府軍と旧幕府軍の戦いの中、幕府のもと役人であった勝海舟は西郷隆盛と話し合い、江戸城を明けわたしました。

教科書 170～175ページ 答え 35ページ

**1 右の写真と地図を見て、次の問いに答えましょう。**

(1) 右の写真の人物は、1853年に日本をおとずれたアメリカ合衆国の使節です。この人物の名前を書きましょう。（ ペリー ）

(2) (1)の来航の目的を、㋐～㋒から選びましょう。（ ㋒ ）

㋐ 日本で観光をするため。
㋑ 日本に留学するため。
㋒ 日本の開国を求めるため。

(3) 1854年に幕府がアメリカと結んだ条約を何といいますか。（ 日米和親条約 ）

(4) 右の地図中のⒶ、Ⓑは、(3)によって開かれた港です。Ⓐ、Ⓑの地名を書きましょう。

Ⓐ（ 函館 ） Ⓑ（ 下田 ）

(5) 1858年に幕府がアメリカと結んだ条約を何といいますか。（ 日米修好通商条約 ）

(6) 右の地図中のⒸ、Ⓓは、Ⓐ・新潟・長崎とともに(5)によって貿易が認められた港です。Ⓒ、Ⓓの地名を書きましょう。

Ⓒ（ 横浜 ） Ⓓ（ 神戸 ）

**2 次の問いに答えましょう。**

(1) 開国による変化に関する次の①、②の説明について、正しいものには○を、まちがっているものには×をつけましょう。

①（ × ） 外国との貿易が始まり、米などの生活必需品が値下がりした。
②（ ○ ） 各地で「世直し」を求める一揆や打ちこわしが激しくなった。

(2) 幕末に活躍した人物と、その説明について、あうものを線で結びましょう。

① 西郷隆盛　② 木戸孝允（桂小五郎）　③ 徳川慶喜

㋐長州藩出身で、倒幕運動の中心の一人となった。
㋑約260年続いた江戸幕府の政権を天皇に返した。
㋒幕府のもと役人であった勝海舟と話し合いをして、戦わずに江戸城を明けわたすことを決めた。

ヒント 1 (4)(6) Ⓐは北海道、Ⓑは静岡県、Ⓒは神奈川県、Ⓓは兵庫県の港です。



## 練習 69ページ

1 (1)、(2)ペリーは、日本の開国を求めるアメリカ合衆国の大統領からの手紙を江戸幕府にわたしました。
(5)この条約によって５港が開かれ、貿易が行われました。条約には、治外法権を認める、関税自主権がない、などの日本に不平等な内容がふくまれました。

2 (1)①国内の品物が不足したり、米などの生活必需品が値上がりしたりして、人々の生活は苦しくなりました。
(2)①②薩摩藩の西郷隆盛や長州藩の木戸孝允（桂小五郎）は、倒幕運動の中心となりました。
③は江戸幕府最後（15代）の将軍です。

**できたかな？**

□黒船の来航がもたらした世の中の変化を説明してみよう。
□江戸から明治にかけての服装や交通の変化を説明してみよう。

**おうちのかたへ**

「8明治の新しい国づくり」から近代の歴史になります。日本が、開国や明治維新を機に欧米の文化を取り入れつつ、近代化を進めたことを学んでいきます。

# ぴったり1 準備 70ページ

2. 日本の歴史
## 8 明治の新しい国づくり②

めあて：明治政府が行ったさまざまな改革を理解しよう。

教科書 176～183ページ　答え 36ページ

次の（　）に入る言葉を、下から選びましょう。

### 1 新政府による国づくりの始まり　教科書 176～177ページ

ワンポイント　新政府による国づくり
- 1868年、江戸幕府に代わり天皇を中心とした政府がつくられた。
- （① 五か条の御誓文 ）…新政府が示した新しい政治方針。
- 年号を明治に変え、江戸を東京に改めた。
- 新政府の中心となった薩摩藩の西郷隆盛や大久保利通、長州藩の木戸孝允たちは、政治や社会の改革を進めた。
- （② 版籍奉還 ）…1869年、大名が治めていた領地と領民を天皇に返した。
- （③ 廃藩置県 ）…1871年、すべての藩を廃止して県を置き、役人を各県へ送った。
- 蝦夷地を北海道と改めて開拓を進め、琉球王国を沖縄県として日本に統合した。
- 江戸時代の身分制度を改め、天皇の一族を皇族、大名を華族、武士を士族、百姓・町人を平民とした。平民は名字を名のり、職業や住む場所を自由に選べるようになった。
- 差別されてきた人々も、「（④ 解放令 ）」によって平民とされたが、政府の政策が不十分であったため生活は苦しくなり、住む場所や結婚、就職などの差別も残った。

人口の割合（明治時代の初めごろ）：人口 約3313万人　平民 93.6%　士族など 5.5　皇族・神官・僧など 0.9

### 2 欧米の国々に追いつけ／人々の暮らしが変わった　教科書 178～181ページ

**新政府による改革**
- 政府は、富国強兵の政策を進め、欧米の国々に追いつき負けない国を目ざした。
- （⑤ 地租改正 ）…安定した収入のため、年貢に代わり、土地の価格に応じた税金（地租）を取るという税制度の改革。
- （⑥ 徴兵令 ）…西洋式の軍隊をつくるため、20才以上の男子すべてに兵役の義務を定めた。
- （⑦ 殖産興業 ）…国の費用で外国から機械を買い入れて製糸場や兵器工場などの官営工場をつくった。さらに、外国から技術者や学者を招いて、進んだ技術や知識を教わった。

富岡製糸場の内部　●群馬県の官営工場

**人々の暮らしの変化**
- 文明開化…西洋の文化を取り入れようとする風潮。
- 都市を中心に、西洋ふうの暮らしや文化が広がり、服装（洋服）、髪型、食事（牛肉やパンを食べる）、乗り物、建物などが大きく変わった。
- 政府は学校制度をつくり、全国にたくさんの小学校をつくらせた。
- （⑧ 福沢諭吉 ）は、「学問のすゝめ」で、人は生まれながらに平等であると主張した。

選んだ言葉に☑：□五か条の御誓文　□廃藩置県　□福沢諭吉　□殖産興業　□地租改正　□徴兵令　□版籍奉還　□解放令



# ぴったり2 練習 71ページ

ぴたトリビア：1871年から岩倉具視を大使とする使節団がアメリカやヨーロッパに派遣され、日本初の女子留学生として津田梅子らが同行しました。

教科書 176～183ページ　答え 36ページ

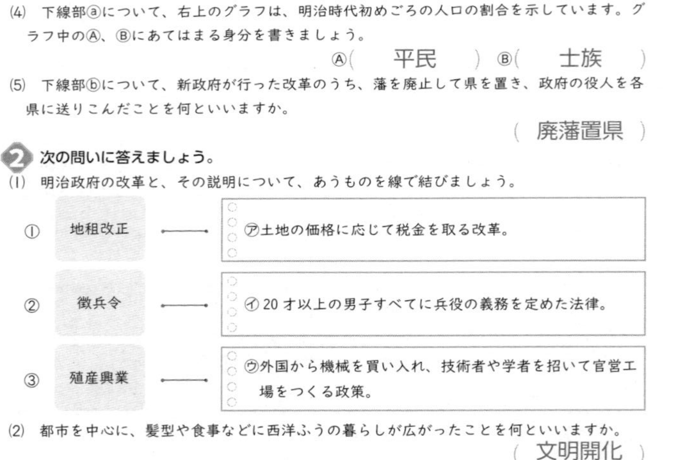

**1** 次の資料やグラフを見て、あとの問いに答えましょう。

一、政治は、（①）を開いてみんなの意見をきいて決めよう。
一、ⓐ国民が心を合わせて、国の勢いをさかんにしよう。
一、国民一人一人の意見がかなう世の中にしよう。
一、これまでのⓑよくないしきたりを改めよう。
一、知識を世界から学んで、（②）中心の国家をさかんにしよう。

グラフ：人口 約3313万人　Ⓐ 93.6%　Ⓑなど 5.5　華族・神官・僧など 0.9

(1) 資料中の①、②にあてはまる言葉を［　］から選びましょう。
①（ 会議 ）②（ 天皇 ）
［天皇　会議　将軍　演説会］

(2) 資料は、新政府の政治の方針を示したものです。この資料を何といいますか。
（ 五か条の御誓文 ）

(3) (2)の作成にも関わった、長州藩出身の明治政府の指導者はだれですか。
（ 木戸孝允 ）

(4) 下線部ⓐについて、右上のグラフは、明治時代初めごろの人口の割合を示しています。グラフ中のⒶ、Ⓑにあてはまる身分を書きましょう。
Ⓐ（ 平民 ）Ⓑ（ 士族 ）

(5) 下線部ⓑについて、新政府が行った改革のうち、藩を廃止して県を置き、政府の役人を各県に送りこんだことを何といいますか。
（ 廃藩置県 ）

**2** 次の問いに答えましょう。

(1) 明治政府の改革と、その説明について、あうものを線で結びましょう。

① 地租改正 ―― ㋐土地の価格に応じて税金を取る改革。
② 徴兵令 ―― ㋑20才以上の男子すべてに兵役の義務を定めた法律。
③ 殖産興業 ―― ㋒外国から機械を買い入れ、技術者や学者を招いて官営工場をつくる政策。

(2) 都市を中心に、髪型や食事などに西洋ふうの暮らしが広がったことを何といいますか。
（ 文明開化 ）

ヒント　1 (3) 倒幕運動の中心にもなった人物で、明治政府では岩倉使節団の副使となり、アメリカやヨーロッパをおとずれました。



**できたかな？**
□新政府による新しい政治の方針を説明してみよう。
□明治政府が行った改革を説明してみよう。

**おうちのかたへ**
明治政府が行ったさまざまな改革について、その目的や改革による影響をそれぞれおさえておくとよいです。

## 練習 71ページ

**1** (2)五か条の御誓文は天皇が神にちかう形で発表されました。
(4)それまでの大名は華族、武士は士族、百姓・町民は平民となりました。
(5)廃藩置県により権力は中央政府に集中し、大名は力を失い、士族も生活のよりどころをなくしました。

**2** (1)政府は、欧米の国々に追いつき、負けない強い国にするために、①～③などの改革を行い、富国強兵を目標として政策を進めていきました。
(2)東京・横浜・大阪などを中心に、西洋ふうの暮らしが広がりました。

# 72ページ

ぴったり3 確かめのテスト

2. 日本の歴史
8 明治の新しい国づくり

/100 合格80点

教科書 170〜183ページ　答え 37ページ

**1 右の年表を見て、次の問いに答えましょう。** 1つ5点（30点）

| 年 | 主なできごと | |
|---|---|---|
| 1853 | （①）が浦賀に来る | …㋐ |
| 1854 | ⓐ日米和親条約を結ぶ | …㋑ |
| 1858 | ⓑ日米修好通商条約を結ぶ（各国とも同様の条約を結ぶ）国内で品不足と値上がり | |
| 1867 | （②）が政権を天皇に返す | …㋒ |

(1) よく出る 年表中の①、②にあてはまる言葉を書きましょう。
①（ ペリー ）②（ 徳川慶喜 ）

(2) 下線部ⓐについて、この条約で開かれた港の組み合わせとして正しいものを、㋐〜㋓から選びましょう。 技能 （ ㋒ ）

㋐ 横浜－函館　㋑ 横浜－神戸
㋒ 下田－函館　㋓ 下田－神戸

(3) 下線部ⓑについて、この条約について述べた次の文中の①、②について、｛ ｝の中の正しい言葉を〇で囲みましょう。

治外法権を①｛（認めていた）・認めなかった｝ため、日本で事件を起こした外国人を日本の法律で裁くことができず、関税自主権が②｛ある・（ない）｝ため、輸入品に自由に税をかけることができないなど、日本にとって不利で不平等な内容のものであった。

(4) 鎖国の状態が終わったのはいつですか、年表中の㋐〜㋒から選びましょう。 技能 （ ㋑ ）

**2 幕末に活躍した人物を調べた次の文を読んで、あとの問いに答えましょう。** 1つ5点（20点）

1835年　土佐に生まれる。
1853年　武術の修行のため江戸に行く。
1862年　土佐藩を脱藩する。（当時の脱藩は重い罪。）
1865年　海運や貿易を行う組織（後の海援隊）をつくる。
1866年　対立関係にあった（①）藩の西郷隆盛と（②）藩の桂小五郎の間をとりもち、両藩を連合させる。
1867年　（6月）新しい国のあり方の案をまとめる。
　　　　（11月）京都で暗殺される。

(1) この文章はだれについて調べたものですか。（ 坂本龍馬 ）
(2) 文中の①、②にあてはまる言葉を書きましょう。①（ 薩摩 ）②（ 長州 ）
(3) てきたらスゴイ！ 下線部について、西郷隆盛と話し合いをして、戦わずに江戸城を明けわたすことを決めた幕府のもと役人の名前を書きましょう。（ 勝海舟 ）



# 73ページ

**3 次の問いに答えましょう。** 1つ5点（25点）

(1) 新政府による国づくりに関する次の①〜③の説明について、下線部が正しいものには〇を、まちがっているものには正しい言葉を書きましょう。
① 新政府は、新しい政治の方針を、武家諸法度として発表した。（ 五か条の御誓文 ）
② 古い身分制度が改められ、百姓・町人は士族とされた。（ 平民 ）
③ 琉球王国は、沖縄県として日本に統合された。（ 〇 ）

(2) 1871年からアメリカやヨーロッパに派遣された使節団の大使となった人物を、㋐〜㋒から選びましょう。（ ㋑ ）
㋐ 津田梅子　㋑ 岩倉具視　㋒ 大久保利通

記述 (3) 1871年に行われた廃藩置県とはどのような政策かを、「役人」という言葉を使って簡単に書きましょう。 思考・判断・表現
（（例）すべての藩を廃止して県を置き、各県に政府の役人を送りこむという政策。）

**4 右の年表を見て、次の問いに答えましょう。** 1つ5点（25点）

| 年 | 主なできごと |
|---|---|
| 1871 | 日刊の新聞が発行される<br>郵便制度が始まる |
| 1872 | ⓐ群馬県に官営工場がつくられる<br>学校制度が定められる<br>→全国各地に（①）がつくられる |
| 1873 | ⓑ徴兵令が出される<br>ⓒ地租改正が行われる |
| 1890 | （②）が開通する |

(1) 年表中の①、②にあてはまる言葉を、㋐〜㋓から選びましょう。①（ ㋑ ）②（ ㋒ ）
㋐ 寺子屋　㋑ 小学校　㋒ 電話　㋓ 鉄道

(2) てきたらスゴイ！ 下線部ⓐについて、右の絵はこのときつくられた工場の内部の様子です。この工場の名前を書きましょう。（ 富岡製糸場 ）

(3) 下線部ⓑについて、これにより兵役の義務が定められた人を、㋐〜㋓から選びましょう。 技能 （ ㋒ ）
㋐ 18才以上の男子すべて
㋑ 18才以上の男女すべて
㋒ 20才以上の男子すべて
㋓ 20才以上の男女すべて

記述 (4) 下線部ⓒについて、地租改正により、国の収入はどのようになりましたか、簡単に書きましょう。 思考・判断・表現
（（例）米の収穫量に左右されない安定したものとなった。）

ふりかえり 3(3)がわからないときは、70ページの1にもどって確認してみよう。



**記述問題のプラスワン**

4 (4)地租改正が行われる以前の税金（年貢）は、米の収穫量によって左右される不安定なものでした。明治政府は安定した税金を得るため、土地の価格に応じた地租を現金で納めさせました。

## 確かめのテスト　72〜73ページ

**1** (2)横浜や神戸は、1858年の日米修好通商条約が結ばれたことで貿易が認められた港です。
(3)日本が外国と結んだ不平等な条約では、治外法権を認め、関税自主権がありませんでした。

**2** (1)坂本龍馬は薩長同盟の仲介役となりました。
(3)西郷隆盛は、明治新政府の代表として、勝海舟と話し合いを行い、江戸城の無血開城に成功しました。

**3** (1)①武家諸法度は江戸幕府が大名に対して定めたきまりです。
②士族とされたのは武士です。
(2)岩倉具視を大使、大久保利通や木戸孝允を副使とする使節団が、アメリカやヨーロッパに派遣されました。津田梅子は日本最初の女子留学生として、岩倉使節団に同行しました。

**4** (1)㋓鉄道は1872年に開通しました。
(2)フランスの技術者をやとって工場をつくりました。富岡製糸場を出発点として、日本の製糸業は発展し、明治時代の終わりごろには生糸の輸出量が世界一になりました。
(4)政府の収入が安定した一方で、農民は米が不作であっても同じ額の税金を納めることになりました。負担に苦しむ農民によって一揆も起こりました。

学習日 **74ページ**

2. 日本の歴史
## 9 近代国家を目ざして①

◎めあて
条約改正の動きや、自由民権運動の展開、憲法制定の動きを理解しよう。

教科書 184~191ページ　答え 38ページ

次の（　）に入る言葉を、下から選びましょう。

### 1 ノルマントン号事件と条約改正／学習問題をつくり、学習計画を立てよう　教科書 184~187ページ

**ノルマントン号事件**
- 1886（明治19）年、**ノルマントン号事件**が起こった。この事件の裁判はイギリスが行い、判決は不当なものだったが、（① 治外法権 ）を認めている不平等条約のもとではくつがえすことができず、国内では**条約改正**を求める声が強まった。

**条約改正への歩み**
- 1894年、外務大臣（② 陸奥宗光 ）はイギリスと交渉し、治外法権を撤廃させた。
- 1911年、外務大臣**小村寿太郎**は、（③ 関税自主権 ）を確立させた。

条約改正実現のために、政府はさらに近代化を進めたよ。

### 2 自由民権運動が広まる／国会が開かれる　教科書 188~191ページ

**士族の反乱**
- **西郷隆盛**を指導者とする（④ 西南戦争 ）など、政府の改革に不満をもつ士族が反乱を起こしたが、政府は徴兵令によりつくられた軍隊でこの反乱をおさえた。
- **西南戦争**以後、武力による反乱はなくなり、人々は言論でうったえていくようになった。

**自由民権運動**
- 1874（明治7）年、（⑤ 板垣退助 ）らは政府に意見書を提出し、**国会**を開いて広く国民の声をきき、政治を進めるべきだと主張した。
- 国民の政治参加の権利を求める**自由民権運動**が始まり、人々は新聞や演説会で自由民権の考えを発表した。地租の軽減や、不平等条約の改正も要求した。
- 政府は新聞や演説会を厳しく取りしまったが、運動はさかんになり、国会開設を求める署名が政府に提出された。1881年、ついに政府は、1890年に国会を開くことを約束した。
- 国会開設に備えて、**板垣退助**は自由党を、（⑥ 大隈重信 ）は立憲改進党をつくった。

**ワンポイント** 大日本帝国憲法
- 政府は、（⑦ 伊藤博文 ）を中心に、ドイツの憲法などを参考に憲法づくりを進めた。

| 大日本帝国憲法<br>1889(明治22)年発布 | ●主権は天皇。天皇が大臣を任命し、軍隊を統率し、外国と条約を結ぶ。<br>●国民の権利は、法律で定められた範囲内で認められた。<br>●国会は、法律をつくったり予算を決めたりする権限をもつ。 |
|---|---|

- 1890年、（⑧ 教育勅語 ）が発布され、天皇中心の国づくりを支える教育の進め方が示された。同年、最初の選挙が行われ、第1回の帝国議会が開かれたが、選挙権をもつことができたのは、一定の金額以上の税金を納めた25才以上の男性に限られていた。

選んだ言葉に☑
□教育勅語　□治外法権　□関税自主権　□西南戦争
□板垣退助　□陸奥宗光　□大隈重信　□伊藤博文

学習日 **75ページ**

**ぴたトリビア**
明治政府は東京に鹿鳴館という洋館を建て、外国人を招いて舞踏会を開き、日本が西洋化したことを積極的に示そうとしました。

教科書 184~191ページ　答え 38ページ

### 1 次の文を読んで、あとの問いに答えましょう。

明治政府は、江戸時代の1858年にアメリカと結んだ（①）などの不平等条約を改正するために、さまざまな改革を進め、外国とも交渉を重ねてきたが、近代化がおくれているという理由で、なかなか実現しなかった。
ⓐ1886年、イギリス船が紀伊半島沖で沈没し、日本人乗客が全員水死するなか、イギリス人の乗組員は船長もふくめボートで脱出し助かるという事件が起こった。裁判はイギリスによって行われ、判決は不当なものであったが、（②）を認めている不平等条約のもとでは、日本はこれを認めるしかなかった。
この事件をきっかけとして、国内ではⓑ条約改正を求める声が強まっていった。

(1) 文中の①、②にあてはまる言葉を書きましょう。
①（ 日米修好通商条約 ）②（ 治外法権 ）

(2) 下線部ⓐについて、右の絵はこの事件をえがいた風刺画です。この事件を何といいますか。
（ ノルマントン号事件 ）

(3) 下線部ⓑについて、1894年に条約の改正を実現した外務大臣の名前を書きましょう。
（ 陸奥宗光 ）

### 2 次の問いに答えましょう。

(1) 明治時代に活躍した人物と、その説明について、あうものを線で結びましょう。

① 板垣退助 ― ㋑
② 大隈重信 ― ㋐
③ 伊藤博文 ― ㋒

㋐佐賀藩（佐賀県）出身で、国会の開設に備えて、1882年に立憲改進党をつくった。
㋑土佐藩（高知県）出身で、1874年に政府に国会の開設を求める意見書を提出した。
㋒長州藩（山口県）出身で、憲法づくりを進めたのち、初代の内閣総理大臣に任命された。

(2) 大日本帝国憲法に関する次の①～③の説明について、正しいものには○を、まちがっているものには×をつけましょう。
①（ × ）皇帝の権限が強いアメリカの憲法を手本として憲法案がつくられた。
②（ × ）国民主権が定められた。
③（ ○ ）国会は、法律をつくる権限をもつことが定められた。

**ヒント** 2 (1)③ 憲法や議会について調べるため、政府によって西洋へ派遣されました。



**できたかな?**
□条約改正の動きを説明してみよう。
□自由民権運動の展開や憲法制定の動きを説明してみよう。

**おうちのかたへ**
条約改正への歩みや、憲法制定と国会開設にいたる歩みをそれぞれおさえておくとよいです。大日本帝国憲法と現在の日本国憲法を比較することで、学習への理解が深まります。

## 練習 75ページ

**1** (1)②治外法権を認めていると、外国人が日本で起こした事件を日本の法律で裁くことができず、外国人に有利な判決が下されやすくなります。
(2)イギリス人船長には、乗客を助ける義務がありましたが、日本人の乗客は全員なくなりました。この事件の裁判では、船長に軽い罰しかあたえられませんでした。
(3)1894年には陸奥宗光が治外法権を撤廃させるとともに、関税自主権の一部を回復しました。

**2** (1)①板垣退助は、自由党をつくりました。
(2)①皇帝の権限が強いドイツの憲法などを参考にしました。
②主権は天皇にありました。

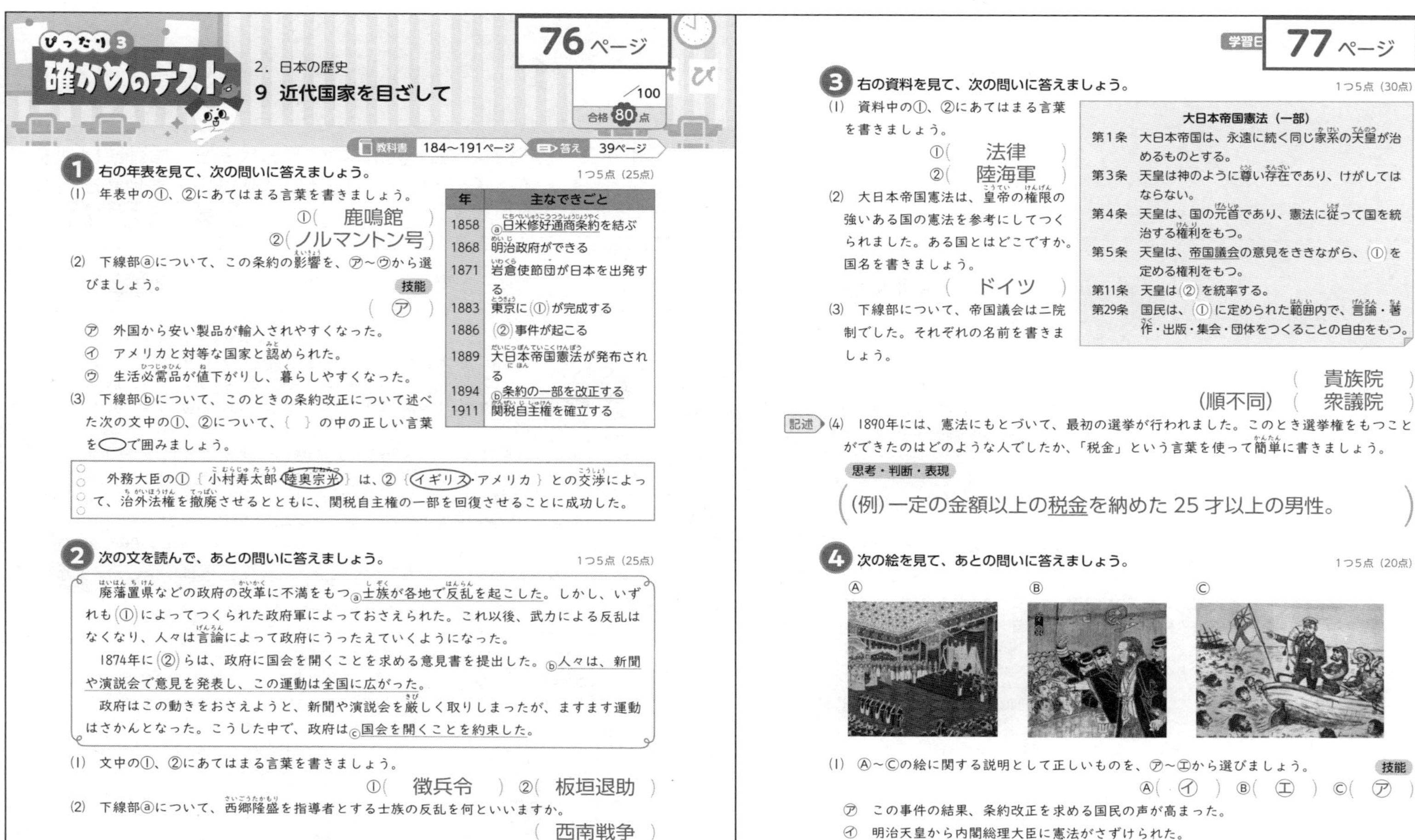

ぴったり3 確かめのテスト

2．日本の歴史
9 近代国家を目ざして

76ページ

/100 合格80点

教科書 184〜191ページ　答え 39ページ

**1** 右の年表を見て、次の問いに答えましょう。　1つ5点（25点）

(1) 年表中の①、②にあてはまる言葉を書きましょう。
①（ 鹿鳴館 ）
②（ ノルマントン号 ）

(2) 下線部ⓐについて、この条約の影響を、㋐〜㋒から選びましょう。 技能
（ ㋐ ）

㋐ 外国から安い製品が輸入されやすくなった。
㋑ アメリカと対等な国家と認められた。
㋒ 生活必需品が値下がりし、暮らしやすくなった。

(3) 下線部ⓑについて、このときの条約改正について述べた次の文中の①、②について、｛ ｝の中の正しい言葉を○で囲みましょう。

外務大臣の①｛小村寿太郎・陸奥宗光｝は、②｛イギリス・アメリカ｝との交渉によって、治外法権を撤廃させるとともに、関税自主権の一部を回復させることに成功した。

| 年 | 主なできごと |
|---|---|
| 1858 | ⓐ日米修好通商条約を結ぶ |
| 1868 | 明治政府ができる |
| 1871 | 岩倉使節団が日本を出発する |
| 1883 | 東京に（①）が完成する |
| 1886 | （②）事件が起こる |
| 1889 | 大日本帝国憲法が発布される |
| 1894 | ⓑ条約の一部を改正する |
| 1911 | 関税自主権を確立する |

**2** 次の文を読んで、あとの問いに答えましょう。　1つ5点（25点）

廃藩置県などの政府の改革に不満をもつⓐ士族が各地で反乱を起こした。しかし、いずれも（①）によってつくられた政府軍によっておさえられた。これ以後、武力による反乱はなくなり、人々は言論によって政府にうったえていくようになった。
1874年に（②）らは、政府に国会を開くことを求める意見書を提出した。ⓑ人々は、新聞や演説会で意見を発表し、この運動は全国に広がった。
政府はこの動きをおさえようと、新聞や演説会を厳しく取りしまったが、ますます運動はさかんとなった。こうした中で、政府はⓒ国会を開くことを約束した。

(1) 文中の①、②にあてはまる言葉を書きましょう。
①（ 徴兵令 ）②（ 板垣退助 ）

(2) 下線部ⓐについて、西郷隆盛を指導者とする士族の反乱を何といいますか。
（ 西南戦争 ）

(3) 下線部ⓑについて、この運動の名前を書きましょう。
（ 自由民権運動 ）

(4) 下線部ⓒについて、国会の開設に備えて(1)の②の人物がつくった政党名を書きましょう。
（ 自由党 ）

76

77ページ

**3** 右の資料を見て、次の問いに答えましょう。　1つ5点（30点）

(1) 資料中の①、②にあてはまる言葉を書きましょう。
①（ 法律 ）
②（ 陸海軍 ）

(2) 大日本帝国憲法は、皇帝の権限の強いある国の憲法を参考にしてつくられました。ある国とはどこですか。国名を書きましょう。
（ ドイツ ）

(3) 下線部について、帝国議会は二院制でした。それぞれの名前を書きましょう。
（ 貴族院 ）
（順不同）（ 衆議院 ）

大日本帝国憲法（一部）

| | |
|---|---|
| 第1条 | 大日本帝国は、永遠に続く同じ家系の天皇が治めるものとする。 |
| 第3条 | 天皇は神のように尊い存在であり、けがしてはならない。 |
| 第4条 | 天皇は、国の元首であり、憲法に従って国を統治する権利をもつ。 |
| 第5条 | 天皇は、帝国議会の意見をききながら、（①）を定める権利をもつ。 |
| 第11条 | 天皇は（②）を統率する。 |
| 第29条 | 国民は、（①）に定められた範囲内で、言論・著作・出版・集会・団体をつくることの自由をもつ。 |

記述 (4) 1890年には、憲法にもとづいて、最初の選挙が行われました。このとき選挙権をもつことができたのはどのような人でしたか、「税金」という言葉を使って簡単に書きましょう。
思考・判断・表現
（（例）一定の金額以上の税金を納めた25才以上の男性。）

**4** 次の絵を見て、あとの問いに答えましょう。　1つ5点（20点）

Ⓐ　Ⓑ　Ⓒ

(1) Ⓐ〜Ⓒの絵に関する説明として正しいものを、㋐〜㋓から選びましょう。 技能
Ⓐ（ ㋑ ）Ⓑ（ ㋓ ）Ⓒ（ ㋐ ）

㋐ この事件の結果、条約改正を求める国民の声が高まった。
㋑ 明治天皇から内閣総理大臣に憲法がさずけられた。
㋒ 新政府に不満をもつ人々が、各地で反乱や一揆を起こした。
㋓ 国会開設を求める演説会が開かれたが、厳しく取りしまられた。

(2) Ⓐ〜Ⓒの絵にえがかれている出来事を、年代の古い順に並べたとき、1番最後にくるものを選びましょう。
（ Ⓐ ）

ふりかえり 3(4)がわからないときは、74ページの2にもどって確認してみよう。

77

## 確かめのテスト　76〜77ページ

**1** (2)㋑日米修好通商条約は日本にとって不平等な条約でした。㋒米などの生活必需品は値上がりしました。
(3)外務大臣の小村寿太郎は、1911年にアメリカとの条約を改正しました。

**2** (2)西郷隆盛が中心となって起こした西南戦争は、士族の反乱の中で最大のものとなりました。
(4)国会の開設に備えて、板垣退助は1881年に自由党を、大隈重信は1882年に立憲改進党をつくりました。

**3** (1)天皇は帝国議会の意見をききながら法律を定め、軍隊を統率しました。
(3)貴族院議員は、皇族、華族と天皇が任命した者で構成されました。一方、衆議院議員は、国民の選挙で選ばれました。

**4** (1)、(2)Ⓐは大日本帝国憲法の発布式の様子(1889年)、Ⓑは自由民権運動の演説会の様子(1888年)、Ⓒはノルマントン号事件の様子(1886年)です。

**記述問題のプラスワン**

**3** (4)現在では、18才以上のすべての男女に選挙権があたえられていますが、1890年当時選挙権をもつことができたのは、25才以上の男性で、国税15円以上を納めた人だけでした。これは当時の人口の約1％にあたります。

ぴったり1 **準備**

2．日本の歴史
## 9 近代国家を目ざして②

学習日 **78**ページ

めあて 日清戦争・日露戦争と、二つの戦争がもたらした国際関係の変化を理解しよう。

教科書 192〜195ページ　答え 40ページ

次の（　）に入る言葉を、下から選びましょう。

### 1 日清・日露の戦い　教科書 192〜193ページ

**日清戦争**

- 19世紀終わりごろ、日本が朝鮮に不平等な条約を結ばせたため、朝鮮への支配を強めようとする中国（清）との対立が深まった。
- 1894（明治27）年、朝鮮で、国内の改革と外国勢力の撤退を求める反乱が起こると、清が朝鮮政府の求めに応じて軍隊を送った。日本も清に対抗して出兵し、**日清戦争**が始まった。
- 日本が勝利し、講和条約を（① 下関 ）（山口県）で結び、（② 台湾 ）やリャオトン（遼東）半島を領土にしたほか、多額の（③ 賠償金 ）を得た。
- また、清に朝鮮の独立を認めさせた。

日清戦争の戦場

**日露戦争**

- ロシアは、戦争に勝利した日本への警戒を強め、ドイツ、フランスとともに、リャオトン半島を清に返すように日本に要求した。
- 日本国内では、（④ 満州 ）（中国の東北部）で勢力を広げるロシアに対する危機感が高まった。
- 1904年に**日露戦争**が始まると、日本はリュイシュン（旅順）の戦いで勝利し、日本海海戦では（⑤ 東郷平八郎 ）が指揮する艦隊がロシア艦隊を破った。
- 日本ではしだいに兵力や物資をつぎこむ力がなくなり、ロシアでは国内で革命が起こったため、両国は（⑥ ポーツマス ）（アメリカ）で講和条約を結び、戦争は終結した。

日露戦争の戦場

### 2 日露戦争後の日本と世界　教科書 194〜195ページ

**日露戦争後の日本**

- 欧米諸国の支配下にあったアジアでは、日本の勝利に勇気づけられた人々もいた一方で、日本人の間では、朝鮮や中国の人々を下に見る意識が広がっていった。
- ポーツマスで結んだ講和条約で日本は（⑦ 樺太 ）（サハリン）の南半分と、南満州の鉄道と鉱山の権利を得たが、賠償金は得られなかったため、講和に対する反対の声があがった。
- 1910年、日本は**朝鮮を併合**し**植民地**にしたことで、朝鮮では国民の権利が制限され、日本の支配に反対する運動が続いた。
- 1911年、外務大臣（⑧ 小村寿太郎 ）のときに、**関税自主権**が確立し、不平等条約の改正が達成された。

増税や物価高で国民の暮らしは苦しくなったんだ。

選んだ言葉に☑　□下関　□東郷平八郎　□台湾　□小村寿太郎　□樺太　□ポーツマス　□満州　□賠償金



ぴったり2 **練習**

学習日 **79**ページ

ぴたトリビア　歌人の与謝野晶子は、日露戦争の戦地にいる弟を思い、「君死にたまふことなかれ」といううたをよみました。

教科書 192〜195ページ　答え 40ページ

**1 次の問いに答えましょう。**

(1) 右の絵は、日清戦争直前の国際関係を表しています。Ⓐ〜Ⓒが表している国名を書きましょう。

Ⓐ（ ロシア ）
Ⓑ（ 中国(清) ）
Ⓒ（ 朝鮮 ）

(2) 日清戦争に関する次の①〜③の説明について、正しいものには○を、まちがっているものには×をつけましょう。

①（ × ）日本海海戦では、東郷平八郎が艦隊を指揮した。
②（ × ）ポーツマス（アメリカ）で講和条約が結ばれた。
③（ ○ ）講和条約により、日本は清から多額の賠償金を得た。

(3) 日露戦争に関する次の①〜③の説明について、正しいものには○を、まちがっているものには×をつけましょう。

①（ ○ ）日本は、リュイシュン（旅順）の戦いで勝利をおさめた。
②（ × ）講和条約により、日本は台湾などを領土とした。
③（ × ）講和条約により、日本はロシアから多額の賠償金を得た。

**2 次の文を読んで、あとの問いに答えましょう。**

日本は、日露戦争で朝鮮に軍隊を送り、戦後は外交や政治の実権をにぎるなどして、支配を強めた。1910年には朝鮮を併合し、（①）とした。
朝鮮では、朝鮮の人々を日本の国民とする政策が進められた。学校では（②）にもとづく教育が行われ、日本語が国語として教えられた。また、朝鮮の国民の権利は制限された。朝鮮の独立を目ざす人々は、日本の支配に反対する運動をねばり強く続けていった。

(1) 文中の①、②にあてはまる言葉を書きましょう。
①（ 植民地 ）②（ 教育勅語 ）

(2) 下線部について、朝鮮が1897年に改めた国号を書きましょう。（大韓帝国(韓国)）

(3) 清が朝鮮の独立を認めたのはいつですか、㋐〜㋓から選びましょう。（ ㋑ ）

㋐ 日米修好通商条約が結ばれたとき。
㋑ 日清戦争の講和条約が結ばれたとき。
㋒ 日露戦争の講和条約が結ばれたとき。
㋓ 大日本帝国憲法が発布されたとき。

ヒント 1 (1) 朝鮮と日本・中国（清）・ロシアの関係を風刺した絵です。



できたかな？
□日清戦争・日露戦争の展開を説明してみよう。
□日清戦争・日露戦争後の国際関係の変化を説明してみよう。

## 練習　79ページ

**1** (1)日本と中国（釣り人）が朝鮮（魚）をめぐって対立し、上からロシアがねらっている様子がえがかれた風刺画です。
(2)①日本海海戦は、日露戦争中の戦いです。
②ポーツマスで結んだ条約は、日露戦争の講和条約です。日清戦争の講和条約は下関で結んだ条約です。
(3)②講和条約により台湾を領土としたのは日清戦争です。
③日露戦争の講和条約では、ロシアから多額の賠償金を得ることはできませんでした。

**2** (3)日清戦争の講和条約である下関で結んだ条約で、清に朝鮮の独立を認めさせました。

ぴったり1 準備

2. 日本の歴史

# 9 近代国家を目ざして③

学習日 80ページ

めあて 日清・日露戦争前後の産業の発展や、第一次世界大戦後の社会を理解しよう。

教科書 196～203ページ　答え 41ページ

次の（　）に入る言葉や数字を、下から選びましょう。

## 1 産業の発展と世界で活躍する人々　教科書 196～197ページ

**産業の発展**

- 日清戦争前、日本の産業は繊維工業を中心に急速に発展し、（① 生糸 ）の輸出量が世界第１位となった。
- 日清戦争後、賠償金の一部で北九州に（② 八幡製鉄所 ）がつくられた。
- 日露戦争後、造船や機械などの重工業が発達し、軍艦・大砲などの国内生産が可能になった。
- 産業が発達した一方、足尾銅山（栃木県）の鉱毒事件など、深刻な公害問題が起こった。

**世界で活躍する人々**

- （③ 北里柴三郎 ）は、破傷風の治療法を発見した。北里柴三郎がつくった研究所からは赤痢菌を発見した志賀潔や、黄熱病を研究した（④ 野口英世 ）らが育った。

## 2 暮らしと社会の変化　教科書 198～199ページ

**暮らしの変化**

- 産業が発展すると、都市では人々の暮らしも近代的なものになった。人口が急増し、ガス・水道・電気を使う生活が広がった。デパートもできて、私鉄やバスの運行が始まった。

**ワンポイント** 社会の変化

- 日本は1914（大正３）年に起きた（⑤ 第一次世界大戦 ）に加わり、戦勝国の一つとなった。大戦後、国際社会の平和と安全を守ろうとする組織として国際連盟がつくられ、日本も参加した。
- 戦争中に輸出が増えて好景気となった一方で、物価が上がり、1918年には米の安売りを求める民衆による米騒動が全国で起きた。
- 国民一人一人の考えを政治に生かそうとする民主主義の考え方が広まり、国民の社会参加の権利を求めようとする運動がさかんになった。
- （⑥ 平塚らいてう ）は、女性の地位向上を目ざす運動を始めた。
- 差別に苦しんでいた人々は、全国水平社をつくり、差別をなくす運動を行った。
- 普通選挙を求める運動の高まりにより、1925年、（⑦ 25 ）才以上の男性すべてに選挙権が認められたが、女性の選挙権は認められなかった。
- 政治や社会のしくみを変えようとする動きが活発になる一方で、政府は（⑧ 治安維持法 ）をつくり、こうした動きを取りしまった。

平塚らいてう（1886～1971年）

1923年９月１日に関東大震災が起こったよ。

選んだ言葉に✓　□第一次世界大戦　□平塚らいてう　□八幡製鉄所　□北里柴三郎　□治安維持法　□野口英世　□生糸　□25



ぴったり2 練習

学習日 81ページ

ぴたトリビア　第一次世界大戦は、ヨーロッパが主な戦場となりました。日本は同盟を結んでいたイギリスの陣営について、この戦争に加わりました。

教科書 196～203ページ　答え 41ページ

**1 次の文を読んで、あとの問いに答えましょう。**

日清戦争前から、日本の産業は（①）を中心に発展した。（①）の中でも生糸は、輸出量が世界第１位となった。政府は、日清戦争後、北九州に近代的な設備をもつ八幡製鉄所をつくった。日露戦争後には、造船や機械などの（②）も発達した。

一方、産業の急速な発展のうらでは、厳しい労働をしいられる工場労働者の問題や、深刻なⓐ公害問題などが起こった。

明治時代の後半になると、ⓑ国際的に認められ、世界で活躍する日本人も現れた。

(1) 文中の①、②にあてはまる言葉を［　］から選びましょう。
①（ 繊維工業 ）②（ 重工業 ）

［繊維工業　重工業　石油化学工業］

(2) 下線部ⓐについて、足尾銅山（栃木県）の鉱毒事件に取り組んだ衆議院議員の名前を書きましょう。（ 田中正造 ）

(3) 下線部ⓑに関する次の①、②の説明について、正しいものには○を、まちがっているものには×をつけましょう。
①（ × ）北里柴三郎は、黄熱病の治療のしかたを発見した。
②（ ○ ）志賀潔は、食中毒の原因となる赤痢菌を発見した。

**2 右の年表を見て、次の問いに答えましょう。**

(1) 年表中の①、②にあてはまる言葉を書きましょう。
①（ 米騒動 ）
②（ 関東大震災 ）

(2) 年表中のⒶの時期には、差別をなくす運動や普通選挙を要求する運動がさかんになりました。差別に苦しんでいた人々が、1922年に創立した団体の名前を書きましょう。（ 全国水平社 ）

(3) 下線部ⓐについて、大戦後に国際社会の平和と安全を守るためにつくられた組織の名前を書きましょう。（ 国際連盟 ）

(4) 下線部ⓑについて、このとき選挙権が認められた人々を、㋐～㋒から選びましょう。（ ㋑ ）

㋐ 一定の金額以上の税金を納めた25才以上の男性。
㋑ 25才以上の男性すべて。
㋒ 20才以上の男女すべて。

| 年 | 主なできごと |
|---|---|
| 1912 | 大正時代が始まる |
| 1914 | ⓐ第一次世界大戦が始まる |
| 1918 | 米の安売りを求めた（①）が全国で起こる<br>↕Ⓐ |
| 1923 | （②）が起こり、10万人以上の死者・行方不明者が出る |
| 1925 | ⓑ普通選挙法が定められる |

ヒント 2 (3) この組織の本部はスイスのジュネーブに置かれ、新渡戸稲造が事務次長を務めました。



練習 81ページ

1 (2)衆議院議員であった田中正造は、鉱山の操業停止と被害にあった人々の救済を、国会で何度もうったえました。しかし、政府の対策は不十分でその後も被害は続きました。

(3)①北里柴三郎は、破傷風の治療法を発見しました。

2 (1)②地震と火災により、死者・行方不明者が10万人をこえる被害が出ました。

(3)日本もふくめた42か国が参加して、1920年に発足しました。

(4)㋐は大日本帝国憲法発布後の1890年に行われた選挙、㋒は第二次世界大戦後の1946年に行われた選挙で選挙権が認められた人々です。

できたかな？
□日清戦争・日露戦争前後の産業の発展を説明してみよう。
□第一次世界大戦後の社会の変化を説明してみよう。

おうちのかたへ
日清戦争・日露戦争後の社会の変化などを、それぞれおさえておくとよいです。

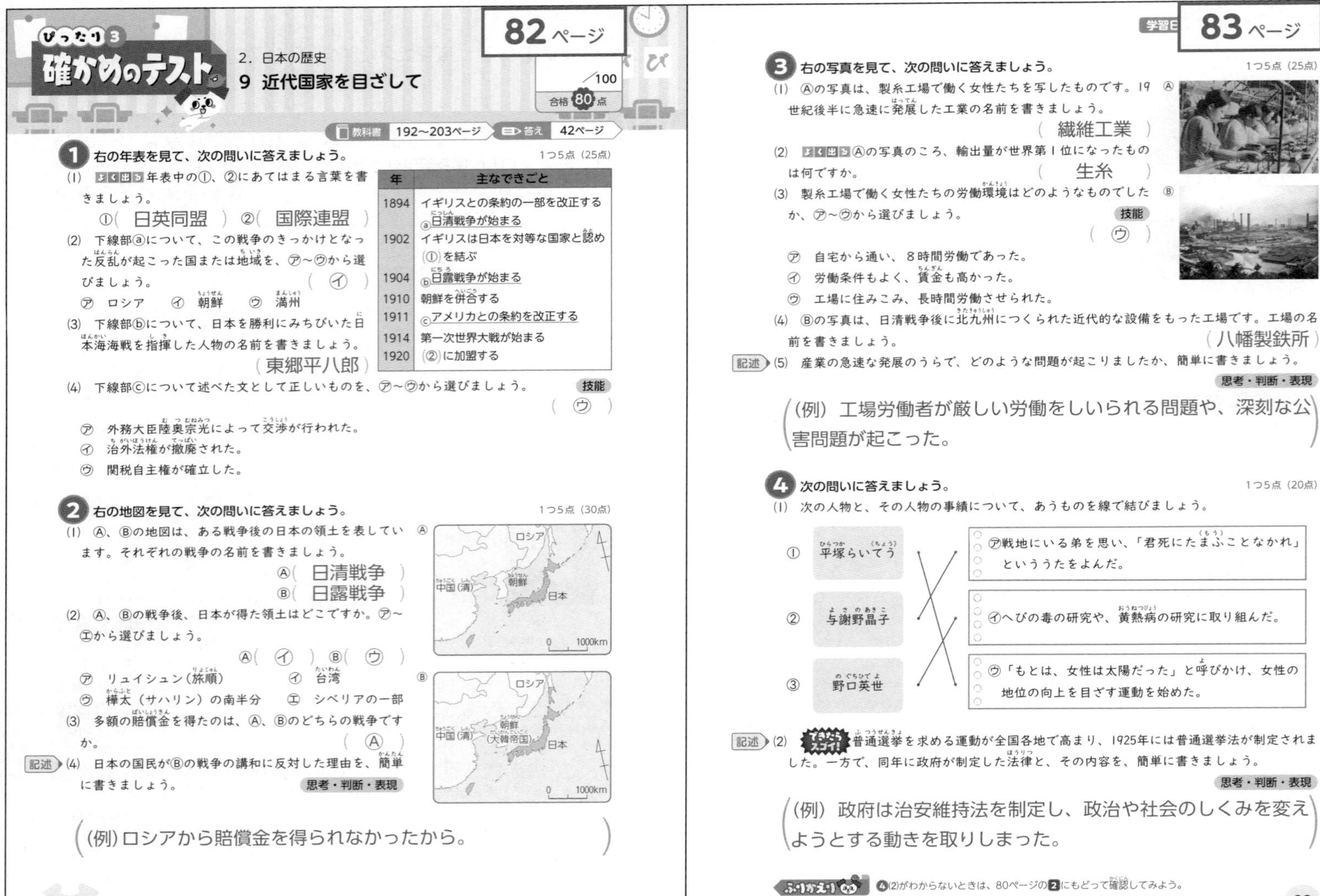

82ページ

ぴったり3 確かめのテスト。

2. 日本の歴史
9 近代国家を目ざして

/100 合格80点

教科書 192～203ページ　答え 42ページ

**1 右の年表を見て、次の問いに答えましょう。** 1つ5点（25点）

(1) よく出る 年表中の①、②にあてはまる言葉を書きましょう。
①（日英同盟）②（国際連盟）

(2) 下線部ⓐについて、この戦争のきっかけとなった反乱が起こった国または地域を、㋐～㋒から選びましょう。（㋑）
㋐ ロシア　㋑ 朝鮮　㋒ 満州

(3) 下線部ⓑについて、日本を勝利にみちびいた日本海海戦を指揮した人物の名前を書きましょう。（東郷平八郎）

(4) 下線部ⓒについて述べた文として正しいものを、㋐～㋒から選びましょう。 技能 （㋒）
㋐ 外務大臣陸奥宗光によって交渉が行われた。
㋑ 治外法権が撤廃された。
㋒ 関税自主権が確立した。

| 年 | 主なできごと |
|---|---|
| 1894 | イギリスとの条約の一部を改正する<br>ⓐ日清戦争が始まる |
| 1902 | イギリスは日本を対等な国家と認め（①）を結ぶ |
| 1904 | ⓑ日露戦争が始まる |
| 1910 | 朝鮮を併合する |
| 1911 | ⓒアメリカとの条約を改正する |
| 1914 | 第一次世界大戦が始まる |
| 1920 | （②）に加盟する |

**2 右の地図を見て、次の問いに答えましょう。** 1つ5点（30点）

(1) Ⓐ、Ⓑの地図は、ある戦争後の日本の領土を表しています。それぞれの戦争の名前を書きましょう。
Ⓐ（日清戦争）
Ⓑ（日露戦争）

(2) Ⓐ、Ⓑの戦争後、日本が得た領土はどこですか。㋐～㋓から選びましょう。
Ⓐ（㋑）Ⓑ（㋒）
㋐ リュイシュン（旅順）　㋑ 台湾
㋒ 樺太（サハリン）の南半分　㋓ シベリアの一部

(3) 多額の賠償金を得たのは、Ⓐ、Ⓑのどちらの戦争ですか。（Ⓐ）

記述 (4) 日本の国民がⒷの戦争の講和に反対した理由を、簡単に書きましょう。 思考・判断・表現

（（例）ロシアから賠償金を得られなかったから。）



82

83ページ

**3 右の写真を見て、次の問いに答えましょう。** 1つ5点（25点）

(1) Ⓐの写真は、製糸工場で働く女性たちを写したものです。19世紀後半に急速に発展した工業の名前を書きましょう。（繊維工業）

(2) よく出る Ⓐの写真のころ、輸出量が世界第1位になったものは何ですか。（生糸）

(3) 製糸工場で働く女性たちの労働環境はどのようなものでしたか。㋐～㋒から選びましょう。 技能 （㋒）
㋐ 自宅から通い、8時間労働であった。
㋑ 労働条件もよく、賃金も高かった。
㋒ 工場に住みこみ、長時間労働させられた。

(4) Ⓑの写真は、日清戦争後に北九州につくられた近代的な設備をもった工場です。工場の名前を書きましょう。（八幡製鉄所）

記述 (5) 産業の急速な発展のうらで、どのような問題が起こりましたか、簡単に書きましょう。 思考・判断・表現

（（例）工場労働者が厳しい労働をしいられる問題や、深刻な公害問題が起こった。）

**4 次の問いに答えましょう。** 1つ5点（20点）

(1) 次の人物と、その人物の事績について、あうものを線で結びましょう。
① 平塚らいてう　② 与謝野晶子　③ 野口英世
㋐戦地にいる弟を思い、「君死にたまふことなかれ」といううたをよんだ。
㋑へびの毒の研究や、黄熱病の研究に取り組んだ。
㋒「もとは、女性は太陽だった」と呼びかけ、女性の地位の向上を目ざす運動を始めた。

記述 (2) てきたらスゴイ！ 普通選挙を求める運動が全国各地で高まり、1925年には普通選挙法が制定されました。一方で、同年に政府が制定した法律と、その内容を、簡単に書きましょう。 思考・判断・表現

（（例）政府は治安維持法を制定し、政治や社会のしくみを変えようとする動きを取りしまった。）

ふりかえり 4(2)がわからないときは、80ページの2にもどって確認してみよう。

83

## 確かめのテスト　82～83ページ

**1** (3)東郷平八郎は、日露戦争では連合艦隊司令長官として、ロシアのバルチック艦隊を破りました。
(4)㋐と㋑は、1894年にイギリスとの間で行われた交渉に関する内容です。

**2** (3)賠償金は、軍備の拡張や工業化などに使われました。
(4)苦しい生活にたえて戦争に協力したことや、ぎせいの大きさに対して、賠償金が得られないことへのいかりから、講和に反対する声があがりました。

**3** (3)紡績・製糸工場で働く労働者の多くは女性で、賃金は低くおさえられ、長時間労働をしいられていました。
(5)渡良瀬川の上流にある足尾銅山（栃木県）では、工場から出た有害な排水により、流域の人々が被害を受けました。

**4** (2)1925年の普通選挙法では、25才以上の男性すべてに選挙権が認められましたが、女性の選挙権は認められませんでした。また同年の治安維持法で、共産主義に対する取りしまりが強化されました。

**記述問題のプラスワン**

**2** (4)日露戦争中、国内では増税が行われ、国民の生活は苦しくなりました。しかし、日露戦争の講和条約では賠償金が得られなかったため、国民からは講和に反対する声があがりました。

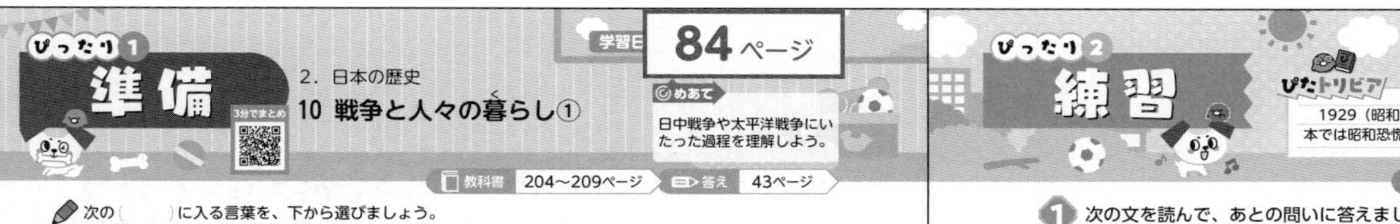


学習日 **84ページ**

2. 日本の歴史

## 10 戦争と人々の暮らし①

めあて
日中戦争や太平洋戦争にいたった過程を理解しよう。

教科書 204～209ページ　答え 43ページ

次の（　）に入る言葉を、下から選びましょう。

### 1 戦火に焼けた日本／中国との戦争が始まる　教科書 204～207ページ

**中国との戦争**

- 昭和初め、都市では不景気のため（① 失業者 ）が増え、農村では作物の値段が下がり、生活に苦しむ人々が多くなった。
- 一部の軍人や政治家が、「満州（中国の東北部）を日本のものにすれば、国民の生活はよくなる。」という考えを広めた。
- 1931（昭和6）年、（② 満州事変 ）が起こった。南満州鉄道の線路を爆破した日本軍は、これを中国軍のしわざとして攻撃を始め、満州全土を占領した。
- 満州国をつくり、政治の実権をにぎった日本に対し、国際連盟は満州国の取り消しと占領地からの引きあげを求めた。日本はこれに従わず、1933年に国際連盟を脱退した。
- 日本国内では、一部の軍人が首相の暗殺や反乱を起こし、政治に対する発言力を強めた。
- 1937年7月、ペキン（北京）近くで日本軍と中国軍が衝突し、（③ 日中戦争 ）が始まった。戦争は、シャンハイ（上海）、ナンキン（南京）と、中国各地に広がり、アメリカやイギリスの援助を受けた中国との戦いは、長期化した。

ソビエト連邦　満州国　ペキン　朝鮮　日本　中国　ナンキン　シャンハイ　台湾　1000km
1941年12月までの戦場
日本軍が兵力を進めた地域

中国全土に広がる戦争

### 2 アジア・太平洋に広がる戦争　教科書 208～209ページ

**ワンポイント** 戦争の拡大

- 1939年、ヨーロッパでは、ドイツがポーランドを攻撃したのをきっかけに、（④ 第二次世界大戦 ）が始まった。日本はドイツ・（⑤ イタリア ）と同盟を結び、（⑥ 石油 ）やゴムなどの資源を求めて東南アジアに軍隊を送った。これに警戒を強めたアメリカは、日本への石油輸出を禁止し、両国は激しく対立した。
- 1941年12月、日本はハワイの（⑦ 真珠湾 ）にあるアメリカ海軍基地を攻撃し、ほぼ同時に、イギリス領のマレー半島にも上陸した。
- 日本はアメリカやイギリスとも戦争を始め、（⑧ 太平洋戦争 ）が始まった。
- 日本ははじめ勝利を重ね、東南アジア各地や太平洋の島々を占領したが、占領地の住民を働かせたり、資源や食料を取り立てたりしたため、各地で抵抗運動が起こった。
- アメリカ軍の反撃により戦況は不利となり、日本の占領地では激しい戦闘が起こった。

日本軍の攻撃を受けた真珠湾のアメリカ艦隊

選んだ言葉に✓　□日中戦争　□満州事変　□太平洋戦争　□第二次世界大戦　□イタリア　□石油　□失業者　□真珠湾



ぴったり2 **練習**　学習日 **85ページ**

ぴたトリビア
1929（昭和4）年にアメリカで起こった世界恐慌は世界に広がり、日本では昭和恐慌とよばれる深刻な不況が発生しました。

教科書 204～209ページ　答え 43ページ

**1 次の文を読んで、あとの問いに答えましょう。**

昭和の初めごろ、都市では不景気のために失業者が増え、農村では作物の値段が下がり、生活に苦しむ人が多くなった。こうした中で、一部の軍人や政治家は満州を日本のものにしようと考えた。1931（昭和6）年、日本軍は（①）の線路を爆破し、これを中国軍のしわざとして、攻撃を始めた。ⓐ満州全土を占領した日本軍は、（②）をつくり、政治の実権をにぎった。
（③）年7月には、ペキン（北京）の近くで日本軍と中国軍が衝突し、ⓑ日中戦争が始まった。

(1) 文中の①～③にあてはまる言葉や数字を書きましょう。
①（ 南満州鉄道 ）
②（ 満州国 ）
③（ 1937 ）

(2) 下線部ⓐについて、このあとに日本がとった行動を、㋐～㋒から選びましょう。（ ㋐ ）
㋐ 国際連盟から脱退した。
㋑ 朝鮮を併合し、植民地とした。
㋒ 日露戦争を起こした。

(3) 下線部ⓑについて、中国を援助した国を2つ書きましょう。
(順不同)（ アメリカ ）（ イギリス ）

**2 右の年表を見て、次の問いに答えましょう。**

(1) 年表中の①、②にあてはまる言葉を書きましょう。
①（ 第二次世界大戦 ）
②（ ベトナム ）

(2) 下線部ⓐについて、日本と同盟を結んだ国を2つ書きましょう。
(順不同)（ ドイツ ）（ イタリア ）

(3) 下線部ⓑについて、このできごとをきっかけに始まった戦争は何ですか。
（ 太平洋戦争 ）

| 年 | 主なできごと |
|---|---|
| 1939年5月 | ソビエト連邦（ソ連）と衝突する |
| 9月 | （①）が始まる |
| 1940年 | ⓐ三国同盟を結ぶ |
| 1941年7月 | フランス領だった（②）に兵を進める |
| 8月 | アメリカが日本に対する石油の輸出を禁止する |
| 12月 | ⓑハワイの真珠湾にあるアメリカの海軍基地を攻撃する |

ヒント 1 (2) 国際連盟は満州事変を調査し、占領地からの引きあげなどを日本に求めました。



できたかな？
□日中戦争が始まるまでの経緯を説明してみよう。
□太平洋戦争が始まるまでの経緯を説明してみよう。

## 練習　85ページ

**1** (1)①1931年、満州にいた日本軍は、南満州鉄道の線路を爆破し、これを中国軍のしわざであるとして攻撃を始めました。このできごとを満州事変といいます。
(2)㋐中国のうったえで、国際連盟が調査を行い、満州国の取り消しが1933年に決議されました。日本はこれに従わず、1933年に国際連盟から脱退しました。㋑は1910年、㋒は1904年に起こったできごとです。

**2** (1)①1939年9月、ドイツがポーランドを攻撃したことをきっかけとして、第二次世界大戦が始まりました。
②当時、東南アジアのほとんどは欧米諸国の支配下に置かれており、マレー半島はイギリスが、ベトナムはフランスが支配していました。

ぴったり1 準備

2. 日本の歴史
# 10 戦争と人々の暮らし②

学習日 86ページ

めあて 戦争中の人々の暮らしの変化や子どもたちの暮らしにあたえた影響を理解しよう。

教科書 210～213ページ　答え 44ページ

次の(　　)に入る言葉を、下から選びましょう。

## 1 戦争と人々の暮らし
教科書 210～211ページ

**人々の暮らしの変化**

- 多くの国民が兵士として戦地へ送られ、国の予算のほとんどが(① 軍事費 )に使われるようになり、軍事生産が優先された。
- 国内では労働力や物資の不足が深刻化した。
- まちなかに看板が立てられるなど、国民全体を戦争に積極的に協力させる体制がつくられ、人々は(② 軍需工場 )などの働き手として動員された。
- 食料や燃料などの生活必需品も(③ 配給制 )になり、暮らしに必要なものを自由に手に入れることができなくなっていった。
- 住民どうしが助け合う一方で、たがいに監視するしくみである(④ 隣組 )がつくられた。
- (⑤ 報道や出版 )の内容は、国の方針に沿うように制限され、国民は戦争の状況について正確な情報を知ることができなかった。
- 国民は、「赤紙」とよばれた召集令状が届けられると、軍隊に入り兵士となった。

物資の不足

まちなかに立てられた看板

戦争を批判することは許されなかったんだね。

## 2 子どもたちと戦争
教科書 212～213ページ

**子どもたちの暮らし**

- 戦争が激しくなる中、子どもたちの暮らしも戦争一色となり、(⑥ 小学校 )でも戦争の訓練が行われるようになった。
- 大きくなったら立派な兵士として国のために働くよう教えられ、(⑦ 教科書 )の中身も戦争に関する内容が多くなった。
- 子どもたちの楽しみや遊びにも、戦争が影響をあたえた。
- 戦争が続くと、多くの学生が兵士として戦場に送られるようになった。
- 労働力不足が深刻になると、中学生や(⑧ 女学生 )も動員されて、兵器工場などで働くようになった。

校門前の兵士に敬礼する小学生

選んだ言葉に✓
□報道や出版　□教科書　□軍需工場　□軍事費
□隣組　□女学生　□小学校　□配給制



ぴったり2 練習

学習日 87ページ

ぴたトリビア 戦争中につくられたアニメーション映画では、昔話の主人公である桃太郎が軍人として登場しました。

教科書 210～213ページ　答え 44ページ

**1** 右の年表や写真を見て、次の問いに答えましょう。

(1) 年表中の①、②にあてはまる言葉を書きましょう。
①( 国 )
②( 勝つ )

| 年 | 当時の標語 |
|---|---|
| 1939 | 「産めよ殖やせよ(①)のため」 |
| 1940 | ⓐ「ぜいたくは敵だ」 |
| 1941 | 「進め一億火の玉だ」 |
| 1942 | ⓑ「欲しがりません(②)までは」 |
| 1943 | 「撃ちてし止まむ」 |

(2) 下線部ⓐ、ⓑの標語は、戦争時の国民の暮らしを表しています。どのような暮らしだったか、㋐～㋒から選びましょう。( ㋑ )

㋐ ぜいたく品は自由に買うことができた。
㋑ 軍事生産が優先されていたので、暮らしに必要なものの不足は深刻だった。
㋒ 食料などの生活必需品は配給制にならず、自由に買うことができた。

(3) 写真のように、標語を書いた看板がまちなかのいたる所に立てられていました。標語はどのような目的でつくられましたか。㋐～㋒から選びましょう。( ㋒ )

㋐ 国民にぜいたくな生活をさせるため。
㋑ 国民の自由な意見を聞くため。
㋒ 国民を戦争に積極的に協力させるため。

**2** 戦争中の子どもや学生に関する次の会話を読んで、正しいものには○を、まちがっているものには×をつけましょう。

(1)( × ) 小学校では、まだ小さいので、戦争の訓練は行われなかったんだね。
(2)( ○ ) 子どもたちの楽しみや遊びの中にも、戦争が大きな影響をあたえたんだね。
(3)( ○ ) 戦争が続くと、多くの学生は、勉強を中断して、兵士として戦場に送られていったんだね。
(4)( ○ ) 労働力不足によって、中学生や女学生も動員されて、兵器工場などで働いたんだね。

ヒント **1** (2) 国の予算のほとんどが軍事費に使われるようになりました。



できたかな？
□戦争中の人々の暮らしを説明してみよう。
□戦争が子どもたちの暮らしにあたえた影響を説明してみよう。

## 練習 87ページ

**1** (2)、(3)戦争が続く中、国民を戦争に動員する戦時体制が強化されました。下線部ⓐの標語のころ、電力の使用が制限され、砂糖、塩、しょう油などが切符制になり、ぜいたく品の製造や販売が禁止されました。また、下線部ⓑの標語のころ、衣料が切符制になり、寺院の鐘や仏具などが金属資源として回収されました。

**2** (1)小学校でも戦争の訓練が行われ、大きくなったら立派な兵士になって国のために働くように教えられました。

ぴったり1 準備

2. 日本の歴史
## 10 戦争と人々の暮らし③



めあて
空襲による被害や戦争が終結するまでの動きを理解しよう。

教科書 214~219ページ　答え 45ページ

次の（　）に入る言葉を、下から選びましょう。

### 1 おそいかかる空襲　教科書 214~215ページ

**空襲の被害**

- アメリカ軍により多くの都市が激しい（① 空襲 ）を受け、一般市民の暮らしも危険にさらされるようになった。
- （② 焼夷弾 ）によってまちは焼け野原になった。
- 空襲によって、全国で約20万人もの人々がなくなった。
- 都市の小学生は、空襲をさけるために、親元をはなれ、遠くの農村などへ集団で（③ 疎開 ）を行った。

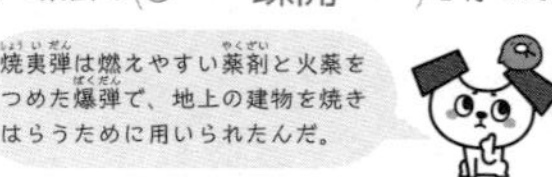



空襲を受けた主な都市

### 2 沖縄・広島・長崎、そして敗戦　教科書 216~217ページ

**沖縄戦**

- 1945（昭和20）年3月、アメリカ軍は沖縄島を空と海から激しく攻撃した。4月にはアメリカ軍が沖縄島に上陸し、住民を巻きこんだ（④ 地上戦 ）となった。
- 男子生徒は日本軍とともに戦い、女子生徒は負傷兵の看護などにあたった。
- 沖縄戦は数か月続き、県民60万人のうち、12万人以上の人々がなくなった。
- 1945年5月、ヨーロッパでは、ドイツが、アメリカ・イギリスなどの（⑤ 連合国 ）軍に降伏し、戦争が終結した。日本政府や軍の指導者は、空襲や沖縄占領後も戦争をやめる決断ができなかった。

**ワンポイント**　広島・長崎

- アメリカ軍が、8月6日に**広島**、9日に**長崎**に投下した（⑥ 原子爆弾 ）によって建物はくずれ、両市を合わせて30万人以上の命がうばわれた。
- 現在でも、後遺症で多くの人々が苦しんでいる。
- 満州や樺太（サハリン）南部には（⑦ ソビエト連邦(ソ連) ）軍がせめこみ、多くの日本人が犠牲になった。
- 1945年8月15日、（⑧ 昭和天皇 ）がラジオ放送で日本の降伏を伝え、15年にわたる戦争が終結した。日本による朝鮮や台湾の支配も終わった。

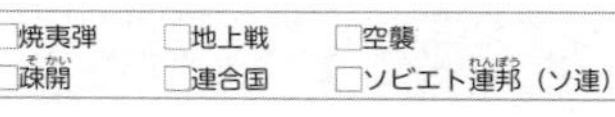
原子爆弾の被害を受けた広島

選んだ言葉に☑　□原子爆弾　□昭和天皇　□焼夷弾　□疎開　□地上戦　□連合国　□空襲　□ソビエト連邦（ソ連）



ぴったり2 練習



ぴたトリビア
第二次世界大戦における死者の総数は、6000万人以上にのぼるといわれています。日本では、軍人と市民を合わせて約310万人がなくなりました。

教科書 214~219ページ　答え 45ページ

**1 次の文を読んで、あとの問いに答えましょう。**

（①）軍により多くの都市が激しい空襲を受け、一般市民の暮らしも危険にさらされるようになった。降り注ぐ（②）によってまちは焼け野原になり、多くの人々の命がうばわれた。空襲により、全国で約20万人もの人々がなくなった。
都市の小学生は、空襲をさけるために、親元をはなれ、地方の農村などへ避難することになった。

(1) 文中の①、②にあてはまる言葉を書きましょう。
①（ アメリカ ）
②（ 焼夷弾 ）

(2) 下線部について、このことを何といいますか。
（ 疎開 ）

**2 右の地図を見て、次の問いに答えましょう。**

(1) 1945（昭和20）年3月10日、大空襲を受けて10万人以上の人がなくなった場所を、地図中のⒶ~Ⓓから選びましょう。また、都市名も書きましょう。
（ Ⓐ ）（ 東京 ）

(2) 日本で唯一、住民を巻きこんだ激しい地上戦が行われた場所を、地図中のⒶ~Ⓓから選びましょう。また、その都県名も書きましょう。
（ Ⓓ ）（ 沖縄県 ）

(3) 原子爆弾が投下された都市について、次の問いに答えましょう。
① 1945年8月6日、原子爆弾が投下された場所を、地図中のⒶ~Ⓓから選びましょう。また、その都市名も書きましょう。
（ Ⓑ ）（ 広島 ）
② 1945年8月9日、①と同様に原子爆弾が投下された場所を、地図中のⒶ~Ⓓから選びましょう。また、その都市名も書きましょう。
（ Ⓒ ）（ 長崎 ）

(4) 1945年5月、ヨーロッパでは、ドイツが連合国軍に降伏して、戦争が終わりました。このときの日本の対応について述べた文として正しいものを、㋐~㋓から選びましょう。
（ ㋑ ）

㋐ 昭和天皇がラジオ放送で日本の降伏を伝えた。
㋑ 政府や軍の指導者は、戦争をやめる決断をすることができなかった。
㋒ ソビエト連邦（ソ連）にせめこみ、多くの日本人が犠牲になった。
㋓ ハワイの真珠湾にあるアメリカの海軍基地を攻撃した。

ヒント　2 (1) 日本の首都であるこの都市への空襲は、合計で100回以上におよびました。



できたかな？
□空襲によって受けた被害を説明してみよう。
□戦争が終結するまでの動きを説明してみよう。

おうちのかたへ
長く続いた戦争の経緯と、戦時中の人々の暮らしについて、それぞれおさえておくとよいです。

**練習　89ページ**

1 (2)子どもたちは空襲をさけて地方へ疎開し、集団生活を送りました。

2 (1)特に被害が大きかった1945年3月10日の空襲は、東京大空襲とよばれています。
(2)1945年3月、アメリカ軍は沖縄島を空と海から攻撃し、4月には沖縄島に上陸して地上戦となりました。数か月続いた沖縄戦では、県民60万人のうち、12万人以上の人々がなくなりました。
(4)ドイツの降伏後も日本は戦争を続けました。1945年8月、原子爆弾の投下や、ソビエト連邦（ソ連）の侵攻を受け、日本は降伏を決めました。㋐㋒は1945年8月、㋓は1941年12月のできごとです。

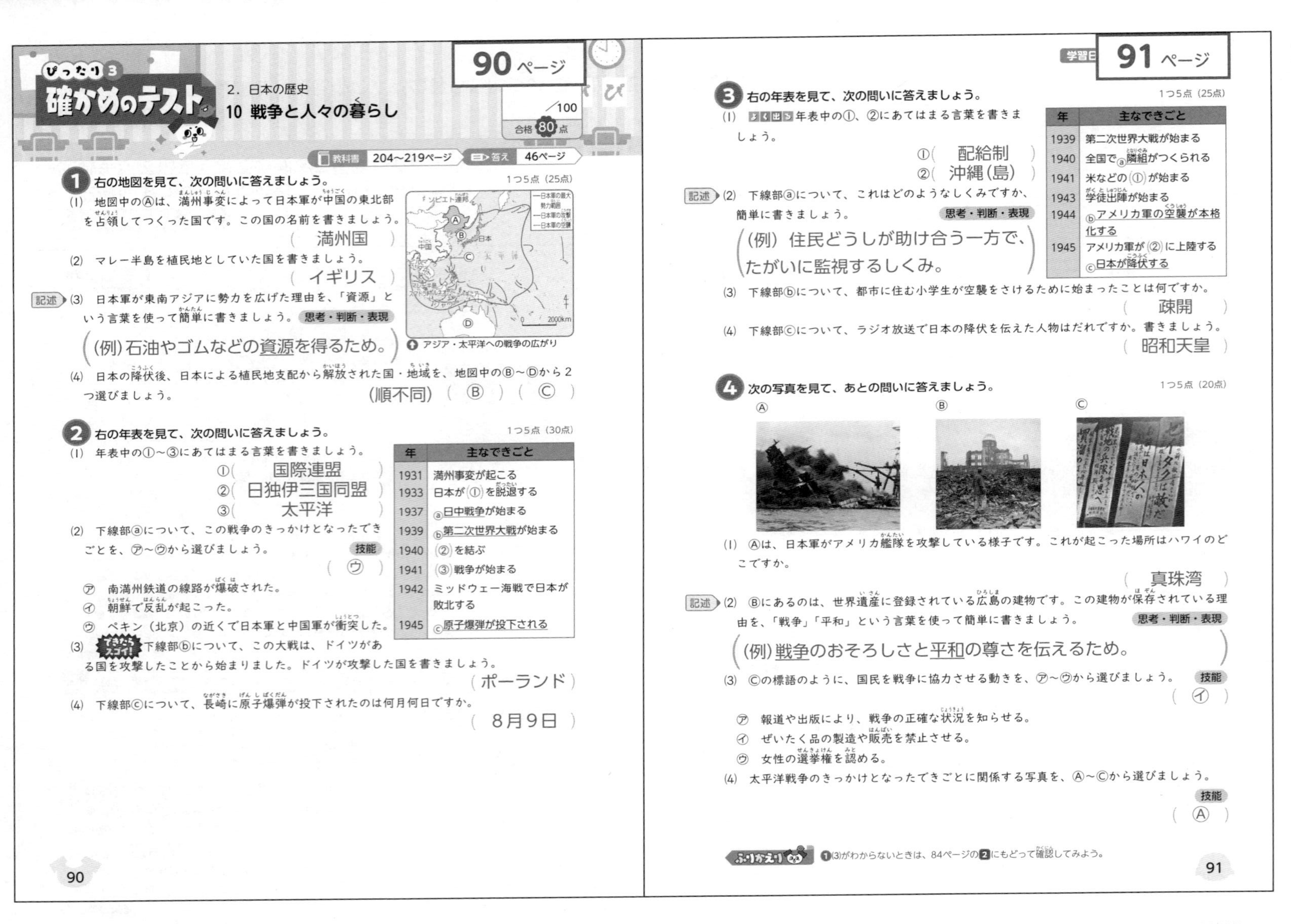

ぴったり3
# 確かめのテスト
2. 日本の歴史
## 10 戦争と人々の暮らし

90ページ　／100　合格80点
教科書 204〜219ページ　答え 46ページ

**1 右の地図を見て、次の問いに答えましょう。**　1つ5点（25点）

(1) 地図中のⒶは、満州事変によって日本軍が中国の東北部を占領してつくった国です。この国の名前を書きましょう。（満州国）

(2) マレー半島を植民地としていた国を書きましょう。（イギリス）

記述 (3) 日本軍が東南アジアに勢力を広げた理由を、「資源」という言葉を使って簡単に書きましょう。思考・判断・表現
（(例) 石油やゴムなどの資源を得るため。）

アジア・太平洋への戦争の広がり

(4) 日本の降伏後、日本による植民地支配から解放された国・地域を、地図中のⒷ〜Ⓓから2つ選びましょう。（順不同）（Ⓑ）（Ⓒ）

**2 右の年表を見て、次の問いに答えましょう。**　1つ5点（30点）

(1) 年表中の①〜③にあてはまる言葉を書きましょう。
①（国際連盟）
②（日独伊三国同盟）
③（太平洋）

| 年 | 主なできごと |
|---|---|
| 1931 | 満州事変が起こる |
| 1933 | 日本が（①）を脱退する |
| 1937 | ⓐ日中戦争が始まる |
| 1939 | ⓑ第二次世界大戦が始まる |
| 1940 | （②）を結ぶ |
| 1941 | （③）戦争が始まる |
| 1942 | ミッドウェー海戦で日本が敗北する |
| 1945 | ⓒ原子爆弾が投下される |

(2) 下線部ⓐについて、この戦争のきっかけとなったできごとを、㋐〜㋒から選びましょう。技能（㋒）

㋐ 南満州鉄道の線路が爆破された。
㋑ 朝鮮で反乱が起こった。
㋒ ペキン（北京）の近くで日本軍と中国軍が衝突した。

(3) できたらスゴイ！ 下線部ⓑについて、この大戦は、ドイツがある国を攻撃したことから始まりました。ドイツが攻撃した国を書きましょう。（ポーランド）

(4) 下線部ⓒについて、長崎に原子爆弾が投下されたのは何月何日ですか。（8月9日）

90

学習日　91ページ

**3 右の年表を見て、次の問いに答えましょう。**　1つ5点（25点）

(1) よく出る 年表中の①、②にあてはまる言葉を書きましょう。
①（配給制）
②（沖縄(島)）

| 年 | 主なできごと |
|---|---|
| 1939 | 第二次世界大戦が始まる |
| 1940 | 全国でⓐ隣組がつくられる |
| 1941 | 米などの（①）が始まる |
| 1943 | 学徒出陣が始まる |
| 1944 | ⓑアメリカ軍の空襲が本格化する |
| 1945 | アメリカ軍が（②）に上陸する ⓒ日本が降伏する |

記述 (2) 下線部ⓐについて、これはどのようなしくみですか、簡単に書きましょう。思考・判断・表現
（(例) 住民どうしが助け合う一方で、たがいに監視するしくみ。）

(3) 下線部ⓑについて、都市に住む小学生が空襲をさけるために始まったことは何ですか。（疎開）

(4) 下線部ⓒについて、ラジオ放送で日本の降伏を伝えた人物はだれですか。書きましょう。（昭和天皇）

**4 次の写真を見て、あとの問いに答えましょう。**　1つ5点（20点）

Ⓐ　Ⓑ　Ⓒ

(1) Ⓐは、日本軍がアメリカ艦隊を攻撃している様子です。これが起こった場所はハワイのどこですか。（真珠湾）

記述 (2) Ⓑにあるのは、世界遺産に登録されている広島の建物です。この建物が保存されている理由を、「戦争」「平和」という言葉を使って簡単に書きましょう。思考・判断・表現
（(例) 戦争のおそろしさと平和の尊さを伝えるため。）

(3) Ⓒの標語のように、国民を戦争に協力させる動きを、㋐〜㋒から選びましょう。技能（㋑）

㋐ 報道や出版により、戦争の正確な状況を知らせる。
㋑ ぜいたく品の製造や販売を禁止させる。
㋒ 女性の選挙権を認める。

(4) 太平洋戦争のきっかけとなったできごとに関係する写真を、Ⓐ〜Ⓒから選びましょう。技能（Ⓐ）

ふりかえり　1(3)がわからないときは、84ページの2にもどって確認してみよう。

91

## 確かめのテスト　90〜91ページ

**1** (1)Ⓐは満州国で、日本軍が中国の東北部の満州を占領して、1932年につくられました。
(4)Ⓑは朝鮮で、1910年に日本の植民地とされました。Ⓒは台湾で、日清戦争の講和条約によって中国(清)から獲得しました。Ⓓはオーストラリアです。

**2** (2)㋐は満州事変、㋑は日清戦争のきっかけとなったできごとです。
(3)1939年9月、ドイツがポーランドを攻撃したことをきっかけとして、第二次世界大戦が始まりました。
(4)1945年8月6日に広島、8月9日に長崎に、原子爆弾が投下されました。

**3** (1)①1941年には米のほか、砂糖、小麦粉、食用油なども大都市で配給制となりました。②1945年4月にアメリカ軍が沖縄島に上陸し、激しい地上戦がくり広げられました。
(4)ほとんどの国民は、初めて聞く天皇の声（玉音）によって敗戦を知りました。

**4** (2)Ⓑの写真は、広島市の中心部にある原爆ドームで、原爆投下当時は広島県産業奨励館とよばれていました。
(4)Ⓐ真珠湾攻撃は1941年12月のできごとで、この攻撃から太平洋戦争が始まりました。

**記述問題のプラスワン**

**3** (2)戦争中につくられた隣組は、住民どうしが助け合う一方で、おたがいに監視するしくみでした。食料の配給や防空訓練などは、隣組を通じて行われました。

# ぴったり1 準備

2. 日本の歴史

## 11 平和で豊かな暮らしを目ざして①

92ページ

めあて 戦争が終わったころの暮らしや、戦争後の日本の社会の変化を理解しよう。

教科書 220〜223ページ　答え 47ページ

次の（　　）に入る言葉や数字を、下から選びましょう。

### 1 焼けあとからの出発

教科書 220〜221ページ

**敗戦直後の暮らし**

- 多くの人々が住むところを失い、食べるものや着るものなど、暮らしに必要な物資の不足に悩んだ。
- （① 栄養失調 ）で病気になったり、なくなったりする人もいた。
- 戦争で親をなくして（② 孤児 ）となった子どももいた。
- 子どもたちは、校庭にいすを並べ、屋外の「（③ 青空教室 ）」で勉強した。

### 2 もう戦争はしない

教科書 222〜223ページ

**さまざまな改革**

- 日本はアメリカを中心とする（④ 連合国軍 ）に占領され、政府は連合国軍の指示のもとに、民主的な社会をつくるための改革を進めた。
- 1945（昭和20）年、選挙法が改正され、（⑤ 20 ）才以上のすべての男女に選挙権が保障され、人々の生活と権利を守るための法律も整えられた。
- （⑥ 日本国憲法 ）…1946年11月3日公布、1947年5月3日施行。
- 日本国憲法の前文では、国の政治を決める権利は国民にあると宣言し、世界の平和を願う理想をかかげた。
- 教育制度が変わり、小学校6年間、中学校3年間の9年間の（⑦ 義務教育 ）、男女共学や学校給食も始まった。（⑧ 民主主義 ）にもとづき、平和な国家や社会をつくる国民を育てていくことを教育の目的とした。

選挙権の拡大（人口に対する割合）

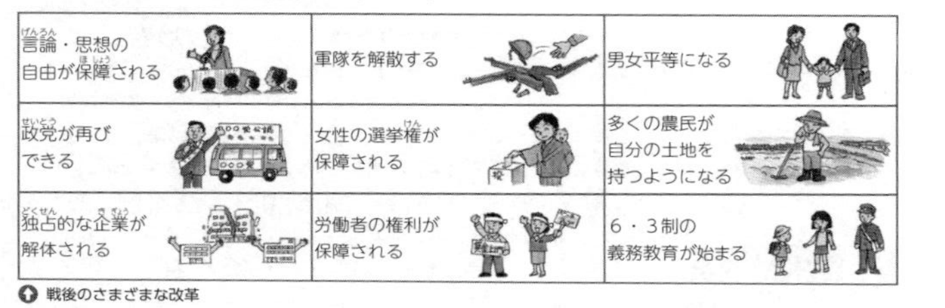

言論・思想の自由が保障される
軍隊を解散する
男女平等になる
政党が再びできる
女性の選挙権が保障される
多くの農民が自分の土地を持つようになる
独占的な企業が解体される
労働者の権利が保障される
6・3制の義務教育が始まる

戦後のさまざまな改革

選んだ言葉に✓　□孤児　□栄養失調　□民主主義　□義務教育　□連合国軍　□青空教室　□日本国憲法　□20



# ぴったり2 練習

93ページ

ぴたトリビア　戦前の教科書には、戦争に関係する記述がありました。敗戦直後は、戦争に関係する部分をすみで消した「すみぬり教科書」が使われました。

教科書 220〜223ページ　答え 47ページ

**1** 戦争が終わったころの暮らしに関する次の会話を読んで、正しいものには○を、まちがっているものには×をつけましょう。

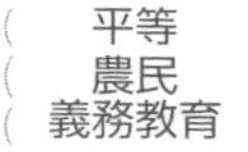
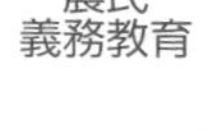
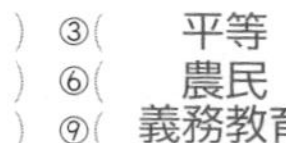
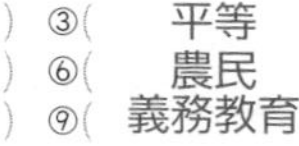

(1)（ ○ ）多くの人々が住むところを失ってしまったよ。

(2)（ ○ ）空襲で校舎が焼けてしまった小学校では、校庭にいすを並べた「青空教室」で勉強したんだね。

(3)（ × ）敗戦直後には食べるものを十分に手に入れることができたんだね。

**2** 次の絵を見て、①〜⑨にあてはまる言葉を書きましょう。

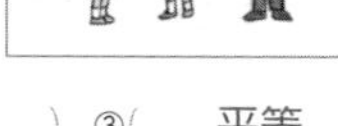

戦後のさまざまな改革

①（ 言論 ）②（ 解散 ）③（ 平等 ）
④（ 政党 ）⑤（ 女性 ）⑥（ 農民 ）
⑦（ 解体 ）⑧（ 労働者 ）⑨（ 義務教育 ）

ヒント ❷⑤ 1925年の普通選挙法では、女性の選挙権は認められませんでした。



**できたかな？**

□戦争が終わったころの日本の人々の暮らしを説明してみよう。
□戦争後の日本の社会の変化を説明してみよう。

**おうちのかたへ**

「1 ともに生きる暮らしと政治」の「1 憲法とわたしたちの暮らし」を振り返りつつ、日本国憲法で保障された国民の権利をおさえておくとよいです。

## 練習 93ページ

**1** (3)食べるものが不足し、栄養失調で病気になる人もいました。

**2** 日本では、連合国軍最高司令官マッカーサーの指示のもと、農地改革や教育の民主化が進められました。

②日本国憲法の三つの原則のうち、平和主義に関係する改革です。

③⑤男女平等の世の中になり、女性の議員も生まれました。

⑥多くの小作農家が自分の農地をもてるようになりました。

⑨小学校6年間、中学校3年間の9年間が義務教育となり、子どもが教育を受ける権利が保障されました。

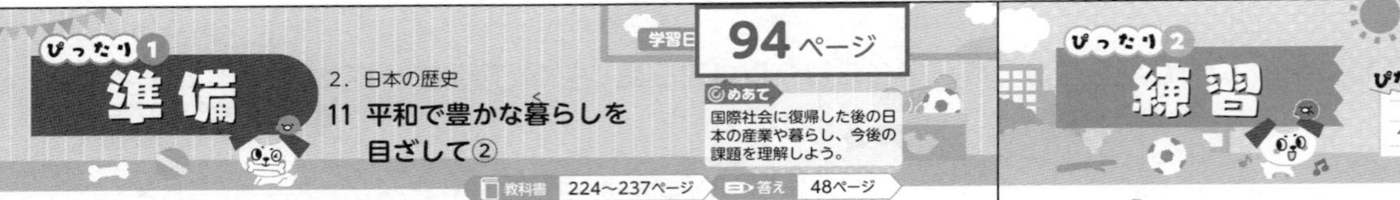

ぴったり1 準備

2. 日本の歴史
# 11 平和で豊かな暮らしを目ざして②

めあて：国際社会に復帰した後の日本の産業や暮らし、今後の課題を理解しよう。

教科書 224〜237ページ　答え 48ページ

次の(　)に入る言葉を、下から選びましょう。

## 1 日本の独立と国際社会への復帰／東京オリンピック・パラリンピックが開かれる／産業の発展と国民生活の変化　教科書 224〜229ページ

### 日本の独立回復と東京オリンピック・パラリンピック

- 1945（昭和20）年、世界の平和を守るため(① 国際連合 )がつくられた。また、長い間植民地とされてきたアジア・アフリカの国々は、次々と独立を果たした。
- 日本は、1951年にアメリカで開かれた講和会議で、世界の48か国と(② サンフランシスコ平和条約 )を結び、翌年に独立を回復。サンフランシスコ平和条約と同時に(③ 日米安全保障条約 )が結ばれ、日本の安全と東アジアの平和を守るため、アメリカ軍が日本にとどまることが決まった。
- 1956年、**国際連合**への加入が認められ、国際社会へ復帰した日本は、アメリカとの軍事や経済の結びつきを強め、急速に産業を発展させていった。
- 1964年、アジアで初となる**東京オリンピック・パラリンピック**が開かれ、国内では(④ 新幹線 )や高速道路の整備が進められた。

サンフランシスコ平和条約の調印

**ワンポイント** 高度経済成長

- 東京オリンピックが開かれたころから、外国との貿易もさかんとなり、日本は世界有数の工業国となった。
- 家庭には電気製品が普及し、白黒テレビ、洗濯機、冷蔵庫は「三種の神器」とよばれた。
- 農村から都市に働きに出たり、移り住んだりする人が増加し、若者が卒業後に地方から都会に出て就職するなど、多くの人が**高度経済成長**とよばれる経済発展を支えた。
- 産業が発展する一方で、(⑤ 公害 )などの環境汚染問題が起きた。
- 被害者や住民の間で**公害**反対運動が広がり、国は法律をつくって公害の防止を目ざした。

## 2 これからの日本とわたしたち　教科書 230〜232ページ

### これからの日本

- 大韓民国（韓国）とは1965年に国交が結ばれた。
- (⑥ 朝鮮民主主義人民共和国（北朝鮮） )とはまだ国交が開かれておらず、日本人拉致問題などの解決が目ざされている。
- 中国との国交は1972年に正常化され、1978年に(⑦ 日中平和友好条約 )を結んだ。
- ソビエト連邦（ソ連）との国交は戦後に回復したが、(⑧ 北方領土 )問題は未解決で、現在はロシア連邦との間で返還を求める交渉を続けている。
- 差別をなくす取り組みや、災害などへの対策に取り組んでいくことが必要である。

選んだ言葉に✓：□北方領土　□新幹線　□日中平和友好条約　□サンフランシスコ平和条約　□国際連合　□公害　□日米安全保障条約　□朝鮮民主主義人民共和国（北朝鮮）





ぴったり2 練習

ぴたトリビア：戦後、急速に発展した日本は、世界の先進国の一つとなりました。ノーベル賞を受賞する日本人や日本の出身者も増えてきています。

教科書 224〜237ページ　答え 48ページ

**1** 右のグラフを見て、次の問いに答えましょう。

(1) グラフ中のⒶ〜Ⓓにあてはまる電気製品を、㋐〜㋓から選びましょう。

Ⓐ( ㋑ )
Ⓑ( ㋐ )
Ⓒ( ㋓ )
Ⓓ( ㋒ )

㋐ 白黒テレビ　㋑ 電気洗濯機
㋒ クーラー　㋓ カラーテレビ

電気製品の普及

(2) 白黒テレビ、洗濯機、冷蔵庫の3つは、何とよばれていましたか。( 三種の神器 )

(3) 日本が豊かになり、世界有数の工業国へと発展し始めた1964年に、日本で開催された国際的な大会は何ですか。
( 東京オリンピック・パラリンピック )

(4) 高度経済成長のころの人々の暮らしに関する次の①〜⑤の説明について、正しいものには○を、まちがっているものには×をつけましょう。

①( × ) 繊維工業がさかんになり、生糸の輸出量が世界第1位となった。
②( ○ ) 新幹線や高速道路が整備された。
③( ○ ) 政府は、産業を保護して成長させるための政策を進めた。
④( ○ ) 都市の人口増加への住宅対策として、大きな団地が郊外に建設された。
⑤( × ) 公害の問題が起こり、三重県四日市市では多くの水俣病の被害者を出した。

**2** 次の問いに答えましょう。

(1) 日本の周りの国々と、その関係について、あうものを線で結びましょう。

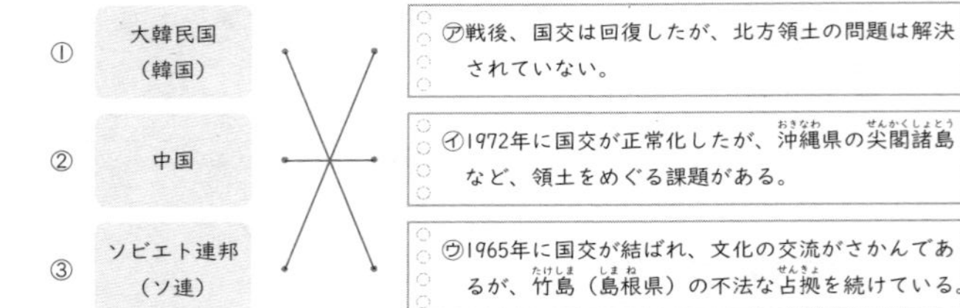

① 大韓民国（韓国）
② 中国
③ ソビエト連邦（ソ連）

㋐戦後、国交は回復したが、北方領土の問題は解決されていない。
㋑1972年に国交が正常化したが、沖縄県の尖閣諸島など、領土をめぐる課題がある。
㋒1965年に国交が結ばれ、文化の交流がさかんであるが、竹島（島根県）の不法な占拠を続けている。

(2) 1972年に日本に復帰し、現在でも、県の面積の約8%をしめる広さのアメリカ軍基地が残されている県はどこですか。( 沖縄県 )

ヒント：1 (4)⑤ 水俣病、イタイイタイ病、四日市ぜんそく、新潟水俣病は、四大公害病といわれています。

できたかな？
□国際社会に復帰した後の日本を説明してみよう。
□高度経済成長期の国民生活の変化を説明してみよう。
□今後の日本の課題を説明してみよう。

## 練習 95ページ

**1** (2)「三種の神器」は、国民の豊かな生活の象徴とされました。
(3)2021年には1964年以来2回目となる、東京オリンピック・パラリンピックが開催されました。
(4)①これは19世紀後半から20世紀初めの日本です。⑤三重県四日市市では四日市ぜんそくが起こり、多くの被害者が出ました。

**2** (1)③ソビエト連邦（ソ連）は1991年に解体し、ロシア連邦となりました。
(2)アメリカ軍基地の縮小や、県外への移設を求める住民の運動が続いています。

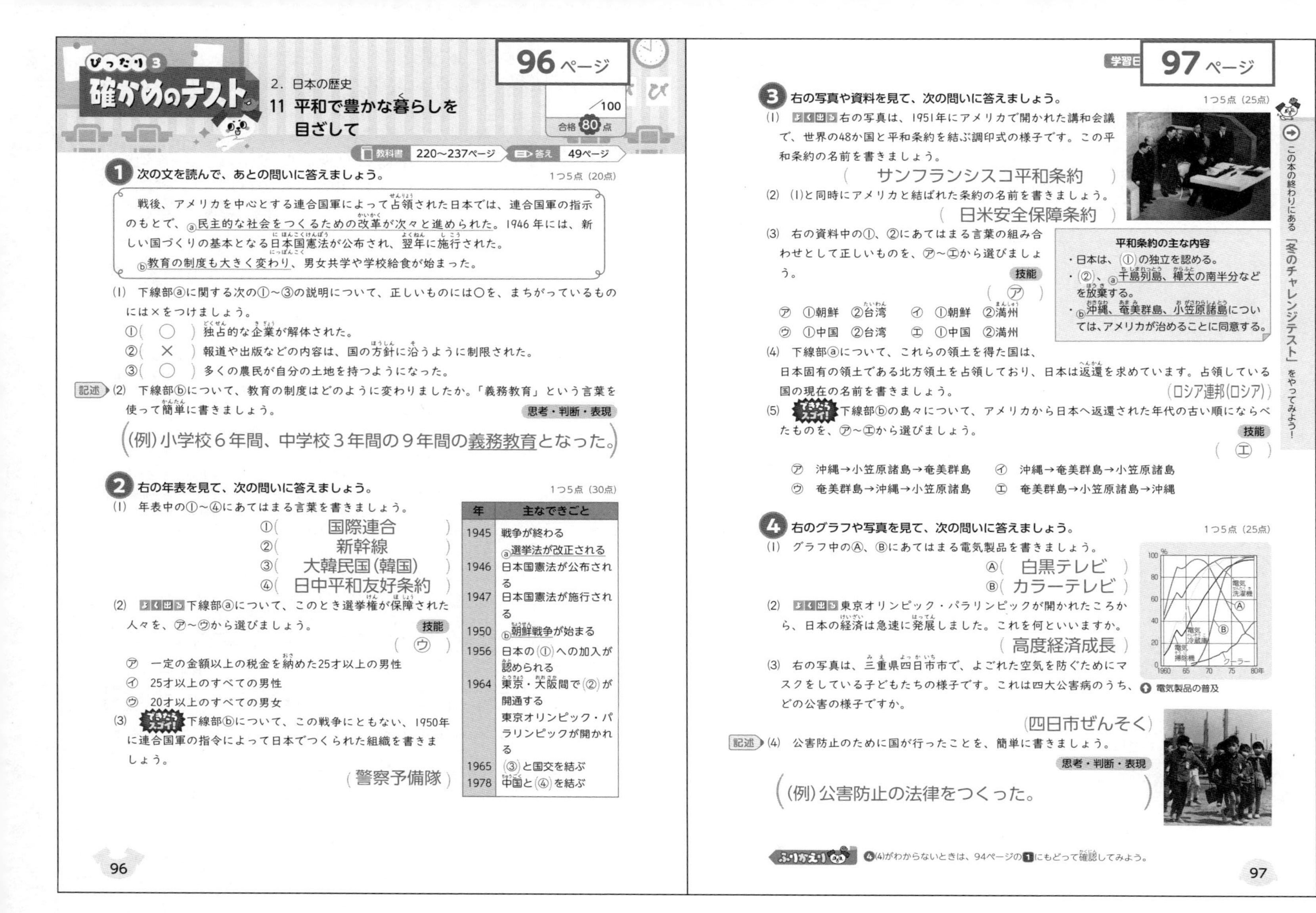

ぴったり3 確かめのテスト。

2. 日本の歴史
11 平和で豊かな暮らしを目ざして

96ページ

/100 合格80点

教科書 220～237ページ　答え 49ページ

**1 次の文を読んで、あとの問いに答えましょう。** 1つ5点（20点）

戦後、アメリカを中心とする連合国軍によって占領された日本では、連合国軍の指示のもとで、ⓐ民主的な社会をつくるための改革が次々と進められた。1946年には、新しい国づくりの基本となる日本国憲法が公布され、翌年に施行された。
ⓑ教育の制度も大きく変わり、男女共学や学校給食が始まった。

(1) 下線部ⓐに関する次の①～③の説明について、正しいものには○を、まちがっているものには×をつけましょう。
①（ ○ ）独占的な企業が解体された。
②（ × ）報道や出版などの内容は、国の方針に沿うように制限された。
③（ ○ ）多くの農民が自分の土地を持つようになった。

記述 (2) 下線部ⓑについて、教育の制度はどのように変わりましたか。「義務教育」という言葉を使って簡単に書きましょう。 思考・判断・表現
（(例)小学校６年間、中学校３年間の９年間の義務教育となった。）

**2 右の年表を見て、次の問いに答えましょう。** 1つ5点（30点）

(1) 年表中の①～④にあてはまる言葉を書きましょう。
①（ 国際連合 ）
②（ 新幹線 ）
③（ 大韓民国(韓国) ）
④（ 日中平和友好条約 ）

(2) よく出る 下線部ⓐについて、このとき選挙権が保障された人々を、㋐～㋒から選びましょう。 技能
（ ㋒ ）
㋐ 一定の金額以上の税金を納めた25才以上の男性
㋑ 25才以上のすべての男性
㋒ 20才以上のすべての男女

(3) てがたかった 下線部ⓑについて、この戦争にともない、1950年に連合国軍の指令によって日本でつくられた組織を書きましょう。
（ 警察予備隊 ）

| 年 | 主なできごと |
|---|---|
| 1945 | 戦争が終わる<br>ⓐ選挙法が改正される |
| 1946 | 日本国憲法が公布される |
| 1947 | 日本国憲法が施行される |
| 1950 | ⓑ朝鮮戦争が始まる |
| 1956 | 日本の（①）への加入が認められる |
| 1964 | 東京・大阪間で（②）が開通する<br>東京オリンピック・パラリンピックが開かれる |
| 1965 | （③）と国交を結ぶ |
| 1978 | 中国と（④）を結ぶ |

96

学習日　97ページ

**3 右の写真や資料を見て、次の問いに答えましょう。** 1つ5点（25点）

(1) よく出る 右の写真は、1951年にアメリカで開かれた講和会議で、世界の48か国と平和条約を結ぶ調印式の様子です。この平和条約の名前を書きましょう。
（ サンフランシスコ平和条約 ）

(2) (1)と同時にアメリカと結ばれた条約の名前を書きましょう。
（ 日米安全保障条約 ）

(3) 右の資料中の①、②にあてはまる言葉の組み合わせとして正しいものを、㋐～㋓から選びましょう。 技能
（ ㋐ ）
㋐ ①朝鮮 ②台湾　㋑ ①朝鮮 ②満州
㋒ ①中国 ②台湾　㋓ ①中国 ②満州

平和条約の主な内容
・日本は、（①）の独立を認める。
・（②）、ⓐ千島列島、樺太の南半分などを放棄する。
・ⓑ沖縄、奄美群島、小笠原諸島については、アメリカが治めることに同意する。

(4) 下線部ⓐについて、これらの領土を得た国は、日本固有の領土である北方領土を占領しており、日本は返還を求めています。占領している国の現在の名前を書きましょう。
（ロシア連邦(ロシア)）

(5) てがたかった 下線部ⓑの島々について、アメリカから日本へ返還された年代の古い順にならべたものを、㋐～㋓から選びましょう。 技能
（ ㋓ ）
㋐ 沖縄→小笠原諸島→奄美群島　㋑ 沖縄→奄美群島→小笠原諸島
㋒ 奄美群島→沖縄→小笠原諸島　㋓ 奄美群島→小笠原諸島→沖縄

この本の終わりにある「冬のチャレンジテスト」をやってみよう！

**4 右のグラフや写真を見て、次の問いに答えましょう。** 1つ5点（25点）

(1) グラフ中のⒶ、Ⓑにあてはまる電気製品を書きましょう。
Ⓐ（ 白黒テレビ ）
Ⓑ（ カラーテレビ ）

(2) よく出る 東京オリンピック・パラリンピックが開かれたころから、日本の経済は急速に発展しました。これを何といいますか。
（ 高度経済成長 ）

(3) 右の写真は、三重県四日市市で、よごれた空気を防ぐためにマスクをしている子どもたちの様子です。これは四大公害病のうち、どの公害の様子ですか。
（四日市ぜんそく）

記述 (4) 公害防止のために国が行ったことを、簡単に書きましょう。 思考・判断・表現
（(例)公害防止の法律をつくった。）

電気製品の普及（グラフ：電気洗濯機、電気冷蔵庫、Ⓐ、Ⓑ、クーラー　1960～80年）

ふりかえり　4(4)がわからないときは、94ページの1にもどって確認してみよう。

97

## 確かめのテスト　96～97ページ

**1** (1)②これは戦争中の説明です。

**2** (1)①1956年にソビエト連邦（ソ連）と国交を回復したことで、国際連合への加入が認められました。
④1972年に中国と国交が正常化し、1978年には日中平和友好条約が結ばれました。
(3)警察予備隊をもとに、1954年には日本の平和と独立を守ることを主な目的として、自衛隊がつくられました。

**3** (1)この平和条約により、日本は独立を回復しました。
(2)この条約により、日本はアメリカ軍の基地を日本国内に置くことを認めました。
(5)1953年に奄美群島が、1968年に小笠原諸島が、1972年に沖縄が日本の領土として復帰しました。

**4** (2)1960年代後半になると、国の経済的豊かさを表す国民総生産（GNP）が、アメリカに次いで世界第２位となりました。
(3)公害病の中でも、水俣病、イタイイタイ病、四日市ぜんそく、新潟水俣病を四大公害病といいます。
(4)1967年に公害対策基本法が制定されました。

**記述問題のプラスワン**

**1** (2)戦争中に出された国民学校令では、義務教育は８年間（国民学校初等科６年、高等科２年）と規定されていました。

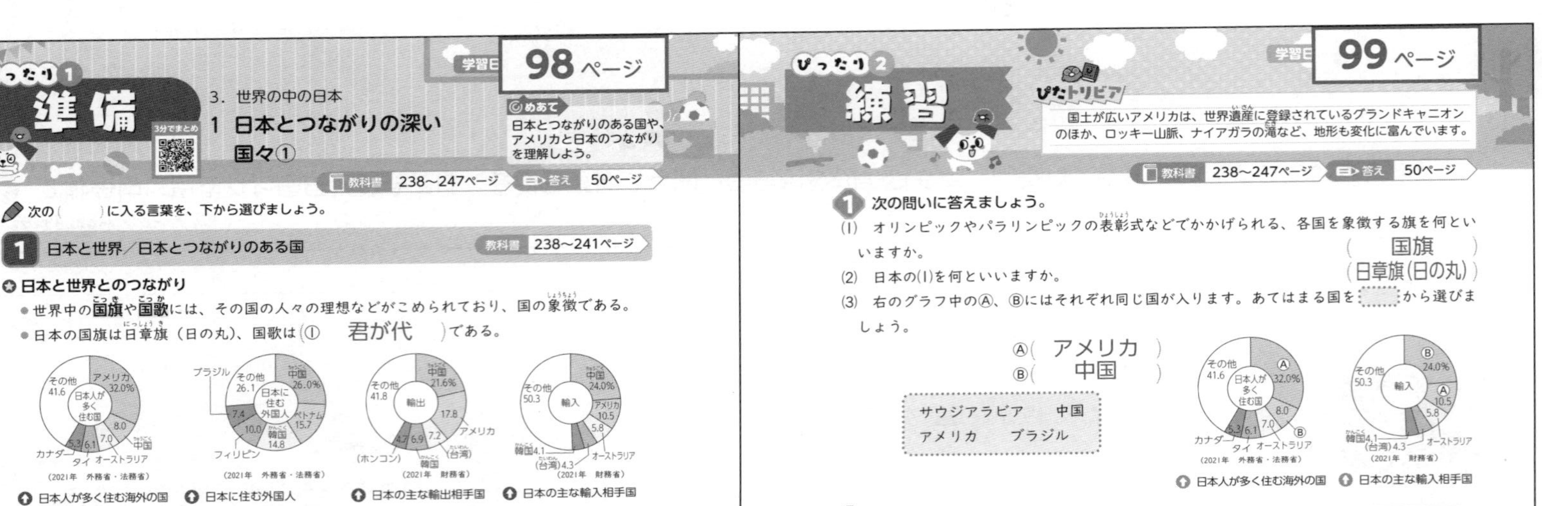

ぴったり1 準備

3. 世界の中の日本
1 日本とつながりの深い国々①

学習日 98ページ

めあて 日本とつながりのある国や、アメリカと日本のつながりを理解しよう。

教科書 238〜247ページ　答え 50ページ

次の（　）に入る言葉を、下から選びましょう。

**1 日本と世界／日本とつながりのある国**　教科書 238〜241ページ

**日本と世界とのつながり**

- 世界中の国旗や国歌には、その国の人々の理想などがこめられており、国の象徴である。
- 日本の国旗は日章旗（日の丸）、国歌は（① 君が代 ）である。



日本人が多く住む海外の国　日本に住む外国人　日本の主な輸出相手国　日本の主な輸入相手国

**2 暮らしに深いつながりのある国　アメリカ**　教科書 242〜247ページ

**アメリカ合衆国**

- 面積…約983万km²で日本の約25倍の大きさ
- 人口…約3億3100万人（2020年現在）
- 首都…（② ワシントンD.C. ）
- 主な言語…英語

アメリカの国旗

- ハンバーガーなどの（③ ファーストフード ）の店やジーンズ、ジャズ音楽などが発展。野球、バスケットボール、アメリカンフットボールなどのスポーツもさかん。
- もともと先住民族が暮らしていたが、16世紀以降（④ ヨーロッパ ）から人々が移り住み、アフリカからは、どれいとして多くの人々が連れてこられた。
- アジアからの移民も多く、さまざまな民族が暮らす（⑤ 多民族国家 ）である。
- 国土は広く、東のはしと西のはしで5時間の（⑥ 時差 ）がある。広い国土を結ぶ交通手段として自動車や航空機が利用されている。
- 広大な耕地で、大型機械を使った（⑦ 大規模農業 ）が行われており、小麦や大豆、とうもろこしなどが生産されている。
- 工業も発達しており、コンピューターなどの（⑧ 情報通信技術 ）や、宇宙開発などの最先端の技術の研究・開発が行われている。
- 日本は、アメリカから機械類や航空機、農作物などを輸入している。
- 日本は、アメリカへ機械類や自動車などを輸出している。

選んだ言葉に✔　□ヨーロッパ　□君が代　□多民族国家　□時差　□情報通信技術　□大規模農業　□ファーストフード　□ワシントンD.C.

98

ぴったり2 練習

学習日 99ページ

ぴたトリビア 国土が広いアメリカは、世界遺産に登録されているグランドキャニオンのほか、ロッキー山脈、ナイアガラの滝など、地形も変化に富んでいます。

教科書 238〜247ページ　答え 50ページ

**1 次の問いに答えましょう。**

(1) オリンピックやパラリンピックの表彰式などでかかげられる、各国を象徴する旗を何といいますか。（ 国旗 ）

(2) 日本の(1)を何といいますか。（ 日章旗(日の丸) ）

(3) 右のグラフ中のⒶ、Ⓑにはそれぞれ同じ国が入ります。あてはまる国を□から選びましょう。

Ⓐ（ アメリカ ）
Ⓑ（ 中国 ）

サウジアラビア　中国　アメリカ　ブラジル

日本人が多く住む海外の国　日本の主な輸入相手国

**2 アメリカについて、次の問いに答えましょう。**

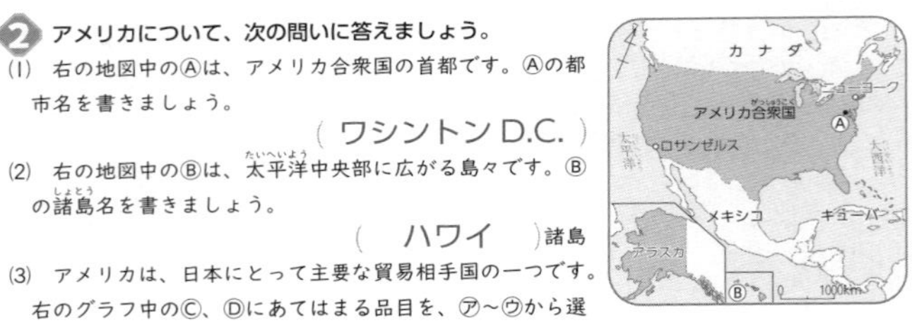



(1) 右の地図中のⒶは、アメリカ合衆国の首都です。Ⓐの都市名を書きましょう。（ ワシントンD.C. ）

(2) 右の地図中のⒷは、太平洋中央部に広がる島々です。Ⓑの諸島名を書きましょう。（ ハワイ ）諸島

(3) アメリカは、日本にとって主要な貿易相手国の一つです。右のグラフ中のⒸ、Ⓓにあてはまる品目を、㋐〜㋒から選びましょう。
Ⓒ（ ㋑ ）　Ⓓ（ ㋐ ）

㋐ 肉類　㋑ 自動車　㋒ コンピューター

日本とアメリカの貿易

(4) 日本がアメリカから最も多く輸入している品目を書きましょう。（ 機械類 ）

(5) アメリカは、さまざまな民族の人々がともに暮らす国家です。このような国家を何といいますか。（ 多民族国家 ）

(6) アメリカの農業に関する次の①、②の説明について、正しいものには○を、まちがっているものには×をつけましょう。
①（ × ）せまい耕地で、大規模農業が行われている。
②（ ○ ）小麦や大豆、とうもろこしなどが生産されている。

ヒント 2 (6)① アメリカは広い国土をもっています。

99

## 練習　99ページ

**1** (1)、(2)日章旗は、1999年に法律で、日本の国旗と定められました。
(3)日本にとってアメリカや中国は、貿易で強い結びつきがあるだけでなく、文化でも強い影響を受けている国です。

**2** (2)ハワイ諸島は1年中温暖で過ごしやすい気候のため、観光地となっています。
(5)複数の民族によって構成される国家を多民族国家といいます。
(6)アメリカでは、広大な耕地で大型機械を使った大規模農業が行われ、小麦や大豆、とうもろこしなどが生産されています。

**できたかな？**
□日本とつながりの深い国にはどのような国があるかを説明してみよう。
□日本とアメリカのつながりを説明してみよう。

**おうちのかたへ**
日本とつながりの深い国々について、文化的・経済的なつながりや人々の暮らしをおさえておくとよいです。

ぴったり1 準備

3. 世界の中の日本
1 日本とつながりの深い国々②

学習日 100ページ

めあて 中国と日本のつながりや、ブラジルと日本のつながりを理解しよう。

教科書 248〜259ページ　答え 51ページ

次の（　　）に入る言葉を、下から選びましょう。

## 1 経済でつながりの深い国　中国

教科書 248〜253ページ

**中華人民共和国**

- 面積…約960万$km^2$で日本の約25倍の大きさ
- 人口…約14億3900万人（2020年現在）
- 首都…（①ペキン(北京)）
- 主な言語…中国語

中国の国旗

- 日本にとって主要な貿易相手国の一つである。
- （②シャンハイ(上海)）…コンテナの取りあつかい量で世界第１位の港があり、（③　金融業　）や商業がさかん。経済の中心地で、世界有数の国際都市として発展しており、日本企業も中国各地へ進出している。
- 日本は古くから国の制度や文化などを、中国から学んできた。
- 弥生時代に（④　米づくり　）、鉄器などが伝わり、古墳時代には渡来人が来て土木工事などの技術、仏教などの文化が伝わった。奈良時代には遣唐使を中国に送るなどの交流があった。
- 1937（昭和12）年に日中戦争が始まり、1949年に中華人民共和国が成立、1972年に国交が正常化した。
- 1978年には（⑤　日中平和友好条約　）が結ばれた。

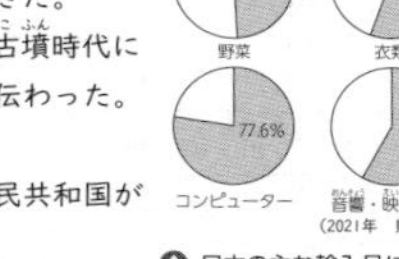


日本の主な輸入品にしめる、中国からの輸入の割合

## 2 日系人が多く住む国　ブラジル

教科書 254〜259ページ

**ブラジル連邦共和国**

- 面積…約850万$km^2$で日本の約22倍の大きさ
- 人口…約２億1300万人（2020年現在）
- 首都…（⑥ ブラジリア）
- 主な言語…ポルトガル語

ブラジルの国旗

- 日本から見ると地球の反対側にあり、日本から移り住んだ人やその子孫の日系人が200万人ほど暮らしている。
- 広大な（⑦ アマゾン川）が流れ、周辺には熱帯林がある。
- 鉄鉱石などの鉱物資源、コーヒー豆や大豆、さとうきびなどの農産物の輸出がさかん。
- リオデジャネイロで行われるキリスト教の祭りの一つである（⑧ カーニバル）が有名で、多くの人々が観光におとずれる。最も人気のあるスポーツはサッカーである。

選んだ言葉に✓：□ブラジリア　□シャンハイ(上海)　□ペキン(北京)　□アマゾン川　□金融業　□日中平和友好条約　□米づくり　□カーニバル



ぴったり2 練習

学習日 101ページ

ぴたトリビア 中国の人口の約９割は漢民族の人々で、その他に55の少数民族が住み、それぞれ言葉や文化、習慣などがちがっています。

教科書 248〜259ページ　答え 51ページ

**1 中国について、次の問いに答えましょう。**

(1) 右の地図中のⒶは、中国の首都です。Ⓐの都市名を書きましょう。
（ペキン(北京)）

(2) 右の地図中のⒷは、コンテナの取りあつかい量で世界第１位の港がある都市です。Ⓑの都市名を書きましょう。
（シャンハイ(上海)）

(3) 右のグラフは、日本の主な輸入品にしめる、中国からの輸入の割合を示しています。グラフ中のⒶ、Ⓑにあてはまる品目を、㋐〜㋒から選びましょう。
Ⓐ（ ㋒ ）Ⓑ（ ㋐ ）
㋐ コンピューター　㋑ 小麦　㋒ 野菜

(4) 日本と中国の交流に関する次の①〜③の説明について、正しいものには○を、まちがっているものには×をつけましょう。
①（ × ）縄文時代に米づくりや鉄器などが伝わった。
②（ ○ ）奈良時代には、中国の都を見習って、平城京をつくった。
③（ × ）1972年に日中平和友好条約が結ばれた。

**2 ブラジルについて、次の問いに答えましょう。**

(1) 右の地図中のⒶは、ブラジルの首都です。Ⓐの都市名を書きましょう。
（ブラジリア）

(2) 右の地図中のⒷは、毎年２月ごろに行われるカーニバルが有名な都市です。Ⓑの都市名を書きましょう。
（リオデジャネイロ）

(3) ブラジルに関する次の①〜⑤の説明について、正しいものには○を、まちがっているものには×をつけましょう。
①（ × ）日本の約25倍の面積を有し、世界で２番目に広い国土をもつ。
②（ ○ ）現在、約200万人の日系人が暮らしている。
③（ ○ ）日本から見るとちょうど地球の反対側にある。
④（ ○ ）アマゾン川周辺には広大な熱帯林が広がっている。
⑤（ × ）ブラジルで最も人気のあるスポーツは、バスケットボールである。

ヒント 2 (3)① ブラジルの面積は、約850万$km^2$です。



できたかな？
□日本と中国のつながりを説明してみよう。
□日本とブラジルのつながりを説明してみよう。

## 練習 101ページ

**1** (1)、(2)ペキン（北京）は政治の、シャンハイ（上海）は経済の中心地です。
(3)中国は、日本にとって主要な貿易相手国の一つです。衣類や機械、野菜など、さまざまな品物が中国から輸入されています。
(4)①米づくり、鉄器などが伝わったのは弥生時代です。
③1972年に中国との国交が正常化し、1978年に日中平和友好条約が結ばれました。

**2** (3)①ブラジルの面積は日本の面積の約22倍で、世界で５番目に広い国土をもっています。
⑤ブラジルで最も人気のあるスポーツは、サッカーです。

ぴったり1 **準備**

3. 世界の中の日本
## 1 日本とつながりの深い国々③



めあて サウジアラビアと日本のつながりや、韓国と日本のつながりを理解しよう。

教科書 260~271ページ 答え 52ページ

次の（　）に入る言葉を、下から選びましょう。

### 1 豊かな石油資源をもつ国 サウジアラビア
教科書 260~265ページ

**サウジアラビア王国**

- 面積…約221万$km^2$で日本の約5.7倍の大きさ
- 人口…約3500万人（2020年現在）
- 首都…（① リヤド ）
- 主な言語…アラビア語

サウジアラビアの国旗

- 日本は、石油のほぼすべてを外国からの輸入にたよっており、サウジアラビアは重要な貿易相手国である。
- 石油は、自動車のガソリンや（② 火力発電所 ）の燃料、プラスチックや合成繊維、合成ゴムなどの原料として利用される。
- サウジアラビアは、（③ 砂漠 ）や険しい山岳地帯が多く、乾燥した気候の国である。
- 石油の輸出量は世界第１位で、サウジアラビアの輸出額の５分の３をしめており、その利益は、国内の開発や整備に使われ、医療費・教育費が無料であるなど、国民の福祉を充実させている。
- 国民のほとんどがイスラム教を信仰しており、子どもはイスラム教の経典である（④ コーラン ）を学ぶ。
- イスラム教徒は１日５回、聖地であるメッカの方角に向かっておいのりをし、休日である金曜日正午のおいのりは、（⑤ モスク ）（イスラム教の礼拝所）で行う。

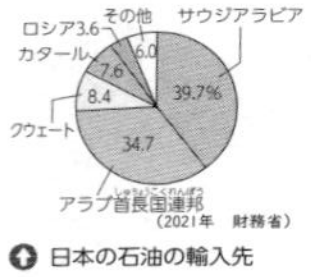

日本の石油の輸入先

### 2 おとなりの国 韓国 はってん
教科書 270~271ページ

**大韓民国（韓国）**

- 面積…約10万$km^2$で日本の約４分の１の大きさ
- 人口…約5100万人（2020年現在）
- 首都…（⑥ ソウル ）
- 主な言語…韓国語

韓国の国旗

- 韓国は日本に最も近い国の一つで、（⑦ プサン（釜山） ）は、福岡県の博多港から約200km、高速船で３時間ほど。首都ソウルまでは福岡空港から１時間余りの距離にある。
- けりを中心として行う武術のテコンドーが人気のスポーツである。
- 米が主食で、伝統的なつけ物である（⑧ キムチ ）が食事に欠かせない。

選んだ言葉に☑
□ソウル □リヤド □プサン（釜山） □キムチ
□モスク □コーラン □砂漠 □火力発電所



ぴったり2 **練習**



ぴたトリビア
イスラム教は、仏教・キリスト教とともに世界的に広く信仰されている宗教です。イスラム教徒のつとめの一つに断食があります。

教科書 260~271ページ 答え 52ページ

**1 サウジアラビアについて、次の問いに答えましょう。**

(1) 右の地図中のⒶは、サウジアラビアの首都です。Ⓐの都市名を書きましょう。（ リヤド ）
(2) 右の地図中のⒷは、イスラム教の聖地とされる都市で、一生に一度この都市をおとずれることが、イスラム教徒の大切なつとめとされています。Ⓑの都市名を書きましょう。（ メッカ ）
(3) サウジアラビアの輸出額の５分の３をしめる品目を、㋐～㋒から選びましょう。（ ㋑ ）
㋐ コンピューター　㋑ 石油　㋒ とうもろこし
(4) サウジアラビアに関する次の①～⑤の説明について、正しいものには○を、まちがっているものには×をつけましょう。
①（ × ）面積は約10万$km^2$で、日本の約４分の１である。
②（ × ）熱帯林が広がり、年中高温・多雨の気候の国である。
③（ ○ ）医療費や教育費を無料にするなど、国民の福祉が充実している。
④（ ○ ）子どもたちは、イスラム教の経典であるコーランを学ぶ。
⑤（ ○ ）イスラム教の食事では、豚肉を食べることや、酒を飲むことが禁じられている。

**2 韓国について、次の問いに答えましょう。**

(1) 右の地図中のⒶは、韓国の首都です。Ⓐの都市名を書きましょう。（ ソウル ）
(2) 右の地図中のⒷは、福岡県の博多港から約200kmの距離にある都市です。Ⓑの都市名を書きましょう。（ プサン（釜山） ）
(3) 韓国に関する次の①～④の説明について、正しいものには○を、まちがっているものには×をつけましょう。
①（ × ）韓国語の「アンニョンハセヨ」は、日本語の「ありがとう」の意味である。
②（ × ）福岡空港から韓国の首都までは、８時間余りでつく。
③（ ○ ）けりを中心として行う武術のテコンドーが人気のスポーツである。
④（ ○ ）キムチは、韓国の伝統的なつけ物である。

ヒント 1 (3) この品目の輸出量はサウジアラビアが世界第１位です（2020年）。



**できたかな？**
□日本とサウジアラビアのつながりを説明してみよう。
□日本と韓国のつながりを説明してみよう。

**練習 103ページ**

**1** (2)イスラム教の聖地メッカにあるカーバ神殿には、イスラム教を信仰する人が世界中からおとずれます。
(3)サウジアラビアは、日本の石油の輸入先第１位です。
(4)①サウジアラビアの面積は約221万$km^2$で日本の約5.7倍です。
②砂漠が多く、乾燥した気候の国です。

**2** (1)韓国は、日本に最も近い国の一つで、韓国の首都ソウルまでは、福岡空港から１時間余りです。
(3)①「アンニョンハセヨ」は、日本語で「こんにちは」の意味です。「ありがとう」は「カムサハムニダ」です。

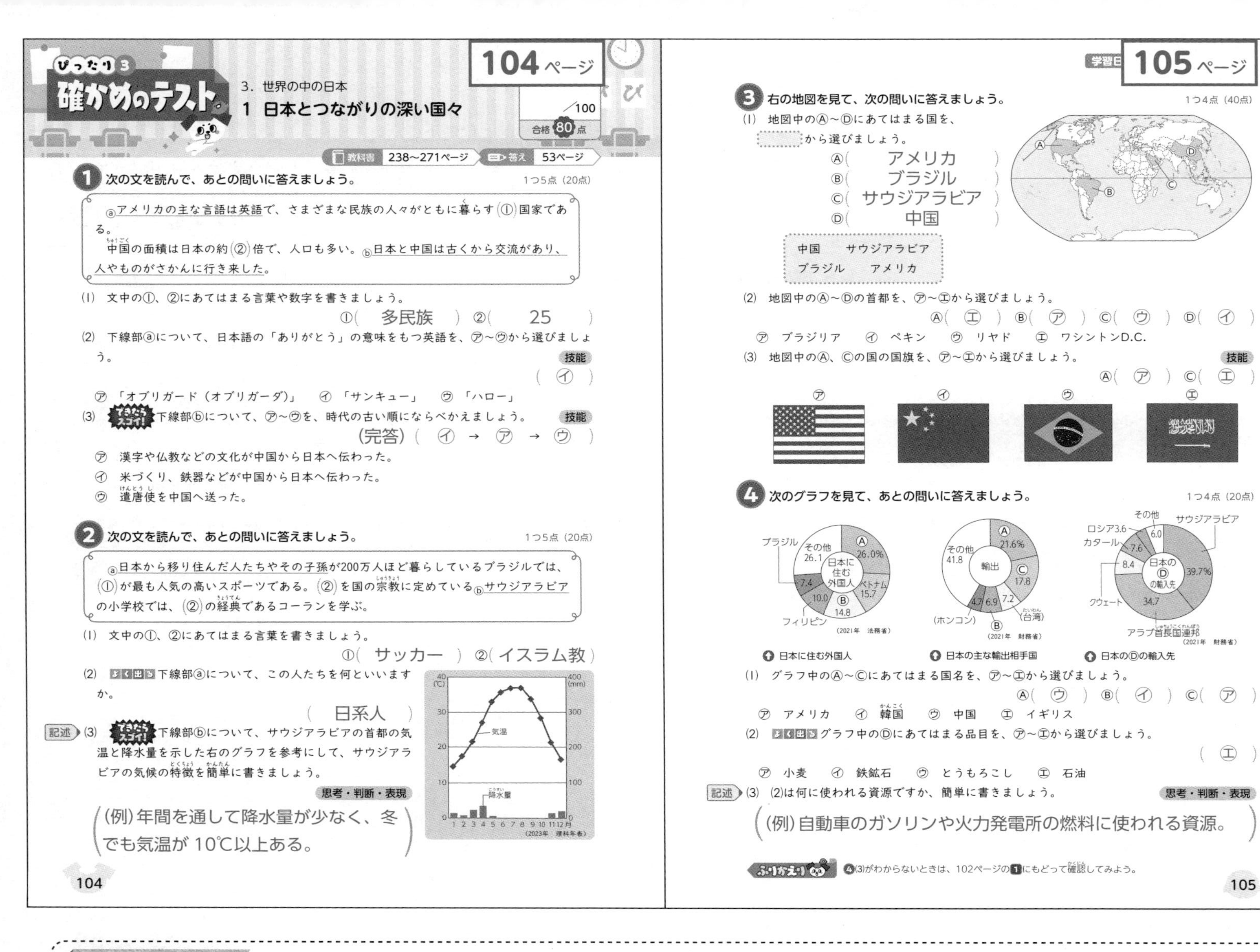
104ページ

ぴったり3 確かめのテスト

3. 世界の中の日本
1 日本とつながりの深い国々

教科書 238～271ページ　答え 53ページ　/100　合格80点

**1 次の文を読んで、あとの問いに答えましょう。** 1つ5点（20点）

ⓐアメリカの主な言語は英語で、さまざまな民族の人々がともに暮らす（①）国家である。
中国の面積は日本の約（②）倍で、人口も多い。ⓑ日本と中国は古くから交流があり、人やものがさかんに行き来した。

(1) 文中の①、②にあてはまる言葉や数字を書きましょう。
①（ 多民族 ）②（ 25 ）

(2) 下線部ⓐについて、日本語の「ありがとう」の意味をもつ英語を、㋐～㋒から選びましょう。 技能
（ ㋑ ）
㋐「オブリガード（オブリガーダ）」 ㋑「サンキュー」 ㋒「ハロー」

(3) てきたらスゴイ！ 下線部ⓑについて、㋐～㋒を、時代の古い順にならべかえましょう。 技能
(完答)（ ㋑ → ㋐ → ㋒ ）
㋐ 漢字や仏教などの文化が中国から日本へ伝わった。
㋑ 米づくり、鉄器などが中国から日本へ伝わった。
㋒ 遣唐使を中国へ送った。

**2 次の文を読んで、あとの問いに答えましょう。** 1つ5点（20点）

ⓐ日本から移り住んだ人たちやその子孫が200万人ほど暮らしているブラジルでは、（①）が最も人気の高いスポーツである。（②）を国の宗教に定めているⓑサウジアラビアの小学校では、（②）の経典であるコーランを学ぶ。

(1) 文中の①、②にあてはまる言葉を書きましょう。
①（ サッカー ）②（ イスラム教 ）

(2) よく出る 下線部ⓐについて、この人たちを何といいますか。
（ 日系人 ）

記述 (3) てきたらスゴイ！ 下線部ⓑについて、サウジアラビアの首都の気温と降水量を示した右のグラフを参考にして、サウジアラビアの気候の特徴を簡単に書きましょう。 思考・判断・表現
（(例)年間を通して降水量が少なく、冬でも気温が10℃以上ある。）



104

105ページ

**3 右の地図を見て、次の問いに答えましょう。** 1つ4点（40点）

(1) 地図中のⒶ～Ⓓにあてはまる国を、□から選びましょう。
Ⓐ（ アメリカ ）
Ⓑ（ ブラジル ）
Ⓒ（ サウジアラビア ）
Ⓓ（ 中国 ）
中国　サウジアラビア　ブラジル　アメリカ

(2) 地図中のⒶ～Ⓓの首都を、㋐～㋓から選びましょう。
Ⓐ（ ㋓ ）Ⓑ（ ㋐ ）Ⓒ（ ㋒ ）Ⓓ（ ㋑ ）
㋐ ブラジリア　㋑ ペキン　㋒ リヤド　㋓ ワシントンD.C.

(3) 地図中のⒶ、Ⓒの国の国旗を、㋐～㋓から選びましょう。 技能
Ⓐ（ ㋐ ）Ⓒ（ ㋓ ）
㋐ ㋑ ㋒ ㋓

**4 次のグラフを見て、あとの問いに答えましょう。** 1つ4点（20点）



(1) グラフ中のⒶ～Ⓒにあてはまる国名を、㋐～㋓から選びましょう。
Ⓐ（ ㋒ ）Ⓑ（ ㋑ ）Ⓒ（ ㋐ ）
㋐ アメリカ　㋑ 韓国　㋒ 中国　㋓ イギリス

(2) よく出る グラフ中のⒹにあてはまる品目を、㋐～㋓から選びましょう。
（ ㋓ ）
㋐ 小麦　㋑ 鉄鉱石　㋒ とうもろこし　㋓ 石油

記述 (3) (2)は何に使われる資源ですか、簡単に書きましょう。 思考・判断・表現
（(例)自動車のガソリンや火力発電所の燃料に使われる資源。）

ふりかえり 4(3)がわからないときは、102ページの1にもどって確認してみよう。

105

## 確かめのテスト 104～105ページ

**1** (2)㋐はポルトガル語で「ありがとう」、㋒は英語で「こんにちは」を意味する言葉です。
(3)㋑は弥生時代、㋐は古墳時代、㋒は飛鳥時代～平安時代です。

**2** (1)①ブラジルでは、子どもから大人まで多くの人々がサッカーのプレーをしたり、試合を観戦したりして楽しんでいます。
(3)サウジアラビアは砂漠や険しい山岳地帯が多く、乾燥した気候の国です。

**3** (1)、(2)Ⓐアメリカ・Ⓑブラジル・Ⓒサウジアラビア・Ⓓ中国に関して、基本的な知識を問う問題です。地図上の位置、首都名、国の特徴を整理しておきましょう。
(3)㋑は中国の国旗、㋒はブラジルの国旗です。

**4** (2)サウジアラビアが輸入先の第1位となっている品目は、石油です。㋐小麦と㋒とうもろこしはアメリカが輸入先の第1位（2021年）、㋑鉄鉱石はオーストラリアが輸入先の第1位（2021年）です。

**記述問題のプラスワン**

**4** (3)石油は、わたしたちの暮らしに欠かせない資源です。その他の解答例として、プラスチックや合成繊維、合成ゴムなどの原料に使われることがあげられます。

ぴったり1 **準備**

3. 世界の中の日本
## 2 地球規模の課題の解決と国際協力①

学習日 **106ページ**

めあて 世界で活躍する日本人の活動や、子どもたちを守るための活動を理解しよう。

教科書 272～277ページ　答え 54ページ

次の（　）に入る言葉を、下から選びましょう。

### 1 世界で活躍する日本人　教科書 272～275ページ

**世界で活躍する日本人**

パキスタンとアフガニスタン

- 医師の中村哲さんは、1984（昭和59）年からパキスタン北西部のまちペシャワールで、（① ハンセン病）患者の治療に取り組んできた。
- パキスタンのとなりのアフガニスタンでは戦乱が続いており、戦火をのがれて国外へ流出した（② 難民）の治療を行いながら、国境をこえてアフガニスタンでも活動を広げた。
- 日本の（③ NGO）（非政府組織）であるペシャワール会は、中村さんの活動を支援してきた。
- 2000（平成12）年、アフガニスタンが深刻な（④ 干ばつ）におそわれると、多くの人々がうえや生命の危険にさらされたため、中村さんたちは井戸をほる活動を始めた。
- 2001年、アメリカのニューヨークで（⑤ テロ）事件が起こると、アメリカはテロの犯人をかくまったとして、アフガニスタンへの空爆を開始した。
- 中村さんたちは、国内の避難民に緊急の食料を配る支援活動を行った。
- 2003年には用水路の工事が始められ、河川の流域にも用水路をつくるようになった。
- 今では約1万6500haの農地で農作物が育つようになり、多くの難民が帰ってきた。

### 2 ユニセフのはたらき　教科書 276～277ページ

**ユニセフの活動**

- 世界には、病気や栄養不足のために命を落とす子どもや、学校に通うことができない子ども、家がなく路上で生活する子ども、紛争や内戦に巻きこまれてしまう子どもがたくさんいる。
- **ユニセフ（国連児童基金）**…困難な状況にある子どもたちを守るために活動している国連の機関。
- 世界中の人々に（⑥ 募金）を呼びかけ、それを子どもたちのために使っている。
- 世界各国と協力して、保健や栄養指導、（⑦ 教育）などに力を入れている。
- 1989年、すべての子どもが安全に、幸せに生きる権利をうたった（⑧ 子どもの権利条約）が国際連合で採択された。
- **子どもの権利条約**は、生きる権利、育つ権利、守られる権利、参加する権利を四つの柱としている。

日本は1994年に子どもの権利条約を批准したよ。

選んだ言葉に☑　□NGO　□干ばつ　□ハンセン病　□子どもの権利条約　□テロ　□難民　□募金　□教育



ぴったり2 **練習**

学習日 **107ページ**

ぴたトリビア 2011年の東日本大震災のときには、日本ユニセフ協会は子どもたちのための支援活動を行い、避難所に子どもの遊び場を開設しました。

教科書 272～277ページ　答え 54ページ

**1** 次の文を読んで、あとの問いに答えましょう。

> 医師の中村哲さんは、パキスタンでハンセン病患者の治療に取り組み、ⓐペシャワール会もこの活動を支援した。2000年にⓑアフガニスタンが大干ばつにおそわれると、中村さんは医療活動だけでなく、目の前の人々の命を救い、土地を耕して食料を生産していけるようにすることが大切だと考えた。そこで、安全な水と作物を育てるためのかんがい用の水を十分に確保するために、（①）をほる活動を始めた。2003年からは、現地の人々と協力しながら、大きな河川から（②）を引き、より広い地域を緑化する活動に取り組んだ。

(1) 文中の①、②にあてはまる言葉を書きましょう。
①（ 井戸 ）②（ 用水路 ）

(2) 下線部ⓐについて、ペシャワール会は、NGOの一つです。NGOを日本語で何といいますか。
（ 非政府組織 ）

(3) 下線部ⓑについて、テロの犯人をかくまったとして、2001年にアフガニスタンへの空爆を始めた国はどこですか。
（ アメリカ ）

**2** 子どもの権利条約の四つの柱を示した次の表について、あとの問いに答えましょう。

| | |
|---|---|
| Ⓐ生きる権利 | 住む場所や食べ物があり、医療を受けられるなど、命が守られること。 |
| Ⓑ育つ権利 | （①）したり遊んだりして、もって生まれた能力を十分にのばしながら成長できること。 |
| Ⓒ守られる権利 | 紛争に巻きこまれず、（②）になったら保護され、暴力や搾取、有害な労働などから守られること。 |
| Ⓓ参加する権利 | 自由に意見を表したり、（③）をつくったりできること。 |

(1) 表中の①～③にあてはまる言葉を、㋐～㋒から選びましょう。
①（ ㋑ ）②（ ㋒ ）③（ ㋐ ）
㋐ 団体　㋑ 勉強　㋒ 難民

(2) 子どもの権利条約が国際連合で採択されたのは何年ですか。
（ 1989 ）年

(3) ユニセフ募金でできる支援の例（2022年12月現在）に関する次の①、②の説明について、表中のⒶ～Ⓓのどの権利にもとづくものなのか、それぞれ選びましょう。
①（ Ⓑ ）1314円の募金で、子ども10人分のえんぴつとノートが支援される。
②（ Ⓐ ）554円の募金で、はしかから子どもを守るための予防接種ワクチン10回分が支援される。

ヒント **1** (3) 2001年9月11日、この国のニューヨークでテロ事件が起こりました。



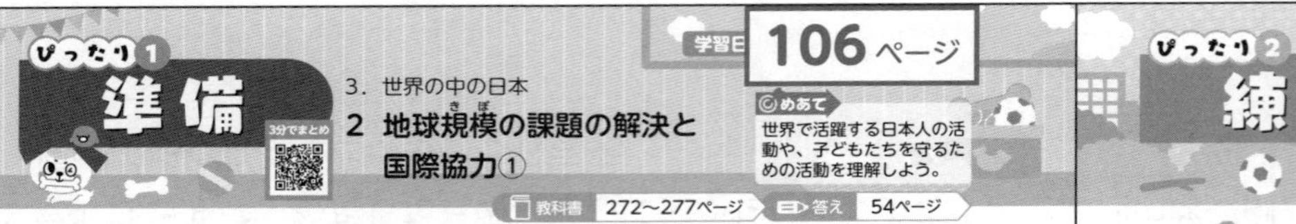

**できたかな？**
□世界で活躍した日本の人々の活動を説明してみよう。
□子どもたちを守るための活動を説明してみよう。

## 練習 107ページ

**1** (2)NGO（非政府組織）とは、政府や国際機関に属さずに、平和や人権、環境などの問題に対して、国際的な活動を行っている民間の団体です。国境なき医師団、赤十字国際委員会などが知られています。
(3)2001年9月11日にアメリカのニューヨークでテロ事件が起こり、多くの人々がなくなりました。

**2** (1)～(3)子どもの権利条約は、1989年に国際連合で採択されました。ユニセフ（国連児童基金）は、この考え方にもとづいて、子どもを守る活動を行っています。

ぴったり1 準備 3. 世界の中の日本 2 地球規模の課題の解決と国際協力②

108ページ

めあて：国際連合の活動や、地球規模の課題や解決に向けた取り組みを理解しよう。

教科書 278〜287ページ　答え 55ページ

次の（　）に入る言葉を、下から選びましょう。

## 1 国際連合のはたらき　教科書 278〜279ページ

**国際連合の役割**

- 国際連合（国連）…1945（昭和20）年、世界の平和を守り、社会を発展させていくことを目的としてつくられた。
- （① 安全保障理事会 ）が中心となって、平和を守るための活動を行っている。
- 関連機関として（② ユニセフ ）（国連児童基金）や、難民の生活を支援する国連難民高等弁務官事務所（UNHCR）、世界遺産の修復や保存などを行うユネスコ（国連教育科学文化機関）などがあり、（③ 平和維持活動 ）（PKO）なども行っている。

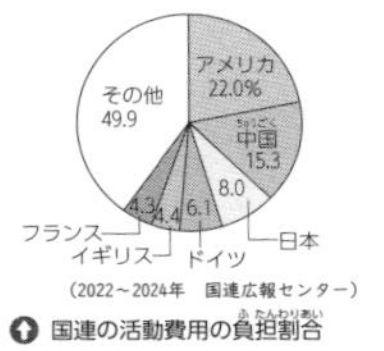

国連の活動費用の負担割合（2022〜2024年 国連広報センター）：アメリカ 22.0、中国 15.3、日本 8.0、ドイツ 6.1、イギリス 4.4、フランス 4.3、その他 49.9

**国連と日本**

- 日本は1956年に国連に加盟し、多くの活動費用を負担するなど、国連の活動を支えている。
- 日本は、世界でゆいいつ（④ 原子爆弾 ）の被害を受けた国として、核兵器のおそろしさや核兵器廃絶の大切さをうったえる取り組みを続けている。

## 2 地球の環境とともに生きる／よりよい社会をともにひらく　教科書 280〜284ページ

**地球環境問題**

- エネルギーの大量消費で、（⑤ 二酸化炭素 ）などの温室効果ガスを出していることが地球温暖化の原因となり、豪雨や干ばつ、海水面上昇などの被害が起こっている。
- 熱帯林の減少や酸性雨、砂漠化、大気や水の汚染なども、生物に大きな影響をおよぼす。
- 環境問題は、一国の努力だけでは解決できないため、国連を中心に各国の政府やNGOなどが協力して、さまざまな取り組みを進めている。
- 2015年、（⑥ 持続可能な開発目標 ）（SDGs）が国連総会で採択され、17項目の目標を達成するために行動することが定められた。

**よりよい社会を実現するための活動**

- 水不足に苦しむ状況を改善するため、日本は、井戸の建設や水道の整備に協力している。
- （⑦ 政府開発援助 ）（ODA）…政府が、支援を必要とする国に社会の発展や福祉向上のための資金や技術を提供して行う援助のこと。
- **国際協力機構（JICA）**は日本のODAの実施機関で、（⑧ 青年海外協力隊 ）やシニア海外ボランティアはその事業の一部である。
- 自然災害や紛争、食料・資源の不足、人権の抑圧などにより、困難な状況におかれている人々を支援し、世界全体で問題を解決していくために、各国の政府や民間の人々の協力によってさまざまな活動が行われている。

選んだ言葉に✓：□二酸化炭素 □安全保障理事会 □政府開発援助 □青年海外協力隊 □ユニセフ □原子爆弾 □持続可能な開発目標 □平和維持活動

108

ぴったり2 練習　109ページ

ぴたトリビア：日本はこれまで積極的に世界各国を支援してきました。2011年、東日本大震災で被害を受けると、逆に日本が世界から多くの支援を受けました。

教科書 278〜287ページ　答え 55ページ

**1** 次の文を読んで、あとの問いに答えましょう。

> 国際連合（国連）は、（①）（昭和20）年につくられ、現在世界のほとんどの国が加盟している。総会や安全保障理事会のほか、ⓐさまざまな機関が活動を行っている。
> 日本は、（②）（昭和31）年に国連に加盟し、現在では、多くのⓑ活動費用を負担するなどして国連の活動を支えている。

(1) 文中の①、②にあてはまる数字を書きましょう。　①（ 1945 ）②（ 1956 ）

(2) 下線部ⓐについて、国際連合のさまざまな機関に関する次の①〜③の説明について、正しいものには○を、まちがっているものには×をつけましょう。

①（ × ）ユニセフは、教育や文化などの分野で活動を行い、世界遺産の修復や保存につとめている。

②（ ○ ）国連難民高等弁務官事務所（UNHCR）は、難民となった人々の安全を守り、生活を支援している。

③（ ○ ）2016年に国連の平和維持活動（PKO）に参加した日本の自衛隊は、南スーダンで現地の人々と協力して道路の補修などの土木工事を行った。

(3) 下線部ⓑについて、右のグラフのうち、日本にあてはまるものを、グラフ中の㋐〜㋒から選びましょう。（ ㋒ ）

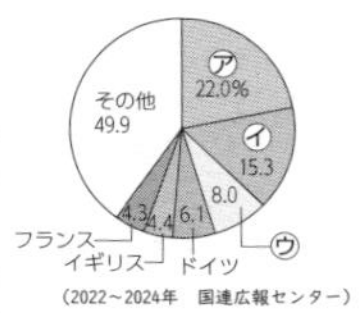

国連の活動費用の負担割合（2022〜2024年 国連広報センター）：㋐ 22.0%、㋑ 15.3、㋒ 8.0、ドイツ 6.1、イギリス 4.4、フランス 4.3、その他 49.9

**2** 次の会話を読んで、正しいものには○を、まちがっているものには×をつけましょう。

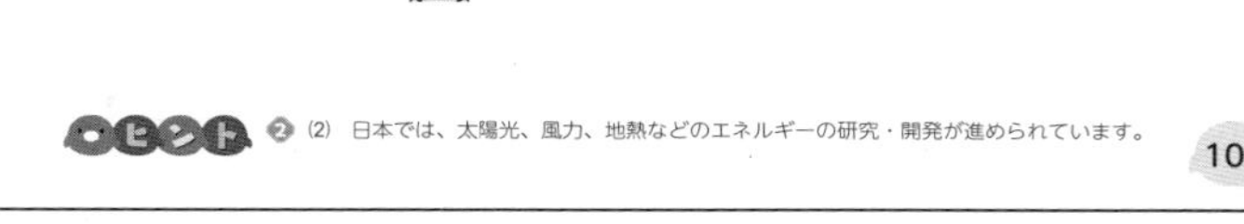

(1)（ ○ ）地球温暖化の影響で、豪雨や干ばつなどの深刻な被害が起こっているよ。

(2)（ ○ ）石油などの限りある資源にたよらない、新しいエネルギーの研究が世界各国で取り組まれているよ。

(3)（ ○ ）国連総会では、持続可能な開発目標（SDGs）が採択されたよ。

(4)（ × ）国際協力機構（JICA）は、日本の非政府組織（NGO）の実施機関だよ。

ヒント ❷(2) 日本では、太陽光、風力、地熱などのエネルギーの研究・開発が進められています。

109

**できたかな？**

□国際連合の活動を説明してみよう。
□地球規模の課題や、その解決に向けた取り組みを説明してみよう。

**おうちのかたへ**

地球規模の課題の解決に向けてどのような取り組みが行われているのか、それぞれおさえておくとよいです。また、「持続可能な開発目標」（SDGs）の17項目を確認することも大切です。

## 練習 109ページ

❶ (1)国際連合（国連）は、1945年に世界の平和を守り、社会を発展させていくことを目的として設立されました。設立当初の加盟国は51か国で、日本は1956年に加盟しました。2023年９月現在の加盟国数は、193か国です。

(2)①文化遺産の修復や保存などの活動を行っている機関は、ユネスコ（国連教育科学文化機関）です。

(3)グラフ中の㋐はアメリカ、㋑は中国です。

❷ (4)国際協力機構（JICA）は、日本の非政府組織（NGO）ではなく、政府開発援助（ODA）の実施機関です。

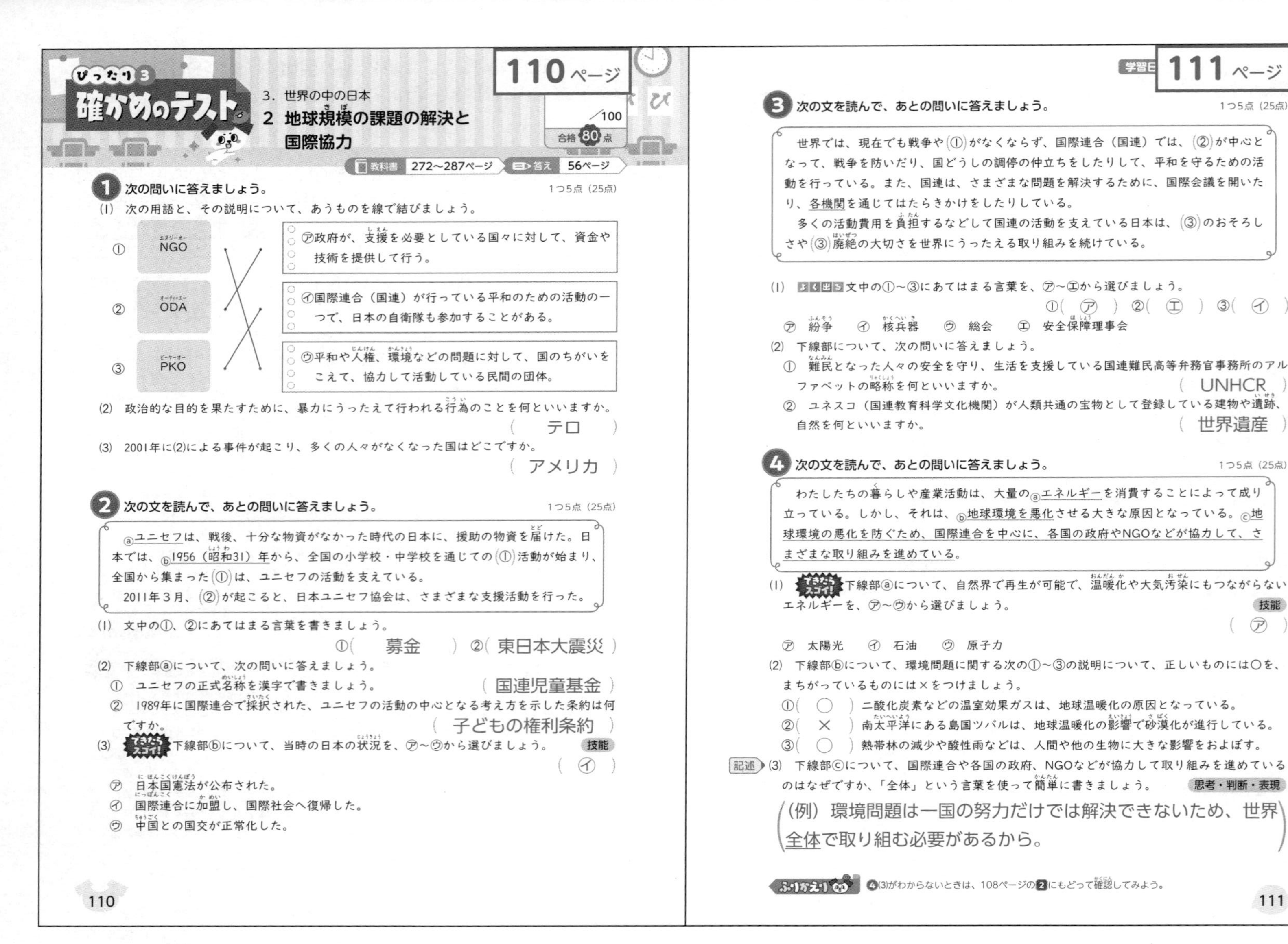

ぴったり3 確かめのテスト
3. 世界の中の日本
2 地球規模の課題の解決と国際協力

110ページ
/100 合格80点
教科書 272〜287ページ　答え 56ページ

**1 次の問いに答えましょう。** 1つ5点（25点）

(1) 次の用語と、その説明について、あうものを線で結びましょう。

① NGO　② ODA　③ PKO

㋐政府が、支援を必要としている国々に対して、資金や技術を提供して行う。
㋑国際連合（国連）が行っている平和のための活動の一つで、日本の自衛隊も参加することがある。
㋒平和や人権、環境などの問題に対して、国のちがいをこえて、協力して活動している民間の団体。

(2) 政治的な目的を果たすために、暴力にうったえて行われる行為のことを何といいますか。　（ テロ ）

(3) 2001年に(2)による事件が起こり、多くの人々がなくなった国はどこですか。　（ アメリカ ）

**2 次の文を読んで、あとの問いに答えましょう。** 1つ5点（25点）

ⓐユニセフは、戦後、十分な物資がなかった時代の日本に、援助の物資を届けた。日本では、ⓑ1956（昭和31）年から、全国の小学校・中学校を通じての①活動が始まり、全国から集まった①は、ユニセフの活動を支えている。
2011年3月、②が起こると、日本ユニセフ協会は、さまざまな支援活動を行った。

(1) 文中の①、②にあてはまる言葉を書きましょう。
①（ 募金 ）②（ 東日本大震災 ）

(2) 下線部ⓐについて、次の問いに答えましょう。
① ユニセフの正式名称を漢字で書きましょう。　（ 国連児童基金 ）
② 1989年に国際連合で採択された、ユニセフの活動の中心となる考え方を示した条約は何ですか。　（ 子どもの権利条約 ）

(3) てきたらスゴイ！ 下線部ⓑについて、当時の日本の状況を、㋐〜㋒から選びましょう。 技能　（ ㋑ ）
㋐ 日本国憲法が公布された。
㋑ 国際連合に加盟し、国際社会へ復帰した。
㋒ 中国との国交が正常化した。

110

学習日　111ページ

**3 次の文を読んで、あとの問いに答えましょう。** 1つ5点（25点）

世界では、現在でも戦争や①がなくならず、国際連合（国連）では、②が中心となって、戦争を防いだり、国どうしの調停の仲立ちをしたりして、平和を守るための活動を行っている。また、国連は、さまざまな問題を解決するために、国際会議を開いたり、各機関を通じてはたらきかけをしたりしている。
多くの活動費用を負担するなどして国連の活動を支えている日本は、③のおそろしさや③廃絶の大切さを世界にうったえる取り組みを続けている。

(1) よく出る 文中の①〜③にあてはまる言葉を、㋐〜㋓から選びましょう。
①（ ㋐ ）②（ ㋓ ）③（ ㋑ ）
㋐ 紛争　㋑ 核兵器　㋒ 総会　㋓ 安全保障理事会

(2) 下線部について、次の問いに答えましょう。
① 難民となった人々の安全を守り、生活を支援している国連難民高等弁務官事務所のアルファベットの略称を何といいますか。　（ UNHCR ）
② ユネスコ（国連教育科学文化機関）が人類共通の宝物として登録している建物や遺跡、自然を何といいますか。　（ 世界遺産 ）

**4 次の文を読んで、あとの問いに答えましょう。** 1つ5点（25点）

わたしたちの暮らしや産業活動は、大量のⓐエネルギーを消費することによって成り立っている。しかし、それは、ⓑ地球環境を悪化させる大きな原因となっている。ⓒ地球環境の悪化を防ぐため、国際連合を中心に、各国の政府やNGOなどが協力して、さまざまな取り組みを進めている。

(1) てきたらスゴイ！ 下線部ⓐについて、自然界で再生が可能で、温暖化や大気汚染にもつながらないエネルギーを、㋐〜㋒から選びましょう。 技能　（ ㋐ ）
㋐ 太陽光　㋑ 石油　㋒ 原子力

(2) 下線部ⓑについて、環境問題に関する次の①〜③の説明について、正しいものには○を、まちがっているものには×をつけましょう。
①（ ○ ）二酸化炭素などの温室効果ガスは、地球温暖化の原因となっている。
②（ × ）南太平洋にある島国ツバルは、地球温暖化の影響で砂漠化が進行している。
③（ ○ ）熱帯林の減少や酸性雨などは、人間や他の生物に大きな影響をおよぼす。

記述 (3) 下線部ⓒについて、国際連合や各国の政府、NGOなどが協力して取り組みを進めているのはなぜですか、「全体」という言葉を使って簡単に書きましょう。 思考・判断・表現
（（例）環境問題は一国の努力だけでは解決できないため、世界全体で取り組む必要があるから。）

ふりかえり　4(3)がわからないときは、108ページの2にもどって確認してみよう。

この本の終わりにある「春のチャレンジテスト」をやってみよう！
この本の終わりにある「学力診断テスト」をやってみよう！

111

## 確かめのテスト 110〜111ページ

**1** (1)①NGOは非政府組織、②ODAは政府開発援助、③PKOは平和維持活動の略称です。
(2)、(3)2001年9月11日、アメリカのニューヨークでテロ事件が起こりました。

**2** (2)②日本は、子どもの権利条約を、1994年に国として批准しました。生きる権利、育つ権利、守られる権利、参加する権利が四つの柱となっています。
(3)㋐は1946年11月3日、㋒は1972年のできごとです。

**3** (1)日本は世界でゆいいつ、原子爆弾の被害を受けた国として、平和の大切さを世界にうったえています。
(2)①難民とは、紛争や環境の悪化などによって、命をおびやかされ、住んでいた土地から国外へのがれた人々のことです。

**4** (1)㋑は温室効果ガスが発生します。㋒は発電するときに二酸化炭素をほとんど出さない発電方法ですが、安全性や、使用済み燃料の処分の問題などの課題をかかえています。
(2)②ツバルでは、海水面の上昇によって国土が浸水し、高潮の被害も増えています。

**記述問題のプラスワン**

**4** (3)地球温暖化や砂漠化などの地球環境問題は、一つの国だけが努力すれば解決するものではなく、地球全体で解決に取り組むことが必要です。問題文に「全体」という語句を使用するという指定があるので、忘れずに解答にふくめましょう。

# 夏のチャレンジテスト

教科書 8〜127ページ

月　日　名前

時間 40分　知識・技能 /70　思考・判断・表現 /30　/100　合格80点

答え57ページ

3については、学習の状況に応じてA〜Cから1つ選んでやりましょう。

知識・技能　70点

## 1 日本国憲法について答えましょう。

(1)1つ2点、(2)1つ1点(12点)

(1) 日本国憲法の三つの原則を書きましょう。　(順不同)

（国民主権）（基本的人権の尊重）（平和主義）

(2) 次の①〜⑥のうち、国民の義務には㋐を、国民の権利には㋑を書きましょう。

① 働く人が団結する。　② 教育を受ける。
③ 裁判を受ける。　④ 税金を納める。
⑤ 健康で文化的な生活を送る。
⑥ 子どもに教育を受けさせる。

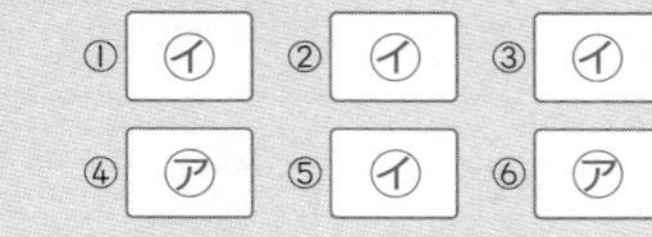

① ㋑　② ㋑　③ ㋑
④ ㋐　⑤ ㋑　⑥ ㋐

## 2 日本の政治のはたらきについて答えましょう。

(1)1つ1点、(2)2点(8点)

(1) 次の①〜⑥のうち、国会の仕事には㋐を、内閣の仕事には㋑を、裁判所の仕事には㋒を書きましょう。

① 内閣総理大臣を指名する。
② 衆議院の解散を決める。
③ 最高裁判所長官を指名する。
④ 法律が憲法に違反していないかを審査する。
⑤ 行政処分が憲法に違反していないかを審査する。
⑥ 外国と条約を結ぶ。

① ㋐　② ㋑　③ ㋑
④ ㋒　⑤ ㋒　⑥ ㋑

(2) 選挙権は、何才以上の国民に認められていますか。数字で書きましょう。

（18）才以上

## 3のA 静岡県浜松市で市の施設ができるまでの資料を見て答えましょう。

(1)1つ1点、(2)1つ2点(6点)

(1) 資料の①、②にあう言葉を書きましょう。

市民　子育てをしやすい環境を整えて、不安やなやみを減らしたい。困ったことを解決するために、子育てを支援してほしい。
市の審議会や協議会　市民や専門家
審議・意見交換
アンケート　パブリックコメント
市役所
子育て支援の計画を立てる・予算案をつくる
子育て支援ひろばの計画を立てる・予算案をつくる
計画決定
子育て支援ひろばができる
（ ① ）
予算案を提出
議決
浜松市子ども・若者支援プラン
根拠
子育てに関する国の法律や市の（ ② ）
実施の委託
事業者　子育て支援ひろばの運営を行う民間団体など
報告　申請　補助金
国・県
計画の見直し
（子育て支援ひろばができたあと）アンケート

①（市議会）　②（条例）

(2) 資料の①の仕事を、㋐〜㋔から2つ選びましょう。

㋐ 法律をつくる。　㋑ 市の予算を決定する。
㋒ 国会議員を選ぶ。　㋓ 市の計画を決定する。
㋔ 国会の召集を決める。

(順不同) ㋑　㋓

## 3のB 岩手県釜石市の政治について、①、②にあう言葉を、㋐〜㋒から選びましょう。また、③にあう言葉を書きましょう。

1つ2点(6点)

・（ ① ）は、「復興まちづくり基本計画」をつくるため、市民の願いを取り入れる場として懇談会などを開いた。完成した基本計画は、（ ② ）で検討され、議決された。このように、よりよい暮らしになるように、地域の政治を住民の意思にもとづいて進めていくことを「地方（ ③ ）」という。

㋐ 市議会　㋑ 国　㋒ 市役所

① ㋒　② ㋐　③（自治）

## 3のC 北海道札幌市で除雪が実施されるまでの資料を見て答えましょう。

(1)1つ1点、(2)3点(6点)

要望・意見
①
除雪に力を入れてほしい。通学路を確保してほしい。
要望・意見
アンケートの実施など
②
・雪対策室
・土木センター等
予算案や計画案
議決・承認
実施の依頼
③
除雪事業者
実施
除排雪の実施
除雪連絡協議会
意見交換
根拠
補助金
申請
国・道
除雪に関する法律や計画

(1) 資料の①〜③にあう言葉を、㋐〜㋒から選びましょう。

㋐ 市役所　㋑ 市民　㋒ 市議会

① ㋑　② ㋐　③ ㋒

(2) よりよい暮らしになるように地域の政治を住民の意思にもとづいて進めていくことを「地方（　）」といいます。（　）にあう言葉を漢字で書きましょう。

（自治）



裏にも問題があります。



# 夏のチャレンジテスト　表

**1** (1)基本的人権とは、だれもが生まれながらにしてもっている、人間らしく生きる権利のことです。

(2)日本国憲法には、国民の義務として、税金を納める義務(④)、子どもに教育を受けさせる義務(⑥)、働く義務の3つが定められています。一方、国民の権利として、働く人が団結する権利(①)、教育を受ける権利(②)、裁判を受ける権利(③)、健康で文化的な生活を送る権利(⑤)などが定められています。

**2** ①国会は、内閣総理大臣を指名します。

②③⑥内閣は衆議院を解散でき、最高裁判所長官を指名したり、条約を結んだりします。条約を承認するのは国会です。

④⑤裁判所は、国会のつくった法律や内閣の行う政治が憲法に違反していないかどうかを審査します。

**3のA** (1)①市役所は市民の願いを聞きながらパブリックコメントをとり、予算案をつくり、市議会がその予算案を議決します。

②条例とは、都道府県や市区町村が決めるきまりのことです。

(2)㋐法律は国会が制定します。㋒国会議員は国民による選挙で選ばれます。㋔内閣が国会の召集を決めます。

**3のB** 復興に向けて市役所は復興計画を立て、市議会は計画案や予算案を議決します。国は、法律を整えたり、復興に向けた資金を準備したりします。

**3のC** (1)市のさまざまな事業の計画案は市役所でつくられ、市議会で議決されます。

**おうちのかたへ** 2016年7月の参議院議員選挙から、それまで満20才以上だった選挙権年齢が満18才以上に引き下げられました。国民が刑事裁判に参加する裁判員制度の裁判員の年齢も、2022年4月から満18才以上に引き下げられました。

## 4 Ⓐ～Ⓒの資料を見て答えましょう。

1つ3点、(1)1つ2点(19点)

(1) Ⓐ、Ⓑのような道具が使われていた時代は、それぞれ何時代ですか。

Ⓐ（縄文時代）Ⓑ（弥生時代）

(2) Ⓑの道具が使われていたころに邪馬台国というくにを治めていた女王の名前を書きましょう。

（卑弥呼）

(3) Ⓑがつくられるようになったころに、大陸から伝わったものを、㋐～㋒から選びましょう。

㋐ かな文字　㋑ 米づくり　㋒ 狩り

（㋑）

(4) Ⓒは、大きな権力をもっていた豪族の墓の周りに並べられました。そのような墓を何といいますか。

（古墳）

(5) Ⓒがつくられたころの様子について、①、②にあう言葉を書きましょう。

（ ① ）という政府が、近畿地方を中心として、九州から関東までの広いはんいで大きな力をもっていた。また、この時代には、（ ② ）とよばれる人々が中国や朝鮮半島の国々から日本に移り住み、大陸の文化を伝えた。

①（大和朝廷（大和政権））②（渡来人）

## 5 年表の①～⑥にあう言葉を書きましょう。

1つ2点(12点)

| | | |
|---|---|---|
| ① 時代 | 589 | （ ② ）が中国を統一する |
| | 593 | 聖徳太子が天皇を助ける役職につく |
| | 603 | （ ③ ）を定め、家がらに関係なく能力のある者を役人に取り立てるしくみをつくる |
| | 604 | 役人の心構えを示すために（ ④ ）を定める |
| | 607 | 小野妹子らを使者として（ ② ）に送る |
| | | 法隆寺を建て、（ ⑤ ）の教えを人々の間に広める |
| | 645 | 中大兄皇子らが（ ⑥ ）氏をたおす |

①（飛鳥）②（隋）③（冠位十二階）

④（十七条の憲法）⑤（仏教）⑥（蘇我）

## 6 次の年表を見て答えましょう。

1つ3点、(3)1つ2点(13点)

| 年 | 主なできごと |
|---|---|
| 1167 | （ ① ）が武士としてはじめて太政大臣になる |
| 1185 | 壇ノ浦の戦いで平氏が敗れる<br>国ごとに（ ② ）・地頭をおく |
| 1192 | 源頼朝が（ ③ ）になる |

(1) 年表の①にあう人物を、㋐～㋒から選びましょう。

㋐ 平清盛　㋑ 源義経　㋒ 竹崎季長

（㋐）

(2) 下線部について、壇ノ浦の場所を、右の地図の㋐～㋒から選びましょう。

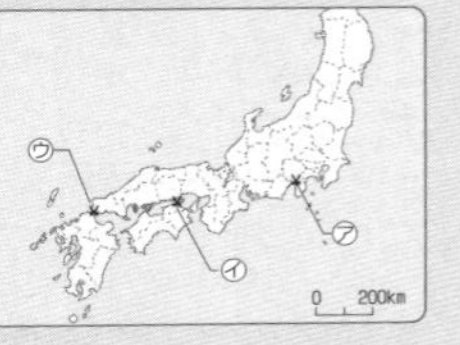

（㋒）

(3) 年表の②、③にあう言葉を書きましょう。

②（守護）③（征夷大将軍）

(4) ②や地頭となり、頼朝と「ご恩と奉公」の関係で結ばれていた、頼朝の家来の武士を何といいますか。

（御家人）

思考・判断・表現　30点

## 7 次の資料を見て答えましょう。

1つ6点、(3)12点、(4)完答で6点(30点)

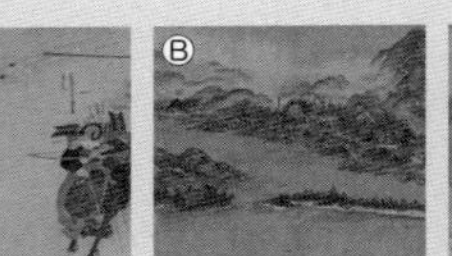

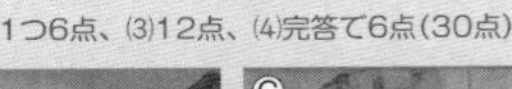

(1) 右の部屋の建築様式を何といいますか。

（書院造）

(2) (1)は、Ⓐ～Ⓒのどの時代に広がりましたか。

（Ⓑ）

(3) Ⓒのころの文化の特色を、簡単に書きましょう。

（(例)大陸の影響を受けながら、日本の風土や生活に合った日本ふうの文化。）

(4) Ⓐ～Ⓒを、かかれた年代の古い順に並べかえましょう。

（Ⓒ）→（Ⓐ）→（Ⓑ）



# 夏のチャレンジテスト　裏

**4** (1)Ⓐは縄文土器、Ⓑは弥生土器です。

(2)卑弥呼の名前は、中国の歴史書に書かれています。

(3)米づくりは今から2500年ほど前に大陸から伝わったとされ、そのころ青銅器や鉄器も伝わりました。

(4)Ⓒははにわで、この他にもいろいろな形があります。

(5)①大和朝廷（大和政権）の力の広がりは、「ワカタケル大王」の名前が刻まれた刀剣の出土からわかります。

**5** ②聖徳太子（厩戸王）は、隋の進んだ制度や文化、学問を取り入れることが必要だと考え、小野妹子らを遣隋使として送りました。

⑥中大兄皇子は中臣鎌足（後の藤原鎌足）とともに蘇我氏をたおし、大化の改新とよばれる政治の改革を進めました。

**6** (1)㋑の源義経は源頼朝の弟です。㋒は元との戦いでかつやくした人物です。

(2)㋐は富士川の戦い、㋑は屋島の戦いのあった場所です。

**7** (1)、(2)書院造は室町時代の部屋の建築様式なので、このころ雪舟によって完成されたⒷの水墨画となります。

(3)大陸の影響を受けながら、日本独自の文化が生まれたことについて書かれていればよいです。

(4)Ⓒは平安時代の大和絵、Ⓐは鎌倉時代の元との戦いの様子です。

**おうちのかたへ** 歴史年表や写真などの資料を活用して、縄文時代から室町時代のできごとや文化をそれぞれおさえておくとよいです。

# 冬のチャレンジテスト

教科書 128〜237ページ

名前　　　月　日

時間 40分

| 知識・技能 | 思考・判断・表現 | 合格80点 |
|---|---|---|
| /70 | /30 | /100 |

答え59ページ

**知識・技能**　70点

## 1 次の資料を見て答えましょう。
1つ2点(8点)

(1) 右は、織田信長が武田氏の軍勢と戦っている様子です。①この戦いを何といいますか。また、②この戦いのころから新しく使われるようになった武器は何ですか。

①（長篠の戦い）②（鉄砲）

(2) (1)の戦いの翌年に信長が築いた城を、㋐〜㋒から選びましょう。

㋐ 安土城　㋑ 大阪城　㋒ 江戸城　（㋐）

(3) 右は、信長の死後に全国を統一した人物が行ったことです。人物名を書きましょう。

（豊臣秀吉）

## 2 次の年表を見て答えましょう。
1つ2点(12点)

| 年 | 主なできごと |
|---|---|
| 1600 | Ⓐ関ヶ原の戦い |
| 1612 | （ ① ）教を禁止する |
| 1635 | 武家諸法度を改め、Ⓑ参勤交代の制度を定める |
| 1641 | Ⓒ平戸のオランダ商館を出島に移す |

(1) 下線部Ⓐの戦いに勝ったのち、徳川家康は幕府による体制を整えました。右の地図のA〜Cの大名をそれぞれ何といいますか。

A（親藩）
B（譜代）
C（外様）

50万石以上　30〜50万石未満　10〜30万石未満　・幕府が直接治めた主な場所　A　B　C

(2) ①にあう言葉を書きましょう。（キリスト）

(3) 下線部Ⓑの内容として正しいものを、㋐〜㋒から選びましょう。

㋐ 中国にならった法律で、九州などの守りについた。
㋑ 1年おきに江戸と領地との間を行き来させた。
㋒ 五人組というしくみをつくり、共同で責任を負わせた。

（㋑）

(4) 下線部Ⓒのころ、鎖国とよばれる状態となりました。このときに幕府が交流を禁止した国を、㋐〜㋓から選びましょう。

㋐ オランダ　㋑ 朝鮮
㋒ ポルトガル　㋓ 中国

（㋒）

## 3 次のⒶ〜Ⓔの文を読んで答えましょう。
1つ2点(18点)

Ⓐ 歌舞伎や（ ① ）の脚本を数多く残し、町人の姿を生き生きとえがいた。
Ⓑ 松阪(三重県)の医師で、「古事記伝」を書きあげた。
Ⓒ 小浜藩(福井県)の医師で、（ ② ）語で書かれた医学書を翻訳し、「解体新書」として出版した。
Ⓓ 「東海道五十三次」などの（ ③ ）をえがいた。
Ⓔ 全国各地の沿岸をくまなく歩いて測量し、日本地図を作成した。

(1) Ⓐ〜Ⓔの人物名を書きましょう。

Ⓐ（近松門左衛門）Ⓑ（本居宣長）
Ⓒ（杉田玄白）Ⓓ（歌川広重）Ⓔ（伊能忠敬）

(2) ①〜③にあう言葉を、㋐〜㋔から選びましょう。

㋐ 浮世絵　㋑ ドイツ　㋒ オランダ
㋓ 人形浄瑠璃　㋔ 水墨画

①（㋓）②（㋒）③（㋐）

(3) Ⓓについて、「東海道」を、右の地図の㋐〜㋒から選びましょう。

（㋒）

— 五街道　— 五街道以外の主な道　— 主な航路

冬のチャレンジテスト(表)

裏にも問題があります。

# 冬のチャレンジテスト　表

**1** (1)長篠の戦いで、初めて鉄砲が組織的に使われました。
(2)織田信長は、安土（滋賀県）に城を築きました。
(3)資料は検地の様子で、豊臣秀吉によって進められました。全国の村の田畑の面積を測り、耕作している人の名前や土地の良しあし、収穫量などを記録しました。

**2** (1)親藩は徳川家の親類、譜代は関ヶ原の戦い以前からの家臣、外様は関ヶ原の戦いのあとに徳川家に従った大名です。外様は江戸から遠い地域に配置されました。
(3)㋐は奈良時代の律令、㋒は百姓に共同で責任を負わせるしくみです。
(4)オランダや中国とは長崎で貿易を行いました。朝鮮との貿易は対馬藩（長崎県）を通して行われました。

**3** (1)Ⓒ「解体新書」は前野良沢らといっしょに翻訳しましたが、「蘭学事始」を書いたのは杉田玄白です。
(2)㋔の水墨画は、鎌倉時代に中国から技法が伝わり、室町時代に雪舟が完成させました。
(3)㋐は奥州街道、㋑は中山道です。五街道は、江戸と主要な都市とを結びました。

**おうちのかたへ** 鎖国とよばれる状態下でも、日本はオランダ（長崎奉行）、中国（長崎奉行）、朝鮮（対馬藩）、琉球王国（薩摩藩）、蝦夷地（松前藩）と交流や通商を行っていました。

## 4 次の問いに答えましょう。

1つ2点、(2)1つ3点(14点)

(1) ペリーの来航の翌年に開かれた港を、㋐～㋔から選びましょう。

㋐ 横浜　㋑ 新潟　㋒ 下田
㋓ 神戸　㋔ 長崎

（㋒）

(2) 江戸幕府が外国と結んだ条約は、どのような点で不平等でしたか。①、②にあう言葉を書きましょう。

①（治外法権）を認めている。

②（関税自主権）がない。

(3) 次の文は明治政府が行ったことです。それぞれの説明にあうものを、㋐～㋓から選びましょう。

① 経済を発展させるために、国が運営する官営工場を開いた。（㋑）

② 20才以上の男子すべてに、兵役を義務づけた。（㋓）

③ 国の収入を安定させるために、土地に対する税のしくみを改めた。（㋒）

㋐ 廃藩置県　㋑ 殖産興業
㋒ 地租改正　㋓ 徴兵令

## 5 次の資料を見て答えましょう。

1つ2点(8点)

(1) 資料の詩の作者を、㋐～㋒から選びましょう。

> あゝをとうとよ
> 君を泣く
> 君死にたまふことなかれ
> 末に生れし君なれば
> 親のなさけはまさりしも…

㋐ 与謝野晶子
㋑ 平塚らいてう
㋒ 新渡戸稲造

（㋐）

(2) 詩が発表されたときに起きていた戦争の名前を書きましょう。（日露戦争）

(3) (2)の戦争では、勝利したにもかかわらず、国民には不満が残りました。その理由について、①、②にあう言葉を［　］から選びましょう。

・戦争で多額の（①）がかかったが、（②）を得られなかったため、国民の生活がいっそう苦しくなったから。

［リヤオトン半島　教育基金　賠償金　戦費］

①（戦費）②（賠償金）

## 6 次の年表を見て答えましょう。

(1)1つ1点、(2)1つ2点(10点)

| 年 | 社会の動き・戦争の状況 | 国民生活 |
|---|---|---|
| 1931 | （①）にいた日本軍が中国軍を攻撃する | |
| 1933 | （②）を脱退する | |
| 1937 | 日本軍と中国軍がペキンの近くで衝突して、（③）が始まる | |
| 1938 | （④）ができる | |
| 1941 | ハワイの真珠湾を攻撃し、（⑤）が始まる | 米が（⑥）になる |
| 1945 | アメリカ軍により原子爆弾が投下される | |

(1) ①～⑥にあう言葉を、㋐～㋘から選びましょう。

㋐ 国際連合　㋑ 日清戦争　㋒ 配給制
㋓ 国家総動員法　㋔ 日中戦争　㋕ 満州
㋖ 国際連盟　㋗ 太平洋戦争
㋘ 第二次世界大戦

①（㋕）②（㋖）③（㋔）
④（㋓）⑤（㋗）⑥（㋒）

(2) 下線部について、原子爆弾が投下された2つの都市を、右の地図のⓐ～ⓕから選びましょう。

（順不同）（ⓓ）（ⓔ）



思考・判断・表現　30点

## 7 次のグラフを見て答えましょう。

1つ10点(30点)

(1) 1890年に選挙権をもっていた人たちを、㋐～㋒から選びましょう。

㋐ 25才以上のすべての男性
㋑ 一定の金額以上の税金を納めた25才以上の男性
㋒ 30才以上のすべての男女

（㋑）



❶ 選挙権の拡大(人口に対する割合)

(2) 1928年の選挙の3年前につくられたものを、㋐～㋒から選びましょう。

㋐ 日本国憲法　㋑ 治安維持法
㋒ 日米安全保障条約

（㋑）

(3) 1946年に選挙権をもつ人が増えた理由を、「20才」という言葉を使って簡単に書きましょう。

（(例) 20才以上のすべての男女に選挙権が保障されたから。）



# 冬のチャレンジテスト　裏

**4** (1)ペリー来航の翌年に日米和親条約を結び、下田（静岡県）と函館（北海道）を開港しました。

(2)①治外法権を認めると、外国人が日本で事件を起こしても、日本の法律で裁くことができないため、日本人に不利な判決となることがあります。

②関税自主権がないと、安い外国の品物が多く輸入され、国内で生産したものが売れなくなることがあります。

(3)㋐の廃藩置県は、すべての藩を廃止して新たに県を置いたことです。

**5** (1)㋑の平塚らいてうは、女性の地位の向上を目ざす運動を始めた人物です。㋒の新渡戸稲造は国際連盟の事務次長を務めました。

(3)戦争には勝利しましたが、戦費の負担に苦しみ、戦死者も多かったことから、国民には不満が残りました。

**6** (1)②国際連盟が満州国の独立を認めないと決議したため、日本は国際連盟に脱退を通告しました。

④非常時として国民が一丸となって戦争に協力することを求められ、協力しないと日本国民ではないと非難されました。

**7** (2)1925年に政府は、25才以上の男性すべてに選挙権を認める普通選挙制度を定めましたが、同時に治安維持法をつくって、政治のしくみを変えようとする動きを取りしまりました。

(3)1945年に選挙法が改正され、女性の選挙権が保障されたことにより、選挙権をもつ人が増えました。

おうちのかたへ　選挙権の拡大について、どのような人たちが選挙権をもっていたのかをそれぞれおさえておくとよいです。

# 春のチャレンジテスト

教科書 238〜287ページ

月　日

名前

時間 40分

| 知識・技能 | 思考・判断・表現 | 合格80点 |
|---|---|---|
| /60 | /40 | /100 |

答え61ページ

知識・技能　60点

**1** 次の資料は、アメリカ、ブラジル、中国、サウジアラビアの国旗です。あとの問いに答えましょう。(国名は略称で表しています。)　1つ2点(24点)

(1) ①中国と、②サウジアラビアの国旗を、㋐〜㋓から選びましょう。また、それぞれの国の首都名を書きましょう。

① 国旗（㋒）　首都（ペキン(北京)）

② 国旗（㋐）　首都（リヤド）

(2) 次の①〜④の文にあう国名を、4か国から選んで書きましょう。

① ファーストフードやジーンズの生まれた国で、もともと先住民族が暮らしていた。

② 米づくりや渡来人など日本と関わりの深いこの国は、現在、経済が発展し、日本からはさまざまな企業が進出している。

③ 日本から見てちょうど地球の反対側にある国で、現在、日系人が約200万人暮らしている。

④ 日本の約6倍の面積のあるこの国から、石油を多く輸入している。

①（アメリカ）②（中国）

③（ブラジル）④（サウジアラビア）

(3) 4か国の中で、アジアにふくまれる国を全て書きましょう。

(順不同)（中国、サウジアラビア）

(4) 次のグラフのⒶ〜Ⓒにあう国名を、4か国から選んで書きましょう。

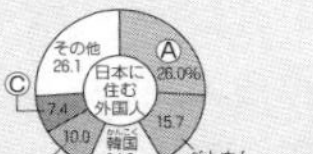


❶ 日本に住む外国人

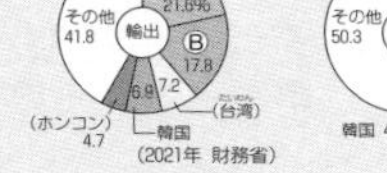


❷ 日本の主な輸出相手国　❸ 日本の主な輸入相手国

Ⓐ（中国）Ⓑ（アメリカ）Ⓒ（ブラジル）

**2** サウジアラビアについて、次のⒶ、Ⓑを見て答えましょう。　1つ3点(6点)

Ⓐ　Ⓑ

(1) サウジアラビアの場所を、Ⓐの㋐〜㋒から選びましょう。（㋐）

(2) Ⓑは、サウジアラビアにある、何という宗教の聖地の様子ですか。（イスラム教）

**3** アメリカの説明について、正しいものには○を、まちがっているものには×をつけましょう。　1つ3点(15点)

① 広い耕地で、大型機械を使った大規模農業が行われている。（○）

② ハワイ諸島はアメリカの国土である。（○）

③ 多民族国家であり、首都ニューヨークでもさまざまな民族が暮らしている。（×）

④ かつて日本と戦争があったが、1972年に国交が正常化した。（×）

⑤ 国土が広く、砂漠地帯もある。（○）

**4** 中国について答えましょう。　1つ2点、(3)3点(7点)

(1) コンテナの取りあつかい量が世界第1位で、金融業や商業が発展している中国の都市を、㋐〜㋒から選びましょう。

㋐ ジッダ　㋑ シャンハイ　㋒ ロサンゼルス　（㋑）

(2) 2020年の世界人口は約78億人、中国の人口は約14億人です。中国には、世界全体の約何%の人々が暮らしていますか。四捨五入し整数で答えましょう。

約（18）%

(3) 飛鳥時代から平安時代にかけて、日本から中国にわたった使節団を何といいますか。（遣唐使）



裏にも問題があります。

# 春のチャレンジテスト　表

**1** (1)㋑はアメリカ、㋓はブラジルの国旗です。

(2)①「ファーストフードやジーンズの生まれた国」と、「先住民族」をもとに考えます。

②「渡来人」や、日本から多くの企業が進出していることから考えます。

③「日本から見てちょうど地球の反対側」をもとに考えます。

④「石油を多く輸入」をもとに考えます。

(4)日本に住む外国人は中国から来た人が最も多く、中国は日本の最大の輸出入相手国でもあります。

**2** (1)㋑は中国、㋒はアメリカです。

(2)Ⓑはメッカにあるカーバ神殿です。サウジアラビアのメッカはイスラム教の聖地として、イスラム教を信仰する人々の礼拝の対象となっています。

**3** ③アメリカは多民族国家ですが、首都はワシントンD.C.です。

④は中国についての説明です。

**4** (1)㋐はサウジアラビアにある都市です。㋒はアメリカにある都市です。

(2)14(億)÷78(億)×100＝17.94…となり、およそ18%となります。

(3)遣唐使は、中国の進んだ政治のしくみや大陸の文化を学びました。

おうちのかたへ　世界の宗教の分布などは中学校の地理で学習します。小学6年生では、宗教や文化、習慣に違いがあることを知り、互いに認め合うことの必要性を学んでいきます。

## 5 ブラジルについて答えましょう。

1つ2点(8点)

(1) 右のブラジルの都市・サンパウロの気温と降水量のグラフを見て、①、②にあう言葉を書きましょう。

・サンパウロは、（ ① ）月が最も降水量が多い。日本とは季節が逆になるため、6月～8月の季節は（ ② ）になる。

①（ 1 ） ②（ 冬 ）

(2) 毎年100万人前後が国内外から観光におとずれる、ブラジルの祭りの名前を答えましょう。

（ カーニバル ）

(3) (2)は、何という宗教の祭りの一つですか。

（ キリスト教 ）

思考・判断・表現　40点

## 6 次の文を読んで答えましょう。

1つ3点、(3)2点(14点)

青年海外協力隊は、Ⓐ政府開発援助の一つです。自分の知識や技術を生かしたいという意欲をもった人たちが、発展途上の国や地域で活やくしています。

一方で、（ ① ）支援や植林活動、自然災害の復興支援などさまざまな分野で、国のちがいをこえて協力するⒷ非政府組織の活動も目立っています。

(1) ①には、「政治上や宗教上の理由から迫害を受けたり、紛争などで生活と命がおびやかされたりしたために、住んでいた土地から国外へのがれた人」という意味の言葉が入ります。これを何といいますか。漢字2字で書きましょう。

（ 難民 ）

(2) 下線部Ⓐ、Ⓑを何といいますか。アルファベット3字で書きましょう。

Ⓐ（ ODA ） Ⓑ（ NGO ）

(3) 下線部Ⓐの活動としてあてはまらないものを、㋐～㋒から選びましょう。

㋐ 水道の整備
㋑ 国どうしの調停の仲立ち
㋒ 農業用の機械の使い方の指導

（ ㋑ ）

(4) 日本でも、2011年に起きた災害の際には多くの国の救援隊がかけつけ、支援を受けました。この災害名を書きましょう。

（ 東日本大震災 ）

## 7 国際連合(国連)について答えましょう。

1つ2点(14点)

(1) 次の国連の機関名をそれぞれカタカナで書きましょう。

① 戦争や食料不足による飢えなどに苦しむ地域の子どもたちを助けることを目的としてつくられた機関。

（ ユニセフ ）

② 世界遺産の修復や保存など、教育や文化などの分野で世界平和につながる活動をする機関。

（ ユネスコ ）

(2) (1)の①の機関の活動の中心となる「子どもの権利条約」は、四つの柱で成り立っています。それぞれの権利にあうものを、㋐～㋓から選びましょう。

Ⓐ 生きる権利（ ㋑ ） Ⓑ 育つ権利（ ㋓ ）
Ⓒ 守られる権利（ ㋒ ） Ⓓ 参加する権利（ ㋐ ）

㋐ 自由に意見を表したり、団体をつくったりできる。
㋑ 住む場所や食べ物があり、医療を受けられるなど、命が守られる。
㋒ 暴力や搾取、有害な労働などから守られる。
㋓ 勉強したり遊んだりして、もって生まれた能力を十分にのばしながら成長できる。

(3) 国連の平和維持活動（PKO）として、日本の自衛隊が参加した国を、㋐～㋒から選びましょう。

㋐ アメリカ合衆国 ㋑ ブラジル
㋒ 南スーダン

（ ㋒ ）

## 8 次の文を読んで答えましょう。

(1)8点、(2)4点(12点)

地球温暖化や熱帯林の減少、砂漠化や大気の汚染などの地球規模の環境問題が生じるなか、生活と環境のバランスを考えた（ ）な社会の実現が緊急の課題となっている。

(1) 右の写真のツバルは、地球規模の環境問題の進行により、国土が浸水し、高潮の被害が増えています。その原因について、下線部の言葉を1つ使って、簡単に書きましょう。

（（例）地球温暖化の影響で海水面が上昇したから。）

(2) 文中の（ ）にあう言葉を、漢字4字で書きましょう。

（ 持続可能 ）



# 春のチャレンジテスト　裏

**5** (2)、(3)カーニバルはキリスト教の祭りです。ブラジルへは、16世紀以降にヨーロッパから多くの人が移り住んだため、キリスト教を信仰する人が多いです。

**6** (2)①政府が行う援助はODAで、青年海外協力隊はその一つです。②民間の団体が寄付やボランティアで活動しているのがNGOです。国のちがいをこえて、人権や平和などの問題解決のために活動しています。

(3)㋑は国連の活動の一つです。

**7** (1)①ユニセフの活動は民間の寄付金に支えられており、学校で集められた募金もその活動に役立っています。

(3)日本の自衛隊は現地の人々とともに、道路の補修などを行いました。

**8** (1)地球温暖化が進むと、寒い地域の氷がとけ海面が上昇するため、南太平洋にあるツバルなどの標高の低い島国は水没してしまうおそれがあると指摘されています。

(2)自分だけでなく、世界中の人々が将来もずっと暮らしやすい社会を目ざし、協力していく必要があります。

おうちのかたへ　世界の平和や環境を守る取り組みについて、どのような組織や機関が関わっているのかおさえておくとよいです。

6年 社会のまとめ

# 学力診断テスト

月　日

名前

時間 40分

合格70点　／100

答え63ページ

**1** 日本国憲法と政治について答えましょう。　1つ3点(15点)

(1) 憲法の三つの原則の中の平和主義に関係する、日本政府が出した「核兵器をもたない、つくらない、もちこませない」という方針を何といいますか。（非核三原則）

(2) 右の資料は、国の政治の重要な役割を分担する、3つの機関の関係を表しています。次の問いに答えましょう。

国会　選挙　国民　ⓐ　国民審査　ⓑ内閣　裁判所

① 資料のようなしくみを何といいますか。（三権分立）

② 資料中のⓐにあう言葉を、漢字2字で書きましょう。（世論）

③ 下線部ⓑのもとに属している省庁のうち、国民の健康や働く人の安全などに関する仕事をしている役所を何といいますか。（厚生労働省）

(3) 税金の使い道ではないものを、㋐～㋓から選びましょう。

㋐ 学校などの教育　㋑ 警察や消防
㋒ 被災地の復興　㋓ 百貨店の建設

（㋓）

**2** 次の㋐～㋔の文を読んで答えましょう。　1つ2点、(2)8点(完答)(20点)

㋐ （①）は仏教の力で国を守ろうと考え、東大寺を建て、大仏をつくった。
㋑ 聖徳太子は、役人の心構えを示した（②）を定めた。
㋒ （③）は平氏を破り、朝廷から征夷大将軍に任命された。
㋓ 邪馬台国の女王（④）は、30ほどのくにを従えた。
㋔ （⑤）時代の人々は、縄目の文様がつけられた土器を使って暮らしていた。

(1) ①～⑤にあう言葉を書きましょう。

①（聖武天皇）②（十七条の憲法）③（源頼朝）
④（卑弥呼）⑤（縄文）

(2) ㋐～㋔を年代の古い順に並べかえましょう。

㋔ → ㋓ → ㋑ → ㋐ → ㋒

(3) ㋓について、この時代の大規模な集落あとが発見された吉野ヶ里遺跡は、現在の何県にありますか。（佐賀県）

**3** 次の資料を見て答えましょう。　1つ2点(8点)

Ⓐ

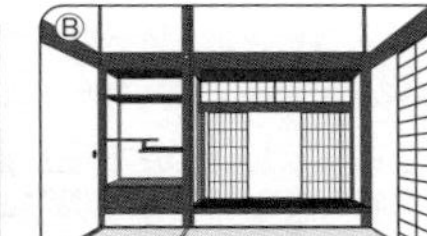
Ⓑ

(1) Ⓐについて、①このような屋しきのつくりを何といいますか。また、②この屋しきがつくられた時代に起こったできごとを、㋐～㋓から選びましょう。

㋐ 天下統一を目ざして、各地で戦国大名が争った。
㋑ 足利氏が京都に幕府を開いた。
㋒ 藤原氏が政治の権力をにぎった。
㋓ 大王や豪族の墓である古墳が各地につくられた。

①（寝殿造）②（㋒）

(2) Ⓑについて、①現代の和室のもととなったこの部屋の建築様式を何といいますか。また、②この時代に始まり、現在まで受けつがれている文化や芸能を1つ書きましょう。

①（書院造）②（(例)生け花、能、狂言、茶(の湯)、水墨画などから1つ）

**4** 学問・文化について、次の①～⑤の「わたし」にあう人物の名前を書きましょう。　1つ2点(10点)

① わたしは、浮世絵の「東海道五十三次」をかきました。
② わたしは、破傷風という病気の治療法を発見しました。
③ わたしは、随筆の「枕草子」をかな文字で書きました。
④ わたしは、日本古来の考え方を研究し、「古事記伝」を書きました。
⑤ わたしは、「学問のすゝめ」を書き、人は生まれながらにして平等であることを主張しました。

①（歌川広重）②（北里柴三郎）③（清少納言）
④（本居宣長）⑤（福沢諭吉）



裏にも問題があります。

# 学力診断テスト　表

**1** (2)①権力を分散して、濫用を防ぐという目的があります。
②世論とは、多くの人々の意見のことです。
③厚生労働省は、「健康、薬、食品の安全、職場の安全、子育て、障がい者、介護、年金、保険」などに関するはば広い仕事をあつかっています。

**2** (1)③鎌倉に幕府を開いた人物です。
(2)㋔（縄文時代）→㋓（弥生時代）→㋑（飛鳥時代）→㋐（奈良時代）→㋒（鎌倉時代）の順番です。

**3** (1)寝殿造は平安時代の貴族の屋しきにみられます。平安時代は貴族が中心の時代であり、藤原氏が権力をにぎっていました。
(2)①書院造は室町時代にみられる建築様式で、たたみやふすま、障子などが使われ、現在の日本の和室のもとにもなっています。

**4** ①江戸時代に浮世絵をえがいた人物です。
②破傷風の治療法を発見し、伝染病研究所を設立した人物です。
③平安時代に天皇のきさきに仕え、「枕草子」を書いた人物です。
④「古事記」を研究し、「古事記伝」を書いた江戸時代の学者です。
⑤明治時代初めに、西洋の学問・思想を紹介した人物です。

おうちのかたへ　わたしたちの暮らしを支える政治のはたらきや、歴史上の人物やできごとから学んだことなど、一緒に話し合ってみてください。

A

**5** 次の年表を見て答えましょう。

1つ2点(10点)

| 年 | 主なできごと |
|---|---|
| 1894 | 日清戦争が起こる………㋐ |
| 1904 | 日露戦争が起こる………㋑ |
| 1911 | ⓐ関税自主権を回復する |
| 1937 | 日中戦争が起こる………㋒ |
| 1941 | ⓑ太平洋戦争が起こる |
| 1950 | 朝鮮戦争が起こる………㋓ |
| 1964 | 東京(①)が開かれる…㋔ |

(1) 下線部ⓐに成功した外務大臣の名前を書きましょう。

( 小村寿太郎 )

(2) 下線部ⓑで、アメリカ軍が上陸したのはどこですか。県名を書きましょう。

( 沖縄県 )

(3) 与謝野晶子が弟を思い、戦争に反対する詩を出した戦争を、㋐～㋓から選びましょう。

[ ㋑ ]

(4) ①にあう言葉を、カタカナで書きましょう。

( オリンピック(・パラリンピック) )

(5) ㋔のころ、日本では経済が成長し、暮らしが豊かになる一方で、工業の発展による人々への健康被害が問題となりました。このような被害を、何といいますか。漢字2字で書きましょう。

( 公害 )

**6** 次の地図中の㋐～㋔は、日本と関係の深い国です。あとの①、②にあう国を選びましょう。また、その国名も書きましょう。

1つ3点(12点)

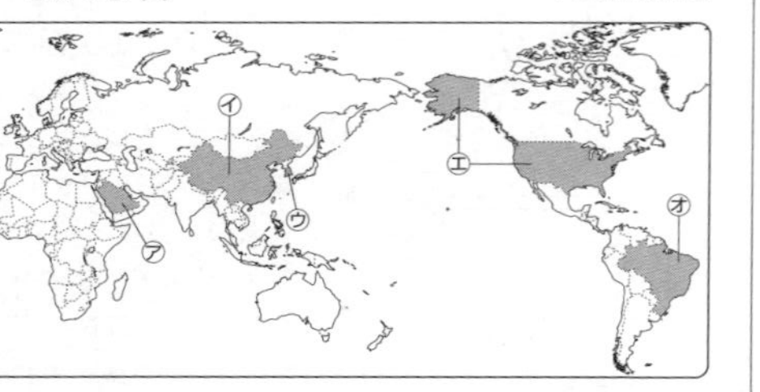


① 多くの移民を受け入れてきた多文化社会の国家。ハンバーガーやジーンズの生まれた国でもある。

② 人口がとても多く、日本とは古くから人やものがさかんに行き来した。

①記号 [ ㋓ ] 国名( アメリカ )

②記号 [ ㋑ ] 国名( 中国 )

活用力をみる

**7** 次の資料を見て答えましょう。

1つ5点(10点)

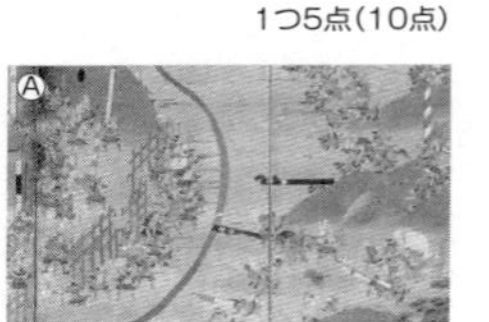


(1) 資料Ⓐの戦いで、織田信長らの軍は、武田軍をどのようにして破りましたか。資料を参考にして、簡単に書きましょう。

( (例) 鉄砲を組織的に利用した戦術をとった。 )

(2) 資料Ⓑは、江戸時代の大名の配置を表しています。関ヶ原の戦い以降に徳川氏に従った大名が㋐～㋒のどれかを明記して、そのような配置にした理由を、簡単に書きましょう。

Ⓑ ■㋐ ▨㋑ □㋒

( (例) ㋒の外様がむほんを起こす(幕府に対して反抗する)のを防ぐため。 )

**8** 次の文章を読んで答えましょう。

1つ5点、(2)②完答(15点)

太平洋戦争で敗戦した後、ⓐ日本国憲法を制定して再出発した日本は、経済的な発展をとげました。現在は、ⓑ世界中の多くの国々と、持続可能な社会を実現するため努力しています。

(1) 下線部ⓐと大日本帝国憲法における、天皇の地位のちがいを、次の資料を参考にして、簡単に書きましょう。

| 大日本帝国憲法(要約) | 日本国憲法(要約) |
|---|---|
| 第4条 天皇は、国の元首であり、憲法に従って国を統治する権利をもつ。 | 第1条 天皇は日本国の象徴であり日本国民統合の象徴であって、この地位は、主権をもつ国民の総意にもとづく。 |

( (例) 大日本帝国憲法では天皇は国を治める主権者となっているが、日本国憲法では象徴となっている。 )

(2) 下線部ⓑについて、右下の資料は、世界の国々が加盟する機関で2015年に定められた17項目の目標の一部です。次の問いに答えましょう。

① この目標を定めた機関を書きましょう。

( 国際連合(国連) )

② 2つの目標のうち、どちらか1つを選んで、その目標を実現するために自分にどのようなことができるか、考えて書きましょう。

番号 [ 11 ] ( (例) 道路のごみを拾う。 )

番号…14 (例) プラスチックごみを捨てない。

学力診断テスト(裏)

# 学力診断テスト　裏

**5** (1)不平等条約の改正は、1894年の領事裁判権（治外法権）の撤廃（陸奥宗光）、1911年の関税自主権の回復（小村寿太郎）で達成されました。

(2)「上陸」というのがポイントです。東京や大阪は空襲は受けましたが、地上戦は行われていません。

(3)日露戦争中に、与謝野晶子は戦争に反対する思いを詩にしました。

**6** ①日本とアメリカは、太平洋戦争後結びつきを強めています。

**7** (1)資料Ⓐは、1575年の長篠の戦いの様子を表しています。この戦いで織田信長・徳川家康は鉄砲を使い、武田軍の騎馬隊をたおしました。さくを利用したことを書いていても正解です。

(2)徳川氏は一族である親藩と、古くからの家来である譜代を江戸の近くなどに置き、関ヶ原の戦い以降に家来になった外様を、江戸から遠くはなれた場所に置きました。

**8** (1)日本国憲法では、天皇は形式的・儀礼的な国事行為を行うのみで、政治的な権限は一切もっていません。

(2)①持続可能な開発目標（SDGs）は、2015年、創設70周年をむかえた国連の総会で採択されました。17の項目の目標があります。

②11…公園や図書館を正しく使うなど、住みやすい地域社会にするために自分ができることが書けていればよいです。

14…水を大切にする、海にごみを捨てない、など自分の考えが書けていればよいです。

おうちのかたへ　6年生の社会科で学習したことをふり返り、現在起こっているできごとと、これまで学習してきたこととのつながりについて、気づいたことなどを話し合ってみてください。

付録　取りはずしてお使いください。

# 社会 歴史年表ドリル

# 6年

このドリルを使って
歴史の流れを
マスターしよう。

年　　組

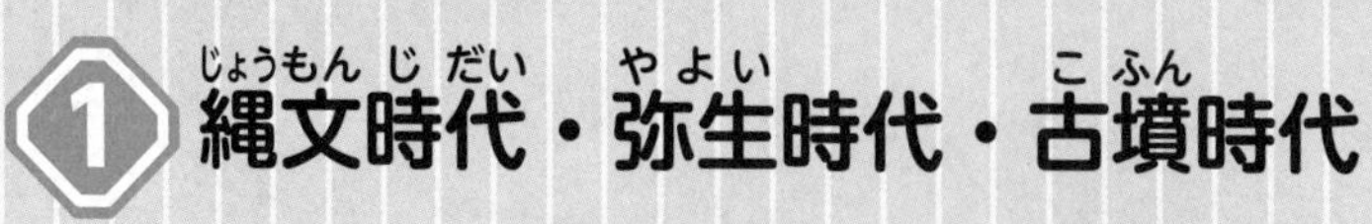

# ① 縄文(じょうもん)時代(じだい)・弥生(やよい)時代・古墳(こふん)時代

◎（　　　）にあてはまることがら（人物やものの名前、できごとなど）を書きましょう。

| 年 | できごと |
| --- | --- |
| 1万年前(まんねんまえ)ごろ | 狩(か)りや漁のくらしが行われる |
| | ①（　　　　　　　）土器(どき)や石器(せっき)がつくられる |
| 2300年前(ねんまえ)ごろ | 米づくりの技術が発展(はってん)する |
| | ②（　　　　　　　）土器(どき)や鉄器(てっき)、青銅器(せいどうき)が使われるようになる |
| 239 | 邪馬台国(やまたいこく)の③（　　　　　　　）が魏(ぎ)（中国(ちゅうごく)）に使いを送る |
| 4世紀(せいき)ごろ | 大和政権(やまとせいけん)（大和朝廷(やまとちょうてい)）が成立し、支配が広がる |
| | 各地の豪族(ごうぞく)が④（　　　　　　　）をつくる |

☑ 用語チェック

| じょう | もん | じ | だい |
| --- | --- | --- | --- |
| 縄 | 文 | 時 | 代 |

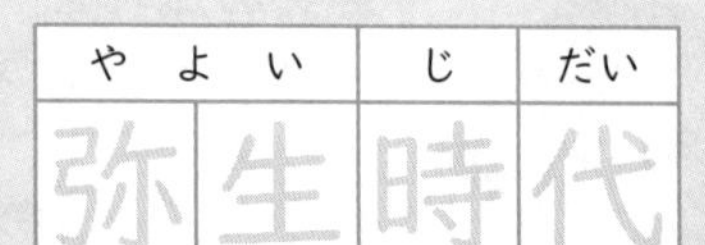

| や | よ | い | じ | だい |
| --- | --- | --- | --- | --- |
| 弥 | 生 | 時 | 代 | |

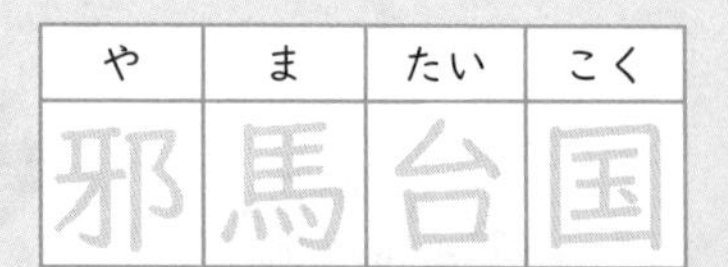

| や | ま | たい | こく |
| --- | --- | --- | --- |
| 邪 | 馬 | 台 | 国 |

| ぎ |
| --- |
| 魏 |

| や ま と | せい | けん | ちょう | てい |
| --- | --- | --- | --- | --- |
| 大和 | 政 | 権 | （朝 | 廷） |

| ごう | ぞく |
| --- | --- |
| 豪 | 族 |

◎ 卑弥呼(ひみこ)にインタビューをしてみましょう！

(2世紀末～3世紀前期)

●卑弥呼に質問(しつもん)したいことを書(か)きましょう。

- - - - - - - - - - - - - - - - - - - - - - - -

- - - - - - - - - - - - - - - - - - - - - - - -

●卑弥呼の答(こた)えを予想(よそう)して書(か)いてみましょう。

- - - - - - - - - - - - - - - - - - - - - - - -

- - - - - - - - - - - - - - - - - - - - - - - -

# ② 飛鳥時代

◎（　　　）にあてはまることがら（人物やものの名前、できごとなど）を書きましょう。

| 年 | できごと |
| --- | --- |
| 6世紀ごろ | 大陸から仏教が伝わる |
| | 蘇我氏の勢いが強くなる |
| 593 | ①（　　　　　　　　）が天皇を助ける役職につく |
| 604 | ②（　　　　　　　　）が定められる |
| 607 | ③（　　　　　　　　）が遣隋使として隋にわたる |
| | 奈良に④（　　　　　　　　）ができる |
| 645 | ⑤（　　　　　　　　）や中臣鎌足による大化の改新 |

## ☑ 用語チェック

天皇（てんのう）　遣隋使（けんずいし）

中臣鎌足（なかとみのかまたり）　大化の改新（たいかのかいしん）

◎ 聖徳太子にインタビューをしてみましょう！

(574〜622)

●聖徳太子に質問したいことを書きましょう。

---------------------------------

---------------------------------

●聖徳太子の答えを予想して書いてみましょう。

---------------------------------

---------------------------------

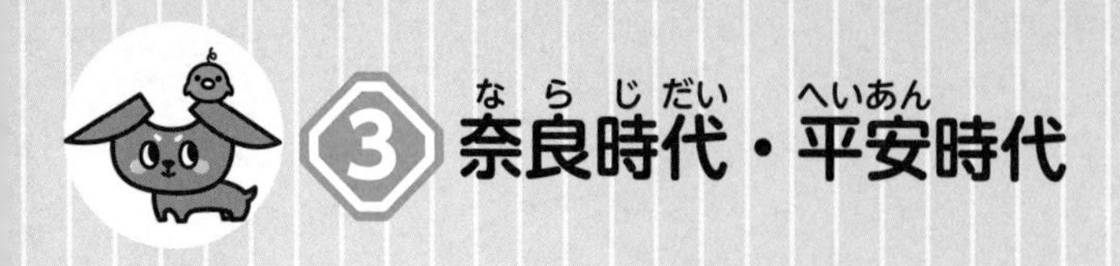

# ③ 奈良時代・平安時代

◎（　　　）にあてはまることがら（人物やものの名前、できごとなど）を書きましょう。

| 年 | できごと |
| --- | --- |
| 710 | ①（　　　　　　　　　）に都を移す　奈良時代 |
| | 『古事記』『日本書紀』ができる |
| 752 | 東大寺の大仏の開眼式が行われる |
| | 唐から来た②（　　　　　　　　　）が唐招提寺をつくる |
| 794 | ③（　　　　　　　　　）に都を移す　平安時代 |
| 894 | 菅原道真の意見で遣唐使をやめる |
| | かな文字の使用が広まる |
| | 日本風の文化（国風文化）が育つ |
| | ④（　　　　　　　　　）が『枕草子』をあらわす |
| | ⑤（　　　　　　　　　）が『源氏物語』をあらわす |
| 1016 | ⑥（　　　　　　　　　）が摂政になる |
| | この頃から武士の力が強くなる |
| 1053 | 藤原頼通が宇治に平等院鳳凰堂をつくる |

## ☑ 用語チェック

| こ | じ | き |
| --- | --- | --- |
| 古 | 事 | 記 |

| こく | ふう | ぶん | か |
| --- | --- | --- | --- |
| 国 | 風 | 文 | 化 |

| げん | じ | もの | がたり |
| --- | --- | --- | --- |
| 源 | 氏 | 物 | 語 |

◎ 藤原道長にインタビューをしてみましょう！

(966～1027)

●藤原道長に質問したいことを書きましょう。

●藤原道長の答えを予想して書いてみましょう。

# ④ 平安時代（へいあんじだい）・鎌倉時代（かまくらじだい）

◎（　　　）にあてはまることがら（人物やものの名前、できごとなど）を書きましょう。

| 年 | できごと | |
|---|---|---|
| 1167 | ①（　　　　　　）が太政大臣（だいじょうだいじん）になる | 平安時代 |
| 1185 | 源氏（げんじ）が平氏（へいし）をほろぼす | |
| 1192 | ②（　　　　　　）が征夷大将軍（せいいたいしょうぐん）になる | 鎌倉時代 |
| | 北条氏（ほうじょうし）が鎌倉幕府（かまくらばくふ）の実権（じっけん）をにぎる | |
| | →③（　　　　　　）（将軍（しょうぐん）を助ける役職）となり政治を行う | |
| | 中国（ちゅうごく）から禅宗（ぜんしゅう）が伝わる | |
| | 新しい仏教（ぶっきょう）がおこる | |
| 1274 | 元（げん）がせめてくる ─ ④（　　　　　　） | |
| 1281 | 元が再びせめてくる ─ ④ | |
| 1333 | 鎌倉幕府（かまくらばくふ）がほろぶ | |

## ☑ 用語チェック

| かま | くら | じ | だい |
|---|---|---|---|
| 鎌 | 倉 | 時 | 代 |

| げん | じ |
|---|---|
| 源 | 氏 |

| せい | い | たい | しょう | ぐん |
|---|---|---|---|---|
| 征 | 夷 | 大 | 将 | 軍 |

| ほう | じょう | し |
|---|---|---|
| 北 | 条 | 氏 |

| ぜん | しゅう |
|---|---|
| 禅 | 宗 |

| ぶっ | きょう |
|---|---|
| 仏 | 教 |

◎ 源 頼朝（みなもとのよりとも）にインタビューをしてみましょう！

(1147〜1199)

●源頼朝に質問したいことを書きましょう。

-------------------------

-------------------------

●源頼朝の答えを予想して書いてみましょう。

-------------------------

-------------------------

# ⑤ 室町時代（むろまちじだい）

◎（　　　）にあてはまることがら（人物やものの名前、できごとなど）を書きましょう。

| 年 | できごと |
| --- | --- |
| 1333 | 鎌倉幕府（かまくらばくふ）がほろぶ |
| 1338 | ①（　　　　　　　）が征夷大将軍（せいいたいしょうぐん）になる |
| 1397 | ②（　　　　　　　）が金閣（きんかく）をつくる |
| 1404 | 中国（ちゅうごく）との貿易（ぼうえき）（勘合（かんごう）貿易）をはじめる |
| 1467 | 応仁（おうにん）の乱（らん）が起こる（～1477） |
| | 水墨画（すいぼくが）がさかんになる |
| | 各地で一揆（いっき）が発生（はっせい）する |
| 1489 | ③（　　　　　　　）が銀閣（ぎんかく）をつくる |
| 1543 | 種子島（たねがしま）に鉄砲（てっぽう）が伝わる |
| 1549 | ④（　　　　　　　　　　　）がキリスト教（きょう）を伝える |
| 1573 | ⑤（　　　　　　　）が室町幕府（むろまちばくふ）をほろぼす |

☑ 用語チェック

| むろ | まち | じ | だい |
| --- | --- | --- | --- |
| 室 | 町 | 時 | 代 |

| きん | かく |
| --- | --- |
| 金 | 閣 |

| かん | ごう | ぼう | えき |
| --- | --- | --- | --- |
| 勘 | 合 | 貿 | 易 |

| すい | ぼく | が |
| --- | --- | --- |
| 水 | 墨 | 画 |

| ぎん | かく |
| --- | --- |
| 銀 | 閣 |

◎ 足利義満（あしかがよしみつ）にインタビューをしてみましょう！

(1358～1408)

●足利義満に質問したいことを書きましょう。

-----------------------------------------

-----------------------------------------

●足利義満の答えを予想して書いてみましょう。

-----------------------------------------

-----------------------------------------

# ⑥ 安土桃山時代（あづちももやまじだい）

◎（　　　）にあてはまることがら（人物やものの名前、できごとなど）を書きましょう。

| 年 | できごと |
| --- | --- |
| 1575 | 長篠（ながしの）の戦（たたか）いが起こる |
| 1577 | 織田信長（おだのぶなが）によって安土（あづち）の城下町（じょうかまち）で自由な商工業（しょうこうぎょう）をみとめる |
| | ①（　　　　　　　　）が行われる |
| | 検地（けんち）・刀狩（かたながり）が行われる |
| 1590 | ②（　　　　　　　　）が全国（ぜんこく）を統一（とういつ）する |
| 1592・97 | ②が朝鮮（ちょうせん）にせめこむ |
| 1600 | ③（　　　　　　　　）の戦いが起こる |

## ☑ 用語チェック

種子島（たねがしま）

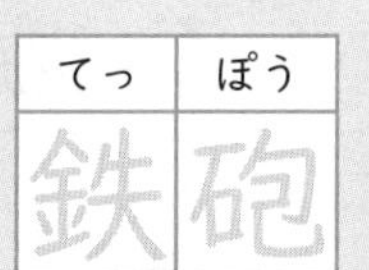

鉄砲（てっぽう）

室町幕府（むろまちばくふ）

安土桃山時代（あづちももやまじだい）

検地（けんち）

刀狩（かたながり）

◎ 豊臣秀吉（とよとみひでよし）にインタビューをしてみましょう！

(1537〜1598)

●豊臣秀吉に質問したいことを書きましょう。

---------------------------------

---------------------------------

●豊臣秀吉の答えを予想して書いてみましょう。

---------------------------------

---------------------------------

# ⑦ 江戸時代（えどじだい）・前半（ぜんはん）

◎（　　　）にあてはまることがら（人物やものの名前、できごとなど）を書きましょう。

| 年 | できごと |
| --- | --- |
| 1603 | ①（　　　　　　）が征夷大将軍（せいいたいしょうぐん）になり、江戸幕府（えどばくふ）を開く |
|  | 日光（にっこう）に①をまつる東照宮（とうしょうぐう）ができる |
| 1635 | 参勤交代（さんきんこうたい）の制度ができる |
| 1637 | 島原（しまばら）・天草一揆（あまくさいっき）が起こる（～1638） |
| 1641 | 鎖国（さこく）が完成する |
|  | 大阪（おおさか）を中心に町人文化（ちょうにんぶんか）がさかえる |
|  | ②（　　　　　　　　　）が歌舞伎（かぶき）などの脚本（きゃくほん）をあらわす |
| 1774 | ③（　　　　　　）や前野良沢（まえのりょうたく）らが『解体新書（かいたいしんしょ）』をあらわす |

## ☑ 用語チェック

| え | ど | じ | だい |
| --- | --- | --- | --- |
| 江 | 戸 | 時 | 代 |

| さん | きん | こう | たい |
| --- | --- | --- | --- |
| 参 | 勤 | 交 | 代 |

| かい | たい | しん | しょ |
| --- | --- | --- | --- |
| 解 | 体 | 新 | 書 |

◎ 徳川家康（とくがわいえやす）にインタビューをしてみましょう！

(1542～1616)

●徳川家康に質問したいことを書きましょう！

-------------------------------------------

-------------------------------------------

●徳川家康の答えを予想して書いてみましょう。

-------------------------------------------

-------------------------------------------

# 8 江戸時代・後半

◎（　　　）にあてはまることがら（人物やものの名前、できごとなど）を書きましょう。

| 年 | できごと |
|---|---|
| | 江戸で町人文化がさかえる |
| 1798 | ①（　　　　　　　　）が『古事記伝』を完成させる |
| 1821 | ②（　　　　　　　　）の死後、日本地図が完成する |
| | 葛飾北斎が『富嶽三十六景』をえがく |
| 1833 | 天保の大ききんがおこる（～1839） |
| | 百姓一揆や打ちこわしが増える |
| | 歌川広重が『東海道五十三次』をえがく |
| 1837 | 大阪で③（　　　　　　　　）の乱が起こる |
| 1853 | ④（　　　　　　　　）が黒船で浦賀に来る |
| 1858 | 各国と不平等な条約を結ぶ |
| 1867 | ⑤（　　　　　　　　）が朝廷に政権を返す（大政奉還） |

## ☑ 用語チェック

| ひゃく | しょう | いっ | き |
|---|---|---|---|
| 百 | 姓 | 一 | 揆 |

| うた | がわ | ひろ | しげ |
|---|---|---|---|
| 歌 | 川 | 広 | 重 |

| たい | せい | ほう | かん |
|---|---|---|---|
| 大 | 政 | 奉 | 還 |

◎ 伊能忠敬にインタビューをしてみましょう。

(1745～1818)

●伊能忠敬に質問したいことを書きましょう。

- - - - - - - - - - - - - - - - - - - - - - - - - - - -

- - - - - - - - - - - - - - - - - - - - - - - - - - - -

●伊能忠敬の答えを予想して書いてみましょう。

- - - - - - - - - - - - - - - - - - - - - - - - - - - -

- - - - - - - - - - - - - - - - - - - - - - - - - - - -

# ⑨ 明治時代

◎（　　）にあてはまることがら（人物やものの名前、できごとなど）を書きましょう。

| 年 | できごと |
|---|---|
| 1868 | 明治維新　→ 江戸を東京と改める |
| | 西洋文化が入ってくる　→ 文明開化 |
| 1871 | 岩倉具視らが①（　　　　　）諸国を視察する（～1873） |
| 1872 | ②（　　　　　）が『学問のすゝめ』をあらわす |
| 1877 | 西南戦争が起こる |
| | 自由民権運動がさかんになる |
| 1889 | ③（　　　　　）が発布される |
| 1891 | ④（　　　　　）が足尾銅山の鉱毒事件での解決に取り組む |
| 1894 | 条約改正で領事裁判権が撤廃される |
| 1894 | ⑤（　　　　　）が起こる（～1895） |
| 1904 | ⑥（　　　　　）が起こる（～1905） |
| 1910 | 韓国併合が行われる |
| 1911 | 条約改正で関税自主権を回復する |

## ☑用語チェック

| めい | じ | い | しん | ぶん | めい | かい | か | じ | ゆう | みん | けん | うん | どう |
|---|---|---|---|---|---|---|---|---|---|---|---|---|---|
| 明 | 治 | 維 | 新 | 文 | 明 | 開 | 化 | 自 | 由 | 民 | 権 | 運 | 動 |

◎ 田中正造にインタビューをしてみましょう。

(1841～1913)
国立国会図書館「近代日本人の肖像」

●田中正造に質問したいことを書きましょう。

-----------------------------------

-----------------------------------

●田中正造の答えを予想して書いてみましょう。

-----------------------------------

-----------------------------------

# ⑩ 大正時代

◎（　　）にあてはまることがら（人物やものの名前、できごとなど）を書きましょう。

| 年 | できごと |
|---|---|
| 1914 | 日本が①（　　　　　　　　）に参戦する（～1918） |
| | 民主主義への意識が高まる |
| 1918 | 米そうどうが起こる |
| 1920 | 国際連盟に加盟する |
| 1922 | 全国水平社ができる |
| 1923 | 関東地方で②（　　　　　　　　）が起こる |
| 1925 | ③（　　　　　　　　）制度が定められる |
| 1925 | ラジオ放送が始まる |

## ☑ 用語チェック

| たい | しょう | じ | だい |
|---|---|---|---|
| 大 | 正 | 時 | 代 |

| こく | さい | れん | めい |
|---|---|---|---|
| 国 | 際 | 連 | 盟 |

| ぜん | こく | すい | へい | しゃ |
|---|---|---|---|---|
| 全 | 国 | 水 | 平 | 社 |

| かん | とう | だい | しん | さい |
|---|---|---|---|---|
| 関 | 東 | 大 | 震 | 災 |

◎ 平塚らいてう（ちょう）にインタビューをしてみましょう！

（1886～1971）　日本近代文学館

●平塚らいてう（ちょう）に質問したいことを書きましょう。

---------------------------------------------

---------------------------------------------

●平塚らいてう（ちょう）の答えを予想して書いてみましょう。

---------------------------------------------

---------------------------------------------

# ⑪ 昭和時代（しょうわじだい）

◎（　　　）にあてはまることがら（人物やものの名前、できごとなど）を書きましょう。

| 年 | できごと |
|---|---|
| 1931 | 満州事変（まんしゅうじへん）が起こる |
| 1937 | 日中戦争（にっちゅうせんそう）が起こる（～1945） |
| 1941 | ①（　　　　　　　　）が起こる（～1945） |
| 1945 | 広島（ひろしま）と長崎（ながさき）に原子爆弾（げんしばくだん）が投下（とうか）される |
| 1945 | ポツダム宣言（せんげん）を受け入れ降伏（こうふく）する |
| 1946 | ②（　　　　　　　　）が公布（こうふ）される |
| 1951 | ③（　　　　　　　　　　　）平和条約（へいわじょうやく）と日米安全保障条約（にちべいあんぜんほしょうじょうやく）を結ぶ |
| 1953 | テレビ放送（ほうそう）（白黒（しろくろ））がはじまる |
| 1956 | ソ連（れん）と国交（こっこう）を回復（かいふく）、国際連合（こくさいれんごう）に加盟（かめい）する |
| 1960 | テレビのカラー放送（ほうそう）が正式にはじまる |
| 1964 | 東海道新幹線（とうかいどうしんかんせん）が開業（かいぎょう）する |
| 1964 | オリンピック・パラリンピック東京大会（とうきょうたいかい）が開かれる |
| 1965 | 韓国（かんこく）と日韓基本条約（にっかんきほんじょうやく）を結（むす）び国交（こっこう）を正常化（せいじょうか） |
| 1970 | 大阪（おおさか）で日本万国博覧会（にほんばんこくはくらんかい）が開かれる |
| 1972 | 冬季（とうき）オリンピック札幌大会（さっぽろたいかい）が開かれる |
| 1972 | ④（　　　　　　　　）が日本に復帰（ふっき）する |
| 1972 | 中国（ちゅうごく）と国交（こっこう）を正常化（せいじょうか） |
| 1978 | 中国（ちゅうごく）と日中平和友好条約（にっちゅうへいわゆうこうじょうやく）を結ぶ |

## ☑ 用語チェック

にち べい あん ぜん ほ しょう じょう やく
日米安全保障条約

とう かい どう しん かん せん
東海道新幹線

にっ ちゅう へい わ ゆう こう じょう やく
日中平和友好条約

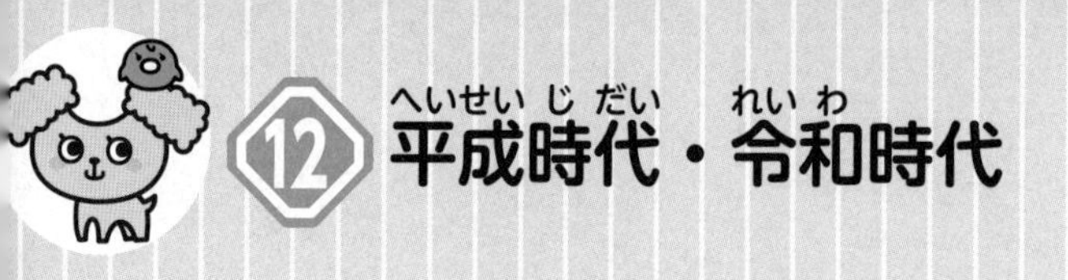

# ⑫ 平成時代（へいせいじだい）・令和時代（れいわじだい）

◎（　　）にあてはまることがら（人物やものの名前、できごとなど）を書きましょう。

| 年 | できごと |
|---|---|
| 1991 | ソ連（れん）が解体（かいたい）する |
| 1993 | 法隆寺（ほうりゅうじ）や姫路城（ひめじじょう）などが日本で初めて①（　　　　　　　　）に登録される |
| 1993 | EU（ヨーロッパ連合（れんごう））ができる |
| 1994 | 日本が子どもの権利条約（けんりじょうやく）を承認（しょうにん）する |
| 1995 | 阪神（はんしん）・淡路大震災（あわじだいしんさい）が起こる |
| 1996 | 広島県（ひろしまけん）にある②（　　　　　　　　）が①に登録される |
| 1998 | 冬季（とうき）オリンピック・パラリンピック大会が③（　　　　　　　　）で開かれる |
| 2000 | 九州（きゅうしゅう）・沖縄（おきなわ）サミットが開かれる |
| 2001 | アメリカで同時多発（どうじたはつ）テロが起こる |
| 2002 | サッカーワールドカップ大会（たいかい）が日韓共同（にっかんきょうどう）で開かれる |
| 2003 | イラク戦争が起こる |
| 2004 | イラクの復興支援（ふっこうしえん）に自衛隊（じえいたい）が派遣（はけん）される |
| 2005 | 愛知県（あいちけん）で日本国際博覧会（にほんこくさいはくらんかい）が開かれる |
| 2011 | ④（　　　　　　　　）大震災（だいしんさい）が起こる |
| 2021 | オリンピック・パラリンピック大会が⑤（　　　　　　　　）で開かれる |

## ☑ 用語チェック

| ほう | りゅう | じ |
|---|---|---|
| 法 | 隆 | 寺 |

| ひめ | じ | じょう |
|---|---|---|
| 姫 | 路 | 城 |

| はん | しん | | あわ | じ | だい | しん | さい |
|---|---|---|---|---|---|---|---|
| 阪 | 神 | ・ | 淡 | 路 | 大 | 震 | 災 |

# ⑬ 資料読み取り問題

◎ 次の絵を見て、あとの問いに答えましょう。

皇居三の丸尚蔵館収蔵

この絵は「蒙古襲来絵詞」という作品です。鎌倉時代後半に、モンゴル人が日本に攻めてきた時の日本の武士たちの戦いの様子がえがかれています。

●モンゴル人は絵の左右どちらにえがかれていますか。

---

---

●日本の武士を○でかこみましょう。

●絵を見て気づいたことを書きましょう。

---

---

---

◎ 次の絵を見て、あとの問いに答えましょう。

文部科学省ホームページ（https://www.mext.go.jp/）

この絵は「小学入門教授図解」という作品です。明治時代初めの小学校における授業の様子がえがかれています。

●絵を見て、今の学校と異なることを書いてみましょう。

---

---

●絵を見て、今の学校と同じことや似ていることを書いてみましょう。

---

---

# 答　え

p.2　❶①縄文　②弥生　③卑弥呼
④古墳

p.3　❷①聖徳太子　②十七条の憲法
③小野妹子　④法隆寺
⑤中大兄皇子

p.4　❸①平城京　②鑑真　③平安京
④清少納言　⑤紫式部
⑥藤原道長

p.5　❹①平清盛　②源頼朝
③執権　④元寇

p.6　❺①足利尊氏　②足利義満
③足利義政
④フランシスコ・ザビエル
⑤織田信長

p.7　❻①楽市・楽座　②豊臣秀吉
③関ヶ原

p.8　❼①徳川家康　②近松門左衛門
③杉田玄白

p.9　❽①本居宣長　②伊能忠敬
③大塩平八郎　④ペリー
⑤徳川慶喜

p.10　❾①欧米　②福沢諭吉
③大日本帝国憲法
④田中正造　⑤日清戦争
⑥日露戦争

p.11　❿①第一次世界大戦
②関東大震災　③普通選挙

p.12　⓫①太平洋戦争　②日本国憲法
③サンフランシスコ　④沖縄

p.13　⓬①世界遺産　②原爆ドーム
③長野　④東日本　⑤東京

イラスト：山田奈穂